Kulturpolitik in Deutschland

Klaus von Beyme

Kulturpolitik in Deutschland

Von der Staatsförderung zur Kreativwirtschaft

Springer VS

Klaus von Beyme
Heidelberg, Deutschland

ISBN 978-3-531-19402-8 ISBN 978-3-531-19403-5 (eBook)
DOI 10.1007/978-3-531-19403-5

Die Deutsche Nationalbibliothek verzeichnet diese Publikation in der Deutschen Nationalbibliografie; detaillierte bibliografische Daten sind im Internet über http://dnb.d-nb.de abrufbar.

Springer VS

Gedruckt auf säurefreiem und chlorfrei gebleichtem Papier

Springer VS ist eine Marke von Springer DE. Springer DE ist Teil der Fachverlagsgruppe Springer Science+Business Media.
www.springer-vs.de

Inhalt

III. Handlungsebenen und Institutionen der Kulturpolitik

IV. Handlungsfelder der Kulturpolitik

I. Theoretische und Methodologische Kontroverse

1 Einleitung: Der „Cultural Turn" der Postmoderne

Kultur wurde von Kritikern des postmodernen Diskurses als *„Container-Begriff"* gebrandmarkt. Immer wieder wird Kultur – wie früher Staat oder Gesellschaft – so verwendet, als ob es sich um feste abgrenzbare Dinge handele (Fuchs o. J. 2008: 37f). Kultur wird immer noch vielfach als beliebig verwendbares Versatzstück gebraucht, das alle Formen menschlicher Tätigkeit überwölbt – von der Unternehmens- bis zur Streitkultur (Scheytt 2008: 24). Diese Proliferation ist einerseits ein Vorteil für die Förderung der Kultur, andererseits ein Nachteil für die Profilierung der Kulturförderung im engeren Sinne. Kulturpolitik ist eine der ältesten Policies – sie entstand längst vor heute anscheinend wichtigeren Bereichen wie Wirtschafts- und Sozialpolitik. Nur die Finanzpolitik ist ähnlich alt – und immer schon war sie ein Gegenspieler der Kulturpolitik. Im Absolutismus ruinierte mancher Fürst seine Finanzen, um seine kulturelle Weltgeltung zu erhöhen. Dies ist in der Demokratie nicht möglich. Die Vergesellschaftung findet von unten wie von oben statt – durch Oligarchen, wie durch Bürgerinitiativen.

Die *Erinnerungskultur* schlägt sich zunehmend auch in Verfassungstexten nieder, vor allem in den Verfassungen deutscher Bundesländer. Der enge Begriff des Denkmalsschutzes wird dabei zunehmend auf die Natur erweitert, „denn die Natur ist heute fast durchweg vom Menschen kulturell gestaltete Natur" (Häberle 2011: 17). Kulturpolitik ging einst quasi hoheitlich von einer prästabilisierten Harmonie von Bedürfnissen der Hochkultur aus. Erst mit dem Vormarsch der Sozio-Kultur wurde nach dem Bedarf des kulturellen Durchschnittskonsumenten gefragt. Die Nationalstaaten fühlen sich in der Regel für übergreifende Projekte zuständig wie Denkmalpflege, Pflege des kulturellen Erbes, Museen, Archive. Selbst eine früher historistische gesonnene Denkmalpflege wurde im Wirkungsbereich nicht nur auf Geschichtsbewusstsein und Traditionspflege sondern sogar auf *Mythenbildung* festgelegt, auch wenn sie sich dieser kritisch widersetzen sollte (vgl. Kap. 12,1). Claude Lévi-Strauss hatte einst festgestellt: „Nichts ähnelt dem mythischen Denken mehr als die politische Ideologie". Ideologie ist noch immer verpönt. Mythen hingegen werden in der Kulturforschung meist milder beurteilt. Das Ende der großen Visionen wird vielfach akzeptiert. Aber daraus resultierte bei vielen Autoren nicht das Bekenntnis, wie bei Heinz Abosch (2000: 177), dass die Zukunft von „skeptischen Hoffnungen" geprägt sein sollte.

Wer soll die Erinnerungskultur in konkrete Handlungen umsetzen? Bürger haben meist andere Prioritäten als die staatlichen Kulturfunktionäre, wie eine österreichisch-deutsche Studie zeigte: Die Befragten rechneten zur förderungswürdigen Kultur: Goethe 79%, Mozart 76%, Picasso 63%, Volkslieder 56%, Fastnacht 21%, Rock 12%, Graffiti

9%, Fernsehen 9%, Tätowierung 2% (Wolf-Csanady 1996: 223). Diese ältere Umfrage wies noch verhältnismäßig geringe Differenzen zwischen den Präferenzen der Kulturpolitiker und denen der befragten Bürger aus. Es wird vermutet, dass diese Kluft inzwischen gewachsen ist. Staatliche Kulturpolitik wird sich zunehmend an einige populäre Tendenzen – wie Volkslieder und Fastnacht – nicht halten, und der Privatinitiative überlassen, was nicht gefährdet erscheint. Sie muss zwischen gefälligem Populismus und elitärer Abgehobenheit der Kulturauffassungen hindurch steuern. Momentaufnahmen von Bürgermeinungen über Kultur erwiesen sich auch als vergänglich. Es ließen sich Generationen von unterschiedlichen Kulturauffassungen in der Forschung aufzeigen (Göschel 1995: 6). Sie können jeweils eine Weile dominieren. Immer aber gibt es in der Bedarfsermittlung unter den Kulturrezipienten die „Ungleichzeitigkeit des Gleichzeitigen“, die schon der Kunsthistoriker Wilhelm Pinder einst als Relativierung seiner Generationentheorie über künstlerische Produktion eingesetzt hatte. In jedem Fall ist die metaphysisch überhöhte *„Symbolkultur“* der älteren Generationen in der Postmoderne zu einer *„Realkultur“* geworden, die Unvereinbares und Triviales akzeptiert. Der Streit um „Moderne vs. Postmoderne“ erwies sich bald als überflüssig. Bruno Latour (1991, 1995) hat überzeugend die These vertreten, dass die Vorstellung der Aufklärungszeit, die *Natur* mit „objektiven Tatsachen“ als unabhängig vom Menschen zu definieren und die *Kultur* nur auf die sozialen menschlichen Bezüge zu projizieren, irreführend ist. Immer mehr Phänomene sind in beiden Bereichen angesiedelt. Die Tatsachen der Natur werden nicht überwiegend „entdeckt“, sondern von Menschen in Interaktionen im Labor hervorgebracht. Wir müssen stärker die naturalisierenden Deutungen der Natur und die schematische Trennung von Kultur und Natur aufgeben (Daniel 2006: 161).

Die Postmoderne wurde allenfalls in der Architektur rigoros definiert. Hier schien sie sich am stärksten von der Moderne abzusetzen. Aber immer wieder ließen sich Ähnlichkeiten mit Strömungen der klassischen Moderne nachweisen wie mit dem Anti-Narrativismus von James Joyce in der Literatur oder dem Surrealismus in der bildenden Kunst. Übliche Dichotomien wie Form und Antiform, Hierarchie und Anarchie, Distanz und Partizipation, Transzendenz und Immanenz waren anschaulich, aber trafen das Wesen beider Richtungen nur zum Teil (Rose 1991; Swingewood 1998: 163ff). Die Postmoderne erscheint einigen Kritikern (Eagleton 2001: 45, 108) auch aus theoretischen Gründen der Vormoderne verwandter, als sie wahrhaben möchte. Gemeinsam ist ihnen ein fast übertriebener Respekt vor der Kultur und dass Kultur zur wichtigsten Ebene des sozialen Lebens und der „tiefenhermeneutischen Kulturanalyse“ (Lorenzer 1986: 7) deklariert wurde. Der Postmodernismus erscheint pragmatischer und wenig pathetisch als der Idealismus der klassischen Moderne. Der Postmodernismus stieg vom hohen Ross der Hochkultur herab und überwand das elitäre Gehabe der klassischen Moderne. Hochkultur erscheint vom Dünkel beladen, nur einzelne Publizisten brechen eine Lanze für die Hochkultur, nicht zuletzt mit dem Argument, dass auch die Popkultur von Mustern der Hochkultur lebt (Jessen 2011: 45). Gleichwohl blüht die

Hochkultur, so sehr die Kommunen auch unter der Last der finanziellen Verpflichtungen ächzen. Die Stadt Köln hat gerade ihren Kulturetat um 12,5% verringert. In den Niederlanden sind die Zahlen noch drastischer. Die Populisten, wie Geert Wilders, erklären die Hochkultur als Reservat reicher Intellektueller und verkennen, dass auch in der frei finanzierten Kulturförderung noch eine Menge unsichtbaren Steuergeldes steckt. Die Hochkultur und die Massenkultur erreichen in den Feuilletons zunehmend die gleiche Aufmerksamkeit.

Der Postmodernismus überwand die homogen und kämpferisch gedachten nationalen Gedächtnisregime und entwickelte ein *postnationales Gedächtnisregime*. Es erweist sich als weniger eng und analysiert komplexe Zusammenhänge (König 2008: 640). Die negativen Seiten der eigenen Vergangenheit werden nicht ausgeblendet, sondern Anlass für Lernprozesse, um eine bessere Zukunft zu gestalten. Kulturelles Gedächtnis wird seither von der Politik stärker emanzipiert. Das kulturelle Gedächtnis beruht auf Selbstbindungen. „In der politischen Sphäre wird – jedenfalls als ultima ratio – mithilfe staatlicher Erzwingungsstäbe der Erinnerung an die Erfüllung eingegangener Verpflichtungen aufgeholfen“ (ebd. 182). Damit wird zugegeben, dass der staatliche Zusammenhalt, auch wenn er systemtheoretisch im Zwangselement stark ausgedünnt wurde, nicht ausreicht, um eine Gesellschaft lediglich durch das kulturelle Gedächtnis zusammen zu halten. Im Zeitalter des Multikulturalismus und auseinander dividierter Kulturbegriffe zeigt sich das zunehmend, keineswegs nur bei konservativen Etatisten.

In der klassischen Moderne mit ihrer Tendenz zur Pluralisierung der Lebenssphären schien Kultur ein Bereich zu sein, keineswegs aber der dominante. Kultur wurde Teil der *Zivilgesellschaft*. Trotz der Wortbildung „Kulturpolitik“ liegt der Schwerpunkt der kulturellen Aktivitäten nicht beim Staat. Da in der Zivilgesellschaft jedoch Individuen leben, die von antagonistischen Interessen getrieben sind, muß der Staat in die Zivilgesellschaft hineinwirken, um diese Streitigkeiten zu mildern. Kultur ist daher als *„eine Art von sittlicher Pädagogik“* genannt worden, die hilft taugliche Staatsbürger zu schaffen, „indem sie das ideale oder kollektive Selbst befreit, das in jedem von uns schlummert“ (Eagleton 2001: 14). Kultur scheint sich in dieser Konzeption über die Politik zu erheben. Erst Mensch und dann Bürger zu sein, dass Politik sich in eine tiefere ethische Dimension hineinbewegen muß, wo sie auf die Ressourcen der Bildung zurückgreift und aus Individuen gutgesinnte, verantwortungsbewusste Staatsbürger macht. In der Tradition von Schillers (1968, V: 318) „4. Brief zur Ästhetischen Erziehung des Menschen“ spielt der Staat noch eine wichtige Rolle: „Dieser reine Mensch, der sich, mehr oder weniger deutlich in jedem Subject zu erkennen gibt, wird repräsentiert durch den *Staat*, die objective und gleichsam kanonische Form, in der sich die Mannigfaltigkeit der Subjecte zu vereinigen trachtet“. Aber die moralische Einheit muss gleich weit entfernt sein von Einförmigkeit und Verwirrung. Schiller (ebd.:320) fand „die Totalität des Charakters“ beim Volk, welches fähig ist, „den Staat der Not mit dem Staat der Freiheit zu vertauschen“.

Kultur ist in dieser Denktradition weder von der Gesellschaft getrennt, noch ganz eins mit ihr. Nicht alle europäischen Nationen hatten die gleiche Kulturauffassung. Im Französischen hat das Wort *Kultur* einen viel stärker materiellen Beigeschmack und *Zivilisation* ist stärker auf das politische, wirtschaftliche und technische Leben gerichtet, während der Begriff Kultur vielfach religiös, künstlerisch und geistig aufgeladen wurde. Zivilisation definierte Musil (1952: 103) demnach als „alles, was ihr Geist nicht beherrschen konnte". Zivilisation als Begriff spielte die nationalen Unterschiede herunter, während der Kulturbegriff sie herausstrich. Zugleich hatte der Zivilisationsbegriff in seiner Universalität jedoch imperialistische Züge, die den Liberalen vieler Länder missfielen. Kultur wurde vielfach auf vordergründige „Stammeskultur" reduziert. Kultur schien es bei den Wilden zu geben – nicht bei den Zivilisierten (Eagleton 2001: 18ff). Trotz unterschiedlicher Konzeptionen im Kulturbegriff haben die Staaten gern eine Einheit von Kultur und Nationalstaat unterstellt, die sich historisch kaum nachweisen ließ.

Die Dialektik der Globalisierung kennt das Nebeneinander von kultureller Nivellierung bei gleichzeitiger Verstärkung kultureller Differenz (Robertson-von Trotha 2009). Der Erweiterung des Kulturbegriffs im Abstieg von den Höhenwanderungen der Klassiker waren Tor und Tür geöffnet. Alles wurde Kultur, und alles zugleich politisch. *Cultural studies* wandten sich gern den nicht abgegrasten Gefilden zu, wie der *Alltagskultur* und sprengten die Grenzen der herkömmlichen Disziplinen. Sie inflationierten und enthierarchisierten den Kulturbegriff. Gegenüber einem normativen *Universalismus*, der gleiche Rechte für alle Kulturen einforderte, kam es zur Sakralisierung der kulturellen Differenzen. (Sandall 2000). Verstehen reduzierte sich auf Anerkennung der Differenzen und Nichteinmischung. Einige Bündnispartner der kulturalistischen Bewegung, wie der Feminismus, haben die cultural studies nicht selten in diese Richtung gedrängt. Lebensformen wurden gelobt, wenn sie bei Minderheiten und Nonkonformisten auftauchten. Die Mehrheitskultur hingegen wurde eher als „repressiv" verteufelt. Postmoderne Identitätspolitik lässt das Lesbentum gelten, nicht aber den Nationalismus. In den 60er Jahren hat sich das Wort „Kultur" nach einer Meinung (Eagleton 2001: 24, 56, 62, 178) gleichsam um die eigene Achse gedreht, so dass es heute praktisch das genaue Gegenteil bedeutet. Heute bedeutet es die Bejahung einer spezifischen – nationalen, ethnischen, regionalen oder sexuellen – Identität, nicht deren Überschreitung. Im schlimmsten Fall ist das Ergebnis eine Art von *pluralisiertem Konformismus*. Den Konformismus hat keine Kulturpolitik der Welt erzeugen können, wohl aber die Kulturindustrie des „Spätkapitalismus", die trotz aller hehrer Spekulationen über Kultur als postmoderner Religionsersatz, über die „Kulturpolitik" im älteren nationalstaatlichen Verständnis siegte. Selbst die Überhöhung der Kultur in der Protestkultur der klassischen Moderne löste sich in postmoderne Übersättigung und Beliebigkeit auf.

Das Paradigma Kultur ließ sich nicht dauerhaft in eine erweiterte Politikarena wie die Kulturpolitik wegsperren. Die *kulturalistische Wende des Postmodernismus* hat die Kultur sich verbal totsiegen lassen. Schon Carl Schmitt und die Denker der konservativen Revolution, die einst den Primat der Politik in heroischer Pose gegen den Primat der Ökonomie durchzusetzen versuchten und sich dabei Hilfe bei den Subsystemen Kultur und Technik holten, sind mit ihren Primatsgedanken gescheitert (vgl. v. Beyme 2009: 467ff). Am Ende der Abenteurerpolitik im Zeitalter der Ideologien nach 1945 setzte sich der Primat der Ökonomie eindeutig durch. Neokonservative Kulturtheoretiker von Gehlen bis Schelsky akzeptierten das. Altkonservative Ökonomie- und Technik-Feindschaft wurden endgültig begraben. Ökonomie und Technik mit ihrem Sachzwangdenken wurde nun gerade gegen jeden politischen Voluntarismus ausgespielt.

Die Deklaration des Primats der Kultur im Postmodernismus konnte nicht verdecken, dass es zu einem Primat einer wirtschaftlich dominierten Kulturindustrie gekommen war. *Kulturindustrie* betraf nicht mehr nur das gesunkene Kulturgut der Hochkultur, gegen die einst Adorno wetterte (vgl. Kap. 8, 3), sondern wurde zu einem umfassenden Begriff, der Hochkultur und Populärkultur umfasste (Steinert, 1998: 9). Die postmoderne Kultur wurde zunehmend klassenlos, soweit das Konsumdenken klassenlos ist. Politik und Ökonomie hatten jedoch Teil an dem neuen Kulturfirnis über den Subsystemen: die Politik wurde festivalisiert, die Ökonomie ästhetisierte sich und in beiden Bereichen fand eine gewisse Erotisierung statt. Zum Kampfbegriff der Postmoderne wurde das *„citizenship"*, ein Konstrukt, das die klassische Trinität von *„l'homme"*, *„citoyen"* und *„bourgeois"* umschließt und zugleich transzendiert. T. H. Marshall hatte den *„social citizen"* dem politischen und rechtlichen hinzugefügt. *„Cultural citizenship"* wurde nun zur Erweiterung des Citizens zu einer Vierfeldmatrix (vgl. Kymlicka 1991: 161ff). Diese Erweiterung ließ freilich die Priorität der vier Anspruchsgrundlagen im Konfliktfall nicht klarer erkennbar werden. Was mit dieser Fragmentierung der citizenships verloren ging, wurde nach Meinung der Adepten einer Sozio-Kultur zur Befriedung der Subkulturen gewonnen. Kultur empfahl sich sogar als Prävention in der Verbrechensbekämpfung: „Stadtteil-Kulturkeller statt Randale" (ART: 1988: 190ff).

Die *Identitätspolitik* der klassischen Moderne, die sich der Kultur bediente, hatte weitgehend Züge eines atavistischen Nationalismus angenommen. Die Postmoderne fragmentierte die Identitätspolitiken und erklärte sie zugleich als transnational vom Ethnonationalismus der kleinen in den Nationalstaaten vergessenen Völkern der Basken oder Baschkiren bis zum Feminismus oder zum Fundamentalismus. Die kommerzialisierte Mainstream-Kultur entwickelte unter dem Diktat strikter *political-correctness*-Regeln beträchtliche Permissivität und fragmentierte sich selbst in *Life-style*-Gruppen, die nicht mehr an Klassenkampf dachten. Das vertikale Klassenschema wurde durch die „horizontale Disparität der Lebensbereiche" ersetzt (Offe).

Im Eifer des Gefechts um einen angeblichen *„Kampf der Kulturen"* drohte die Trennung von *inhaltlich definierter Kultur* und eher *formal-prozeduraler Zivilisation* jedoch wieder verloren zu gehen. Wo andere Völker sich in kulturellen Begriffen definieren, kann nach dieser Auffassung eine Gesellschaft ohne kulturellen Kern, die sich nur durch ein politisches Credo definiert, nicht bestehen. Richard Hofstadter hatte längst vor dem Gerede über das Ende der Ideologien dazu aufgerufen, „keine Ideologien zu haben, sondern eine zu sein" (zit: Kohn 1957: 13). Nach der vorzeitigen Verabschiedung des Zeitalters der Ideologien werden solche Bonmots wieder ernst genommen.

Nach dem Auslaufen der Vorherrschaft des Kritischen Rationalismus kam es in der Postmoderne zu einem Boom der Kulturdebatten. Komposita wurden Mode von der *„Streitkultur"* bis zur *„Unternehmenskultur"* und erfassten anscheinend kulturferne Gebiete. Kultur wurde schon in Musils „Mann ohne Eigenschaften" (1952: 101) als Ersatz der Religion diskutiert, aufgrund des Bedürfnisses, „eine menschliche Einheit vorzutäuschen, welche die so sehr verschiedenen menschlichen Betätigungen umfassen soll und niemals vorhanden ist. Diese Täuschung nannte Diotima Kultur...". Clifford Geertz hat sich unter Berufung auf Max Weber zu der Definition durchgerungen, dass der Mensch in das selbstgesponnene Bedeutungsgewebe verstrickt sei. Das Gewebe war für ihn die Kultur. Ein spöttischer Analytiker dieser Definition (Hörisch 2010: 79) ließ es sich nicht nehmen, darauf hinzuweisen, dass diese Definition nicht mehr auf etwas Vorgegebenes, sondern auf „Selbstgestricktes" einlasse.

Der Einzug postmodernen Denkens in die politische Theorie hat die Förderung der Universalität vielfach auf die Fahnen geschrieben. Die pragmatisch-fragmentarische Denkweise des Postmodernismus tritt in aller Unschuld auf, weil sie *Universalität und Partikularität* zu verbinden scheint. Sie kann jede Ironie für übertriebene Identitätssuche akzeptieren, nur Zelotentum der Partikularität ist ihr fremd. Genau der ironische Abstand aber fehlt den Identitätspolitikern – nicht nur in der Dritten Welt. Kulturen, die noch um ihre Anerkennung kämpfen und nicht mehr selbstgenügsam ihr Stammesleben im Hindukusch führen, können sich liberale Differenziertheit und Selbstironie noch nicht leisten. Der Konflikt ist historisch nicht neu. Kultur als eiferndes Engagement aus dem Judentum und dem frühen Christentum kämpfte mit einem abgeklärten hellenistischen Universalismus schon an der Wiege Europas (Eagleton 2001: 99). Einige Kulturkritiker wie Peter Koslowski (1989: 186, 190) haben sich früh gegen das Gerede über die multikulturelle Gesellschaft gestellt. Bloße Mannigfaltigkeit ohne inhaltliche Bestimmung blieb für sie unbefriedigend. Nicht Pluralismus sondern *Subsidiarität* war für sie das Prinzip der Postmoderne, nicht multikulturelle Beliebigkeit, sondern subsidiäre Gliederung der Kulturen als Signatur einer kommenden Weltkultur.

Die Stimmen der Vernunft in einer aufgeheizten Debatte blieben bei der Unterscheidung einer *Kultur als Zivilisiertheit* und einer *Kultur als Identität*. Nur der zweite Kulturbegriff erscheint planbar, Kultur als Zivilisiertheit wird eher auf langfristige Sozialisationsprozesse setzen. Seit T. S. Eliots (1949: 46) berühmtem Essay wurde immer wieder versucht, beide Kulturkonzeptionen zu vereinigen. Von Matthew Arnold bis T. S. Eliot wurde die Erosion der Religion mit der Inthronisierung einer *„Ersatzreligion Kultur"* beantwortet. Empirische Kulturwissenschaft und kulturalistisch gestimmte Politikwissenschaft waren beide für solche Trends anfällig.

Neuerdings hat Kulturpolitik bei Richard Rorty (2008: 18) eine umfassendere Bedeutung bekommen als sie in der Typologie der Policies hatte. Rorty plädierte dafür, die Kulturpolitik an die Stelle der Ontologie treten zu lassen. Die ontologische Frage nach der Existenz Gottes sollen wir durch die Frage nach der kulturellen Erwünschtheit des Redens über Gott ersetzen. Rorty ging davon aus, dass die zunehmende Privatisierung der Religion während der letzten 200 Jahre eine geistige Atmosphäre entstehen ließ, in deren Rahmen den Menschen das gleiche Recht auf ideosynkratische Formen der Religionsausübung zugesprochen wird wie auf das Schreiben von Gedichten oder das Malen von Bildern, die außer ihnen selbst kein Mensch verstehen kann. Schon bei John Stuart Mill wurde die Auffassung aus dem Werk heraus interpretiert, dass die Lyrik als Philosophie und Religion angesehen werden könne (ebd.: 52f, 58, 62). Monotheismus wie Formen der Metaphysik oder Naturwissenschaft, die zu verkünden behauptet, wie die Welt eigentlich beschaffen sei, werden durch liberale Ironie und durch demokratische Politik ersetzt. Ein *freier Konsens* darüber, wie viel Spielraum wir einander zur privaten Vervollkommnung zugestehen können, tritt an die Stelle des Strebens nach „objektiven Werten". Seit der „kulturellen Wende" wird diese Ausweitung nicht ungern zur Aufwertung von Kulturpolitik von Akteuren wie von Publizisten benutzt. Rorty wurde neuerdings vorgeworfen, dass er die Kontingenz zur Allgemeinheit erhebe, ohne ihre Kontingenz zu tilgen und so seinen Historizismus mit seiner Verabsolutierung der westlichen Ideologie versöhne (Eagleton 2001: 80). Dass ein muslimischer Fundamentalist in absehbarer Zeit solche Abgeklärtheit erreicht, ist unwahrscheinlich. Mir scheint, dass Rorty ihn dazu auch nicht zwingen will und daher hat dieser extreme Relativismus nichts kulturimperialistisches, da die *Kultur-als-Lebensform* das Partikulare preist.

Die Sakralisierung der klassischen Moderne geriet in die Kritik. Die Herolde der Moderne hatten angeblich die Ideengeschichte so eingerichtet, dass alle fortschrittlichen Tendenzen in ihrem Delta ans Ziel und damit ans Ende der Geschichte gelangt schienen. Inzwischen zeigt der Ausstellungsbetrieb, dass wir kaum noch an der „Selbstvergötzung und Selbstversklavung der Moderne leiden", die Beaucamp (2011: 33, vgl. Kap. 11) aufs Korn genommen hatte. Es erscheint fast überflüssig, die Kunst aufzufordern, jedwedem Futurismus zu entsagen und sich nach „Anknüpfungen in der Vergangenheit" umzusehen. Das ist seit der Feyerabendschen Devise *„anything goes"* in der Postmoderne längst geschehen. Die Postmoderne wurde immer wieder totgesagt, weil sie zu eng an Konsum und Kommerz herangerückt sei und gleichwohl hat sie als Synonym für extreme Diversität behauptet (Assheuer 2011: 75).

Schon die Suche nach Volksnähe überholte die Hoheitsattitude der Klassischen Moderne. Der Begriff *Soziokultur* entwickelte sich aus der Praxis der kommunalen Kulturpolitik. Er wurde zunächst als Kampfbegriff der Linken verstanden. Um 1990 wurde er im Bundestag bei einer „Großen Anfrage Soziokultur" der SPD (BT-Drs. 11/6971) als wichtiger Teil der kulturellen Praxis in der Bundesrepublik anerkannt. Im Jahr 2000 (BT-Drs. 14/4020) wurde der Soziokultur eine integrative und präventive Funktion zu erkannt, weil sie die herkömmliche *angebotsorientierte Kulturpolitik* durch Strategien der *Nachfrageorientierung* ergänze. Die Trennung von Kultur und Alltag wurde zunehmend aufgehoben und der Begriff Soziokultur als fortschrittliches Fanal ließ der Begriff der Soziokultur kritisch gegenüber der einseitigen DDR-Maxime von der *Breitenkultur* einsetzen (Schwencke 2009: 148).

Die postmoderne Entwicklung droht – nicht nur in ihren ästhetischen und ausstellerischen Auswüchsen – viele Desorientierungen zu generieren, die bis zum Realitätsverlust gesteigert werden können. Der Staat wird von diesen Pluralisierungstendenzen erfasst und verweist auf die Selbststeuerung der Bürger, die sich noch zusätzlich allein gelassen fühlen (Frankenberger 2007: 63f). Ergebnis dieser gesellschaftlichen Tendenzen ist die Ausdifferenzierung von postmodernen Lebensentwürfen und Mileus, wie sie im SIGMA-Milieu-Modell durch unterschiedliche Persönlichkeitstypen vom liberal-intellektuellen bis zum konsum-materialistischen Modell dargestellt wurden (Ueltzhöffer 1999). Dabei wurden aktive postmoderne Ich-Orientierung und passive Ich-Orientierung etwa im hedonistischen Milieu unterschieden.

Höchst unterschiedliche Einflüsse dieser Milieus im Konsumentenbereich sind im Reich der aktiven Künstler zu finden. Inzwischen toben postmoderne Debatten um die *„relationale Ästhetik"* (Stahl 2011: 27). In Frankreich begannen einzelne Kuratoren – unter Berufung auf Marinettis Manifest von 1930 *„La cucina futurista"* – den Kunstbegriff auf Demonstrationen und Treffen, Spiele, Feste und sogar auf die Gastronomie auszudehnen. Der Philosoph Jacques Rancière polemisierte gegen die Vorstellung, dass im musealen Raum relationale, beziehungsstiftende Wirkungen erzielt werden können. Küchengeräte – als Kunstobjekte definiert – drohten einen gesellschaftlichen Scheinkonsens zu suggerieren, der gerade nicht innovativ wirke.

Die Politikwissenschaft hat zwar die *„policies"*, die Politikfelder, entdeckt, aber die Kulturpolitik spielte dabei eine geringe Rolle. Dabei war es kein Geheimnis: „Kultur ist kein politikfreier Raum" (Klein 2005: 65). Der *„cultural turn"* in den Sozialwissenschaften ist inzwischen sogar in einen *„pictural turn"* in der Politikwissenschaft umgeschlagen. Reine Darstellungspolitik, die sich immer mehr vor die bildlich oder audiovisuell nicht vermittelte Entscheidungspolitik schiebt, hat eine gefährliche Differenz zwischen dem politisch Möglichen und dem kommunikativ Vermittelbaren erzeugt. Symbolische Politik scheint vielfach die deliberierende Politik zu überlagern (Hofmann, 2004: 309; Sarcinelli 1987). Kulturwissenschaftliche Politikanalyse arbeitet sich – nicht zuletzt aus einer zeitdiagnostischen Sensibilität heraus – an der Frage ab, welchen Sinn Politik für politisch Handelnde hat: Zeichen, Symbole, Rituale und Mythen, die Sinnzuschreibungen und Vorstellungen überhaupt erst mittelbar machen werden zu Kommunikationsmaterialien für Alltägliches und Außeralltägliches. Sie bringen Handlungsmotive, Selbstinterpretationen und Legitimationen zum Ausdruck (Müller u. a. 2002: 8, vgl. Kap. 3).

Bedauerlicher Weise wurde in Deutschland die Kulturpolitik von anderen Disziplinen betreut – meist unabhängig von der Frage, was die Autoren studiert hatten. Vieles was Kulturpolitik genannt wurde, war eher Kulturgeschichte, wie die Standardwerke von Glaser (1985) und Hermand (1986, 1988). Kulturpolitik im professionellen Sinne der Politikwissenschaft waren die meisten Veröffentlichungen, die Kulturpolitik im

Titel trugen, nicht. Es wurde selten die systematische Frage gestellt, wie der Staat im Einzelnen in diesem sperrigen Bereich der Gesellschaft steuern kann. Auch die vergleichende statistische kulturpolitische Forschung – der professionellste Teil dieses Forschungsbereiches – hat die Frage nach der politischen Steuerung allenfalls als das Resultat aus den Daten extrapoliert.

Es ist wohl ein einmaliger Fall eines Politikfeldes, dass der Staat erst einmal die Kulturforschung unterstützen mußte, um Anleitung zu bekommen, wo überhaupt Handlungsbedarf vorliegt. Karla Fohrbeck und Andreas Wiesand haben im „Zentrum für Kulturforschung" (ab 1979 in Bonn) wichtige vergleichende Studien geschrieben, wie den „Künstlerreport" (1975), der zuerst als Bundestagsdrucksache 7/3071 vorgelegt wurde und Studien zur „Kunstförderung im internationalen Vergleich. (1971), Wiesands „Kunst ohne Grenzen" (1987) oder Fohrbecks „Renaissance der Mäzene" (1989). Nordrhein-Westfalen hat in Essen mit einem „Kulturpolitischen Institut" und den „Kulturpolitischen Mitteilungen" als Zeitschrift weitere Aspekte der Forschung voran gebracht (Wagner 1993, Glaser u. a. 1996).

Darüber hinaus ist dieses Feld reich an programmatischen Schriften. Es wird eher postuliert, was sein soll, als analysiert was ist. Das ist in doppelter Hinsicht kein Fehler:

- Einmal umfassen die Sozialwissenschaften – und Kulturpolitik gehört dazu – immer drei Dinge: Analyse *was ist*, Prognose von möglichen Trends (*was könnte werden?*), und schließlich normative Äußerungen über das, *was sein soll.*
- Zum anderen kann ein Bereich, der sich mit den Bedingungen künstlerischer Kreativität befasst, nicht unberührt von seinem Gegenstand bleiben: *semper aliquid haeret.* Insofern ist es in Ordnung, dass in kulturpolitischen Schriften vielfach kontrovers und sogar polemisch diskutiert wird.

Aktive Kulturpolitiker haben ihre Konzeption vor der Amtsübernahme dokumentiert, wie Christina Weiss (1999), oder ihre Frustration im Nachhinein abgearbeitet, wie der Berliner Kultursenator (1991-1996) Ulrich Roloff-Momin (1997: 106ff), der in einer Schließungswelle amtierte, und wegen der Abwicklung des Schiller-Theaters als „Schiller-Killer" verunglimpft wurde. Gelegentlich war der Wechsel von der Kulturforschung zur aktiven Kulturpolitik, wie bei Karla Fohrbeck, kein harmonischer, wie er es später bei Christina Weiss gewesen ist. Leichter war der Übergang von Aktivisten und Publizisten in die Forschung auf einer Honorarprofessur, wie in den Fällen von Hermann Glaser oder Olaf Schwencke (vgl. Kap. 7,3,b). Prekär blieb die Absicherung der Kulturforschung, wenn verdienstvolle Einzelkämpfer wie Michael Söndermann einen ganzen Forschungszweig wie die Kulturstatistik betreuen. Kulturpolitische Forschung hatte es schwer sich zu etablieren. Sie hatte mit einer Besonderheit ihres Politikfeldes zu kämpfen: es ging immer Dreiebenenpolitik (Gemeinde, Land und Bund), und soweit die EU eine Rolle spielt, könnte es bald zur Vierebenenpolitik werden.

Vergleichende Forschung zur Kulturpolitik wurde in der Politikwissenschaft kaum gepflegt – eher in der Soziologie. Bourdieu (1969: 218) hat früh Vergleiche mit Umfragedaten angestellt, aber die Daten aus Griechenland, Polen, Frankreich und den Niederlanden waren kaum verallgemeinerbar. Brauchbarer waren die Daten in der Serie von Helmut Anheier und Yudhishthir Raj Isar (Bd. 2, 2010: 343; Bd. 3: 352ff) zur kulturellen Partizipation in den EU-Ländern, oder zur Diversität der kulturellen Institutionen in EU-Ländern und darüber hinaus (vgl. Kap. 8, Kap. 11).

Literatur

Abosch, Heinz: Das Ende der großen Visionen. Plädoyer für eine skeptische Kultur. Hamburg, Junius, 2000.

Anheier, Helmut/Raj Isar, Yudhishthir (Hrsg.). The Cultures and Globalisation Series. London, Sage, Bd. 2, 2008, Bd. 3, 2010.

Assheuer, Thomas: Als die Kunst ins Leben trat. Warum die Postmoderne mausetot ist – und nie lebendiger als heute. Die Zeit, Nr. 38, 2011: 75.

Beaucamp, Eduard: Fortschritt seitwärts. Für eine Kunst des Krebsgangs. FAZ 4. 2. 2011: 33.

v. Beyme: Geschichte der politischen Theorien in Deutschland 1300-2000. Wiesbaden, VS Verlag für Sozialwissenschaften, 2009.

Bieber, Christoph u. a. (Hrsg.). Kultur im Konflikt. Claus Leggewie revisited. Bielefeld, Transcript, 2010.

Bourdieu, Pierre/Darbel, Alain: L'amour de l'art. Paris, Minuit, 1969.

Eagleton, Terry: Was ist Kultur? München, Beck, 2001.

Eliot, T. S.: Was ist Kultur? München, Beck, 1949.

Fohrbeck, Karla/Wiesand, Andreas: Von der Industriegesellschaft zur Kulturgesellschaft. München, Beck, 1989.

Frankenberger, Rolf: Gesellschaft – Individuum – Gouvernementalität. Theoretische und empirische Beiträge zur Analyse der Postmoderne. Münster, LIT, 2007.

Fuchs, Max: Kulturpolitik und Zivilgesellschaft. Berlin, Deutscher Kulturrat, o. J. (2008).

Geertz, Clifford: Dichte Beschreibung – Beiträge zum Verstehen kultureller Systeme. Frankfurt, Suhrkamp, 1983.

Glaser, Hermann: Kulturgeschichte der Bundesrepublik Deutschland. München, Hanser, 1985, 3 Bde.

Glaser, Hermann u.a. (Hrsg): Zukunft Kulturpolitik. Festschrift für Olaf Schwencke. Essen. Klartext, 1996.

Göschel, Albrecht: Die Ungleichzeitigkeit in der Kultur. Wandel des Kulturbegriffs in vier Generationen. Essen, Klartext, 1995, 2. Aufl.

Häberle, Peter: Die Erinnerungskultur im Verfassungsstaat. Berlin, Duncker & Humblot, 2011.

Hermand, Jost: Kultur im Wiederaufbau. Die Bundesrepublik Deutschland. 1945-1965. München, Nymphenburger, 1986.

Hermand, Jost: Die Kultur der Bundesrepublik Deutschland. 1965-1986. München, Nymphenburger, 1988.

Hofmann, Wilhelm: Die politische Kultur des Auges. Der *pictural turn* als Aspekt des *cultural turn* in der Politikwissenschaft. In: Schwelling, 2004: 309-334.

Hörisch, Jochen: Cultural Studies. In: Ders.: Theorieapotheke.Frankfurt, Suhrkamp, 2010: 78-86.
Jessen, Hoch die Hochkultur! Die Zeit, 7. Juli 2011: 45.
Kohn, Hans: American Nationalism. New York. Macmillan, 1957.
König, Helmut: Politik und Gedächtnis. Weilerswist, Velbrück, 2008.
Koslowski, Peter: Wirtschaft als Kultur. Wien, Passagen, 1989.
Kymlicka, Will: Liberalism, Community and Culture. Oxford, Clarendon, 1989, 1991.
Latour, Bruno: Wir sind nie modern gewesen. Frankfurt, Suhrkamp, Neuaufl. 2008..
Lorenzer, Alfred (Hrsg.): Kultur-Analysen. Psychoanalytische Studien zur Kultur. Frankfurt, Fischer, 1986.
Müller, Michael/Raufer, Thilo/Zifonun, Dariuš (Hrsg.): Der Sinn der Politik. Kulturwissenschaftliche Politikanalysen. Konstanz, UVK Verlag, 2002.
Musil, Robert: Der Mann ohne Eigenschaften. Hamburg, Rowohlt, 1952.
Reckwitz, Andreas: Die Politik der Moderne aus kulturtheoretischer Perspektive. In: Schwelling, 2004: 33-56.
Robertson-von Trotha, Caroline Y: Die Dialektik der Globalisierung. Kulturelle Nivellierung bei gleichzeitiger Verstärkung kultureller Differenz. Karlsruhe, Universitätsverlag, 2009.
Roloff-Momin, Ulrich: zuletzt: kultur. Berlin, Aufbau-Verlag, 1997.
Rose, Margaret. A.: The Post-Modern and the Post-Industrial: A Critical Analysis. Cambridge, Cambridge UP, 1991.
Sandell, Roger: The Culture Cult. Designer Tribunalism and other Essays. Oxford University Press, 2000.
Sarcinelli, Ulrich: Symbolische Politik. Opladen, Westdeutscher Verlag, 1987.
Scheytt, Oliver: Kulturstaat Deutschland. Plädoyer für eine aktivierende Kulturpolitik. Bielefeld, Transcript Verlag, 2008.
Schiller, Friedrich: Über die ästhetische Erziehung des Menschen in einer Reihe von Briefen. Sämtliche Werke, Bd. V. München, Winkler, 1968: 317-320.
Schwelling, Birgit (Hrsg.): Politikwissenschaft als Kulturwissenschaft. Theorien, Methoden, Problemstellungen. Wiesbaden, VS Verlag für Sozialwissenschaften, 2004.
Schwencke, Olaf u. a. (Hrsg.): Kulturpolitik von A – Z. Berlin, B&S Siebenhaar Verlag, 2009.
Sievers, Norbert/Wagner, Bernd (Hrsg.): Bestandsaufnahme Soziokultur. Stuttgart,Kohlhammer, 1992.
Stahl, Antje: Künstler als Köche verderben den Brei. FAZ 9. 5. 2011: 27.
Steinert, Heinz: Kulturindustrie. Münster, Westfälisches Dampfboot, 1998.
Swingewood, Alan: Cultural Theory and the Problem of Modernity. Basingstoke, Macmillan, 1998.
Ueltzhöffer, Jörg: Europa auf dem Weg in die Postmoderne. In: Busch, Andreas/Merkel, Wolfgang (Hrsg.): Demokratie in Ost und West. Für Klaus von Beyme. Frankfurt, Suhrkamp, 624-652.
Wagner, Bernd: Zwanzig Jahre Neue Kulturpolitik. Eine Bibliographie. Hagen, Kulturpolitische Gesellschaft, 1993.
Wiesand, Andreas Johannes (für das Bundesinnenministerium), 1987: Kunst ohne Grenzen? Kulturelle Identität und Freizügigkeit in Europa. Köln. DuMont, 1987.
Wolf-Csanady, Elisabeth: Wertewandel und Kulturpolitik in der BRD und Österreich. Frankfurt, Lang, 1996.

2 Wandlungen des Kulturbegriffs in Kulturwissenschaft, Kulturgeschichte und Kulturpolitik

1 Einleitung

Politik und empirische Kulturwissenschaft scheinen wenig mit einander gemeinsam zu haben. Die *empirische Kulturwissenschaft* ist über hundert Jahre älter als die Politikwissenschaft. Die *Kultursoziologie* in ihrer abstraktesten Form ging von einem Dualismus von Strukturanalyse und Kulturanalyse aus, und forderte eine Vereinigung beider Ansätze in einer „allgemeinen Theorie des sozialen Wandels" (Archer 1989: 307). Die *Kulturgeschichte* kam der Kulturwissenschaft durch Entdeckung des Volkes und Aufgabe des Fokus „Hochkultur" näher. Gemeinsam war allen drei Disziplinen im 19. Jahrhundert das Bemühen um eine nationale Kultur. Bei Wilhelm Heinrich Riehl wurden die disparaten Studien über Haus und Hof, Küche und Keller, „Rock und Kamisol und anderen eitlen Plunder" zusammengehalten durch den Fokus der Idee der Nation (zit. Bausinger o. J: 54). Die Anfänge der Politikwissenschaft kreisten später in ähnlicher Weise um den Nationsbegriff und in der internationalen Politik ist der Nationalstaat trotz aller Auflösungen in Netzwerke mehr als ein Knotenpunkt im Netzwerk transnationaler Beziehungen geblieben.

Heute legen die Promotoren der Kulturgeschichte Wert auf die Feststellung, dass die Kulturgeschichte keine Bindestrich-Geschichte – wie Regional oder Medizingeschichte – ein thematischer Ausschnitt aus einer irgendwie ‚allgemeinen' Geschichte darstelle (Daniel 2006: 11, 14). Sie hat eher einen methodischen Ansatz, der in Opposition zur klassischen Sozialgeschichte entwickelt wurde, bei der Strukturen, Prozesse und Institutionen im Vordergrund des Interesses standen, während die Wahrnehmungsweisen, Mentalitäten und Sinnstiftungsweisen als subjektive Faktoren vernachlässigt worden sind, sogar als letztlich nicht wissenschaftlich behandelbar galten. Heute hat die Kulturgeschichte der postmodernen Prägung ein Selbstbewusstsein, das der Abgrenzungs- und Profilierungsrituale ihrer Anfangszeit nicht bedarf. Kulturgeschichte in diesem Sinne weigert sich in den intellektuellen Freitod eines absolut gesetzten Skeptizismus zu fliehen.

2 Kulturpolitik oder deterministische Modernisierungstheorie?

Hinter beiden Fächern, empirische Kulturwissenschaft und Politikwissenschaft; steht eine andere Wissenschaft, die in der Regel die Paradigmen für ihre theoretisch weniger anspruchsvollen Hintersassen-Fächer vorgedacht hat, die *Soziologie*. Sie hat uns von der nationalistischen Enge des Fokus abgebracht, auch wenn sie selbst nach dem bekannten Verdikt des Ethnosoziologen Wilhelm Emil Mühlmann vielfach über eine „Soziographie auf Bundesebene" nicht hinauskam. Die Großen des Faches von Durkheim bis Max Weber haben den vergleichenden Aspekt der Erforschung von Kulturen entwickelt. Die Lösung der vergleichenden Erforschung der Kulturen von evolutionstheoretischen Annahmen und die gleichberechtigte Anwendung von Differenz und Konkordanzmethode seit John Stuart Mill ist für mich neben der Differenzierung von Theorie und Praxis und Geschichte und Evolution die wichtigste methodische Voraussetzung zu einer modernen Theorie, welche die Schlacken prämoderner Eschatologik überwunden hat. Friedrich Tenbruck (1992) hat freilich fast die gesamte soziologische Theoriebildung verdächtigt, über eine „Gesellschaftsgeschichte" nicht hinausgekommen zu sein, welche die Parallelismen in der Evolution in allen Kulturen vermittels eines Differenzierungsparadigmas aufzuspüren versuchte. Tenbruck brandmarkte die damals noch optimistische Modernisierungstheorie als „scholastisch-ontologisches Denken". Mit einem gewissen Recht sah er die Differenzen zwischen der marxistischen Entwicklungstheorie und der „bürgerlichen" Modernisierungstheorie als gering an. In der Tat: der Kulturvergleich ging nicht wirklich von der Differenz aus, sondern diente von Comte und Spencer bis Durkheim – wir würden heute Luhmann hinzufügen – der Suche nach den verborgenen Gesetzmäßigkeiten, aus denen Kulturen sich aus sich selbst heraus entwickeln.

Kulturwissenschaft und Kulturpolitik stellten sich auch nach ihrem normativen Verständnis zunehmend in den Dienst der Verständigung zwischen Kulturen und Völkern. Gleichzeitig breitete sich jedoch auf der Metaebene eine autopoietische Variante der Systemtheorie in Deutschland aus, die statt Verständigung allenfalls Beobachtung zweiten und dritten Grades zwischen den Kulturen annehmen konnte. Die methodische Nähe zwischen empirischer Kulturwissenschaft und Politikwissenschaft ist größer als die zwischen Kulturwissenschaft und dem nicht strikt nur einer Disziplin zugeordneten Bindestrichfach „Kulturpolitik". Allenfalls in dem vernachlässigten Bereich Kulturpolitik hat die Politikwissenschaft der empirischen Kulturwissenschaft einen stark auf praktische Umsetzung gerichteten Impetus voraus.

Die *Kulturgeschichte* hat sich der Entwicklung der Kulturwissenschaft in ihrem ethnologisierenden Trend stärker angepasst als die Kulturpolitik, die immer noch vielfach dem Ansatz eines *aufgeklärten Neo-Institutionalismus* verbunden bleibt. In den späten 60 Jahren wandten führende Kulturhistoriker wie Le Roy Ladurie, Daniel Roche, Lyn Hunt, Carlo Ginzburg oder Hans Medick sich der Anthropologie (im angelsächsischen Sinne) zu, um die Kulturgeschichte vom Odium des Spiegels der Gesellschaft und eines Überbaus, „als bloßes Sahnehäubchen" zu befreien. Der breite Kulturbegriff der cultural studies schien für einstige Sozialhistoriker attraktiv, weil er die Erforschung von Symbolen ermöglichte, die einst mit Ausnahme von Johan Huizinga den Kunst- und Literaturhistorikern überlassen worden ist (Burke 2005: 61f). Andere Historiker haben eher von der Geographie oder Volkskunde inspirierte Gemeinde-Studien entdeckt.

Die reinen Ideengeschichtler wurden vielfach von einer neuen *Mentalitätsgeschichte* verdrängt, zumal die Theoriegeschichte in der Schule von Cambridge bei John G. A. Pocock und Quentin Skinner selbst sich von den Höhenwanderungen der Ideen abwandte und die bisher vergessenen „kleinen Theorien" aufgriff. Der *Kontextualismus* hat auch in der Theoriegeschichte nach den sozialen, kulturellen politischen und wirtschaftlichen Zusammenhängen von Theorien und Ideologien gesucht und sich damit der „europäischen Ethnologie" angenähert (vgl. v. Beyme 2009: 544). Burke (2005: 76) urteilte scharfsinnig: „Die ältere Schwester, die Geistesgeschichte ist seriöser und präziser, die jüngere unbestimmter, aber auch phantasievoller". Ende der 80er Jahre kam der Terminus *„New Cultural History"* auf – zum Teil in Anlehnung an die *nouvelle histoire* im Frankreich der 70er Jahre. Unter dem Einfluss des philosophischen *Konstruktivismus* wurde die klassische Sozialgeschichte der Kultur zur Kulturgeschichte der Gesellschaft transformiert (Hacking 1999). Die Adjektive „sozial" und „kulturell" entwickelten in der Postmoderne die Tendenz, nahezu austauschbar zu werden. Schon Clifford Geertz hat in dem Werk „Dichte Beschreibung" (1973: 56), das nicht wenig zum „cultural turn" beitrug, auf die Gefahr hingewiesen, dass die Kulturanalyse die Verbindung zur „harten Oberfläche des Lebens", den ökonomischen und politischen Strukturen verlieren könne. Weitere Kritiker (Burke 2005: 167; Bonnelll/Hunt 1999: 1ff) hofften darauf, dass ein *„post-postmodernes Zeitalter"* diese Verbindung wieder herstellen werde, und dass die Idee des Sozialen nicht über Bord geworfen, sondern neu gefasst werde.

3 Die Marginalität der Kulturpolitik in der Politikwissenschaft

Kulturpolitik als Bindestrich-Politikfeld spielt im Rahmen der Politikwissenschaft eine völlig marginale Rolle – sehr im Gegensatz zur Kultursoziologie im Rahmen der Soziologie, die sich als historisch-verstehender Zweig wacker gegen die Übermacht des behavioralistischen Neopositivismus hielt. Kulturpolitik als Lehrfach wird allenfalls von bekannten Praktikern als Honorarprofessoren vertreten wie Hilmar Hoffmann, Hermann Glaser oder Olaf Schwencke. Mangels zentraler Kulturpolitik – wie sie in der französischen Tradition angelegt war – beschränkten sich viele Studien in Deutschland auf kommunale Kulturpolitik (Frank 1990). Der erstaunliche Aufstieg Frankfurts von der Bankmetropole zur Kulturstadt unter Hilmar Hoffmann wurde herausgestellt. Selbst ein Versuch der Darstellung von „Kulturpolitik in Deutschland" (Pohlmann 1994) ist bei Lichte besehen eine Studie über territoriale Kleinkunst der Kommunen und die funktionalen Aktivitäten von Künstlerverbänden und Kulturorganisationen. Kulturpolitik wird zudem fern von dem in der Politikwissenschaft entwickelten Instrumentarium der Policy-Forschung abgehandelt. Eine systematische Darstellung der staatlichen Interventionsfelder im Bereich der Kulturpolitik mit der Fülle von akquisitiven, restriktiven, protektiven, distributiven und regulativen Maßnahmen gibt es nur im Ansatz (v. Beyme 1998: 15; vgl. Kap. 7).

In einem Punkt war die empirische Kulturwissenschaft der Kulturpolitik von Anfang an voraus: man rannte in den empirischen Kulturwissenschaften offene Türen ein, als die „Kulturpolitische Gesellschaft" in den 70er und 80er Jahren die „Neue Kulturpolitik" entdeckte und sich der sozioökonomischen *Trivialkultur* und dem Multikulturalismus öffnete (Kramer 1996). Die alte Volkskunde hatte schon immer eine Schwäche für die Trivialkultur in ihrer „Andacht zum Unbedeutenden" (Sulpiz Boisserée, zit. Bausinger 1987: 11). Mir scheint als ob die ältere Kulturwissenschaft gelegentlich sogar Schwierigkeiten hatte, einzusehen, dass ein Bauernschrank in seinen Formen und Mustern nicht unmittelbar der Volksseele entsprang, sondern gesunkenes Kulturgut der Elitenkultur einer vorangegangenen Generation darstellte. Bei politischen Umwälzungen kann das sogar der vermeintlichen Hochkultur passieren. In Sowjetrussland war nach dem Ende der futuristischen Kunstexperimente der neue Zuckerbäcker-Stil des Stalinismus in Architektur und Inneneinrichtung nicht die prätendierte neue proletarische Kultur, sondern die trivialisierte Form der vernichteten aristokratischen Kultur des Zarenregimes, einschließlich ihrer Säulen, Glaskandelaber und schweren Brokatvorhänge.

In der Entwicklung der Volkskunde zur empirischen Kulturwissenschaft bekam das Triviale jedoch eine gegenwartsbezogene Konnotation, die es im älteren Vergangenheitskult nicht gehabt hatte. Die Kulturpolitik hat in einigen Ländern durchaus ähnliche Vergangenheitsfixierungen aufzuweisen, wenn sie sich fast ganz in der Förderung von Archiven, Museen und Denkmalpflege erschöpft. Volkskunde als Aschenputtel hatte gelegentlich ein Pendant in der theoretischen Bemühung um Kulturpolitik. Bausinger (1987:15) zeigte, dass Aschenputtel auch als mobilisierte Kämpferin noch Züge der Realitätsflucht beinhalten kann und dass der Eskapismus auch im anscheinend progressiven Kampf gegen die „Kolonialisierung der Lebenswelten" in aktuellerer Form gelegentlich weiterlebt.

Die empirische Kulturwissenschaft war der Politikwissenschaft noch in einem anderen Punkt voraus: sie hatte einen breiten Kulturbegriff. Soweit sich Politikwissenschaftler für die Kultur interessierten, haben sie sich, ehe sie kulturellen Produkte der neuen sozialen Bewegungen ernst nehmen mussten, überwiegend auf die Hochkultur kapriziert, die auch den Übersichten über Förderungsschwerpunkte in der Europäischen Gemeinschaft zugrunde lagen. Es wurden dann gern nationale Profile eruiert: Frankreich förderte großzügig die Filmbranche, eine Sparte der Kultur, die in Deutschland unterbelichtet blieb. Deutschland subventionierte hingegen stärker Theater und Ballet, kleine Länder wie Luxemburg gaben fast den ganzen Kulturfonds für Denkmalpflege und Archive aus (vgl. Kap.7 und 9). Weite Bereiche des Kulturlebens wurden in den politikwissenschaftlichen Betrachtungen nicht unter Kulturpolitik verbucht. Nur die DDR listete sogar die „Körperkultur" im Kulturetat auf (vgl. Kap. 6). Dass die neuen Formen der Körperkultur und des Body-Building Teil kulturwissenschaftlicher Bemühungen sein müssen, hat auch Bausinger in der „Schönsten Nebensache" (1990) bekannt.

4 Kulturen in sozialen Konfliktmodellen

Hatte die ältere Kulturwissenschaft mit der Populärkultur weniger Schwierigkeiten als die ältere Kulturpolitik, so hatte die politikwissenschaftlich gestimmte Kulturpolitik den wacheren Sinn dafür, dass Kulturprodukte aus Kampf und Konflikt resultieren können. In der Zeit der Studentenrebellion wurde die empirische Kulturwissenschaft von Konfliktmodellen nicht weniger stark erfasst als die Politikwissenschaft, was ihre wachsende Popularität als Studienfach zum Teil erklären hilft.

Die Postmoderne hat in diesem Punkt einen erneuten Wandel eingeleitet. Die Avantgarde der klassischen Moderne von Russland bis Spanien schien auch politisch subversiv, auch wenn sie keineswegs überwiegend „progressiv" dachte. Aber es gab ein Gemisch aus Nietzscheanismus und Anarchismus das in ganz Europa vorübergehend die Avantgarde erfasste, und gelegentlich wie um 1917-18 große Teile dieser kulturellen Avantgarde politisierte. Die „Kunst der Macht" hatte selten so starke „Gegenmacht der Kunst" als Kontrahenten wie in der Ära von 1890 bis 1930 auf dem Höhepunkt des Zeitalters der Ideologien (v. Beyme 1998: 145ff).

Eine theoretische Annäherung zwischen Politik und Kultur wurde erneut seit 1968 verwirklicht. Kultur wurde ubiquitär als Politik definiert – eine Bewegung, die darin endete, dass die Postmoderne die Behauptungen umstülpte, und alles zu Kultur erklärte, auch die Politik. Vor der postmodernen Fragmentierung stand jedoch eine Verlagerung der politisierten Kultur der Linken zu einer gemäßigten linken Kulturpolitik. Die radikalen Dogmatiker konnten sich dabei auf einen aufgeklärten Kulturmarxismus à la Gramsci, Lukács, Bloch, Kristeva, Althusser oder Williams zurückziehen, um ihre Identität nicht völlig aufzugeben. Die Paradigmenkämpfe zwischen Neomarxismus und Neopositivismus, der meist als undogmatischer Behavioralismus auftraten, wurden durch einen Minimalkonsens auf dem Boden von Politikfeldern abgelöst. In ihnen konnten die verfeindeten Wissenschaftstheorien Spezialbereiche behandeln, nachdem die luftigen System- oder Staatsableitungen sich in scholastischer Sterilität erschöpft hatten. Einer dieser Bereiche, der von dieser Annäherung profitierte, war die Kulturpolitik (vgl. Kap. 5).

5 Die Ausweitung des Kulturbegriffs zur politischen Kultur im Behavioralismus

Die Ausweitung des Kulturbegriffs konnte schon vor Einzug der postmodernen Beliebigkeit auch die Behavioralisten gefangen nehmen: etwa im Begriff der *politischen Kultur*. In der Begriffsanalyse von Kroeber und Kluckhohn (1952) wurden hunderte von Bedeutungen des Terminus „Kultur" ausgewiesen. Eine „politische Kultur" tauchte damals noch nicht auf. Taylor, der erste angelsächsische Anthropologe, der den Kulturbegriff in dem Werk „Primitive Culture" zum Zentralbegriff seiner Wissenschaft erhob, hatte ihn von deutschen Autoren, vor allem von Klemm übernommen. Noch lange behielten die Engländer, mehr als die Amerikaner Skrupel, den deutschen organizistisch überhöhten Begriff zu adaptieren. Schon immer gab es funktionale Äquivalente des Begriffs politische Kultur, etwa die *„moeurs politiques"* von Montesquieu bis Tocqueville oder die *„politische Gesittigung"* bei Robert von Mohl. Dolf Sternbergers Begriff *„Lebende Verfassung"* zielte auf ähnliches – ohne methodologische Hochrüstung, die der Behavioralismus mit der politischen Kulturforschung initiierte.

Die empirische Kulturwissenschaft dürfte weniger Schwierigkeiten mit den Ambiguitäten des Kulturbegriffs aus der angelsächsischen Kulturanthropologie gehabt haben als die empirische Politikwissenschaft. Ein Kritiker der Übernahme des Kulturkonzepts in der Politikwissenschaft nannte in einer Rezension den Begriff „amphibisch", weil er ein heterogenes Sammelsurium von Dingen („Artefakten, Technologie, soziale Beziehungen, Musik und Spiel..like the Lord High Executioner's list" umfasse (B. Walter in: Journal of Politics 1965: 206-209). Die Politikwissenschaft bestand daher darauf, den Kulturbegriff vom Objektcharakter zu reinigen und nur noch psychische Orientierungen auf politische Systeme und ihre Institutionen und Eliten unter politischer Kultur zu verstehen. Soweit kann die empirische Kulturwissenschaft schwerlich gehen, sie müsste sich denn von ihren Sammlungen volkskundlicher Denkmäler trennen.

Mit der Dominanz kulturwissenschaftlicher Theorien sind auch die Theorien der Politik völlig neu klassifiziert worden. Andreas Reckwitz (2004: 36) ging von einem Dualismus aus:

- *Liberale Theorien,* die an Rationalität interessiert sind wie die von Hayek, Nozik oder Buchanan. Sie sind vielfach analytische Steuerungstheorien wie „Rational Choice.
- *Kulturorientierte Theorien,* die entweder hermeneutisch auftraten (Eisenstadt, Rorty, Taylor, Voegelin) oder poststruktualistisch verstanden wurden, wie bei Laclau, Derrida, Butler oder Foucault.

Politikwissenschaft neigte lange der ersten Gruppierung zu, die empirische Kulturwissenschaft naturgemäß der zweiten. Sie haben sich aber in einem Punkt bald wieder getroffen. Die politische Kulturforschung hat sich ebenso wie die neuere Volkskunde davon abgewandt, einen Nationalcharakter mit ererbten Eigenschaften zu unterstellen.

Für die politische Kultur – wie für die materielle Kultur, welche die empirische Kulturwissenschaft untersucht – gilt: *„cultures are learned"* (Pye/Verba 1969: 556). Die Kulturanthropologie und ein Teil der soziologische orientierten Politikwissenschaft sind jedoch durch die Übernahme rigider systemtheoretischer Modelle zu einem Überdeterminismus gekommen, wie er bei Bronislaw Malinowski (1951: 94) in zugespitzter Weise sichtbar wurde, dem sich Kultur als „ein gewaltiger Apparat der Anpassung" darstellte, „der durch das Vermitteln von Fertigkeiten, das Lehren von Normen und die Ausbildung des Geschmacks Anerzogenes und Naturgegebenes miteinander verschmilzt".

6 Kulturalistischer Postmodernismus

Empirische Kulturwissenschaft und Politikwissenschaft – nicht nur der kleine Teil, der sich für Kulturpolitik interessiert – haben sich in ihren Forschungsparadigmen angenähert. Überspitzt könnte man behaupten, dass Teile der Politikwissenschaft von der Analyse der „politischen Klasse" bis zu den Zielgruppenanalysen der Wahlforscher, „vervolkskundlicht" wurden. Entfaltung von *„life styles"* und ihr Einfluss auf politisches Verhalten hat die Paradigmen der Moderne Politik als Kampf organisierter Interessen oder Klassen abgelöst. Mit dieser Feststellung steht die Politikwissenschaft nicht allein. Auch die Germanistik, die früher einige Pioniere der Volkskunde hervorbrachte, aber gleichwohl mit Herablassung auf diese Sparte herabblickte, stellte fest, dass die ermüdeten Textarbeiter durch die kulturalistische Wende in die *„Verkulturwissenschaftlichung"* der Philologien getrieben worden seien und sich trivialen Themen wie den Gartenbauzeitschriften in ihrer Bedeutung für die Identitätsbildung des Mittelstands zugewandt hätten (Schneider 2001: 45).

Die postmoderne Wende hat herbe Kritik provoziert. Die Sozialgeschichte hat mit Hans-Ulrich Wehler (1998: 45ff) im Namen von Max Weber den Kulturalismus scharf angegriffen. Bei Alan Sokal (1999) wurde die Kritik zugespitzt, dass im Postmodernismus ein *„eleganter Unsinn"* dominiere, der einen Missbrauch der Wissenschaften trieb. Sokal rechnete sich zur Linken und vermisste am Postmodernismus vor allem die Möglichkeit einer Gesellschaftsveränderung durch philosophische Kritik.

Die Inflation des Kulturellen hatte eine Verdünnung der Gegenkulturen im Postmodernismus zur Folge. Die Wende zum Subjekt mit ihrer berauschenden Mischung aus Diskurstheorie, Semiotik und Psychoanalyse (Eagleton 2001: 178) führte zur Abwendung von revolutionärer Politik und vielfach zur apolitischen Einstellung. Das Konfliktdenken war damit aber keineswegs zu den Akten gelegt. Identitätspolitik hatte sich nur von Großaggregaten wie Nationen und Klassen etwas gelöst und sich auf Gender-Gruppen, Homosexuelle, nationale Minderheiten und fundamentalistische Religionen und andere Gruppen konzentriert. Der Kulturkonflikt nahm neue sezessionistische Formen an. Im Gegensatz zu den Kampfvorstellungen der klassischen Moderne, die meist mit dem Sieg eines Großaggregats der Nation oder dem Proletariat enden sollte, wurde eine neue Form von Verweigerung praktiziert: Subgruppenbildung und die Forderung nach Autonomie statt Partizipation am gesamtgesellschaftlichen Leben. Seit Lévy-Bruhl die *„mentalité primitive"* rehabilitierte, wurde bei „linken" Postmodernisten der Gedanke ausgesponnen, dass die Rationalitätsstrukturen primitiver und hochkapitalistischer Gesellschaft ziemlich analog seien, auch, wenn im einen Fall die *kinship-Beziehungen* und im anderen Fall die *materielle Produktion* dominanter Ort der symbolischen Produktion sei (Sahlins 1981: 299).

Der postmodernistische Kulturalismus litt aber immer noch an einer herkömmlichen Nordatlantik-Zentriertheit des Denkens. Die Moderne mit ihren liberalistischen Großerzählungen schien diskreditiert. Aber die Moderne blieb weiterhin vielfach das Wunschbild der Länder in der Dritten Welt, die noch um ihre Identität rangen. Der Westen mag Fundamentalisten von Allah für verdammt erscheinen – seine Technik von Flugzeugen bis Anthrax aber ist unerlässlich für ihren Kampf. Für die neuen Ethnozentristen und Fundamentalisten ist nur der kolonialistische Modernisierungsversuch diskreditiert (Eagleton 2001: 119). Der Nationalismus gerade in seinen atavistischen Formen ist jedoch umso gefragter, je weniger die staatlichen Gebilde eine abgegrenzte und von anderen unterschiedene Kultur besitzen – ob das Gebilde nun Paraguay oder Syrien heißt. Europäisch geprägte Hochkultur scheint kosmopolitisch. Globalisierung scheint ihr Vehikel zur Durchsetzung im Weltmaßstab zu sein. Aber auch anscheinend regional gebundene Identitätskulturen globalisieren sich zu übernationalen Großgruppen wie der islamische Fundamentalismus.

Die Globalisierung hat zugleich in den Kernländern der europäisch geprägten Kulturen zu Gegenreaktionen geführt. Trotz der Depolitisierung durch Trends der Postmoderne ist es immer noch leichter, Demonstrationen für kulturelle Differenzen – vor allem, wenn sie mit neuen Formen des Kampfes um materielle Zuwendungen verbunden sind – zu organisieren als für politische Detailfragen. Die antiobjektivistische Stimmung des Postmodernismus, der nicht mehr an die großen ideologischen Erzählungen glaubt, hat der Konstruktion von Identität ungeahnte intellektuelle Hilfsmittel zur Verfügung gestellt. Die alte Volkskunde konnte noch glauben, die Identität an einer materiellen Kultur ablesen. Die neueren Sozialwissenschaften postmoderner Imprägnierung gehen davon aus, dass jede Identität eine Konstruktion ist und die Noch-nicht-Entität das gleiche Recht auf Berücksichtigung ihrer Rekonstruktionsdialoge habe, wie schon etablierte Einheiten von Nationen oder Ländern. Die Soziologie ist in diesem Bereich offener als zwei Sozialwissenschaften wie die empirische Kulturwissenschaft, die auf das Regionale und die Politikwissenschaft die auf den Nationalstaat fixiert bleibt. Soweit Kultur sich durch die Hintertür damit wieder politisiert und sich als „Schlachtfeld" konstituiert, strebt sie nach Kulturpolitik – regionaler, gruppenspezifischer oder nationaler Reichweite. Kulturpolitik wird somit zu einem Verbindungsglied der empirischen Kulturwissenschaft und der Politikwissenschaft, die prima vista wenig miteinander zu tun haben.

7 Kampf der Kulturen oder Zivilisationspatriotismus?

Kulturelle Identitätspolitik dient vielen und nicht immer progressiven Zwecken. War einst die Leitkultur auf ihre Identität bedacht und verlangte die Assimilierung, so benutzte sie später vielfach die Förderung der Identität von Minderheitsgruppen zur diskreten Ausgrenzungspolitik. Bausinger (1987: 15) nannte das einen „Tarnbegriff dominierender Gruppen". Die Minderheitskulturen hingegen pochen auf eine „Dekolonialisierung des kulturellen Widerstandes" (Said 1994: 294). Die Folge muss ebenfalls nicht progressiv sein, sondern führt zum Aufschaukeln von kulturellen Identitätsfetischisten bei Mehrheiten wie Minderheiten.

Der Ruf nach einer neuen nationalen Identitätspolitik beschränkte sich nicht auf Europa. Seit die Aggressivität des islamischen Fundamentalismus konservativen Warnern wie Samuel Huntington (1998: 502) Aufwind zu geben scheint, wird selbst in Amerika *„the promise of disharmony"*, das in einem früheren Buch Huntingtons gepriesen wurde, nicht mehr positiv im Sinne des Schmelztiegels der Kulturen interpretiert. Die These lautet: im Namen eines Multikulturalismus attackieren intellektuelle Minderheiten die Identifikation der USA mit dem westlichen Kulturkreis und leugnen die Existenz einer gemeinsamen amerikanischen Kultur und werben für ethnische, rassische und andere subnationale Identitäten und Gruppen. Eine neue Form des separatistischen Ethnozentrismus scheint aufzukommen. Die deutsche Leitkulturdebatte als Abwehrfront gegen den Multikulturalismus ist eine parallele Erscheinung (vgl. Wagner 2001: 142). Der Verfassungspatriotismus, der den Deutschen von Sternberger bis Habermas verordnet wurde, und der vielfach mit dem amerikanischen Modell identifiziert wurde, gerät selbst bei amerikanischen Konservativen in Misskredit. Der Kampf von Zivilisation und Barbarei schien seit dem 11. September 2001 keine konservativ-intellektuelle Übertreibung mehr zu sein. Längst vorher haben die Kulturpessimisten, mit und ohne Anleihen von Danilevskij bis Spengler den Zusammenbruch des Marxismus nur als einen ersten Schritt der Geschichte angesehen. Der westliche Liberalismus, der Hauptstrom der Moderne wurde zum nächsten Dominostein erklärt, der fallen wird (Umehara 1992:10). „Im Kampf der Kulturen werden Europa und Amerika vereint marschieren müssen oder sie werden getrennt geschlagen". Huntingtons (1998:531) Resümee aus dem Kampf der Kulturen wird in der Hektik der jüngsten Ereignisse zum Credo im vorauseilenden Gehorsam, noch ehe die amerikanische Politik letzten Einsatz in der Solidarität abverlangt.

Der politische Liberalismus im Sinne von Rawls – der nicht mit dem ökonomischen Neoliberalismus identisch ist – hat sich auf eher formal-prozedurale Konzeptionen und eine Gerechtigkeit als „Fairness" zurückgezogen. Auch dieser Liberalismus zielt darauf ab, zivilisatorische Formen von kulturellen Inhalten zu trennen. Selbst der Kommunitarismus, der stärker inhaltliche Gerechtigkeitsdefinitionen anbietet, ist von dieser Art Grundkonsens nicht grundsätzlich ausgeschlossen, jedenfalls in seiner liberal-skeptischen Variante bei Michael Walzer. Die Stahlskelettbauweise wurde einst als architektonisches Beispiel für die Trennbarkeit von Form und Inhalt gefeiert. Das World Trade Center in New York zeigte jedoch die Verwundbarkeit solcher Konstruktionen angesichts eines kulturell-inhaltlichen Fanatismus. Der Wiederaufbau kann schwerlich in einer Kompaktbauweise in der Art von Sullivans ersten Hochhäusern erfolgen, aber die politische Reaktion in Amerika auf diese Ereignisse zeigt eine Entdifferenzierung an, die Kultur und Zivilität kämpferisch wieder zu vereinen sucht.

Der kosmopolitische Rückzug auf eine gesittete Minimalkultur, die im Gegensatz zur deutschen Tradition gerade nicht mit dem Kulturbegriff belegt wird, sondern als Zivilisiertheit bezeichnet wird, wehrt sich dagegen, die Identitätssuche auf den Status einer Kultur zurückfallen zu lassen. Der *Kulturpatriotismus* erscheint für diese Auffassung nicht weniger gefährlich als der *Kulturnationalismus*, auch wenn er sich multikulturell geriert. Der Verfassungspatriotismus ist zwar nicht substanzlos, wie behauptet wurde (Held 2001: 9), aber er erscheint vielen Nichtintellektuellen erlebnisarm. Er scheitert zumeist schon im Fußballstadion, wenn die gegnerische Nationalmannschaft sich dem deutschen Strafraum nähert, und auch intellektuelle Fans in ihrer Gestik von prügelnden Fangruppen prima vista kaum noch zu unterscheiden sind.

Die Zivilgesellschaft, die zu einem neuen Grundbegriff wurde, scheint der politologisch-juristischen Verengung der Identifikation von Bürgern einen breiteren erlebnisträchtigeren Rahmen zu stellen. Die Kulturpolitiker (Jahrbuch 2000, 2001: 17) haben sich diesen konsensträchtigen Begriff nicht entgehen lassen. Zivilisationspatriotismus wurde dem Kulturpatriotismus entgegengestellt (Held 2001). *Zivilität* (civility) als Minimalkonsens aller Kulturen hat einige Chancen, dem Verdikt euro-zentrischer Voreingenommenheit auf die Dauer zu entgehen. Standards für diese Zivilität werden nur anwendbar, wenn die Mehrheit in der Vollversammlung der Weltorganisation sie akzeptiert, und diese Mehrheit wird auch künftig von der Dritten Welt gestellt. Die UNO definiert zunehmend die Standards und internationale Gerichte wenden sie an. Amerikas schlimmstes Versäumnis scheint, dass es trotz der Berufung auf die nordatlantische Kulturgemeinschaft die internationale Gerichtsbarkeit nicht hinreichend anerkannt, ja gelegentlich sogar sabotiert hat. An der Vorbereitung solcher Standards wirken alle Sozialwissenschaften mit, und dazu werden von mir auch Jurisprudenz und Ökonomie gerechnet. Kulturpolitik in dieser normativen Konzeption tritt damit aus dem engen staatlichen Förderungswinkel heraus und hört auf, nur im Nachhinein die Unterstützung dessen dazustellen, das sich auch ohne staatliche Intervention entwickelt hätte.

Literatur

Agentur für Recherche und Text (Hrsg): Kultur macht Politik. Wie mit Kultur Stadt/Staat zu machen ist. Köln, Kölner Volksblatt Verlag, 1988.

Almond, Gabriel/Verba, Sidney: The Civic Culture. Princeton, Princeton University Press, 1963.

Archer, Margaret S.: Culture and Agency. The Place of Culture in Social Theory. Cambridge, Cambridge University Press, 1988, 1989.

Bausinger, Hermann u.a: Neue Siedlungen. Stuttgart, Kohlhammer 1959.
Bausinger, Hermann: Volkskunde. Darmstadt, Habel, o.J., 3. Aufl. Tübingen 1982.
Bausinger, Hermann: Ungleichzeitigkeiten. Von der Volkskunde zur empirischen Kulturwissenschaft. Der Deutschunterricht, Bd. 39, 1987, Heft 6: 5-16.
Bausinger, Hermann: Die schönste Nebensache. Etappen der Sportbegeisterung. In: O. Grupe (Hrsg.): Kulturgut oder Körperkult? Tübingen, Attempto, 1990: 3-21.
v.Beyme, Klaus: Kulturpolitik und nationale Identität. Opladen, Westdeutscher Verlag, 1998.
v. Beyme, Klaus: Die Kunst der Macht und die Gegenmacht der Kunst. Frankfurt, Suhrkamp, 1998.
v. Beyme, Klaus Geschichte der politischen Theorien in Deutschland 1300 – 2000. Wiesbaden, VS Verlag für Sozialwissenschaften, 2009.
Bonnell, V. E./Hunt, L. (Hrsg.): Beyond the Cultural Turn. Berkeley, University of California Press, 1999.
Brackert, Helmut/Wefelmeyer, Fritz (Hrsg.): Kultur. Bestimmungen im 20. Jahrhundert. Frankfurt, Suhrkamp, 1990
Burke, Peter: Was ist Kulturgeschichte ? Frankfurt, Suhrkamp, 2005.
Daniel, Ute: Kompendium Kulturgeschichte. Frankfurt, Suhrkamp, 2001, 2006, 5. Aufl.
Durkheim, Émile: Les règles de la méthode sociologique. Paris, PUF, 1950, 11.Aufl.
Eagleton , T.: Was ist Kultur? München, Beck, 2001.
Edelman, Murray: From Art to Politics. How Artistic Creations Shape Political Conceptions. Chicago, Chicago University Press, 1995.
Eliot, T. S.: Beiträge zum Begriff der Kultur. Frankfurt, Suhrkamp, 1949.
Frank, Rainer: Kultur auf dem Prüfstand. München, Minerva, 1990.
Geertz, C.: Dichte Beschreibung. Beiträge zum Verstehen kultureller Systeme. Frankfurt, Suhrkamp, 1983.
Glaser, Hermann: Kulturgeschichte der Bundesrepublik Deutschland. München, Hanser, 1985-1986, 3 Bde.
Hacking, Ian: Was heißt ‚soziale Konstruktion'? Frankfurt, Suhrkamp, 1999.
Hartman, G.: Das beredte Schweigen der Literatur. Über das Unbehagen an der Kultur. Frankfurt, Suhrkamp, 2000.
Held, G.: Tischsitten, Stahlbrücken, Verfassungsartikel. Wie sie maßvoll und oberflächlich ist, kann die Zivilisation dem Kampf der Kulturen Paroli bieten. Frankfurter Allgemeine Sonntagszeitung, 7. Okt. 2001: 9.
Hermand, Jost: Kultur im Wiederaufbau 1945-1965. München, Nymphenburger, 1986. Die Kultur der Bundesrepublik Deutschland 1965-1985. München, Nymphenburger, 1988.
Huntington, Samuel P.: Kampf der Kulturen. Berlin, Siedler, 1998.
Jahrbuch für Kulturpolitik 2000. Hrsg: Institut für Kulturpolitik der kulturpolitischen Gesellschaft. Essen, Klartext, 2001.
Kohn, Hans: American Nationalism. New York, Macmillan, 1957.
Kroeber, A. L./Kluckhohn, C.: Culture. A Critical Review of Concepts and Definitions. New York, Vintage Books, 1952.
Kymlicka, Will: Liberalism, Community and Culture. Oxford, Clarendon, 1989, 1991.
Malinowski, Bronislaw: Die Dynamik des Kulturwandels. Wien, Humboldt Verlag, 1951.
Nünning, Ansgar (Hrsg.): Metzler Lexikon Literatur- und Kulturtheorie. Ansätze – Personen – Grundbegriffe. Stuttgart, Metzler, 2001. 2 Aufl.
Pohlmann, M.: Kulturpolitik in Deutschland. München, Minerva, 1994.

Pye, Lucian W./Verba, Sidney (Hrsg): Political Culture and Political Development. Princeton, Princeton University Press, 1969.

Reckwitz, Andreas: Die Politik der Moderne aus kulturtheoretischer Perspektive. In: Schwelling, Birgit (Hrsg.): Politikwissenschaft als Kulturwissenschaft. Wiesbaden, VS Verlag, 2004: 32-56.

Rorty, Richard: Kontingenz, Ironie und Solidarität. Cambridge 1989; Frankfurt, Suhrkamp, 1989.

Sahlins, M.: Kultur und praktische Vernunft. Frankfurt, Suhrkamp, 1981.

Said, Edward: Kultur und Imperialismus. Einbildungskraft und Politik im Zeitalter der Macht. Frankfurt, S. Fischer, 1984.

Schneider, W.: Man spricht nicht deutsch. Die Angst vor Prestigeverlust geht um: der Germanistentag in Erlangen. FAZ, 6. Okt. 2001:45

Schwencke, Olaf: Der Stadt Bestes suchen. Kulturpolitik im Spektrum der Gesellschaftspolitik. Hagen, Kulturpolitische Gesellschaft, 1997.

Sokal, Alan D./Briemont, Jean: Eleganter Unsinn: wie die Denker der Postmoderne die Wissenschaften missbrauchen. München, Beck, 1998, 1999.

Tenbruck, Friedrich H.: Was war der Kulturvergleich, ehe es den Kulturvergleich gab? In: J. Matthes (Hrsg) Zwischen den Kulturen? Die Sozialwissenschaften vor dem Problem des Kulturvergleichs. Soziale Welt, Sonderband 8, Göttingen, Schwartz, 1992: 13-35.

Umehara, T.: Ancient Japan shows Post-Modernism the Way. New Perspectives Quarterly, Bd. 9, Frühjahr 1992.

Wagner, B. (Hrsg): Kulturelle Globalisierung. Zwischen Weltkultur und kultureller Fragmentierung. Essen, Klartext, 2001.

Wehler, Hans-Ulrich: Die Herausforderung der Kulturgeschichte. München, Beck, 1998.

Williams, R.: Gesellschaftstheorie als Begriffsgeschichte: Studien zur historischen Semantik von Kultur. München, 1972.

Williams, R.: Culture and Society 1780-1950. London, Pelican, 1976.

3 Warum gibt es keine Kunstpolitologie?

Kulturpolitik wurde in der Literatur höchst unterschiedlich aufgefasst:

- *anthropologisch,* aber politisch eher neutral,
- *demokratie-theoretisch,* allerdings eher in den sanften Form kultureller Debatten,
- *rein machtpolitisch* und dieses fokussiert auf den Staat (Fuchs 2007: 32).

Der zweite Begriff in der sanften Form kulturellen Debatten überwiegt in der Auswärtigen Kulturpolitik (vgl. Kap. 10) auf internationaler Ebene. Der dritte machtpolitische Begriff von Kulturpolitik ist autoritär und obsolet, und wurde in der Kulturenquete des Deutschen Bundestages von 2007 überwunden (Kap. 9). Der erste Begriff der anthropologischen Auffassung überwiegt in vielen Kulturwissenschaften (Kap. 2). In der Soziologie der Generationen (Göschel 1991: 11ff, 180ff) schien der Kulturbegriff sich alle 10 Jahre zu wandeln:

- die 1930er Jahrgänge (ca. 10% der Bevölkerung) empfanden Kunst und Kultur als *zeitlosen Wert,*
- die 1940er Jahrgänge (inklusive der 68er, vgl. Kap. 6) gewannen eine analytische Distanz zum Kulturbegriff und streben nach *„Aufklärung"* und sozialer Veränderung durch Kultur,
- die 1950er Jahrgänge suchten nach einer *ganzheitlichen Lebenswelt* im Geiste von Habermas,
- die 1960er Jahrgänge gewannen eine *Konsumentensouveränität* und verwirklichten eine spielerische Ästhetisierung (Kap. 8).

Drei Dimensionen des kulturellen Erlebens lag allen Generationen zugrunde: Intimität, Szene und Masse. Der Autor vermutete, dass diese Elemente auf allen drei Ebenen in Zukunft gestärkt werden (Göschel 1991: 186f)

Der kulturelle Wandel in Abhängigkeit vom sozialen Wandel ist vielfach analysiert und klassifiziert worden (zusammenfassend: Fuchs 2007: 34). Die Sozialwissenschaften haben sich zunehmend untereinander befruchtet. Die Terminologie der politikwissenschaftlichen *Policy-Analyse* und der *Governance-Forschung* hat inzwischen in die Schriften der Kulturwissenschaftler Einzug gehalten. Es wird gefordert, die individuellen und kollektiven Wirkungen der Kulturarbeit zu reflektieren – ebenso wie die die ästhetische Dimension kulturpolitischer Entscheidungen (Scheytt 2008: 31). Als Politikfeld hat sich die Kulturarbeit durchgesetzt, gleichwohl kann man nicht von einer

Kunstpolitologie sprechen. Es wird diesem Autor bereits übel genommen, dass er skeptisch gegen den Versuch einer „Kunstpolitologie" blieb (M. G. Müller in: Schwelling 2004: 340f). Meine Selbstkritik war vielleicht unterschwellig von Wilhelm Buschs Gedicht über „Die Selbstkritik" inspiriert: „und viertens hoff' ich außerdem, auf Widerspruch, der mir genehm". Meine allgemeine Skepsis über einen überzogenen Anspruch auf „Kunstpolitologie" bezog sich vor allem auf den Versuch, die ganze Kunstgeschichte politologisch aufzuarbeiten. Eine „Kultur- und Kunstpolitik" im modernen Sinne, welche die Steuerungsversuche des Staates und der interessierten Gruppen und Eliten analysiert, habe ich jedoch stets für unerlässlich gehalten (vgl. v. Beyme 1998: 9-35). Christine Landfried (1999: 150f) hat gute Vorschläge gegenüber meiner Skepsis gemacht – von der Analyse der Legitimationsprinzipien bis zur Wirkungsforschung. Inzwischen hat der *pictural turn* die Sozialwissenschaften erfasst und wirkt vermutlich in Richtung eines Optimismus hinsichtlich der Möglichkeit, eine Kunstpolitologie zu entwickeln.

Die Kurzfassung einer Antwort auf die Frage „warum gibt es keine Kunstpolitologie?" lautet in aller Bescheidenheit:

- Die Politikwissenschaft hat *keine Kompetenz* in den Epochen, in denen es reichlich politische Bezüge zur Kunst gab. Sie fühlt hauptsächlich sich für die Demokratie nach dem Zweiten Weltkrieg zuständig. In dieser Epoche nahm die Verquickung von Politik und Kunst aber laufend ab. Seit die Zeitgeschichte in die Nachkriegszeit eingerückt ist und der Politikwissenschaft selbst ihre Kompetenz für die Zeit nach 1945 beschneidet, wird die Operationsbasis der Sozialwissenschaftler immer aktualistischer. Soweit Politikwissenschaftler sich erfolgreich in Fragen der politischen Ikonologie vergangener Regime eingemischt haben, erwarben sie ihre Kompetenz als Historiker. Am erfolgreichsten waren dabei die Historiker der politischen Theorien – in der Disziplin selbst schon fast eine Randgruppe. Die Theoriegeschichte erlebte durch die Cambridge-Schule von Skinner und Pocock einen Wandel zum *Kontextualismus.* Theorien – und das lässt sich auch auf Kunstwerke anwenden – müssen in ihrem sozialen Kontext gesehen werden. Dabei können weniger bedeutende Werke typischer für eine Epoche sein als die Klassiker. Diese Wende ist sich auch aus pragmatischen Gründen entstanden: die Klassiker waren abgegrast, die minder beachteten Werke kamen ins Blickfeld.
- Die *Kunstsoziologie ist anerkannt* und hat einen breiteren Focus hinsichtlich der Kausalzusammenhänge zwischen Kunst, Wirtschaft, Gesellschaft und Politik. Aber auch sie hat die Bedeutung verloren, die sie einst durch große Außenseiter des „Kulturmarxismus" wie Arnold Hauser erlangte. Inzwischen werden diese Methoden von den Kunsthistorikern selbst angewandt, etwa bei Martin Warnke oder Horst Bredekamp. Politikwissenschaftler haben nur vereinzelt die Parallelität von politischen Prozessen und der Entwicklung von Kunst behandelt, wie Carl J. Friedrich (1954) in seinem Buch „Barock". Die Historiker, die sich lange in Gra-

benkämpfen zwischen politischer Ereignisgeschichte oder struktureller Gesellschaftsgeschichte verzettelten, hatten ebenfalls das Interesse an den Bezügen von Kunst und Politik längst verloren. Seit Kultur zum beherrschenden Paradigma auch in der Geschichtswissenschaft wurde, hat sich dies geändert.

Die Historiker der politischen Theorien haben sich kaum je für Kunst- und Architekturtraktate als Quelle der politischen Theorie interessiert, obwohl einzelne Kunsttheoretiker, wie Alberti (1969), sogar quasi-soziologische Abhandlungen zum Gesellschaftsbild ihrer Zeit schrieben. Umgekehrt haben Kunsthistoriker die politische Theorie ohne vordergründige Bezüge zur Kunst ebenso ignoriert, obwohl bei Machiavelli oder Hobbes immer ein paar Bonmots abfielen. Nur dort, wo Kunsthistoriker die Staatstheorie direkt in die Herausbildung der Herrschaftssymbolik und der allegorischen Kunst einbezogen, kam es zur detaillierten Analyse von politischen Theoretikern. Justus Lipsius etwa wurde als Lieferant einer Art Habsburger Herrschaftsideologie entdeckt (Matsche 1981: 74ff). Die größte Beachtung hingegen fanden jene politischen Theoretiker, die in der politischen und ästhetischen Philosophie gleichermaßen zu Hause waren, wie Diderot, Rousseau, Burke, Kant, Hegel, Marx oder Proudhon. Diese Berührungspunkte von politischer Theoriegeschichte und Kunstgeschichte blieben gleichsam *„Kunstgeschichte ohne Bilder"* und ideengeschichtlicher Hintergrund. Wo von Politikwissenschaftlern Bilder gefunden wurden, blieben sie meist Illustration. Auch Murray Edelman (1995), der mit der Analyse des symbolischen Gebrauchs von Politik berühmt wurde, hat allenfalls parallele Erscheinungen in Kunst und Politik nachweisen können. Der Anspruch des Untertitels „From Art to Politics": „Wie künstlerische Kreationen politische Perzeptionen formen" wurde nicht eingelöst, trotz der Bildbelege von Käthe Kollwitz bis zur Pop Art. In die politischen Dimensionen der Ikonologie haben Politikwissenschaftler sich nur ausnahmsweise vorgewagt, wie Manow (2008). Im Handbuch der politischen Ikonologie (Fleckner u.a 2011) spielen Sozialwissenschaftler keine Rolle. Am nächsten lagen den Kulturwissenschaften noch die Niederungen der Gebrauchskunst in graphischer Symbol-, Emblem- oder Ereignisbild-Produktion von Leviathan-Illustrationen bis zur Revolutionsgraphik.

Seit sich die Politikwissenschaft von der Politik als Entscheidungssystem (*politics*) verstärkt der Politik als materielles Ergebnis der Politik (*policy*) zugewandt hat, wurden immer neue Politikfelder entdeckt. Die Politikwissenschaft hat damit die Zerfaserung der Soziologie in die Bindestrichsoziologien in Zeitverschiebung nachvollzogen, sehr zum Ärger einer älteren generalistischen und institutionalistischen Politikwissenschaft. In vielen der neuen Felder (Sozialpolitik, Wirtschaftspolitik, Städtebaupolitik) erlangten Politologen nur eine marginale Bedeutung. Andere Gebiete, wie die Rechtspolitologie, hat sich gegen die Übermacht der Jurisprudenz kaum durchsetzen können, zumal die Rechtswissenschaft sich selbst sozialwissenschaftlichen Methoden öffnete. Das Politikfeld „Kunst und Kultur" spielt erst recht eine marginale Rolle. Während die Kunstsoziologie eine beliebte Forderung von Studenten der Kunstgeschichte darstellte, gab es kaum je eine Forderung nach einer stärker politischen Analyse von Kunstwerken.

1 Politische Ikonologie

Innerhalb der Kunstgeschichte ist das Forschungsfeld „Kunst und Politik" vor allem bei zwei Ansätzen vertreten, welche die stärksten Konkurrenten im Kampf einer theoriegeleiteten Kunstwissenschaft gegen die positivistisch-deskriptive Kunstgeschichte gewesen sind: die Ikonologie und die Sozialgeschichte der Kunst. Beide Ansätze gingen von einem strukturellen Systembegriff aus, der die Fülle der Details zu einem interpretierbaren Ganzen werden ließ. Beide waren deduktiv, soweit sie eine strukturelle Einheit schon voraussetzten, die dann – gelegentlich in tautologischen Zirkelschlüssen – empirisch nachgewiesen werden sollte. Das *quod erat demonstrandum* war immer schon im Hypothesengerüst enthalten. Positivistische und historische Kunsthistoriker hatten daher ihre methodischen Schwierigkeiten mit beiden Ansätzen.

Die Ikonologie ist gelegentlich als das „bürgerliche" Pendant zur marxistisch angehauchten Sozialgeschichte der Kunst gewertet worden. Sie erlaubte eine politische und soziale Interpretation von Kunstwerken, ohne sich mit dem Ludergeruch revolutionär-teleologischer Geschichtsverlaufstheorien umgeben zu müssen. Die Ikonologie ist nicht ohne Anregungen aus den Sozialwissenschaften entstanden. Sie war am ehesten für die Vorstellung zu gewinnen, daß wissenschaftliche Disziplin temporäre Schemen der funktionalen Organisation von Wissen über bestimmte Bereiche sind, die einem Wandel unterliegen. Sie sind keine Fixsterne am Himmel, keine ontologischen Gegebenheiten. Früher sah man im „Streit der Fakultäten" eine klare Hierarchie der Fächer, die ihre Grenzen eifersüchtig bewachten. Die Kunstgeschichte hat rasch vergessen, wie schwer sie es einst hatte, sich als autonome Wissenschaft zwischen philosophischer Ästhetik und den historischen Kulturwissenschaften zu etablieren. Jede Wissenschaft kann zur Hilfswissenschaft einer anderen Disziplin werden. Darin liegt keine Degradierung, sondern die Erhöhung durch die Anerkennung der Relevanz für das eigene Fach.

Der Sozialwissenschaftler, der sich von außen dem sakral überhöhten Raum der Kunst nähert, vernimmt die tröstliche Botschaft von Hans Belting (1990: 13), daß die Bilder allen und keinem allein gehören, und daß jede Disziplin einen „zu kurzen Deckmantel der Kompetenz" hat. Aber die Sozialwissenschaftler sollten diese tröstliche Botschaft nicht allzu rasch als Rechtfertigung ihres Interesses an den Bildern verstehen. Im Umgang mit den Bildern ist schließlich doch nicht jede Wissenschaft „gleich nah zu Gott" wie Ranke einst wähnte. Die Kunstwissenschaft hat einen Kompetenzvorsprung im Umgang mit Bildern, nicht zuletzt durch die Systematisierung einer Methode wie der Ikonographie.

Noch immer wurde die strenge Unterscheidung von Ikonographie der Panofsky-Schule nicht zum Gemeingut. Diese Unterscheidung empfiehlt sich aber schon deshalb, weil seit den Vorvätern der Ikonographie der laxe Sprachgebrauch eingerissen ist, von einer „Ikonographie" des Herrscher- oder des Historienbildes zu sprechen. Der laxe Sprachgebrauch ist wohl unvermeidlich. Man kann nicht gut „ikonisch" für „ikonographisch" setzen, wie man meist „sozial" einfügen kann, wo der Terminus „soziologisch" (z.B. soziologische Fakten) irreführend ist.

Ikonographie (ohne theoretischen Überbau und Panofsky-Dogmatik) und Ikonologie haben Interpretationsmethoden entwickelt, welche der Sozialwissenschaftler, der mit Bildern umgeht, nicht ignorieren kann, ohne sich zu blamieren. Die Gefahr ist selbst bei korrekter Anwendung kunstwissenschaftlicher Methoden groß, weil der Adept einer politischen Kunstgeschichte dazu neigen wird, die politischen Bezüge von Bildern zu überschätzen. Die Ikonographie hingegen neigte eher dazu, die politischen Deutungen herunter zu spielen.

Die Ikonologie wurde nach dem Kriege vielfach von Nichtfachkunsthistorikern entdeckt (Diers 1992). Warburg als unverdächtiger „Übervater" einer nationalistisch nicht vorbelasteten Kunstgeschichte und Panofsky als „Kirchenvater", der die Regeln einer nachträglich rekonstruierten „Hamburger Schule" kanonisierte und in der Nachkriegszeit für das „andere Deutschland" stand, auch wenn er den Ruf nach Hamburg ablehnte, waren geeignet, in eine gesellschaftsgeschichtlich erweiterte Sicht auf die Kunstwerke integriert zu werden. Wie das Bauhaus wurde die Warburg-Schule mit einer Art „internationalem Stil" der Kunstinterpretation identifiziert.

Mit dem Bedeutungszuwachs von Kultur und Kunst in der Spät- und Postmoderne wuchs das Interesse an der Kunstgeschichte beträchtlich. Ein „Ende der Kunstgeschichte" ist sowenig eingetreten, wie andere Proklamationen der *„posthistoire"*. Kunst war immer „ein privilegierter Unterbegriff der Kultur" mit erheblicher Autonomie (Belting 1995: 25). Ein Abbau dieses privilegierten Interesses immer breiterer Schichten ist nicht in Sicht. Diese „wachsende extrinsische Motivation" bei nichtprofessionellen Kunstfreunden und Connaisseurs ist aber kaum auf die politischen Aspekte der Kunst gerichtet. Politik ist in der Spätmoderne zu einem marginalen, wenn nicht sogar exzentrischen Handlungsfeld geworden. In der Kunst wurde auch von den nichtprofessionellen Freunden der Kunst etwas anderes als Politik gesucht, wenn sie sich nicht gerade für eine Grosz- oder Heartfield-Ausstellung interessieren. Das Interesse an der Politikarena „Kunst" könnte so entweder das selbstverständliche Nebeninteresse der professionellen Kunsthistoriker sein, oder das Hobby einiger kunstbeflissener Sozialwissenschaftler. Beides wäre der Etablierung eines interdisziplinären Forschungsfeldes „Kunst und Politik" nicht eben förderlich.

Studenten der Kunstgeschichte haben in Opposition gegen eine spezialisierte Kunstwissenschaft immer wieder die *Kunstsoziologie* als Möglichkeit der generalistischen Zusammenschau für ihr Curriculum gefordert. Aber auch Kunsthistoriker, die für eine „Geschichte ohne Gähnen" großes Verständnis aufbrachten, wie Ernst

Gombrich (1979: 212), haben davor gewarnt, diese sozialhistorische Erweiterung des Kunstbegriffs für „objektiv" zu halten, weil jede Zeit den angeblichen Fakten ihren zeitgemäß gefärbten subjektiven Spiegel vorhält. Das Interesse der selbsternannten Generalisten, die der angeblich zu spezialisierten Formenanalyse überdrüssig sind, verkennt zudem, daß die Untersuchung der Zusammenhänge von Kunst und Politik ein höchst spezialisiertes Interesse darstellt, das die meisten Laien keineswegs teilen, da sie in der Kunst Antworten auf Lebensfragen und nicht Decouvrierung von politischen Hintergründen erwarten.

Eine Kunstpolitologie wird kaum entstehen können, seit die ikonographische Forschung die politische Dimension zunehmend stärker entdeckt hat. Stilgeschichtliche Fragen und Zuschreibungen kommen zwar in Wellen immer wieder ins Rampenlicht des kunsthistorischen Interesses. Schon die naturwissenschaftlichen Möglichkeiten der Korrektur von Datierungen und Zuschreibungen garantiert immmer neue Arbeit auf diesem Gebiet. Aber seit die Topographie der Kunstszene in vielen Bereichen abgesteckt ist, müssen neue Deutungsansätze auf den Wellen der „reevaluation" ihre Nischen finden. Seit keine penetrant politisierte Sozialgeschichte die Kunsthistoriker verunsichert, hat eine politische Deutung von Kunstwerken Konjunktur. Dank der Kooperation mit der allgemeinen Geschichte hat die Kunstgeschichte die politischen Bezüge von Kunstwerken schon immer weniger vernachlässigt als die sozialen Grundlagen der Kunstproduktion – mit Ausnahme des Verhältnisses von Mäzen und Künstler, falls sie nicht so weit ging, die „Legende vom Künstler" generell in Frage zu stellen (Kris/Kurz 1979).

Gegen die Kunstsoziologie schien das Odium ihrer vermeintlich marxistischen Genesis zu sprechen. Die politische Geschichte hingegen stand im Zentrum der *Geschichtswissenschaft*, ehe die Sozialgeschichte die Zitadelle der traditionellen Geschichte erstürmte. Die Kunstgeschichte als historische Wissenschaft hat sich dem herrschenden Paradigma nicht verschlossen. Die politischen Absichten von kirchlichen und fürstlichen Auftraggebern in der Kunst waren immer Teil der kunstwissenschaftlichen Analyse, soweit diese sich nicht auf rein immanente Werk- und Stilgeschichte beschränkte. Längst ehe eine systematische Ikonologie entstand, wurde politische Ikonologie avant la lettre betrieben, vor allem bei großen öffentlichen Aufträgen.

Dennoch zeigte sich, daß das politische Interesse bei der Deutung von Kunstwerken meist einseitig war. Die „Kunst der Macht" stand im Vordergrund, schon, weil sie rein quantitativ überwog. Politikwissenschaftler haben in der ikonologischen Forschung nur dann eine Rolle gespielt, wenn sie als Historiker der politischen Theorien eine spezifisch historische Kompetenz mitbrachten. Aber die Einmischung der Ideenhistoriker führte nicht notwendiger Weise zur stärker politischen Deutung eines analysierten Werkes. Am Anfang der frühneuzeitlichen politischen Ikonologie stehen Lorenzettis Fresken *„buon governo"* und *„mal governo"* im Saal der Neun des Palazzo Pubblico in Siena. Unzählige Traktate der Politikwissenschaft haben Ausschnitte aus diesem Zyklus trivialisiert. Was aber konnte die Zunft zu ihrer Deutung beitragen?

Diese monumentale Allegorie wurde von der Forschung zunehmend nicht als Erzählung, sondern als bildsprachliche Variante eines abstrakten Gedankensystems gedeutet. Viel Scharfsinn ist auf die Entschlüsselung aristotelischer und thomistischer Ideen mit ihrer Unterscheidung von *distributiver* und *kommutativer Gerechtigkeit* verwendet worden. Wer von den politischen Theoriehistorikern wäre geeigneter gewesen, sich in diese Debatte einzumischen als Quentin Skinner? Sein Fazit verschob jedoch die Deutung nur auf eine andere theoretische Tradition. Er konnte keine thomistischen Elemente in den Fresken entdecken und führte das Bildprogramm auf eine *prähumanistische rhetorische Kultur* zurück, die sich vor der frühesten lateinischen Version der Nikomachischen Ethik um 1250 herausgebildet hatte (Skinner 1989). Schon Rubinstein (1958) hatte sich als Kunsthistoriker liebend in eine weitere mögliche Quelle der Bilder eingearbeitet: die *Postglossatoren* (vgl. auch Smart 1978: 104; Borsook 1980: 36).

Neuere Ansätze versuchten, von der Esoterik entlegener Hintergrundstexte zum vordergründig Politischen zurück zu finden. Das Bildprogramm schien nun als die visuelle *Variation der sienesischen Verfassung und der Gesetzbücher* der Stadt. Dem gelehrten Maler (pictor doctus) Lorenzetti mußte damit kein ikonologischer „Programmdirektor" mehr unterschoben werden. Die Texte waren in der Volkssprache jedem leidlich gebildeten Handwerker zugänglich. Diese Deutung eines Kunsthistorikers wie Kemp (in: Belting/Blume) war politiknäher als die spitzfindige geistesgeschichtliche Ableitung eines Politikwissenschaftlers. Immerhin zeigte diese Kontroverse, daß – nicht nur in der aktuellen Architekturdiskussion, wo eine mangelnde Hackordnung die Interdisziplinarität fördert (vgl. v. Beyme/Durth u. a. 1992) – ein fruchtbarer interdisziplinärer Dialog möglich ist. Den Politikwissenschaftler wird dies nicht überraschen. In der politischen Ideengeschichte haben gelegentlich anscheinende Außenseiter festgefahrene Debatten belebt. Überinterpretierte nationale Floskeln bei Machiavelli wurden von Literaturhistorikern als *„petrarquistische Rhetorik"* relativiert. Spekulationen um die Leviathan-Metapher bei Hobbes sind von Religionshistorikern mit dem Hinweis auf sektierische Bibelinterpretationen jener Zeit auf einfache Realitäten zurückgeführt worden (v. Beyme 1969: 27ff).

Politik- und sozialgeschichtlich orientierte Historiker haben die vordergründig politischen Bezüge von Kunstwerken oft stärker betont als die Sozialwissenschaftler. Pieros Freskenzyklus in Arezzo wurde von Warburg bis Carlo Ginzburg (1981: 43ff) als politische Anspielung auf die *Kreuzzugsidee* und den Untergang Griechenlands, verbunden mit Hoffnungen auf die Wiedergewinnung Griechenlands und die Einigung der Ost- und der Westkirche, gedeutet. Später wurden diese Interpretationen als zu vordergründig zurückgewiesen (Aronberg Levin 1990: 180; Büttner 1992).

Eine politische Ikonologie wird leichter fündig in den Residenzen der Fürsten als in den Kirchen. Aber selbst in Fürstenresidenzen zeigten Gozzoli im Palazzo Medici oder das Malerteam im Palazzo Schifanoia in Ferrara, daß die politischen Bezüge nicht leicht zu erschließen sind. Selbst in Kirchen gab es gelegentlich eine „leichtere Ikonographie" zu entschlüsseln. In der Theolinden-Kapelle in Monza ließ sich – abgesichert durch Werke zur lombardischen Geschichte und durch Analyse der Embleme der Visconti und der Sforza – zeigen, daß dynastische Bezüge zum alten Langobardenreich recht vordergründig hergestellt werden sollten (Cassanelli/Conti 1991: 54, 100).

Eine vergleichende politische Ikonologie, die sich nicht scharfsinnig in die Deutung einzelner Werke verbeißt und den Spezialisten in immer entlegenere Nischen der Originalität folgt, ist versucht, sich auf Werke der „leichten Ikonologie" zu konzentrieren, um auf gesichertem Boden zu bleiben. Die Gefahr dieses Auswahlverfahrens besteht jedoch darin, daß dann gerade die bedeutendsten Kunstwerke der frühen Epochen ausgeklammert bleiben. Selbst in der Zeit des Absolutismus mit seiner vielfach vordergründigen Kunstpropaganda hat die Analyse von gegenreformatorischen Kunst- und Politik-Traktaten gezeigt, daß manches hintergründiger ist als es erscheint. Generell ist die Gefahr, daß die leichte Ikonologie sich vor allem an der zweitrangigen Kunst bewährt, die den Kunsthistoriker nur am Rande interessiert. Politische Ikonologie und allgemeine Ikonologie drohen sich wieder auseinander zu leben, weil die politische Gebrauchskunst sich nur selten, wie bei Genies à la Goya, Hogarth oder Daumier, parallel zu den Leistungen der „hohen Kunst" entwickelt.

Die moderne Systemtheorie der autopoietischen Variante bindet die Ausdifferenzierung der gesellschaftlichen Subsysteme Kunst und Politik an den Zerfall der religiös fundierten societas civilis. Mit der französischen Revolution kam es endgültig zur Entwicklung systemeigener Codes: in der Politik Macht/Nichtmacht, dem die Akteure sich nicht mehr entziehen konnten. Von nun an scheint durch die Parteienpolarisierung jeder politische Bezug eines Kunstwerks der leichten Ikonographie anzugehören. Die Ikonologie, die im 19. Jahrhundert ansetzte, hat diese Annahme jedoch falsifiziert. Caspar David Friedrichs Tetschener Altar ist als verschlüsselte Botschaft gedeutet worden, die umso schwerer zu enträtseln war, als das Bild ursprünglich gar nicht für den Grafen Thun gedacht war (Chapeaurouge 1996: 42ff). Das Eismeer Friedrichs ist ähnlich kontrovers gedeutet worden. Die Interpretation des gestrandeten Schiffes als „enttäuschte, politische Hoffnungen" läßt sich mit Friedrichs Einstellungen rechtfertigen, auch wenn keine Selbstinterpretation zu diesem Bild vorliegt. Aber die „gescheiterte Hoffnung", die einem irrtümlich auf das Bild bezogenen Bildtitel gegeben wurde, ist ebenso oft ganz unpolitisch und romantisch gedeutet worden (Rautmann 1991).

Selbst bei ganz vordergründig politischen Motiven, wie Delacroix` „Die Freiheit führt das Volk" wurde eine überwiegend entaktualisierende und entpolitisierende Ikonologie auf den Plan gerufen, obwohl das Bild auf vielen französischen Schulbüchern seit der 3. Republik längst eine trivalisierte Bedeutung in der Verbreitung des Revolutionsmythos erlangt hatte. Wiederum läßt sich die Verherrlichung der Revolution mit den politischen Anschauungen des Malers begründen. Wiederum aber fehlt eine zuverlässige Eigendeutung des Werkes. Die Inspirationsquellen – ein zweitrangiges Gedicht von Auguste Barbier (La Curée) – waren rasch gefunden. Ein persönliches Engagement des Malers in der Revolution ließ sich ausschließen. Die Deutung der Hauptfiguren schien festzustehen. Eine rezeptions-geschichtliche Detailuntersuchung zeigte jedoch, daß die Zeitgenossen den Mann mit dem Zylinder kaum als „Studenten" oder als „Bürger" bezeichneten. Portraitähnlichkeit mit dem Politiker Laffitte ist später unterstellt, aber von den Zeitgenossen keineswegs wahrgenommen worden (Hadjinicolaou 1991: 69. Die Frauengestalt der Freiheit wurde von den Zeitgenossen als „schmutzige" Provokation empfunden. Die ikonologische Interpretation hat eher unpolitische Bilddeutungen bevorzugt, die jedoch ihrerseits in einer sozialen und politischen Vorurteilsstruktur verankert waren. Die zeitgenössischen Betrachter, die sich positiv zu dem Bild stellten, bevorzugten Herleitungen aus dem Symbolschatz der „großen Mutter" und einer ins kämpferische mutierten „Heiligen". Die Kritiker des Bildes bevorzugten hingegen den Nachweis der „Verworfenheit eines aufrührerischen Weibes", bis der französische Staat die zivileren Deutungen sanktionierte, indem er die entblöste Brust einer Frau auf den Barrikaden von jedem Hundert-Franc-Schein prangen ließ (1979) und das Bild in keinem französischen Schulbuch der Sozial- oder Gemeinschaftskunde mehr fehlte. Gerade die Geschichte dieses Bildes, gemalt von einem progressiven aber eher unpolitischen Grandseigneur ohne aufrührerische Neigungen, wirft die Frage nach der Validität der ikonologischen Herleitungen auf. Viele der scharfsinnigen wissenschaftlichen Deutungen waren den zeitgenössischen Kennern fremd. Wessen Meinung soll Vorrang haben: die Meinung der Kenner unter den Zeitgenossen (die ja irren konnten, oder aus erotischer oder politischer Prüderie sich gewisse Assoziationen nicht erlaubten), oder die Connaisseurs, die mit der ikonologischen Methode ex post facto herangingen?

Stark politisierte Künstler, wie Steinlen, Léger, Guttuso, Kollwitz, Grosz, Hartfield, Meidner, Hubbuch oder Dix scheinen keine großen ikonologischen Rätsel aufzugeben und die Forschung sucht weniger Deutungen als Vorläufer und Bildquellen. Aber das Erlebnis von Politik hat sich in der Demokratie zunehmend individualisiert. Bei Krieg und Bürgerkrieg kommt es nicht zu überindividuellen Deutungsmustern. Die weniger spektakuläre Politik und die Ängste, die sie bei Künstlern auslöst, aber erweist sich bei hochrangigen Künstlern, wie Picasso, Max Ernst, Dali, Magritte oder Beckmann gerade als besonders schwierige Ikonologie.

Der Ausweg aus dem Dilemma allgegenwärtiger und verborgener Bezüge zur Politik ist die Konzentrierung auf die Rezeptionsgeschichte. Jede historische Disziplin lebt von der Gewißheit, daß sie mehr über Ereignisse erforschen kann, als den Akteuren der Zeit präsent war. Sonst könnte man ja eine Anthologie der Memoiren kommentiert als Geschichtswissenschaft ausgeben. Aber für die politische Deutung von Kunstwerken ist der Aspekt der Rezeption entscheidend: politische Konnotationen müssen den Zeitgenossen präsent sein, um zu wirken. Der Sozialwissenschaftler bleibt also auch an der Oberfläche der Bildbedeutung interessiert, während die Ikonologie religiöser Bildwelten sich nie nur an der begrifflichen Fassungskraft der Volksreligiosität ausrichten konnte.

2 Grenzen der Kompetenz einer politischen Kunstanalyse

Kunstpolitik als interdisziplinäres Forschungsfeld umfaßt viele Bereiche, welche der Kunsthistoriker den Sozialwissenschaften gern überlassen wird, ob sie nun von der Kunstökonomie, der Kunstsoziologie oder einer Kunstpolitologie reklamiert werden. Die Grenzen der Einmischung der Sozialwissenschaften sind dort überschritten, wo Urteile im Kernbereich der Kunstwissenschaft gefällt werden.

(1) Die politische Ikonographie wird mehr noch als die ikonologischen Ansätze generell davon ausgehen, daß hinter den parallelen Erscheinungen in Kunst und Politik ein Weltbild steht. Damit droht die Gefahr, Kunstwerke zu Anwendungsfällen von ästhetischen und politischen Doktrinen zu degradieren. Alle Freskenzyklen der italienischen Frührenaisssance mit politischen Konnotationen sind von einigen Ikonologen so interpretiert worden, daß die angebliche politische Bezugsebene nur als Vorwand diente, um die verschlüsselte Botschaft einer hinter den politischen Bezügen stehenden Theorie zu dienen, ob es sich um den Aristotelismus, den Thomismus oder den Frühhumanismus handelte. Günstigenfalls gab es als visuellen Anhaltspunkt für solche intellektuellen Kombinationen durch die Portrait-ähnlichkeit einiger Figuren wie bei Benozzo Gozzolis „Zug der drei Könige" in der Medici-Kapelle (Roettgen 1996: 21, 331. Die um Autonomie ringende Künstlerpersönlichkeit drohte gelegentlich zum „Erfüllungsgehilfen prosaischer politischer Interessen" degradiert zu werden, wie bei Carlo Ginzburgs „Erkundungen über Piero" (1981: 21). Zirkuläre Interpretationsketten, welche der ikonologischen Hamburger Orthodoxie nachgesagt wurden, ließen sich so vordergründiger auflösen. Die „wilde Ikonologie" wurde durch direkte politische Botschaften gezähmt, aber noch immer nicht ganz aus dem spekulativen Bereich freier Assoziationen gelöst.

Mit zunehmender Indienstnahme der Kunst durch die politische Macht wurde die Herrschaftsikonologie transparenter. Embleme, Symbole und Metaphern wurden kanonisiert, wie in Cesare Ripas „Iconologia" (1971) und sowohl den Künstlern als auch ihrem aufgeklärten Publikum vorgegeben. Selbst im Spätabsolutismus, als die Verbindlichkeit der ikonologischen Festlegungen – wie sie einst im Spätmittelalter bei der religiösen Bildsprache bestand – abnahm, schienen die Regierungsformen noch physiognomisch festgelegt.

Nach Diderot (1968: 170ff) hatten Republikaner erhaben, stolz und streng zu wirken. Monarchen hingegen sollten Herablassung, Gnade, Milde, Ehre und Galanterie ausstrahlen. Die Künstler hielten sich jedoch keineswegs an die theoretischen Schablonen. Neu entstehende Republiken, wie die USA, inspirierten sich nicht nur in ihrer Verfassungstheorie am Modell der konstitutionellen Monarchie. Sie hatten zu wenig eigene Traditionsbestände und mußten ikonographische Anleihen bei den Monarchien machen. Republikanische Ikonographie wurde meist im alten Rom geborgt. Immerhin hat die Freiheit Amerikas auch die raschere Befreiung von historischen Kostümierungszwängen erleichtert, auch wenn „Der Tod von General Wolfe" (1786) nicht – wie in eingefahrenen Gemeinplätzen – das erste Historienbild in zeitgenössischen Kostümen gewesen ist. Amerikanische Präsidentenportraits haben mit einigen Abweichungen in der Symbolik die Herrscherportraits ihrer Zeit variiert, ob sie von Europäern, wie Houdon, von europäisierten Amerikanern wie West oder von amerikanischen Amerikanern, wie Gilbert Stuart, stammten (Abrams 1968: 170ff).

Auch traditionslose Monarchien standen vor dem Problem der Entwicklung der ihnen gemäßen Bildsprache. Das zweite Empire Napoleons III. und der Wilhelminismus des zweiten Kaiserreichs in Deutschland sind schon früh unter dem Stichwort „Cäsarismus" und „bonapartistische Monarchie" verglichen worden (Marx/Engels, MEW Bd. 18: 513). Auch Kunstkritiker sahen im Napoleonismus eine neue Kunstform entstehen, da er auf „Glitz und Glanz erpicht" sei, „den er zu sehr als Regierungsmittel betrachtete, als daß er den Schmuck der Künste hätte entbehren können" (Pfau 1866: 306). Die beiden napoleonischen Empires und das deutsche Kaiserreich ähnelten sich darin, daß sie unter Überspringung der letzten Dynastien (Bourbonen oder Habsburger) eine Anknüpfung an den Glanz der mittelalterlichen Krone suchten. Cäsaristische Monarchien kombinierten Elemente des Gottesgnadentums mit demokratischen Einsprengseln der Volkssouveränität auf der Basis des allgemeinen Wahlrechts. Diese Kombination blieb nicht ohne Niederschlag in der Kunstproduktion dieser Regime (Mainardi 1987).

(2) Deutungen von Kontinuität und Diskontinuität der künstlerischen Arbeit im Wandel der politischen Regime. In älteren oligarchischen Republiken und in absolutistischen Monarchien konnte ein Wechsel des Herrscheramts weitreichende Folgen für Aufstieg und Abstieg von Künstlern haben. Aber die Selektion von Künstlern war kaum von politischen Weltanschauungsfragen beeinflußt. Erst mit der französischen Revolution wurden Meinungsverschiedenheiten politisch in großem Maßstab ideologisiert. Dennoch wurden die Künstler weiterhin vielfach nach den Kriterien der künstlerischen Qualität ausgesucht. Gerade weil die Kunst zunehmend als Propagandainstrument eingesetzt wurde, erhielt sich eine gewisse Liberalität der Rekrutierung von Künstlern für die Zwecke der „Kunst der Macht". Napoleon nahm den ehemaligen Hofmaler Ludwig XVI., Antoine-François Callet, für mehrere Schlachtenbilder wieder in seine Dienste (Übergabe von Ulm, Schlacht von Austerlitz) (Schoch 1975: 85). Zuvor hatten viele Maler des Ancien Régime – David nicht ausgenommen – für das Revolutionsregime gearbeitet. Die Restauration ab 1814 war politisch engherzig, nicht aber in der Kunst. François Gérard wurde 1817 zum ersten Maler ernannt, Robert Lefèvre blieb Hofmaler und selbst Gros, der demonstrativste Verherrlicher des gestürzten Kaisers, wurde geadelt und mit Aufträgen bedacht. Selbst David hätte aus dem belgischen Exil zurückkehren können, wenn er um Vergebung für seine Allianz mit den „Königsmördern" gebeten hätte. Ludwig XVIII. kaufte für den Luxembourg zwei Bilder, das war mehr als Napoleon für den Maler je in einem Zug getan hatte (Brooker 1980: 179).

Napoleon III. hat später sogar mit dem notorischen Regime-Gegner Courbet verhandeln lassen. Er malte ein Atelierbild, auf dem der Kaiser ihn im Atelier besuchte, eine Ehre, die Courbet, aber nicht Ingres zuteil wurde. Selbst die Bolschewiki waren anfangs wenig engherzig und die Faschisten haben einige Modernisten des Futurismus an sich binden können. Nur die Nationalsozialisten trieben ideologischen Starrsinn in ihrer Auftragspolitik auf die Spitze. Goebbels Versuche, Teile des Expressionismus als „deutschen Stil" zu retten, mißlangen ebenso wie Anbiederungsversuche einzelner Künstler, wie Nolde. Die Demokratien haben auf diese Intoleranz ihrerseits mit der Stigmatisierung aller Kollaboranten geantwortet. Arno Breker löste jedesmal einen Skandal aus, wenn nach 1945 ein Auftrag ruchbar wurde, auch wenn er nicht offiziös schien. Eine vergleichende Längsschnittanalyse wird vermutlich zu dem Ergebnis kommen, daß eher ein Stil- und Themenwandel als die politische Gesinnung der Künstler verantwortlich war, wenn diese nach einem Regimewechsel wenig Nachfrage erlebten.

(3) Noch stärker wird die Einmischung einer politischen Kunstgeschichte, wenn die politischen Symbole sich stilistisch innerhalb des gleichen politischen Regimes rasch wandeln. Der politische Historiker wird die Bedürfnisse der Macht unterstreichen, der Kunsthistoriker hingegen die Dynamik des Stilwandels – jenseits politischer Einflüsse auf die Kunst – zur Erklärung von Wandel bevorzugen. Die Entwicklung von der Romantik zum Realismus vollzog sich innerhalb des gleichen Regimes. Nur selten brachte das Revolutionsjahr 1848 eine klare Zäsur, wie in Frankreich, sodaß die Durchsetzung des Realismus mit einem politischen Ergebnis in Verbindung gebracht werden konnte. Aber selbst in Frankreich lassen sich die Unterschiede der politischen Ikonologie nicht aus der jeweiligen Einstellung der Maler zur Revolution von 1830 oder 1848 deduzieren. Wo die 48er Revolution die Kontinuität des Regimes nicht dauerhaft erschütterte, wie in Preußen, wird man Menzels Hinwendung zum Realismus schwerlich aus seiner liberalen Grundhaltung ableiten können. „Die Aufbahrung der Märzgefallenen" (1848) hatte für die Durchsetzung des Realismus in Deutschland nicht die Bedeutung, wie einige Bilder Courbets, die 1848 erstmals beachtet wurden. Allenfalls die Tatsache, daß er das Bild unvollendet ließ, zeugte von der Scham über seine liberalen Illusionen, und breitete eine Phase des politischen Eskapismus vor (vgl. Hermand 1986: 51).

(4) Die Erforschung von Kunst und Politik interessiert sich nicht nur für die Genesis der Werke, sondern auch für deren Wirkung. Die ikonologische Forschung seit Warburg war besonders am Fortleben gewisser bildlicher Traditionen interessiert. Je esoterischer jedoch die ikonologischen Bezüge waren, die Warburg decouvrierte, umso zweifelhafter mußte es erscheinen, daß den Zeitgenossen alle diese Bedeutungen gegenwärtig gewesen sind. Der rezeptionsästhetische Ansatz ist aus der Literaturgeschichte in die Kunstgeschichte eingedrungen und eroberte dort einen festen Platz. Kunstwerk und Betrachter waren in ihm keine klinisch reinen und isolierten Einheiten

(Kemp 1988: 240). Die älteren Kunsthistoriker haben über diese Zusammenhänge meist nur einige Andeutungen verloren. Mit Architektur und Kirchendekor war die Masse schon immer direkt konfrontiert. Andere Bildprogramme, vor allem in den Palästen der Fürsten, waren nur den höheren Ständen zugänglich, die gelegentlich Zutritt bei Hofe hatten. Die Öffnung der Kunstschätze der Fürsten für das Publikum hatte nicht zuletzt propagandistische Bedeutung. Das Museum in seinen Anfängen war schwerlich auf „interesseloses Wohlgefallen" (Kant) abgestellt. Die Bildproduktion der Neuzeit hatte unterschiedliche Adressaten, die Stände, den Adel, die Honoratioren, Zünfte, ausländische Gäste, Kirchenfürsten, und gelegentlich auch das Volk, vor allem bei der Veranstaltung von „panem et circenses" zur Verherrlichung der Macht. Ein Teil der Bilder waren selbstreferentiell. Adressat waren die Herrschenden selbst (Warnke 1993: 8). Es ist nicht auszuschließen, daß die Experten am Hof, die an der Vorformulierung der Bildprogramme mitwirkten, den Fürsten selbst auf ein Programm gelegentlich festlegen wollten. Das „reenforcement" der ikonologischen Experten konnte Entscheidungshilfe eines Fürsten sein, der die Skizzierung des Programms nicht seinen Künstlern überließ.

Je ungesicherter die Herrschaft erschien – meist in Früh- und Spätzeiten einer Dynastie – umso größer war der ikonographische Aufwand, der für die Bild-Propaganda eingesetzt wurde. Dies zeigte sich vor allem bei der Festigung des Prinzipats bei Augustus und bei der Erblichwerdung der Macht, welche die Usurpatoren und Condottieri in der italienischen Renaissance erworben hatten. In Rom hatte die Auflösung der tragenden Schichten des Gemeinwesens der Republik eine exzessive Selbstdarstellung der Macht zur Folge. Die Leistungsideale des Adels und der Patrizier verloren ihre Geltung. Demonstrativer Reichtum trat an ihre Stelle. Der römische Senat versuchte, die Errichtung privater Prunkbauten über Generationen zu verhindern. Er hatte aber nicht mehr die Kraft, selbst Staatsbauten in Auftrag zu geben, mit denen die Bürger sich identifizieren konnten. In dieses Vakuum stieß die normierte Bildersprache des Augustus, welche die Selbstdarstellung des Kaisers in einer neuen Hierarchie der Gesellschaft zum Muster für alle Gruppen werden ließ (Zanker 1987: 25, 329). Die Macht der Bilder in der Spätantike wurde durch Adaptionen religiöser Inhalte gestärkt. Die Macht der Bilder seit der italienischen Renaissance löste sich hingegen bis zur Gegenreformation vorübergehend wieder zunehmend von religiösen Inhalten. Dennoch blieben in säkularisierter Form religiöse Verdinglichungen des Herrscherbildes erhalten.

Das Bild des Herrschers hatte eine Stellvertreterfunktion. Es konnte sich bis zum Identitätsanspruch steigern, den feudale Stände erhoben, da sie das Land „waren" und nicht nur das Land „repräsentierten". Bildersturm und die Zerstörung von Denkmälern eines vergangenen Regimes und einer besiegten Dynastie waren die negative Seite dieses Identitätsgedankens (Brückner 1966; Steinmann 1917: 336; Schoch 1975: 12). Noch am Ende der absolutistischen Monarchie wurde das Herrscherbild als stellvertretendes Machtmittel eingesetzt, wenn der Münchner Rat vor dem Bild von Karl Theodor 1791 einen Kniefall tun mußte für ein Vergehen gegen die fürstliche Würde. Den „Majestätsbeleidigungen zweiten Grades" wurden im Bayrischen Strafgesetzbuch noch „der verachtende Spott" zugeordnet, unter den Kunstwerke nur allzu rasch subsumiert werden konnten (Schoch 1975: 12).

Im 7. Jahrhundert hatte das Christusbild das Herrscherbild von der Vorderseite der Münze verdrängt. Das abstrakte Kürzel des Kreuzes verdrängte gelegentlich auch das Christusbild. Wo Gott anwesend war, konnte ihn der Kaiser nicht mehr vertreten. Bildersturm wurde immer wieder durch die Veräußerlichung des Bilderkults ausgelöst (Belting 1990: 18ff). Der neue Bilderkult der Gegenreformation, der sich wieder stärker um paritätische Darstellung von Thron und Altar bemühte, war auch eine Wiedergutmachung und Sühne an den Bildern. Das Wort von der propaganda fidei entstand in der Gegenreformation. Macht und Religion steigerten im Bildkult ihre Ansprüche in enger Verschwisterung. Der Religion waren zuviele Machtzentren an den Protestantismus verloren gegangen, als daß sie sich noch gegen die gegenreformatorische Umarmung durch politische Bildgehalte wehren konnte. Die Wirksamkeit der Verbindung von religiöser und politischer Propaganda wurde von ihren Initiatoren meist unterstellt. Gelegentlich wurde die These durch den Erfolg bestätigt. Wo es nur um dynastische Interessen ging, kam gleichwohl früh ein Interesse der Fürsten an der Wirkung der Bilder auf das Volk auf. Bevor der Perseus des Benvenuto Cellini 1554 auf der Piazza della Signoria in Florenz aufgestellt wurde, hat sich der Großherzog Cosimo I. immer wieder von dem Fortgang der Arbeit persönlich überzeugt. Cellini berichtete in seiner „Vita" (1962, II, 90: 503), dass er einmal von seinem Mäzen besucht wurde. Diesem schien das Werk „molto bella" aber er bat, einmal die Volksmeinung zu testen, weil das Werk auch „a i popoli", dem Publikum, gefallen müsse.

In der Ära der französischen Revolution gerieten Dynastien ins Wanken. In der Restaurationszeit verband sich noch einmal religiöse und politische Propaganda. In der Zeit Napoleons hatte der Usurpator äußerlich wieder Frieden mit der Kirche geschlossen. Eine unterschwellige antiklerikale Strömung blieb jedoch in seiner Kunstpolitik wirksam. Die religiöse Malerei erhielt keine starke Förderung mehr. Umso stärker wurde die politische Bildkunst systematisch gefördert. Sie ging weit über die Schmuckfunktion für die Schlösser des Fürsten hinaus, die sie im Ancien Régime in erster Linie zu erfüllen hatte. Der neue Herrscher kalkulierte die Breitenwirkung der Kunstwerke ein und ließ sie vielfach ausstellen. Der Usurpator hat selbst einmal geklagt, daß den legitimen Fürsten Miß- und Maitressenwirtschaft nichts anhaben könne, weil niemand ihnen zum Thron verholfen habe. „In meinem Fall ist alles ganz anders. Es gibt nicht einen General, der nicht dächte, er habe dasselbe Anrecht auf den Thron wie ich" (zit. Appollo: The Man of Destiny, Sept. 1964: 176). Je prekärer die Legitimation der Herrschaft, umso exakter mußte die Kontrolle der politischen Bildrezeption ausfallen. 1808 hing Gros` „Schlachtfeld von Eylau", das den Sieg Napoleons über die russische Armee feierte, neben Davids Krönungsbild. „Sacre et massacre" soll der Kommentar des Präsidenten der Römischen Republik gewesen sein (Lindsay 1960: 122). Selbst der Geheimdienst hat ohne Kunstverstand die zwiespältige Botschaft erahnt, weil er befürchtete, daß das Bild unerwünschte kriegsfeindliche Stimmungen fördern könne. Napoleon hat mit Bildaufträgen gelegentlich auf die Propaganda der anti-napoleonischen Koalition geantwortet, und ihre Wirkung wiederum von der Geheimpolizei testen lassen, wie Protokolle zeigen (Lelièvre 1993: 117ff).

Wo Kunst in den Dienst revolutionärer Agitation oder in den Dienst der Legitimation illegitimer Herrschaft, wie bei Napoleon, gestellt wurde, mußte ihre Wirkung bedacht werden, längst eher der rezeptionsgeschichtliche Ansatz sich ausbreitete. In der Oktoberrevolution gab es Tendenzen, den Kubo-Futurismus zur herrschenden proletarischen Kunst zu erklären, aber der zuständige Volkskommissar Lunačarskij, der einige Sympathien für diese Richtung hatte, sah klar, daß nicht nur Lenin, sondern vor allem das Volk diese Kunst nicht ausstehen konnte (Palmier 1975 I: 477). Die Diktaturen des 20. Jahrhunderts – ob links oder rechts – haben ihren Vandalismus nicht zuletzt deshalb ungestraft in der Kunst einsetzen können, weil sie den kleinbürgerlichen Kunstgeschmack des Volkes durchaus getroffen hatten.

Mit der Massenmobilisierung in modernen Demokratien und Diktaturen hat sich die Tendenz zur populistischen Faßlichkeit der politischen Bildsprache erneut gesteigert. Dies geschah am vordergründigsten da, wo die Massen überwiegend kunstfern lebten, wie in der mexikanischen Revolution, im bolschewistischen Rußland und partiell sogar im amerikanischen New Deal. Selbst die konstruktivistischen Anfänge der Kunst der Moderne, die nach der Oktoberrevolution nicht nur geduldet, sondern auch in die Propaganda eingespannt wurden, appellierten an faßliche Symbole, wie Tatlins Turm für die Internationale.

Erst nach dem zweiten Weltkrieg hat sich mit der Konsolidierung der Demokratie eine Reduzierung der demokratischen Symbolik auf abstrakte Zeichen ergeben. Adler und Rutenbündel unterschieden sich kaum noch von der vordemokratischen Symbolik. Anklänge an die schwedische Landschaft im Ikealook im neugestalteten schwedischen Reichstag suggerierten Heimatliebe aber keinen symbolträchtigen Verfassungspatriotismus mehr.

Ein Paradoxon entwickelte sich im demokratischen System: mit der Demokratie wurde die Demoskopie zu immer exakteren Methoden geführt. Die Wirkung von Kunstwerken konnte in jedem Augenblick relativ neutral getestet werden, und dennoch gab es wenig mehr zu testen. Die wenigen Kunstwerke, in denen sich die Demokratie zu repräsentieren suchte, wurden vom Volk überwiegend abgelehnt oder nicht verstanden. Wo immer das Volk einmal von den Medien befragt wurde – ob es um die Alternative „Antoine Pesne oder Hann Trier" als Deckengemälde im Schloß Charlottenburg oder um die Frage der angemessenen Bauweise für ein Landesparlament in Bremen ging – immer optierte das Volk für die traditionalste und künstlerisch am wenigsten innovative Lösung. Kunst bekam in der Demokratie wenig Anreize, auf die Zustimmung der Massen zu bauen, und blieb elitär, auch wenn die Attitüden des Genie-Kults und der Avantgarde-Inszenierung immer unglaubhafter wurden. Politische

Kunst hatte als Adressaten elitäre Gruppen von connaisseurs, nicht die Massen. Das sah auch Klaus Staeck in weiser Selbstbeschränkung nicht anders.

Als die Kunst der Macht einen demokratischen Gemeinwesen gewichen war, wurde die Selbstdarstellung der Regierenden immer marginaler. Paradoxerweise hat die Demokratie als Mäzen mit der Umfrageforschung eine Wirkungskontrolle, von der Cosimo I. oder Napoleon I. nur hätten träumen können, und dennoch setzten sie Kunst zur Propaganda immer weniger ein. Das Bild der Regierenden wurde noch immer in Auftrag gegeben, aber es blieb – wie bei den deutschen Bundeskanzlern – weitgehend dem persönlichen Geschmack überlassen. Klaus Lankheit hat einmal unterstellt, daß es keine impressionistischen oder expressionistischen Herrscherbilder gebe. Die Aussage bedarf der Differenzierung. Immerhin hat noch Manet Clemenceau und Proust gemalt. Munchs Bild von Walter Rathenau galt einem Förderer, nicht dem Mann, der in der Politik reüssieren sollte. Kokoschkas Portraits von Adenauer und Heuss könnten das Diktum falsifizieren, ebenso wie Meistermanns Brandt-Portrait. Aber als Massenphänomen bleibt die Aussage richtig: der Impressionismus hatte wenig Sinn für ein solches Sujet in seiner Konzeption der Welt. Der Expressionismus hatte ebenfalls eher machtferne, wenn auch nicht unpolitische Ambitionen. Erst die nichtgegenständliche Malerei war nicht mehr für Portraits geeignet, und mit dem Einzug der Pop-Art fehlte dem Bild der Regierenden die Aura, auf die der Auftraggeber wertlegen mußte, um Staatsgelder einzusetzen. Das Anti-Herrscher-Bild von Picasso über Franco bis Andy Warhols Präsidenten-Persiphlagen schien endgültig von der Kunst der Macht auf die Seite der Macht der Kunst gewechselt zu sein.

(5) Am empfindlichsten reagieren Kunsthistoriker auf Wertungen von außen, welche die Qualität der Kunstwerke mit politischen Optionen in Beziehung setzen. Gombrich (1991; 245) hielt die Sozialwissenschaften für so neopositivistisch – im Sinne der Lehre seines Freundes Karl R. Poppers – gefestigt, daß er glaubte, diese würden sich der dem Kunsthistoriker zentralen Wertfrage entziehen. Das war zuviel der Ehre – immer gab es und gibt es Strömungen, welche die Wertfrage für essentiell hielten, nicht nur bei den prämodernen Verkündern einer politisch engagierten Kunst wie Proudhon und Černyševskij. Einer positivistischen Kunstgeschichte war vordergründiges politisches Engagement immer suspekt. Am Fall Jacques Louis David konnte Arnold Hauser (1953 II: 158) triumphierend feststellen, daß dieser Maler gerade in seiner engagiertesten Phase auch in der Malerei am besten gewesen sei. Wenn man diesem Befund im Fall David zustimmen kann, läßt sich daraus weder eine Regel ableiten, noch der Umkehrschluß rechtfertigen, daß politisches Engagement Grundlage qualitätvoller Kunst sei. Auch Adepten einer nichtdogmatischen sozialistischen Kunstauffassung haben gelegentlich zugegeben, daß der „Aristokrat“ Delacroix, den man an der Wiege „sozialistischer Tendenzkunst“ stehen sah, weit mehr für die „Unterwühlung der plutokratischen Gesellschaft im Julikönigtum“ getan habe, „als alle proletarischen Durchschnittstalente“ (Coulin 1909: 100).

David war schon immer der klassische Streitfall für eine Evaluation der Rolle des politischen Engagements. Ist er im Empire schlechter geworden, da Napoleons Krönungsbild recht ungelenk ausfiel und ist David in der Emigration endgültig verknöchert? Falls Kunsthistoriker über einen Leistungsabfall einig wären, müßten sie ihn schwerlich mit dem Regimewechsel erklären. Sind Dix und Grosz nach 1945 aus politischen Gründen schlechter geworden, weil ihnen das Feinderlebnis im Westen abhanden kam und das Freunderlebnis gegenüber dem sozialistischen Osten sich nicht recht einstellen wollte? Sind Alterswerke nicht auch sonst gelegentlich schlicht aus dem Schwinden künstlerischer Potenz zu erklären? (Friedlaender 1952: 64). Der politische Historiker der Kunst ist gut beraten, wenn er sich in diesen Wertungsfragen nicht allzu weit von der communis opinio doctorum in der Kunstwissenschaft entfernt.

Die Qualität von Kunstwerken scheint nach weit verbreitetem Vorurteil eher negativ mit dem Grad des politischen Engagements des Künstlers zu korrelieren. David, Delacroix, Courbet, Picasso oder Léger werden als die Ausnahmen von der Regel gewertet. Die politische Analyse von Kunst wird nicht zufällig bei zweitrangigen Künstlern fündiger als bei den meisten großen Meistern. Rechte Ethnozentriker haben gelegentlich behauptet, daß staatliche Kunstpolitik zu keiner großen Kunst führe, wenn sie nicht national oder regional fundiert sei. Der päpstliche Hof oder auch Preußen, für das deutsche Nationalisten gern eine Lanze brachen, sind eher Beispiele, welche die These nicht bestätigen (Malkowsky 1912: 19). Radikal-progressive Historiker hingegen haben umgekehrt behauptet, das politische Engagement könne die Qualität der Kunst steigern, weil die Einbindung eines ausufernden Genies in die Parteidisziplin die nötige Focussierung des Werkes förderte. Den Beweis für diese These blieb der Autor für die bildende Kunst schuldig. Für die Literatur wurde Brecht angeführt (Egbert 1970: 736). Dabei taucht das umgekehrte Problem wie bei David auf, nämlich die Einschätzung eines Jugendwerks. Wurde Brecht besser, weil er eine weltanschauliche Heimat im Marxismus gefunden hatte, oder hatte er nur das unausgegorene Frühwerk überwunden und wäre auch ohne den Marxismus zu einem großen Dramatiker geworden?

Mit der Ausdifferenzierung der Subsysteme der Gesellschaft seit der frühen Neuzeit gewann die Kunst an Autonomie. Sie hat diese – mit Ausnahme des Intermezzos der totalitären Diktaturen im 20. Jahrhundert – gegen das politische System erfolgreich verteidigt. Nur die Diktaturen unternahmen noch den anachronistischen Versuch, auch die Kunst in ihre Propaganda einzuspannen. Demokratien benutzen eher die Massenmedien zu ihrer Selbstdarstellung. Der Preis für die Befreiung der Kunst aus politischen und sozialen Zwängen war die Auslieferung des Künstlers an den Markt. Nur eine kurze Zeit, etwa zwischen 1830 und 1930 konnten Avantgarden den Mythos von der „Einsamkeit des Künstlers" pflegen. Das Gros der Kunstschaffenden blieb auch in dieser Epoche in die traditionellen Zusammenhänge eingebettet.

Der Autonomisierungsprozeß der Kunst bedeutete nicht das Verschwinden von politischen Bildinhalten. Im Gegenteil. In den Zeiten der Revolutionen (1789, 1830, 1848, 1870/71, 1917/18) nahm politische Kunst gewaltig zu, überwiegend um die „Gegenmacht der Kunst" zu demonstrieren. Die politischen Inhalte der Bilder blieben aber auch im 20. Jahrhundert weitgehend interpretationsbedürftig. Der Versuch in vielen Ansätzen des 20. Jahrhunderts, die Kluft zwischen Kunst und Leben zu überwinden, hat in Varianten der Aktionskunst immer auch politisch Widerständliches erzeugt. Aber die Happenings reagierten eher auf eine von der Gesellschaft diktierte Rolle durch provokative Akte des Widerstandes. Pessimistischer Individualismus trieb die Aktionskünstler mehr an als eine Bereitschaft, die Individualität für eine politische Bewegung einzubringen. Esoterik, A-Politizismus und meist nicht einmal die ersehnte Popularität waren das Ergebnis von Provokationen, die das politische System im engeren Sinne schon gar nicht mehr zum Adressaten des Widerstandes machte. Das Ergebnis war in der Regel eine Steigerung der Isolierung und des Gefühls nicht verstanden worden zu sein (Lindey 1990: 103; Schilling 1978: 32ff; 194ff).

Nichts ist vergänglicher als politische Inhalte in optischer Form. Sie sind – wie bei Karikaturen – oft nur durch Zuhilfenahme des Mediums „Wort" mit Bildunterschriften nachvollziehbar zu halten. Nur gelegentlich waren diese so allgemein gehalten, wie bei Goya, daß spätere Interpreten darum streiten konnten, wer in den „Caprichos" oder den „Desastres" angegriffen werden sollte. Je vordergründiger ein Kunstwerk politisch auftrat, umso weniger wurde es langfristig als Kunst akzeptiert. Politische Künstler, wie Hogarth oder Daumier, hatten es schon auf der Höhe ihres Schaffens schwer, in ihrer Malerei als gleichwertig mit anderen unpolitischen Künstlern gewürdigt zu werden. Politische Kunst mußte stets einen prekären Balanceakt zwischen Aktualität und Überzeitlichkeit vollführen, um zu überleben. Selbst im Absolutismus war sie nur erträglich, wenn sie sich mit religiösen oder allgemein-menschlichen Inhalten verband, die ein Bild für spätere Betrachter bedeutsam werden ließ, auch wenn der politische Kontext des Werkes unverständlich geworden war.

3 Umrisse einer Kunstpolitologie

Die These dieses Beitrags war es, daß eine Kunstpolitologie kaum Aussichten hat, in der politischen Ikonologie mehr als dritte Geige im Konzert der Bilddeuter zu spielen. Ein Politikfeld „Kunst" würde von einer Systematik ausgehen, die den Kunstwissenschaftlern fremd ist, und deren Einfluß auf die Forschung im Einzelnen sie vielleicht nur noch am Rande interessiert.

Eine politische Betrachtung der Kunstentwicklung wird zwei Faktoren berücksichtigen, die als systematische Frage in der Kunstgeschichte kaum so auftaucht:

- Die jeweilige Gleichgewichtslage eines Landes im Hinblick auf die *Legitimationsprinzipien des demokratischen Staates*. *Politische Kulturen* sind keine Konstanten, die aus einem Nationalcharakter entstehen, sondern sind gewachsen und von historischen Ereignissen geprägt.

- Die *Tradition der Kunstpolitik,* die älter ist, als das jeweilige demokratische Regime.

(1) Innerhalb der politischen Evolution von Regimetypen ist für die Kunst der Macht nicht unwesentlich, in welchem Mischungsverhältnis sich die Elemente neuzeitlicher Legitimation von staatlichen Gebilden finden lassen. Am Anfang stand der Rechtsstaat – in absolutistischer Zeit nur bis zum Gesetzesstaat gediehen, in dem der Fürst die Rechtssetzung innehatte, aber an seine Gesetze gebunden war, und diese nicht willkürlich ändern konnte. Mit dem Verblassen religiöser Legitimation trat der Nationalstaat als Legitimation hinzu, soweit es sich nicht um multiethnische Großreiche handelte. Aber auch diese entwickelten einen Nationalismus der dominanten ethnischen Gruppe (der Russen, der Deutsch-Österreicher oder der osmanischen Türken). Der Nationalstaat, der die Bürger nicht nur rechtlich gleich ansah, wie der ältere Rechtsstaat, sondern auch emotional die Patrioten eines Volkes als Gleiche mehr und mehr mobilisierte, enthielt bereits demokratische Elemente. Der Demokratische Staat, der reale Fürstensouveränität in formale Volkssouveränität überführte, erwies sich angesichts der großen sozialen Ungleichheit, die im 19. Jahrhundert durch die Entstehung einer eigentumslosen Arbeiterklasse als unzureichend legitimiert und mußte den Wohlfahrtsstaat den drei anderen Legitimationsprinzipien hinzufügen. Aber auch Staaten, die unter dem Oberbegriff „Demokratie" zusammengefaßt wurden, zeigten nicht das gleiche Mischungsverhältnis der Legitimationsprinzipien. Die politische Ikonologie der Staatskunst kann gerade dieses unschwer aufzeigen.

(2) Kunstpolitik in der Demokratie ist – je nach nationalen Traditionen, die bis in die Zeit des Absolutismus zurückreichen – unterschiedlich konzipiert worden. Einige Staaten vertrauen eher auf die Zivilgesellschaft als Kunstmäzene. Andere haben dem Staat eine wichtige Mäzenaten- oder wenigstens Sponsoren-Funktion zugewiesen. Die angelsächsischen Länder organisierten ihre Kunstpolitik eher zivilgesellschaftlich. Sie sind nicht zufällig die Schlußlichter internationaler Statistiken über die Kulturausgaben der öffentlichen Hand (am sinnvollsten pro Kopf der Einwohner gemessen). Das bedeutet nicht, daß die zivilgesellschaftlichen Länder weniger Kultur hervorbringen. Sie finanzieren sie nur anders. Es ist im Gegenteil vielfach behauptet worden, daß ein direktes Engagement des Staates keine Hochkultur hervorbringe. Für die absolutistische Zeit war die Aussage sicher nicht haltbar. Wo jeder kleine Hof ein Orchester unterhielt, wie in Deutschland, bestand die Chance zur Entwicklung einer großen Musikkultur. In der Demokratie ist der Zusammenhang zwischen staatlicher Kunstpolitik und dem Ergebnis an wichtigen Kunstwerken weniger eng. Die Länder mit der intensivsten wohlfahrtsstaatlichen Subjektförderung der Künstler, wie Norwegen und die Niederlande, standen in den 70er und 80er Jahren keineswegs an der Spitze innovativer künstleri-

scher Entwicklungen. Der New Deal in Amerika hat vielen Künstlern geholfen. Aber die neue Entwicklung hin zum abstrakten Expressionismus hat er kaum gefördert.

In der staatlichen Ikonographie spielt das Prinzip der Nation zunehmend eine größere Rolle als das des Staates oder der Dynastie. Die Symbole der Demokratie verbanden sich vielfach mit denen der Nation, weil sie in ihrer Abstraktheit schwer darstellbar wurden. Eine Ausnahme erscheinen die populistischen Mobilisierungssysteme, wie Mexiko. Sie waren jedoch stets in Gefahr, die Symbole der Demokratie nur noch als Dekoration einer autoritären Präsidentendiktatur zu mißbrauchen. Schließlich führte der Wohlfahrtsstaat seit dem New Deal in Amerika vielfach zu einer neuen Selbstrepräsentation demokratischer Systeme.

Die staatliche Kunstförderung im Patronagestaat war ihrerseits abhängig von der Stärke zentralistischer Traditionen – die in Frankreich und Österreich aus dem Absolutismus stammten – und dem Ausmaß der Autonomie der Gemeinde und substaatlichen Territorien. Vier Modelle lassen sich in modernen Demokratien unterscheiden (Cummings/Katz 1987: 12; Schütz 1962: 15, 17).

1. Das zentralistische Modell unter der Regie eines Kulturministeriums (z.B. Frankreich).
2. Das dezentrale Modell der Dominanz von regionalen Akteuren (Länder) und funktionalen Akteuren (Deutschland).
3. Das para-staatliche Modell der Steuerung mit hoher Autonomie (National Endowment of the Arts in den USA, Arts Council in Großbritannien).
4. Der Staat organisiert die Kunst in eigener Regie. Das Modell ist meist an Diktaturen gebunden. Im Zeichen des Wohlfahrtsstaates zeigten sich Züge dieses Modells jedoch auch im amerikanischen New Deal und in Skandinavien.

Diese Typologie zielt auf Idealtypen. In der Realität überwiegen die Mischungsverhältnisse. Nur das vierte Modell scheint der Demokratie auf die Dauer nicht angemessen zu sein, in der der Staat sich als Patronage-Macht zurückhält. Angesichts pluralistischer Stilrichtungen fühlt der Staat als Mäzen die ständige Gefahr auf sich lasten, Moden oder gar einem Bluff aufzusitzen. Es ist zudem zerrissen zwischen der Funktion Mäzen „von Staats wegen" sein zu sollen und als Regierung doch „von Volkes Gnaden" zu leben, auf dessen Geschmack er kaum Rücksicht nehmen kann, wenn er die Mäzenatenfunktion ernst nimmt. Im Absolutismus fand das Volk meist schön, was der fürstliche Patron schätzte. Das hat sich in der Demokratie gründlich geändert.

In allen modernen Demokratien – und mit einiger Verzögerung auch in den Diktaturen, die gerade an dieser gesellschaftlichen Dynamik scheiterten – haben sich die Subsysteme der Gesellschaft zunehmend zu autonomen Handlungseinheiten ausdifferenziert. Neuere theoretische Ansätze haben zunehmend System und Lebenswelt auseinandertreten sehen. Die Kunst scheint par excellence der Lebenswelt anzugehören. Und doch hat sie in politikwissenschaftlicher Perspektive immer einen starken Systembezug gehabt. Die Differenzierung zu autonomen Einheiten bedeutet nicht, daß andere Teilbereiche der Gesellschaft nicht auf die Kunst einwirkten. Am stärksten geschah dies bei der Wirtschaft. Die Technik hatte bedeutenden Einfluß auf die Entwicklung der neuen Stile in Kunst und Architektur. Aber auch die Wissenschaft und ihre Produktion von weltbildhaltigen Theorien hatten einigen Einfluß. Kunst verhält sich zunehmend selbstreferentiell. Dies wurde erkannt, längst ehe es eine Theorie der sich selbst steuernden autopoietischen Systeme gab. Die Autopoiese schärft aber den Blick für ein Paradoxon der Entwicklung: je autonomer die Kunst, umso stärker der Einfluß einzelner Sektoren, wie der Wirtschaft. Wo Kunst und Kultur schon als der dominante Faktor der Entwicklung postmoderner Gesellschaft gefeiert worden ist, zeigt sich zunehmend, daß der Satz „alles ist Kunst" um den Satz „alles ist zugleich Wirtschaft" ergänzt werden muß.

Die „Kunst der Macht" nimmt in dem Maße ab, als die Politik ihre Fähigkeit andere gesellschaftliche Teilbereiche zu steuern verliert. Das bedeutet aber nicht, daß die politische Ikonologie nicht weiterhin nachweisen kann, daß im Symbolbereich auch in der Kunst politische Steuerungsversuche immer wieder unternommen werden. Umgekehrt führt die Autonomie der Kunst dazu, daß politische Bildinhalte in der Kunst Eingang finden. Das politische System muß zudem versuchen, die Autonomie der Kunst gegen die Dominanz der Wirtschaft zu schützen oder der Kunst im Hinblick auf die Wirtschaft rechtliche Förderung angedeihen zu lassen (z.B. durch Regelungen zur Finanzierung von „Kunst am Bau"). Rechtliche Einflüsse auf die Kunst, von Politikern vorformuliert, sind auch in der Demokratie häufig: vom Verbot der Verunglimpfung der staatlichen Symbole bis zum Pornographie-Verbot. Allenfalls das Verhältnis von Kunst und Wissenschaft bleibt weitgehend unbeeinflußt von der Regulierungskraft des demokratischen Staates (vgl. Matrix).

Das Politikfeld „Kunst" hat im Ablauf verschiedener Regime sehr unterschiedliche Interventionsfelder der Macht entwickelt. Nur für die moderne Demokratie gilt eine generelle Typologie der Staatstätigkeit: Redistributive Maßnahmen sind in der Kunstpolitik selten. An ihre Stelle tritt in diesem Politikfeld eine Maßnahme, die man akquisitiv nennen könnte. Je autokratischer die Verfügungsgewalt über den Reichtum eines Landes umso stärker fielen die akquisitiven Maßnahmen der Fürsten ins Auge. Erst mit dem Ausbau der Rechtsstaatlichkeit hat die Macht auch in die Kunst regulierend (vom Exportverbot der Kunst bis zur rechtlichen Verankerung von Urheberrechten) eingegriffen. Mit dem Ausbau des Sozialstaates kam es zu protektiven (Sozialversicherung der Künstler), und distributiven Maßnahmen (z.B. Maßnahmen zur Existenzsicherung von Künstlern, Stipendien, Akademien). Restriktive Maßnahmen waren paradoxerweise im Absolutismus selten. Das Patronageverhältnis Fürst/Künstler und die soziale Kontrolle durch einen engen Mäzenatenkreis wirkten prohibitiv genug. Erst im modernen Rechtsstaat der konstitutionellen Monarchie kam es zu rechtlicher Regulierung mit prohibitiven Zügen (von der Ahndung der Verunglimpfung von Personen und Symbolen des Staates bis zum Pornographieverbot). Auch in der Entwicklung der Demokratie sind diese Relikte restriktiver Einmischung des Staates in die Kunst nicht ganz verschwunden.

Tabelle 1: Typologie der staatlichen Maßnahmen zur Steuerung der Gesellschaft

EBENE DER REGELSETZUNG (Einsatz von Macht mit geringen Kosten)	restriktiv (Einschränkung von Rechten)	regulativ (Konfliktschlichtung zwischen den Interessen)	Extensiv (Ausdehnung von Rechten)
EBENE MATERIELLER LEISTUNGEN	protektiv (Schutz von Gruppen)	distributiv (Verteilung finanzieller Resourcen)	Redistributiv (Umverteilung von Mitteln, trade-off zwischen den Gruppen)

Die Staatstätigkeit in den meisten gesellschaftlichen Sphären (Tabelle 1) bestand nur im Absolutismus in der Anschaffung für den Bedarf des Hofes. „Luxus und Kapitalismus" sind seit Sombart vielfach in ihrer Interaktion eng verbunden gesehen worden. Die Akquisitionspolitik konnte politische Züge tragen. Bei den unpolitischen Liebhaber-Mäzenen unter den Fürsten diente sie nicht selten der Thesaurierung. Kunst stand neben skurrilen Kuriositäten in den ersten fürstlichen Sammlungen. Kunstförderung war aber nur selten absichtsloses protektives Mäzenatentum. Politische Selbstdarstellung und Legitimationsbeschaffung spielten eine wichtige Rolle. Selbst moderne Sponsoren denken bei der Kunstförderung weitgehend selbstreferentiell, auch wenn ihre Spenden nicht mehr so vordergründig der Imagepflege dienen können, wie in der Zeit des Absolutismus (Forbeck 1989; Fuchs 1993). Der Mäzen im klassischen Sinne versuchte Kunstwerke aktiv mitzugestalten und nahm ständigen Anteil am Fortgang eines Werkes. Einige Renaissancepäpste oder Medici-Fürsten, Maximilian I oder Charles I von England gehörten zu diesem Typ. Der Typ des Herrschers, der vor allem Interesse an Selbstinszenierungen entwickelte, hat von Heinrich VIII bis zu Napoleon ein selektives und instrumentelles Verhältnis zur Kunst entwickelt, das über die Erfolge der Kunst als Propaganda nicht wesentlich hinausging (Hirschfeld 1968: 287). Moderne Sponsoren sind hingegen nach der Umreißung des Förderungszwecks meist nur durch Bereitstellung eines „Globalhaushaltes" präsent. Die Evaluation der Resultate wird überwiegend an Expertenkommissionen delegiert.

Nicht alle diese Instrumente der Kunstpolitik haben in allen Regimen die gleiche Bedeutung. Städtebaupolitik war in allen Regimen wichtig, Denkmalpflegepolitik entstand erst mit dem Historismus zur Zeit der konstitutionellen Monarchien. Sozialstaatliche Komponenten der Kunstpolitik sind neuen Datums. Je weniger der Staat direkt akquisitiv tätig wird, umso mehr beschränkt er sich auf regulative Maßnahmen, die anderen Akteuren die Förderung der Kunst erleichtert.

Tabelle 2: Typologie der Interventionsfelder von Kunstpolitik

MAßNAHME	INTERVENTIONSFELDER
Akquisitiv	Städtebau, Architektur Selbstdarstellung des Systems in der Malerei und Skulptur - Herrscherbildnisse - Historienbilder, Darstellung dynastischer, nationaler und ideologischer Themen - politische Implikationen einer primär nichtpolitischen Kunst Ankaufspolitik von Kunstwerken, die nicht in Auftrag gegeben wurden - Museumspolitik - Ausstellungspolitik - Dekoration von Staatsakten und Feiern
Restriktiv	repressive Reglementierung - politische Kunst - oppositionelle Verhaltensweisen der Künstler - „Pornographie"
Protektiv	Denkmalpolitik, Restauration von Kunstwerken
Distributiv	Förderung von Institutionen - Gründung von Akademien, Hochschulen, Stipendien Künstlersozialpolitik (nur in modernen Staaten)
Regulativ	Regelsetzung im Bereich konkurrierender Sponsoren (Staat und Wirtschaft, Staat und Kirche) Kunststeuerpolitik (indirekte Förderung von Künstlern und Sponsoren) Rahmenrichtlinien für ästhetische Gestaltung (Städtebauförderung, Kunst am Bau)

Demokratische Ikonologie erlebte ein Dilemma. Konservative Kunsthistoriker wie Hans Sedlmayr (1952) haben einst den „Verlust der Mitte" beklagt. Die Entwicklung zur Postmoderne ließ den bloßen Gedanken an eine „Mitte" schwinden. Die Sakralisierung der Kunst, die Adorno (1970: 410) noch in seiner „Ästhetischen Theorie" propagierte, mit der Meinung der Rezipient habe sich der „Disziplin des Kunstwerks" zu unterwerfen und keine subjektive Ansprüche für sich selbst erheben, war rasch obsolet. *„Anything goes"* wurde von Paul Feyerabend als Devise ausgegeben, nachdem er den Neopositivismus Poppers aufgegeben hatte. Ästhetische Erfahrung wurde profaniert.

Kunst wurde durch *„events"* in die öffentliche Aufmerksamkeit gerückt. Der Museums Shop und die „Museums Nächte" drohen mehr Aufmerksamkeit zu erringen als die ständigen Sammlungen selbst, wie ein erfahrener Museumsdirektor beklagte (Zweite 2009: 131)). Dieser Trend endete in zwei Entwicklungen:

- Demokratie lebte zunehmend sichbar von prä-demokratischen Mythen und Symbolen und *versuchte populär zu sein* – im Bewusstsein das die meisten Bürger moderne Kunst nicht akzeptieren. Pop Art wurde um 1960 zum Fanal gegen die Esoterik und Intellektualität der abstrakten Kunst.
- Zugleich kam ein *neuer Elitismus* auf, der sich auch auf prä-demokratische Symbole und Stimmungen stützt, aber die Sprache der modernen Kunst benutzt.

Erst nach dem Zweiten Weltkrieg war die Demokratie in Europa hinreichend konsolidiert, um den demokratischen Symbolismus auf relativ abstrakte Zeichen zu reduzieren. Adler lebten als Symbole vergangener Regime fort. Der *„Verfassungspatriotismus"*, der vielfach propagiert wurde, hat noch keine eigene Ikonographie entwickelt. Darstellungen des *„body politic"* im parlamentarischen Bereich bewahrten vielfach theologische Elemente, Mythen und neo-metaphysische Elemente (Manow 2008: 19). Der Ikea-Look im schwedischen Parlament in Form eines gewebten Teppichs mit einer stilisierten schwedischen Landschaft blieb unpolitisch. Die Repräsentation der herrschenden Klasse wurde durch die Fotografie ebenfalls entsakralisiert. Das Staatsportrait wurde marginal. Schon Clemenceau haßte sein Portrait von Manet (1879, 1880) und Churchill – selbst ein Hobbymaler – ließ Graham Sutherlands Portrait von sich verschwinden. Königin Elisabeth von Annigoni in der Portrait Gallerie in London und die Bilder des spanischen Königspaares im Vestibül der Thyssen-Bornemisza-Sammlungen in Madrid waren Beispiele, dass selbst die Eliten im Zweifel lieber altmodische Schönmalerei bevorzugten. Untersuchungen über zeitgenössische Eliten (Capital 11, 1998: 111) zeigten aber inzwischen, dass die politischen und wirtschaftlichen Eliten zu 85% und zu 70% die moderne Kunst zur Selbstdarstellung in ihren Büros entdeckt haben. Vielfach wurde die Farbe blau bevorzugt, um das dezisionistische Verständnis von Politik herauszustreichen und ein Gefühl von Distanz und Macht zu erzeugen. Die Horror-Picture-Show im Kanzleramt enthält nur wenige beachtliche Portraits. Jörg Immendorff (1993: 58), der einst als Maoist die Devise ausgab „Hört auf zu malen", gefiel sich nach seiner demokratischen Bekehrung mit einem Portait von Gerhard Schröder im traditionellen Gold-Münzen-Look (Ullrich 2010: 17, 19) Linke politische Bewegungen schufen neue Ikonen, auch wenn bei Warhols Präsidentenbildern unklar blieb, ob Andy Warhol eine Karikatur oder eine Verherrlichung anstrebte. Ganz sicher waren die Mao-Bilder bei Warhol, Gerhard Richter oder Sigmar Polke in ihrer wolkigen Verfremdung nicht als Karikatur gedacht wie einst Picassos Darstellungen von Franco.

Inzwischen hat die Kulturenquete von Ende 2007 (vgl. Kap. 9) eine so facettenreiche Darstellung von Kunst und Kultur in Deutschland geboten, dass neue Ansätze zu einer Kunstpolitologie vielleicht bald meine provisorische These von der Nichtexistenz einer Kunstpolitologie falsifizieren.

Literatur

Adorno, Theodor W.: Ästhetische Theorie. Frankfurt, Suhrkamp, 1970.

Alberti, Leon/Battista, Hans.: I libri della famigilia (1432-1434 die ersten drei Bücher). Turin, Einaudi, 1969

Aronberg Lavin, Marilyn.: The place of narrative. Mural decoration in Italian Churches. 431-1600 A.D. Chicago University Press 1990.

Belting, Belting: Bild und Kult. London, Beck, 1990.

Belting, Hans: Das Ende der Kunstgeschichte. Eine Revision nach zehn Jahren. München, Beck, 1995.

Belting, Hans/Blume, D. (Hrsg.): Malerei und Stadtkultur der Dantezeit. München, Hirmer, 1989.

v. Beyme, Klaus: Politische Ideengeschichte. Probleme eines interdisziplinären Forschungsbereiches. Tübingen, Mohr 1969.

v. Beyme, Klaus, Durth, Werner u. a. (Hrsg.): Neue Städte aus Ruinen. München, Prestel, 1992.

v. Beyme, Klaus: Das Zeitalter der Avantgarden. München, Beck, 2005.

Borsook, E.: The Mural Painters of Tuscany from Cimabue to Andrea del Sarto. Oxford, Clarendon, 1980, 2. Aufl.

Brooker, Anita: Jaques Louis David. London, Chatto & Windus, 1980.

Brückner, W.: Bildnis und Brauch. Studien zur Bildfunktion der Effigies. Berlin, 1966,

Büttner,Frank: Das Thema der Konstantinschlacht Piero della Francescas. Mitteilungen des Kunsthistorischen Instituts Florenz 1992, XXXVI: 15-39

Cassanelli, Roberto/Conti, Roberto: Monza. La Cappella di Teodelinda nel Duomo. Mailand, Electa, 1991.

Cellini, Benvenuto: La vita. (geschr. 1558-1566). Novara, Istituto geografico de Novara, 1962, II.

de Chapeaurouge, Donat: Versteckte Selbstenthüllungen moderner Künstler. Weimar, VDG, 1996.

Cole Ahl, Diane.: Benozzo Gozzoli. New Haven, Yale University Press, 1996.

Coulin, J.: Die sozialistische Weltanschauung in der französischen Malerei. Leipzig, Klinkhardt & Biermann, 1909.

Cummings, Milton.C./Katz, Richard S..: Government and the Arts. In: Diess. (Hrsg.): The Patron State. Government and the Arts in Europe, North America and Japan. Oxford University Press, 1987: 3-16.

Diderot, Denis: Ästhetische Schriften. Frankfurt, EVA (Hrsg. F. Bassenge), 1968, Bd.1: 661.

Diers, M.: Von der Ikonologie zur Ikonologiekritik. Die Warburg-Renaissancen. In: A. Berndt u.a. (Hrsg.): Frankfurter Schule und Kunstgeschichte. Berlin, Reimer 1992: 19-39.

Edelman, Murray: From Art to Politics. How Artistic Creations shape Political Perceptions. Chicago University Press, 1995.

Egbert, Donald D.: Social Radicalism and the Arts. New York, Knopf, 1970.

Fleckner, Uwe/Warnke, Martin/Ziegler, Hendrik (Hrsg.): Handbuch der politischen Ikonographie. München, Beck, 2011.

Fohrbeck, Karola: Renaissance der Mäzene. Interessenvielfalt in der Kulturfinanzierung. Köln, Dumont, 1989.

Friedlaender, Walter: David to Delacroix. Cambridge/Mass, Harvard University. Press, 1952.

Friedrich, Carl J.: Das Zeitalter des Barock. Kultur und Staaten Europas im 17. Jahrhundert. Stuttgart, Kohlhammer, 1954.
Fuchs, Max: Zur Theorie des Kulturmanagements. Remscheid, Akademie, 1993.
Fuchs, Max: Kulturpolitik. Wiesbaden, VS Verlag, 2007.
Ginzburg, Carlo: Erkundungen über Piero. Piero della Francesa, ein Maler der frühen Renaissance. Berlin, Wagenbach, 1981.
Göschel, Albrecht: Die Ungleichzeitigkeit in der Kultur. Wandel des Kulturbegriffs in vier Generationen. Stuttgart, Kohlhammer 1991.
Gombrich, Ernst H.: Die Krise der Kulturgeschichte (1979). München, DTV, 1991.
Hadjinicolaou, Nicos: Die Freiheit für das Volk von Eugène Delacroix. Sinn und Gegensinn. Dresden, Verlag der Kunst, 1991.
Hauser, Arnold: Sozialgeschichte der Kunst und Literatur. München, Beck, 1953, Bd.2.
Hermand, Jost: Adolph Menzel. Reinbek, Rowohlt, 1986.
Hirschfeld, Peter: Mäzene. Die Rolle des Auftraggebers in der Kunst. München, Deutscher Kunstverlag, 1968.
Jörg Immendorff im Gespräch mit Pamela Kort. Köln, Kiepenheuer & Witsch, 1993.
Kemp, Wolfgang,: Kunstwerk und Betrachter: Der rezeptionsästhetische Ansatz. In: Hans Belting u.a. (Hrsg.): Kunstgeschichte. Eine Einführung. Berlin, Reimer, 1988: 240-257.
Kris, Ernst/Kurz, Otto: Die Legende vom Künstler. Frankfurt, Suhrkamp, 1979.
Landfried, Christine: Gegenbilder. Warum es eine Kunstpolitologie geben sollte. In: Merkel, Wolfgang/Busch, Andreas (Hrsg.) Demokratie in Ost und West. Für Klaus von Beyme. Frankfurt, Suhrkamp, 1999: 122-154.
Lelièvre, Pierre,: Vivant Denon. Hommes des lumières, „Ministre des Arts" de Napoléon. Paris, Picard, 1993.
Lindey, Christine: Art in the Cold War. London, Herbert Press, 1990.
Lindsay, Jack: The Death of the Hero. French Painting from David to Delacroix. London, 1960.
Mainardi, P.: Art and Politics of the Second Empire. New Haven, Yale UP, 1987.
Malkowsky, G.: Die Kunst im Dienst der Staatsidee. Hohenzollerische Kunstpolitik vom Großen Kurfürsten bis auf Wilhelm II. Berlin, Patria, 1912.
Manow, Philip: Im Schatten des Königs. Die politische Anatomie demokratischer Repräsentation. Frankfurt, Suhrkamp, 2008.
Marx, Karl/Engels, Friedrich: Werke. Berlin, Dietz, Bd.18.
Matsche, Franz: Die Kunst im Dienst der Staatsidee Karl VI. Berlin, de Gruyter, 1981, 1. Halbband.
Palmier, Jean-Michel: Lénine, l'art et la révolution. Paris. Payot, 1975, Bd.1.
Pfau, L.: Freie Studien. Stuttgart, 1866.
Rautmann, Peter: C. D. Friedrich: Das Eismeer. Frankfurt, Fischer, 1991.
Ripa, Cesare: Baroque and Rococco Pictorial Imagery. The 1758-60 Hertel Edition of Ripa's 'Iconologia'. New York, Dover, 1971.
Roettgen, Steffi: Wandmalerei der Frührenaissance in Italien 1400-1470. München, Hirmer, 1996.
Rubinstein, N.: Political Ideas in Sienese Art: The Frescoes by Ambrogio Lorenzetti and Taddeo die Bartolo in the Palazzo Pubblico. Journal of the Warburg and Courtauld Institutes 1958, Nr. 1/2: 179-207.
Scheytt, Oliver: Kulturstaat Deutschland. Bielefeld, Transcript, 2008.
Schilling, J.: Aktionskunst. Identität von Kunst und Leben? Luzern, Bucher, 1978.
Schoch, Rainer: Das Herrscherbild in der Malerei des 19. Jahrhunderts. München, Prestel, 1975.
Schütz, Werner,: Der Staat als Mäzen. In: Staat und Kunst. Krefeld, Scherpe 1962: 13-20.

Schwelling, Birgit (Hrsg.): Politikwissenschaft als Kulturwissenschaft. Wiesbaden,VS, 2004.
Sedlmayr, Hans: Der Verlust der Mitte. Hamburg, Rowohlt, 1952.
Skinner, Quentin: Ambrogio Lorenzetti: The Artist as Political Philosopher. In: Hans Belting/D. Blume (Hrsg.): Malerei und Stadtkultur in der Dantezeit. München, Hirmer 1989: 85-103.
Smart, A.: The Dawn of Italian Painting 1250-1400. Ithaca, Cornell University Press, 1978: 104;
Steinmann, E.: Die Zerstörung der Königsdenkmäler in Paris. Monatshefte für Kunstwissenschaft, 1917: 337.
Uhry Abrams, A.: The Valiant Hero. Benjamin West and Grand-Style History Painting. Washington, Smithsonian Institution Press, 1968.
Ullrich, U. (Hrsg.): Macht zeigen. Kunst als Herrschaftsstrategie. Eine Ausstellung des Deutschen Historischen Museums Berlin. Berlin, DHM, 2010.
Warnke, Martin: In: Bildindex zur politischen Ikonographie. Hamburg, Forschungsstelle Politische Ikonographie, 1993.
Zanker, Paul: Augustus und die Macht der Bilder. München, Beck, 1987.
A. Zweite: Strategien gegen die Indifferenz. Vier Beispiele heutiger ästhetischer Produktion. In: G. Böhm/H. Bredekamp (Hrsg.): Ikonologie der Gegenwart. München, Fink, 2009: 129-175.

II. Historische Entwicklungen

4 Demokratie und Kunstpolitik

Einleitung

Im Verhältnis Demokratie und Kunst gibt es keinen Konsens der demokratischen Parteien. Die Verfassungen beschränken sich meist auf:

- Die *liberale Auffassung*: Demokratie hat die „Freiheit zu", die Freiheit zur Kunst rechtlich zu sichern. Kunststeuerpolitik kann allenfalls als Fördermaßnahme in Frage kommen.
- *Konservative* haben Relikte einer repressiven Reglementierung hinterlassen. Sie hat sich anfangs stark gegen politische Kunst und radikales oppositionelles Verhalten von Künstlern gerichtet. Inzwischen werden allenfalls Überschreitungen in Richtung Pornographie und politischen Extremismus geahndet.
- *Sozialdemokratische Kunstpolitik* hat darüber hinaus distributive Politik und protektive Künstlersozialpolitik ins Auge gefasst. Am weitesten gingen damit Norwegen und die Niederlande. Das Ende war, dass so viele Bilder in allen Kreisverwaltungen hingen, dass man die Künstler bat, sie wieder abzuholen und die Förderungspolitik bald reduzierte. Die Magazine mit nicht gezeigter Kunst werden bald ohnehin das Hauptproblem staatlich geförderter Museen sein. Wichtig aber war, dass Sozialdemokraten die Künstler als eine der letzten Gruppen sozial absicherten, wie im Künstlersozialversicherungsgesetz (1981).

Künstler kümmern sich meist wenig um die Demokratie, es sei denn sie wollen staatliche Fonds anzapfen. Daher müsste das Thema eigentlich umgedreht werden: Kunst und Demokratie – wie verhalten sich Künstler zur Demokratie? Diese Version werde ich in drei Kapiteln verfolgen:

- Das Thema „Künstler und der vordemokratische konstitutionelle Staat im Kaiserreich" wird kurz behandelt.
- Etwas mehr Raum muss dem prekären Verhältnis einer teilweise stark politisierten Kunst und der fragilen Demokratie in der Weimarer Republik eingeräumt werden.
- Schließlich geht es um eine anscheinend abstrakt-unpolitische Kunst in der Bundesrepublik Sie wurde einerseits politisch benutzt, andererseits repolitisierte sie sich rasch und drängte im Zeitalter eines nachmodernen Postkolonialismus in

Richtung globaler Demokratie, nicht ohne einige Rückwirkungen auf die nationalen multikulturellen Gesellschaften.

1 Vordemokratische Gesellschaften

„Nein, die Malerei ist nicht erfunden, um Wohnungen auszuschmücken! Sie ist eine Waffe zum Angriff und zur Verteidigung gegen den Feind" – ein vielzitiertes Wort von Picasso (1957: 48). Aber wer war der Feind? Im Fall von Picasso waren es die antidemokratischen Diktaturen Primo de Riveras und Francos. Kaum ein Künstler hat je soviel Geld für eine demokratische Bewegung gespendet wie Picasso im Bürgerkrieg in Spanien auf Seiten der Republik. Das Geld ging übrigens nicht an die Kommunisten, sondern offenbar an die trotzkistische POUM. Kein politisches Ereignis hat ein so starkes Engagement der Künstler für die Demokratie ausgelöst, wie der spanische Bürgerkrieg. Alle bekannten Künstler waren auf Seiten der Republik – nur Dalí, einst sogar ein gewaltbereiter Anarchist, schlug sich auf die Seite Francos, obwohl er ein Bild zur Vorahnung des Bürgerkriegs (1937) gemalt hatte, das zunächst noch als prorepublikanisch wahrgenommen wurde. Zweitrangige Künstler dienten in den Brigaden der Republik. Selbst Max Ernst wollte sich melden, aber ein Freund machte ihm klar, dass er als Künstler wertvoller schien, denn als zweitrangiger Kombattant. In den dreißiger Jahren kam es zu einer neuen Welle im Krieg der Manifeste. Picasso war nicht zimperlich im Unterzeichnen von politischen Aufrufen zur Verteidigung der Demokratie, auch solchen, in denen das Wort missbraucht wurde, wie von den französischen Kommunisten, denen er 1944 beitrat.

Nicht alle Avantgardekünstler standen auf Seiten der Demokratie. Die Artekraten des italienischen Futurismus kollaborierten mit dem Faschismus, der ihre Anbiederungen – trotz guter Bekanntschaft von Gruppenchef Marinetti und Mussolini, die einmal ein paar Wochen zusammen im Gefängnis gesessen hatten – mit wohlwollender Distanz aufnahm. Die russische Avantgarde, die nicht nur bei Boris Groys in seinem „Gesamtkunstwerk Stalin" (1988) im Ruf stand, dem Kommunismus verfallen zu sein, war anfangs durchaus zögerlich. Die meisten Künstler hätten sich gern mit der demokratischen Februarrevolution begnügt. Als der erste Volkskommissar für Aufklärung Lunačarskij am 30. November 1917 die Kunstschaffenden in sein Amt einlud und an sie appellierte, ihre Talente in den Dienst der bolschewistischen Regierung zu stellen, verließen einige wütend den Saal. Nur der Dichter-Maler Majakovskij übertönte die erregte Szene mit dem Antrag, die „neue Staatsmacht zu begrüßen". Kollaboration hat sich mit keiner Diktatur für einen Künstler ausgezahlt, nicht für Nolde in Deutschland, nicht für Sironi in Italien, nicht für Majakovskij in Russland. Der Selbstmord Majakovskijs 1930 war nicht nur mit Liebeskummer, sondern auch mit zunehmender politischer Isolierung im beginnenden Stalinismus zu erklären.

Der linke „Block der Künstler" – eher anarcho-libertär wie die meisten Avantgardisten – fürchtete schon 1917 Gefahren für die Autonomie der Kunst. Das Verständnis Lenins für moderne Kunst war rein funktionalistisch. Als er das russische Bauhaus-Pendant „VChUTEMAS" 1921 besuchte, fand er ein abstraktes Bild abscheulich und lobte traditionelle Werke. Sein Mitgefühl mit den Künstlern beschränkte sich auf die herablassende Frage, ob sie genug zu essen bekämen (Khan-Magomedov 1990 I: 227). Viele Avantgardisten emigrierten 1922. Diejenigen die blieben wurden vielfach geschurigelt, wie Tatlin mit seinem schiefen Turm für die Komintern, oder Rodčenko, der im zweiten Weltkrieg sogar gefährdet war. Andere, wie Malewitsch oder Filonov, gingen mit eigenen kosmischen Vorstellungen eines verstiegenen Kommunismus in die innere Emigration, als der „sozialistische Realismus" zur Kunstdoktrin Stalins wurde. Selbst in Demokratien hatte die Kollaboration mit den Kommunisten keine positiven Folgen. Picasso ist wütend angegriffen worden für sein Stalin-Portrait. Sowjetische Politiker glaubten, der Maler wolle den großen Führer „verulken".

Vor dem ersten Weltkrieg waren die Künstler meist anarcho-libertär. Propagandisten der Gewaltfreiheit wie Kropotkin und Landauer wurden von vielen Künstlern verehrt – nicht Marx, Lenin oder Bakunin. Die Mehrheit der Künstler hoffte auf eine Reinigung der Welt von bourgeoiser Langeweile, Routine und sozialer Heuchelei. Eine apokalyptische Grundstimmung wurde zur Gefahr, dass auch libertäre Künstler im ersten Weltkrieg vorübergehend für den Nationalismus optierten wie Barlach. Die Expressionisten gingen spätestens 1916 in Opposition. Kirchner war von Anfang an gegen das System. Paul Klee und Max Ernst haben lustlos und zunehmend angewidert ihren Kriegsdienst geleistet. Nur wenige eher linke Künstler wie Léger in Frankreich, Wyndham Lewis in England oder Otto Dix in Deutschland zeigten sich von der technischen Seite des apokalyptischen Sterbens vorübergehend beeindruckt. Die dadaistische Bewegung, die 1916 in Zürich entstand, umfasste viele pazifistische Künstler, die gegen das System waren. Aber ihre Kriegsgegnerschaft sollte sich nach 1918 nicht notwendiger Weise als Einsatz für die Demokratie erweisen.

2 Künstler als halbherzige Demokraten in der Weimarer Republik

a) Systemtreue Künstler

Die Weimarer Republik ist oft als „Republik ohne Republikaner" bezeichnet worden. „Das System" – schon diese Bezeichnung war Verunglimpfung längst vor den Nazis – hat unter den Künstlern, die nicht zur Linken zählten, allenfalls einige *„Vernunftdemokraten"* hervorgebracht wie Thomas Mann. Bekennende *„Herzensdemokraten"* fehlten weitgehend. Unter den bildenden Künstlern war ein entschiedenes Bekenntnis zur Republik und der Demokratie selten. Wo es vorkam, handelte es sich eher um eine opportunistische Abschätzung der eigenen Karrierechancen. Max Beckmann (1984: 84) ist ein krasses Beispiel, als er seinem Verleger Reinhard Piper gegenüber schon im Mai 1917 schrieb: „Ich hoffe also auf eine deutsche Republik." Die Begründung klang nicht sehr engagiert: Kaiser Wilhelm lehne schließlich seine Kunst ab.

Als die Republik Ende 1918 eingeführt wurde, blieben die meisten Künstler ihr gegenüber ambivalent. Eine Künstlerin wie Käthe Kollwitz (2001: 190, 194, 198f), die während des Krieges zur Pazifistin geworden war und um 1933 – neben Barlach – als das „künstlerische Gewissen der Nation" galt, hatte 1918/19 nach ihren Tagebuchaufzeichnungen noch keine klare Meinung entwickelt. Die „Spartakus-Leute" schienen ihr als Druckmittel für Reformen notwendig, aber sie lehnte den Generalstreik ab und wählte SPD, obwohl sie eigentlich „mehr links" stehe. Sie betonte immer wieder, keine Kommunistin zu sein. Selbst ihre sozialistische Gesinnung zog sie 1921 in Zweifel: „Mitunter weiß ich nicht, ob ich überhaupt Sozialist bin, ob ich nicht mehr Demokrat bin." Ihr Sozialismus blieb ein vager Gefühlssozialismus und die Künstlerin entzog sich möglichst der Vereinnahmung durch die linken Parteien und den ständigen Bekenntniszwang im linken „Manifestantismus". Max Beckmann hat in dem berühmten Bild „Die Nacht" (1918/19) die desolate soziale Situation in einem System von Desperados, Huren und Schiebern dargestellt.

Die Mehrheit der Avantgardekünstler hätte durchaus Veranlassung gehabt, die Weimarer Republik zu akzeptieren. Die Marktchancen haben sich für die Künstler nach dem Ende der Inflation verbessert. Viele Avantgardekünstler rückten in Akademie-Professuren ein. Die Kulturpolitik der jungen Republik ließ klare positive Konzeptionen vermissen. Sie wurde negativ charakterisiert: „Eindämmung durch Vereinnahmung" (Heller 1991: 21). Man konnte nicht hoffen, dass die demokratischen Politiker alle voll für die moderne Kunst gewonnen worden waren, aber das galt für alle Diktaturen erst recht. Deutschland hat die Avantgarde in Museumsankäufen und Staatsanstellungen mehr gefördert als ältere Demokratien wie Frankreich und England. An den berühmten „Beaux Arts" in Paris lehrte in den 20er Jahren kein einziger Avantgardist.

Nur wenige Künstler setzten sich für die Weimarer Republik ein, wie Pechstein (Dok. in: Schneede 1979: 45). Die „soziale Republik" und die SPD galten ihm als verteidigenswert. Der Aufruf blieb wolkig, ohne konkrete Zielvorstellung, denn diese hieß nur „Verwirklichung unseres Zeitgefühls zu einer Weltanschauung". Der Begriff „Pflichtgefühl" klang nach dem ancien régime, das gerade untergegangen war. Auch bei ihm gab es noch religiöse Hinweise auf die schaffende Phantasie, die „uns Gott im Schaffen näher" bringt. Im Vergleich zum Engagement gegen die bürgerliche Demokratie nahm sich die künstlerische Parteinahme für das Weimarer System bescheiden aus. Das Engagement für die SPD wurde schwieriger, wenn Künstler wie Pechstein, César Klein und Heinrich Richter ihre Kunst in den Dienst der Anti-Spartakus-Politik stellen mussten. Im Dezember 1918 haben die drei Künstler Plakate für den „Werbedienst" entworfen, eine Einrichtung der Militärabteilung des Außenministeriums unter Leitung des expressionistischen Schriftstellers Paul Zech, einem Mitglied der SPD. Pechstein und Klein schufen Plakate zur Unterstützung der Nationalversammlung, die von der KPD boykottiert und von Dadaisten und linken Expressionisten mit Hohn übergossen wurde. „Versöhnung" war nicht gefragt, selbst bei vielen Mitgliedern der Novembergruppe nicht. Curt Stoermer verlieh in einem Brief an die Novembergruppe im Herbst 1919 dieser Stimmung Ausdruck: „Expressionisten, lasst Euch nicht führen von Leuten, die als ‚Geistige' versuchen, die Pseudokulturgüter des Kapitalismus in die neue Freiheit hinüberzuretten." (Dok. in: Weinstein 1990: 254)

Das Engagement einiger Avantgardisten für die Republik schien viel versprechend. Zum ersten Mal in der Geschichte des Deutschen Reiches genoss die Avantgarde staatliche Unterstützung und stellte sich dafür in den Dienst von politischen Parteien. Es wurde ihr aber nicht gedankt. Mit der Konsolidierung der Republik haben SPD und USPD keineswegs die Avantgarde weiterhin besonders gefördert. Die Kommunisten – einschließlich der vielfach als freiheitlich vergötterten Rosa Luxemburg – huldigten noch stärker als die beiden sozialistischen Parteien einem traditionellen Kunstgeschmack. Im preußischen Kultusministerium, das von Konrad Hänisch (SPD) und Adolf Hoffmann (USPD) dirigiert wurde, war man gespalten. Einerseits wurden der Avantgarde Avancen gemacht, andererseits wurde der konservative Museumsdirektor Wilhelm von Bode ermutigt, auf seinem Posten zu bleiben.

Am Anfang der Weimarer Republik hat die Mehrzahl der progressiven Künstler für die USPD optiert, die eine Räterepublik als Regierungsform forderte. Als der erste Reichspräsident Ebert 1922 zu „Kunst und Wissenschaft" einlud, sind nur zwei Nebenfiguren des Arbeitsrats erschienen, Max Pechstein und Emil Orlik (Steneberg 1987: 21). In der Kunstszene überschlugen sich die Deklarationen. Meidners (1991 II: 293; Schneede 1979: 41ff) Aufruf an alle Künstler von 1919 war ein Dokument des Pessimismus, das „Gottes Ordnung in der Welt" beschwor, in dem Pechstein noch optimistisch in die Zukunft dieser Republik sah. Meidner hat 1919 im Kunstblatt III gutwillig alle Gruppen zu einen versucht. Als höchste sozialistische Tugend pries er die „Menschenbrüderlichkeit", die im Einklang mit „Gottes Ordnung in der Welt" stehe. Künstler wurden aufgefordert, in eine entschiedene Arbeiterpartei einzutreten. Die SPD war damit sicher nicht gemeint. Aber noch schienen die Differenzen der linken Künstlerfraktionen überbrückbar. Das sollte sich rasch ändern. Meidner gehörte zu den seltenen Künstlern, die schon 1912/13 auch in einem Bild vom „Barrikadenkampf" träumten.

Walter Gropius hat in einem Brief an Karl Ernst Osthaus vom Februar 1919 die Skepsis der Vernünftigen artikuliert (Dok. in: Arbeitsrat 1980: 117): „Hier ist man ganz von kniegebeugten Bürgern umgeben, unter denen aufrecht zu bleiben fast über die Kraft geht ... Denn auch der Sozialismus ist durch diese gemeine Zeit so beschmutzt und bis auf die Knochen blamiert, dass er lange brauchen wird, ehe er sein Schild wieder reinwäscht." Opportunismus gegenüber den Radikalen und „Einknicken" der Gemäßigten, die sich nicht einfach in die Arme der Reichswehr werfen wollten, war an der Tagesordnung.

Ein positives Engagement für die Republik gab es nur in Teilen der *„Novembergruppe"* (Dez. 1918) und im *„Arbeitsrat für Kunst"* (Nov. 1919) mit vielfach identischen

Mitgliedschaften. Hier wurden „Expressionisten, Kubisten und Futuristen" zum Zusammenschluss aufgerufen – mit allen Künstlern, „welche die alten Formen in der Kunst zerbrochen haben". Die Traditionalisten hingegen schienen ausgeschlossen, auch wenn sie die Republik akzeptierten. Aber gerade sie hätten nationale Schlenker unterschreiben können wie den pathetischen Satz: „Unsere fleckenlose Liebe gehört dem jungen freien Deutschland." Im „Arbeitsrat für Kunst" (Liste in: Arbeitsrat 1980: 16, Steneberg 1987: 30) waren jedoch auch so konservative Künstler wie Leo von König, Bernhard Hoetger, Kolbe, Nolde und der Architekt Paul Schmitthenner bei den Unterzeichnern des Programms. Die letzten drei Künstler gerieten später in den Dunstkreis der Kollaboration mit dem Nationalsozialismus.

In der „Novembergruppe" schien die Zusammensetzung radikaler als im „Arbeitsrat". Aber es waren auch Künstler Mitglieder, die sich nur vorübergehend für Politik interessierten wie Klee und Kandinsky. Die Novembergruppe deklarierte sich in ihren Richtlinien als „Vereinigung der radikalen bildenden Künstler" und legte Wert darauf, dass sie „kein wirtschaftlicher Schutzverband, kein (bloßer) Ausstellungsverein" sei (Dok. in: Kliemann 1969: 50ff, 57). Die Novembergruppe zielte nicht auf *„exit"*, wie die Dadaisten, sondern auf *„voice"*, auf Anteilnahme und Partizipation an der Neugestaltung der Gesellschaft und vor allem der Kunstszene. Es wurde die Baukunst zu einer öffentlichen Angelegenheit erklärt. Die Gruppe verlangte Mitwirkung an der Umgestaltung der Kunstschulen, der Museen und der Kunstgesetzgebung.

Der Arbeitsrat – in Anlehnung an die Rätebewegung gegründet – gerierte sich wenigstens verbal anti-etatistischer als die Novembergruppe und forderte die Trennung von Kultur und Staat. Andererseits war die Ideologie des Arbeitsrats noch verquaster, trotz der Forderung nach Sozialismus. Die Gruppe verstand sich als „Orden", was nicht recht zum Sozialismus passen wollte und forderte, dass „die Kunst als die Offenbarung Gottes wieder im Mittelpunkt der heiligen Hingabe des Lebens stehe" (Text in: Arbeitsrat 1980: 18f, 20). Behne vertiefte diese Richtung, indem er den Staat als seinem Wesen nach „kunstfeindlich", das Volk aber für „kunsttragend" erklärte. Andere Sympathisanten forderten die staatliche Garantie des Existenzminimums. Das war weiter reichend als ein deutscher Staat vor dem Künstlerversicherungsgesetz 1981 je in Aussicht genommen hat. Am extremen Ende des Spektrums standen seltsame Verirrungen wie die Forderung nach einer „Schönheitspolizei" bei Richard Scheibe, oder die Hoffnung, den Arbeitsrat in eine Kontrollinstanz über künstlerische Aktivitäten im Reich aufzuwerten, bei César Klein (Arbeitsrat 1980: 8).

Der aktivistische Charakter der beiden politischen Gruppen ließ sich angesichts der Heterogenität der Mitgliedschaft nicht durchhalten. Der Traum von einer Verbrüderung in der klassenlosen Gesellschaft war bei der Mehrzahl Ausfluss einer idealistischen Gesinnung, nicht eine marxistische Überzeugung. Spöttisch ist der Novemberrat in seinem politischen Gehalt als typische „O-Mensch-Bewegung" charakterisiert worden (Kliemann 1969: 15). So manche Unterschrift geriet unter Aufrufe, die von den betroffenen Künstlern nicht autorisiert war. Parteipolitisch festlegen ließen sich die Künstler in ihrer Mehrheit ohnehin nicht.

b) Verunglimpfung der Republik und Kriminalisierung von Kunst

Das „Weimarer System" bekämpfte die „dadaistischen Schandmäuler" mit allen Mitteln, notfalls mit juristischen. Aber Künstler wurden meist nicht wegen „Verunglimpfung der Republik" vor Gericht gestellt, sondern wegen Beschimpfung ihrer konservativen Einrichtungen, wie der Reichswehr oder der Kirchen. Das lässt sich gut an George Grosz zeigen. Sein Bild, das die Weimarer Republikaner als Automaten darstellte, blieb mangels justiziabler Fakten unbeanstandet, nicht hingegen seine Satiren gegen den Militarismus oder die „nackten Tatsachen" bei Dix.

Neben den Porno-Prozessen, die es auch nach dem Weltkrieg noch immer gegen Corinth und andere gab, sind in diesem Zusammenhang die politisch motivierten Verfahren gegen Künstler von Belang. Der Reichskunstwart Redslob hatte schon 1921 Klage geführt, dass auch in Fällen wie Masereel und Corinth die Justiz in kleinlicher Weise künstlerisches Schaffen behindere (Dok. in: Leiss 1971: 304). Politisch am bedeutsamsten und für die ungefestigte Weimarer Demokratie entlarvend waren die Dadaisten-Prozesse. Eine graphische Mappe von Grosz „Gott mit uns" gegen den Krieg und eine antimilitaristische Plastik von Heartfield und Schlichter „Der preußische Erzengel", der als Puppe in Soldatenuniform mit einem Schweinekopf aufgehängt war, führte zu einem gerichtlichen Nachspiel. Der selbsternannte Oberdada Baader erklärte im Prozess, der Dadaismus habe sich zur Aufgabe gemacht, „kulturell schädlichen Sedimentbildungen entgegenzuwirken". Dies geschehe am besten durch Humor, denn der fehle uns Deutschen am meisten. Grosz und Herzfelde bestritten, die Reichswehr verunglimpfen zu wollen. Es handele sich nur um eine Satire auf militärische Auswüchse. Sachverständige sprachen sich für die Angeklagten aus. Grosz und Herzfelde wurden zu Geldstrafen verurteilt.

1923 wurde Otto Dix in einem Verfahren freigesprochen. Die beeidigten Sachverständigen, Max Slevogt und Karl Hofer, empfanden das beanstandete Dirnen-Bild nicht als Pornographie, und erklärten es zu einem Bild, das vom lasterhaften Lebenswandel abschrecke. Bei Grosz hingegen fand das Gericht, der Künstler verletzte religiöse Tabus. Er wurde 1923 wegen der Bildfolge „Ecce Homo" zu 6000 Reichsmark verurteilt.

3 Avantgardekunst und Demokratie im Kalten Krieg

Man kann es sich einfach machen und Demokratie und Kunst durch das Prinzip „Kampf" verbunden sehen. Demokraten waren in dieser Konzeption, „nicht anders als die Künstler, Avantgarden" (Gerz 2003: 95). Für die Weimarer Republik schien das noch richtig. In einer Epoche nach 1945 als „alle" sich mehr oder weniger als Demokraten fühlten, entfiel die Avantgarde-Rolle. Aber auch die Konzeption einer künstlerischen Avantgarde verlor an kämpferischem Glanz. Dennoch: nie zuvor – außer im ersten Weltkrieg und in den Diktaturen – war der Einfluss politischer Ereignisse auf die Entwicklung der Malerei so stark, wie in der Zeit des Kalten Krieges. Eine seltsame Konstellation entstand: Die Sowjetunion hatte ihre klassische Moderne in Acht und Bann getan und propagierte den „sozialistischen Realismus", den der Kulturexperte der Partei Shdanow (o.J.: 6) mit seinen Thesen zur Parteilichkeit ideologisch zementiert hatte. Die USA als die erste Supermacht hatte Frankreich befreit, erntete aber in der Kunst eher Undank. Mit dem „abstrakten Expressionismus" übernahm Amerika eine Führungsrolle. Anfangs hatte sie diesen vielfach als „unamerikanisch" diskreditiert und seine Exponenten, vor allem Newman als Krypto-Kommunisten verdächtigt. Die Ideologen der neuen Richtung sahen den Vorteil, dass die Künstler-Elite politisch-moralisches Engagement ohne Propaganda erbringen konnte. Bald entdeckten die Politiker der neuen Weltmacht, die ihre kulturelle Identität herausstellen wollten, dass die neue Richtung hervorragend für die Kulturpropaganda in Europa zur Zeit des Kalten Krieges geeignet war.

Frankreich war mit Waffen befreit worden, aber um die kulturelle Seele des Landes musste noch gerungen werden. Der amerikanische Maler Marc Tansey als Historienmaler der Postmoderne hat in Anlehnung an Velázquez` „Übergabe von Breda" (1636) in dem Bild „The Triumph of the New York School" (1984) den Sieg über die französische Avantgarde kolportiert. Breton muss vor dem Chefkritiker Clement Greenberg die Kapitulation erklären. Matisse schaute mürrisch zu Pollock hinüber. Die Amerikaner kamen in Panzerwagen, die Franzosen noch zu Pferde, um die technische Differenz zu plakatieren.

Die französischen Kommunisten, die bis 1947 in der Regierung waren, haben aus allen Rohren anti-amerikanische Propaganda geschossen. Als sie 1947 aus dem Kabinett entlassen wurden, hat sich die Partei noch stärker auf den „sozialistischen Realismus" festgelegt als zuvor. Weltberühmte Künstler wie Picasso, Léger oder Magritte wurden Parteimitglieder. Viele Künstler und Intellektuelle – auch Picasso – waren aktiv in der Friedensbewegung, die zunehmend gegen Amerikas roll-back-Politik Stellung nahm. Frankreichs Künstler gingen politisch nach links, Amerikas Künstler, die einst libertäre Linke gewesen waren, entwickelten sich in die liberale Mitte. Die USA schafften sich eine gut geölte „kulturelle Maschine", während Paris – wie oft seit der großen Revolution – in die Lager der „zwei Frankreichs" gespalten war. Die „Kulturmarxisten", die unter Frankreichs Linksintellektuellen zahlreich waren, glaubten, dass die Kulturhegemonie im Sinne von Gramsci einer geschlossenen politischen Front bedurfte. Aber die Kultur spielte im zerstörten und verarmten Frankreich für die Regierungen der vierten Republik (1944-1958) keine entscheidende Rolle. Ein Vorwurf lautete, dass in New York die neuen Richtungen wirtschaftlich so hoch gepuscht würden, dass moderne Kunst nur noch von großen Korporationen gekauft werden konnte. Die Entwicklung der Avantgarde-Kunst im Kalten Krieg verlief in der westlichen Welt nicht einheitlich. New York hatte Paris als Bannerträger der Moderne abgelöst. Die Moderne wurde in Paris sogar „gestohlen", wie der französische Kunsthistoriker Guilbaut wähnte. Es war eine ziemlich demagogische Vorstellung, dass man die Führung in der Kunst „stehlen" könne. Der Autor unterstellte auch nicht, dass der Boom des „abstrakten Expressionismus" nur ein Produkt des amerikanischen Marketings gewesen sei. Guilbaut (1990: 30ff), der in Amerika Kunstgeschichte lehrte, war in diesem Konflikt zweier Führungsmächte nicht so undifferenziert wie der Titel seines Buches. Er sah, dass Frankreich in traditionellem Starrsinn auf seine Führungsposition pochte und kein Verständnis für die amerikanische Kunst entwickelte. Auch bekannte Intellektuelle wie Cocteau und Sartre haben die amerikanische Moderne als „brutale Simplizität" abgewertet. Manchmal wurde im „abstrakten Expressionismus" gar die Fortsetzung deutscher Violenz mit dem Pinsel gewittert. Tief betroffen waren französische Künstler und Denker wie Raymond Aron als herauskam, dass der CIA die abstrakte Weltsprache der demokratischen Kunst finanziell gefördert hatte (Saunders 2001). Ein Produkt des CIA war sie gleichwohl nicht, da die Künstler selbst keine Ahnung von diesen Machenschaften hatten.

Die sowjetische Kritik machte auch vor kommunistischen Parteimitgliedern wie Picasso nicht halt. Picasso, so argumentierte Vladimir Kemenov in Moskau 1947, habe zwar in der „Blauen Periode" Empathie mit den Armen gehabt, aber inzwischen sei er degeneriert, so dass allenfalls die Bourgeoisie ihn schätze, aber das einfache Volk ihn ablehne. Er gab Picasso keine persönliche Schuld. Der Fall zeige nur, wie der Imperialismus große Talente „verkrüppele" (VOKS, Dok. in Chipp 1996: 494).

Die Mehrheit der Künstler ist nach 1945 nicht mehr radikalisiert worden, wie 1918, aber die ideologisch verwaschenen Volksparteien wurden keineswegs begrüßt. In der weltweiten Studentenrevolte kam es zu einer *Repolitisierung*. Das Wort „Demokratisierung" wurde inflationär eingesetzt, aber es war schwerlich die repräsentative Demokratie der Verfassungen gemeint.

4 Postkoloniale Kunst und „Kreolisierung" der Kulturen im Zeitalter der Postmoderne

a) Das Ende der Kunst – der Triumph der Ästhetik? Die Versprachlichung der Kunst

Politische Botschaften waren seit der Durchsetzung von Abstraktion und Montage schwer unterzubringen. Daher versuchte mancher Künstler, das schwer Ausdrückbare mit Begleittexten nachzuholen. Überall wurden postkoloniale Dialoge in der Kunst entdeckt. Die Avantgarde der klassischen Moderne hatte einige Schwierigkeiten, ihren Drang nach schriftlicher Erörterung ihrer künstlerischen Prinzipien zu rechtfertigen (v. Beyme 2005: 221ff). „Bilde Künstler, rede nicht!" hatte Goethe einst gesagt und Beckmann (1984: 5), ein Künster, der selbst gern und gut schrieb, variierte: „Maler, male, rede nicht!". Von Platon bis Gadamer reichten die Verdikte der Philosophen gegen Künstlerschriften. Aber das 20. Jahrhundert wurde nach Richard Rorty (1979: 263) das Jahrhundert des „Wortes", das Ontologien und Ideologien früherer Epochen ablöste. Worte schienen die größte Plausibilität zu haben. Die Versprachlichung der Kunstproduktion wurde damit zugespitzt. Es wurde in der Entwicklung der modernen Kunst ein Paradoxon entdeckt: Die Handlungssphären drifteten weiter auseinander. Kunst wurde autonom gegenüber dem Kognitiven, dem Politischen und dem Ethischen. Die Moderne wurde aber – gegen ihre ursprüngliche Intention in die Warengesellschaft integriert und wurde angeblich zu einer „marginalen Angelegenheit".

b) Postkolonialismus und globale Demokratie

Der neue Wissenszweig der „Postcolonial Studies" versuchte die nordatlantische Begrifflichkeit auf die neue globale Weltsicht umzustellen (Ashcroft u.a. 1998). Auch die gesamte Kunstgeschichte musste neu geschrieben werden, und in Museen und Ausstellungen sollte nach den postkolonialen Erkenntnissen gehandelt werden (Below 2005: 54ff). Dies geschah immer seltener im Stil der älteren linken Kapitalismuskritik, in der selbst die Roten Khmer nicht ein „Fall exotischer Barbarei", sondern Frucht von Antagonismen im heutigen Kapitalismus waren (Žižek in: Weibel/Steinle 1992: 572).

Diesem Ziel haben sich seit Ende der 1990er Jahre zahlreiche Ausstellungen gewidmet: in Paris („Magiciens" 1989), in Köln und Graz („Inklusion", 1996), in Köln („Kunstwelten", 2000) oder auf der Biennale zeitgenössischer Kunst in Lyon (2000). Eine erste Pioniertat im deutschen Sprachraum war die Ausstellung „Weltkulturen und Moderne" Kunst anlässlich der olympischen Spiele in München, welche die Begegnungen der Moderne mit den orientalischen Kulturen dokumentierte (Wichmann 1972: 43). Es ging in allen diesen Ausstellungen nicht mehr nur darum Wissen und Verständnis für die Dritte Welt zu verbreiten, sondern die Künstler ferner Regionen gleichberechtigt zu vertreten. In der Ausstellung „Magiciens de la terre" im Centre Pompidou (1989: 8) galten als das Auswahlkriterium noch Objekte mit einer „Aura", obwohl das „postauratische Zeitalter" längst ausgerufen worden war. Jeder Künstler wurde in seinem Atelier besucht, um Scharlatane auszuschließen. Es ging auch nicht um bloße „Fundobjekte", die einem praktischen Zweck dienten. Den Werken sollten Ideen und metaphysische Werte zugrunde liegen. Diese Ziele scheinen am ehesten erreichbar zu sein, wenn ein Künstler aus der afrikanischen Provinz, wie Dossou Amidou aus Coué, Bénin mit dem Werk „Masque" ausgewählt wurde. Der Künstler stand in der traditionellen der Fabrikation von Masken und bekannte „ich arbeite nur, ich kann nicht definieren, was ihr Kunst nennt" (Magiciens 1989: 81). Bei der Kombination von traditionellem Ritualismus mit einer fast manieristischen Superstruktur ist die Frage erlaubt, ob es sich um echte oder gespielte Naivität des Künstlers handelte? Wenn die Naivität echt war, schließt sich die Frage an, ob das Kunstprodukt „Masque" in diesem Fall nicht dem nahe kommt, was „nordatlantische" Künstler um die Zeit mit der Übernahme einzelner exotischer Motive an Pop Art praktizierten.

Ob schließlich die sehr heterogene Schau in Paris den aufgestellten strengen Kriterien genügte, ist weniger interessant als die Tatsache, das spätere postkoloniale Ausstellungen gar nicht mehr so rigide Kriterien verlangten. Auf der „Biennale der zeitgenössischen Kunst" in Lyon (2000) wurde die Gleichrangigkeit der Kulturen in den Slogan umgesetzt: „Jeder der Exot des Anderen". „Exotica" wurde eine Installation von Anne und Patrick Poirier betitelt: im Halbdunkel einer Koje wird ein herunter gekommenes Stadtpanorama als Demokratiekritik gezeigt. Aus Industrieabfällen zusammengestoppelt werden zerfallene Häuser, stillgelegte Bahnhöfe oder ausrangierte Gaskessel gezeigt. Die Erde ist zum unbewohnbaren Abfallhaufen geworden (Schlocker 2000: 2). Die Distanz zu anderen Kulturen ist zur Radikalkritik der eigenen Zivilisation in einer Archäologie des Zerfalls mutiert.

In der Ausstellung „Blut. Kunst, Macht, Politik, Pathologie" (2002: 205) gingen Aktionisten und Performance-Künstler noch einen Schritt weiter, um die kathartische Funktion von Aktionen in die Kunst einzubringen, und den alten Slogan der Aufhebung der Grenzen zwischen Kunst und Leben endlich in die Realität umzusetzen. Man berief sich auf Duchamp, Yves Klein und Piero Manzoni, ging aber in der Radikalität in der Überschreitung der Scham- und Ekelgrenze über alle Vorbilder hinaus. Die Fett-Teile in Beuys-Installationen waren mit diesen Werken verglichen geradezu appetitlich! Blut wurde in metaphorischen Handlungen zur Aufklärung gegen Unfreiheit und Gewalt eingesetzt. Feministische Künstlerinnen gingen bis zur Selbstverletzung, um die bloße Darstellung von Blutszenen zu überwinden, wie sie selbst bei Francis Bacon noch überwogen. In einer Gesellschaft, in der Teile der Jugend sich mit Tatoos und Nasenringen selbst Wunden zufügen, ist größere Toleranz für diese Art der postmoderner Kunst zu erwarten. Eine aggressive Benetton-Werbung hat blutige Symbole ohne Kommentar eingesetzt, um die Bilder für sich selbst sprechen zu lassen. Die Kommerzialisierung hat inzwischen die Scham- und Ekelgrenze für viele postmoderne Menschen weiter gesenkt. Ob die massenhaften Blutszenen einen Aufklärungswert gegen Gewalt oder eher eine Abstumpfung des öffentlichen Bewusstseins entwickeln, ist umstritten. Die Versprachlichung der bildenden Kunst, die von der Romantik bis zur klassischen Moderne ständig zugenommen hatte, demonstrierte immer stärker ihre Schattenseiten: die Ausgefeiltheit der verbalen Kommentare in Katalogen und Feuilletons stand in wachsendem Kontrast zur oft schwachen handwerklichen Ausführung von Montagen und Installationen.

Der *Multikulturalismus* wurde zum Sammelbegriff für alle Minderheitendiskurse vom Postkolonialismus bis zur Homosexuellenbewegung. Aber das Konzept geriet in die Kritik, weil es neue Apartheid von Gruppen zu fördern schien, und dem Anliegen der Annäherung des Eigenen und des Anderen nicht hinreichend diente. Das Fremde und Exotische war in der Kunst schon immer ein Teil der europäischen Kultur, wie die

Darstellungen vom „Satyr“ und „Wilden Mann“, von „Barbaren“ und „Exoten“ zeigten. Vor allem in den erotischen Aspekten wurden geheime Sehnsüchte ausgelebt, wie Dürer es unter dem Vorwand eines Wappens für seinen Freund Pirckheimer tat, wo ein „wilder Mann“ sich einer züchtigen Frau nähert. Schon Walter Benjamin behauptete, dass jedes Dokument der Zivilisation auch ein Dokument der Barbarei sei. Postkoloniale Kunst sollte daher laut ihren Kündern erkennen, dass es nicht reicht, das Andere zuzulassen, sondern nach Freud dass das Andere unser verdrängtes Unbewusstes darstelle (Kristeva 1988: 200f). Seit Foucault in Machtdiskursen Unterdrücker und Unterdrückte eng verwoben sah, wurde die Wahrnehmung des Fremden nicht mehr als Einbahnstrasse beschrieben. In Sigmund Freuds Termini wurde sogar eine „Identifikation mit dem Angreifer“ in dieser Philosophie vermutet. Die „emanzipatorische Gegenmacht der Verzweiflung“ schlug um in die „melancholische Preisgabe des Ichs angesichts objektiver Übermacht“. Die Kunst der Installation hat seit Marcel Duchamp schon lange gegen objektivistische Illusionen ästhetischer Erfahrung als „mitvollziehendes Dabeisein“ vorangetrieben. Diese Kunst hat versucht, das Publikum in die rezipierenden Subjekte zu verwandeln, ob sie sich als feministisch, queer, postkolonial, sozialistisch oder subkulturell verstehen (Rebentisch 2003: 283). Duchamp hat freilich in der Nachkriegszeit mit den Nachfolgern der Installationskunst wenig anfangen können.

Das „Projekt der Moderne“, das die Ausläufer der Kritischen Theorie der Frankfurter Schule noch nicht für vollendet hielten, kam auch in der neueren Kunstpublizistik in Verruf. Es wurde für naiv gehalten, das Projekt der Moderne unkritisch fortzuschreiben. Kann es „kritisch“ fortgeschrieben werden? Die Moderne wurde mit dem Modernisierungsprozess identifiziert, und dieser hat vor allem die Logik der Beherrschung von Natur und Menschen und damit indirekt den Kolonialismus vorangetrieben. Inzwischen ist sogar die Universalität der Menschenrechte in die Kritik geraten, weil sie zur „Globalisierung von oben“ führen könnten. Die eurozentrischen „Menschenrechtsspießer“ wurden zunehmend kritisiert (FAZ 30.4.2007: 35). Boaventura de Sousa Santos hat daher eine „mestizische Konzeption der Menschenrechte“ im Geist des Multikulturalismus propagiert, die auch in Europa aufgenommen worden ist. Einerseits wird an den gemeinsamen Prinzipien der nationalen Verfassung festgehalten. In ihr kann es keine Koexistenz widerstreitender Legitimitätsprinzipien geben. Andererseits werden die Menschenrechte nicht in toto relativiert, aber sie werden pluralisiert, um eine westliche kulturelle Hegemonie zu verhindern. Das heißt, dass funktionale Äquivalente von Menschenrechten in verschiedenen Kulturen anerkannt werden müssen (Mouffe 2007: 164f, 160).

c) Documenta und Kontextkunst: eine neue politische Kunst?

Enwezor (2002: 49) – der erste nicht-europäische Kurator einer Documenta – kam in seiner umfassenden Analyse zugute, dass er unter anderem auch Politikwissenschaft studiert hatte. Plattform 1 war daher der Demokratie als unvollendetem Prozess gewidmet. Das war nicht ganz neu. Der Kontext als Schlüsselbegriff hatte schon auf der 10. Documenta (Politics – Poetics 1997: 24f, 803) zu einer Wiederentdeckung des politischen Kontextes geführt, um die „postmoderne Bequemlichkeitsästhetik" aufzubrechen. Schon 1997 geriet die *„Postdemokratie"* – eine Pseudodemokratie, die ohne Subjekt auszukommen glaubte und die Demokratie auf „Konsens" reduzierte – ins Visier. Antonio Gramsci wurde beschworen, der angesichts der kulturellen Hegemonie im Konsens den Konflikt einschloss. Wiederum wurde das „Ich" mit Foucault dekonstruiert. Aber immer wieder schlichen sich in die autopoetische Selbstreferentialität der Systeme aktionistische Vokabeln ein. Kunst sollt nicht nur Kritik am System üben. Kontextkunst wurde zur neuen Form, um die Kunst zur Teilhabe an der sozialen Konstruktion von Wirklichkeit werden zu lassen: „Die KünstlerInnen werden zu autonomen Agenten sozialer Prozesse, zu Partisanen des Realen" (Weibel 1994: 57).

In der 11. Documenta wurde die Demokratiekritik handfester. Man beklagte, dass das Ende des Kalten Krieges und der Zerfall des Kommunismus die Demokratie zum Exportartikel transformierte, ohne dass überall volle Demokratie entstand. *„Defekte Demokratie"* wurde in der „Transformationsforschung" zu einem wichtigen Arbeitsbereich der Sozialwissenschaften. Der Terminus unterstellt nicht, dass es „perfekte Demokratien" gebe. Jedenfalls zeigte sich, dass die Defekte nicht nur bei den neuen Demokratien auftreten, sondern auch bei den „konsolidierten Demokratien" noch nicht ganz überwunden sind. Plattform 1 sollte keine neue Demokratietheorie entwickeln, sondern die gängigen Konzepte der Demokratie im Hinblick auf die Bildung nationaler und kultureller Identität kritischer hinterfragen. Der sozialwissenschaftliche Ansatz bei Enwezor (2002: 50) war auf der Höhe des sozialwissenschaftlichen Forschungsstandes und verdienstvoll, da er sich nicht auf die Rituale der Demokratisierung durch Wahlen beschränkt. Es zeigte sich, dass zur Konsolidierung neben Demokratie auch der Rechtsstaat gehört. Die Rechtsstaatlichkeit ist in neuen Demokratien meist noch defekt und im internationalen Bereich unvollkommen, obwohl es mit den „Wahrheitskommissionen" in postdiktatorischen Systemen und mit dem Beginn einer internationalen Gerichtsbarkeit hoffnungsvolle Ansätze gibt. Aber diese werden durch eine selektive und überpolitisierte Inszenierung noch immer stark in ihrem Wert gemindert.

In Plattform 3 kam es zu einer Befruchtung der neuesten Debatte um die Aneignung des Eigenen und des Fremden. „Das Lob der Kreolisierung", das drei Theoretiker aus Martinique gesungen hatten (Bernabé u.a. 1993: 75) wurde auf die Kunst angewandt. War Kreolisierung anfangs das Produkt des Imperialismus mit einer machtgenerierten Homogenisierung, so wurde sie zu seinem Gegenpol: Fragmentierung und Durchmischung wurden zur vorherrschenden Lebenspraxis – weit über die Ursprungsregion in der Karibik hinaus. Das Konzept der Kreolisierung wurde in der Publizistik viel diskutiert. Ganz neu war es – wie so viele Innovationen der Postmoderne – nicht. Verschwiegen wurde in diesem Diskurs, dass schon die Surrealisten André Breton und André Masson einen „Kreolischen Dialog" geführt hatten, in dem sie sich gegen Vorwürfe des Exotismus wehrten und erklärten, dass die Welt ihnen ganz gehöre (Masson 1976: 228). Der postkoloniale Diskurs sollte nicht nur in den fünf Plattformen – dezentralisiert – geführt werden. Man hoffte auf eine imaginäre sechste Plattform der Kunstkritik, welche die Ergebnisse dieses vierteljährigen Events auf Dauer stellen (Lüddemann 2004: 298). Die Medien der ersten Welt übten sich hinsichtlich der Documentas X und XI in *„political correctness"* und wagten nur selten Kritik im Grundsätzlichen. Empirische Studien haben anhand des Presseechos aufgezeigt, in welchem Maße die hehren Ziele Enwezors, der „kein Diktat des Kurators" sondern einen „transparenten Prozess" anstrebte, durchgesetzt werden konnten (Hellinger 2005: 118ff).

Die Arbeit am Komplex „Kunst und Demokratie" wurde zunächst relativ positiv aufgenommen. Aber es zeigten sich bald Grenzen der Strapazierfähigkeit von Kunstkritikern: der Politikwissenschaftler war bei diesem Konzept von postkolonialen Studien mit dem Kunstpublizisten durchgegangen. Es wurde moniert, dass zu wenig von Kunst die Rede war. Die Umsetzung der gesellschaftstheoretischen Positionen in die Kunst wurde als nicht ausreichend empfunden. Die gestelzte Sprache, zusammengesetzt aus autopoietischer Systemtheorie, Poststrukturalismus und postkolonialen Positionen, führte zu einem Vokabular, das kaum verstanden und noch weniger goutiert wurde. Positiv war das Echo auf die ausgelagerten Foren in Indien und Nigeria. Aber der Geist des globalisierten Exotismus war noch nicht gebannt: die westlichen Medien haben die Erörterungen in der Ferne kaum zur Kenntnis genommen. Das Verständnis, das Enwezor (2004: 47f) dem radikalen Islam und den Theorien von Frantz Fanon entgegen brachte, hat dem Projekt geschadet. Ein Satz über „ground zero", das uns eine Metapher geliefert habe, „von dem aus die Kultur – qua zeitgenössischer Kunst – eine Epistemologie des nichtintegrativen Diskurses entfalten könnte" wurde als penetrant antiamerikanisch empfunden.

Aber gerade die zahlreichen Probleme in fünf Plattformen gebündelt ergaben noch keine schlüssiges Konzept. Die Auswahl der Künstler hat noch nie eine einheitliche Meinung erzeugen können. Es waren viele neue Namen präsent. Die Hälfte stammte nicht aus dem nordatlantischen Raum. Hierarchie sollte überwunden werden, aber die Auswahl in der Dritten Welt bevorzugte dann doch wieder ganz hierarchisch die umtriebigsten Künstler der jeweiligen Hauptstädte oder gar der in westlichen Hauptstädten sozialisierten Künstler. Enwezor versuchte der Kritik den Wind aus den Segeln zu nehmen, als er sie „eklektisch und transnational" nannte. (zit. Hellinger 2005: 66). Die mildere Form der Kritik richtete sich mit sanftem Spott gegen Enwezors Anspruch, als eine Art „Generalsekretär globaler kritischer Netzwerke" seine „kulturelle Weltzuständigkeit zu erklären (Gregor Wedekind, NZZ 31.8./1.9.2002). Da der Kurator die Rechtslage im UNO-System ebenso wie die verbleibenden Hoheitsrechte der Nationalstaaten – die gerade von den Ländern der Dritten Welt betont wurden – vernachlässigte, blieb seine Position seltsam unpolitisch.

d) Postkolonialismus – das Ende des Exotischen?

Das voreilig ausgerufene „Ende der Kunst" erwies sich im Rückblick nur als ein vorübergehendes Blackout der historischen Erinnerung. Die Schicksale der lateinamerikanischen Pioniere aus der Dritten Welt, die es schon in der klassischen Moderne zu Weltruhm brachten, zeigen das Dilemma der engen Verzahnung von Kunst und Politik. Das künstlerische Gedächtnis reicht nicht weiter als das politische. Jede Generation hat offenbar das Bedürfnis, ihre Originalität dadurch zu beweisen, dass die Synthese von Politik, Demokratie und Kunst wieder „ab ovo" diskutiert wird. Das kulturelle Gedächtnis wird mit kleinen Verbeugungen vor dem Dadaismus abgespeist. Das bedeutet nicht, dass jede Generation nicht etwas Neues entdeckt. Der postkoloniale Diskurs ist ungleich demokratischer als der Drittwelt-Diskurs in 60er und 70er Jahre gewesen ist. Gerade, wenn es wie bei Enwezor um eine Vision einer nicht defekten Demokratie ging, blieb die autoritäre Tristesse vieler Regime in der Dritten Welt ein Hemmschuh für aufgeklärte Künstler aus diesen Ländern, sich mit ihrem Land voll zu identifizieren. Die Hybridität drohte somit immer wieder in Richtung „erste Welt" zu verrutschen, wie einst bei Lam und Matta. Die Ambiguität der Künstler aus der Dritten Welt im kulturellen wie im politischen Gedächnis wurde in der Hybridisierungsdiskussion weitgehend ausgeblendet. Nur selten war die Traditionsgebundenheit so offenbar, wie bei der algerischen Malerin Houria Niati, die in ihrem Bild „Keine Tortur!" (1982/83) figürlich und farblich an orientalistische Traditionen Frankreichs seit den „Frauen von Algier" von Delacroix anknüpfte, obwohl sie für ihre revolutionären Aktivitäten im Befreiungskampf eingesperrt worden war (Porterfield 1998: 150f). Die globalisierte Ausstellungspraxis löst die jeweilige Kunst von ihrem Kontext und droht „einen ganz fremden und unverständlichen Kunstbegriff" in die westlichen Kunstinstitutionen hineinzutragen (Belting 1999: 325).

Der Poststrukturalismus und Postmodernismus, die glaubten die „Differenz" gegen die „Einheitsvorstellung" der Moderne wieder entdeckt zu haben, sind bald der Relikte von versteckten essentialistischen Prämissen in der Subjektpolitik verdächtigt worden. Der Verdacht machte auch vor den Propheten von gestern nicht halt, wie dem vehementen Orientalismus-Kritiker Edward Said. Hat sich der klassische postkoloniale Intellektuelle nicht in der Heimatlosigkeit werbeträchtig eingehaust? Wird die ubiquitäre Verdächtigung von Kultur als Ideologie (Varadharajan 1995: 114, 136) nicht selbst zur Auflagen steigernden Ideologie? Die Postmoderne schien sich für radikalen Postkolonialisten nicht hinreichend mit dem Postkolonialismus verbündet zu haben, obwohl beide etwa zur gleichen Zeit entstanden. Es wurde unterstellt, dass die Postmoderne „dem Anderen" Raum gibt, aber dadurch verweigert „der Gleiche" zu sein. Ferner wurde der Postmoderne eine solche hegemoniale Stellung vorgeworfen, dass sie – gegen ihre ursprüngliche Intention – einen neuen internationalen Stil hervorbrachte.

Die Globalisierung sollte die Dichotomie Zentrum – Peripherie aufbrechen, hat aber die Zentren nur verlagert, und selten hat die Peripherie davon profitiert. Dass die nordatlantische Presse über die Documenta-Plattformen in Indien und Nigeria so wenig berichtet hat, zeigt das Dilemma auch bei besten postkolonialen Intentionen von Ausstellungsmachern. Edward Said (1997: 44) hat eine neues Dilemma der Postmoderne angedeutet: da die euro-zentrische Kultur sich in der ganzen Welt „bedient hat", ist sie für den Rest der Welt umso interessanter geworden. Said schien zahm geworden und den Postkolonialismus und das neue „Empire" ohne Machtzentrum noch nicht internalisiert zu haben. Die nordatlantische Kultur droht zunehmend die Standards zu setzen für die hybriden Formen der Kultur die „in" sind. Ein Erdteil- und Länderproporz, wie die 11. Documenta ihn realisierte, reicht nicht aus. Die Künstler der Dritten Welt verfügen nicht über die Medien, die Verlage, die Ausstellungszentren der Metropolen im Norden. Angesichts überhöhter Erwartungen, die im postkolonialen Diskurs geschürt werden, ist die Enttäuschung vorprogrammiert. Selbst das aufgeklärteste Konzept der multikulturellen Repräsentation von Künstlern kann des globalisierten Kunstmarkt nicht ändern. Aufklärer, die speziell afrikanische Kunst förderten, erlebten die Enttäuschung, dass die Kunden zweitrangige „Schildermaler" bevorzugten (Olu Oguibe in: Weibel 1997: 96). Dieses Phänomen ist inzwischen als *„glomanticism"* bezeichnet worden, eine irreführende Verbindung von Globalität und Romantik (Marchart 2004: 99).

Die einst linke Theorie des Westens, wie sie Hardt und Negri (2002: 48) vertreten, ist dabei wenig hilfreich. Sie ist inzwischen selbstreferentiell geworden. Die imperiale Maschine lässt einen externen Standpunkt nicht mehr zu. Kommunikative Produktion und imperative Legitimation können nicht mehr von einander getrennt werden. Trost gibt es nur in der Form der Thesen von Foucault: Macht enthält immer schon Gegenmacht. Für die Kunst besteht jedoch weiterhin die Gefahr, dass weder Exotismus noch Weltkunst sondern „exotische Parodien" entstehen. Wo die nachexotische Kunst noch authentisch wirkt, droht ein neuer theoretischer Essentialismus. Vor allem Feministinnen haben sich gelegentlich wenigstens zum „strategischen Gebrauch des Essentialismus" bekannt, um die Anliegen der von ihren vertretenen Minderheiten zu fördern (Spivak 1990: 109). Aber auch ein postkolonialer Kryptoessentialismus im Namen der Hybridisierung entkommt dem Dilemma nicht, dass die Kunst der Dritten Welt zwar das Ende des Exotismus bedeutet, aber vielfach ihre eigene Tradition mit den Standards der Metropolen vermengt. Bei wohlmeinenden Neo-Essentialisten im Namen bisher vernachlässigter Minderheiten verstärkt sich zudem die Gefahr, dass die konservativen Rechten ihren nordatlantischen Universalismus aufgegeben haben und sich ihrerseits auf das „Eigene" im Meer des Fremden berufen (Kahn 1995: 6).

5 Fazit

Das Verhältnis von Demokratie und Kunst ist immer asymmetrisch gewesen. Kunst unterliegt rascheren Innovationen als das Institutionengefüge der Demokratie. War

Demokratie bis zur französischen Revolution vielfach nur ein Schulbuchtyp in der Tradition des Aristoteles und galt allenfalls für kleine Gesellschaften wie die Schweiz für realisierbar, so wurde sie seit 1789 schrittweise durchgesetzt: als Repräsentativsystem und schließlich als parlamentarisches System mit Herrschaft der Mehrheit. Künstler waren in der Regel ihrer Zeit auch hinsichtlich ihrer politischen Wünsche voraus – und hatten mit Utopien weniger Berührungsängste.

Das Verhältnis von Kunst und Demokratie war nicht stabil über die Epochen:

In der vordemokratischen Epoche des Kaiserreichs standen die meisten Avantgardekünstler in Opposition zum Regime. Ihre demokratischen Vorstellungen waren aber überwiegend anarcho-syndikalistisch gestimmt.

Nach der Parlamentarisierung und Demokratisierung Deutschlands in der Weimarer Republik hat ein großer Teil der Künstler der klassischen Moderne links von der SPD gestanden und hatte rätedemokratische Vorstellungen. Nur wenige Künstler stellten sich in den Dienst des neuen Systems. In Frankreich kam es zu einer Orientierung von Teilen des Surrealismus auf die Kommunistische Partei. In der Zeit der Résistance traten bekannte Künstler wie Picasso, Léger oder Magritte in die Kommunistische Partei ein. Nach 1945 haben die meisten Avantgardisten einen inneren Burgfrieden mit der parlamentarischen Demokratie und der Marktwirtschaft geschlossen. Aber Konflikte brachen bei vielen Gruppen – wie „Cobra" – immer wieder auf. Es kam zu neuen Wellen der Basisdemokratisierung in den 60er und 70er Jahren. Aber auch als diese Bewegungen abklangen, konnten sich Künstler nicht mit dem Status quo der Demokratie zufrieden geben. Sie waren nur allzu bereit, überall „defekte Demokratien" zu entdecken (vgl. Kap. 5).

In der Postmoderne seit den 80er Jahren verlagerte sich die Frontlinie zwischen Kunst und Demokratie erneut. Viele Künstler im internationalen Ausstellungsbetrieb kämpften für eine postkoloniale Auffassung von Demokratie, die den traditionellen parlamentarischen Betrieb als „defekte Demokratie" einstufte – vor allem bei den Ausstellungskuratoren, die selbst sozialwissenschaftlich orientiert waren wie die Leiter von Documenta 11 und 12. „Hybridisierung" und „Kreolisierung" wurden zu Grundbegriffen in einem Kampf, um die Dritte Welt endgültig in die „Weltkunst" aufzunehmen.

Aber ein Rezept für eine in sich ausgewogene Weltkunst ist nicht in Sicht. Es bleibt in der Kunstkritik der Dritten Welt vielfach bei dem Appell, die „Entfremdung des Nichtwestens" durch eine eigene Kritik des Eurozentrismus zu überwinden und ein neues Selbstverständnis von Formen und Teilnahmebedingungen an einem globalisierten kulturellen Austausch zu gewinnen. Nicht Erhaltung, sondern offensives Arbeiten mit den eigenen Traditionen erscheint als das Gebot der Stunde (Volkenandt 2004: 21). Für die westliche Kunst hingegen gilt, dass sie sich der Widersprüchlichkeit ihres zivilisatorischen Prozesses bewusst bleiben muss, um nach dem Prinzip der „Ungleichzeitigkeit des Gleichzeitigen" das Fortbestehen des Exotisch-Barbarischen in sich selbst zu erkennen (Ette 2006: 380). Das bedeutet für die großen Events der Kunst, dass Kunst wieder Kunst sein können sollte und Distanz vom Marktrummel der Inszenatoren gewinnen muss. Nachdem die Verknüpfungen von Kunst und Politik sich von Jahr zu Jahr in kühnere Theoreme flüchteten, wird es Zeit für eine Schau, die kein „Exerzierplatz" der neuesten postkolonialen Demokratietheorien mehr sein will.

Diese Zukunft schien mit der Documenta 12 im Juni 2007 begonnen zu haben. Der Kurator der 12. Documenta, Buergel, hat versprochen, die Theorielast abzubauen und dass die Besucher „nicht bereits ein Soziologiestudium absolviert haben" müssten, „damit sie die Kunst verstünden" (zit. Knöfel 2007: 166). Der Schluss, der sich aufdrängt, dass die Kuratoren von Ausstellungen politisierter Kunst ihre Referenzen an die autopoietische Systemtheorie endlich ernst nehmen sollten und die Subsysteme Politik, Gesellschaft und Kunst für nicht mehr so vordergründig für vereinbar halten dürfen. Eine Analyse von Kunst und Demokratie kann in der Postmoderne nicht mehr von kausalen Verursachungsschemen ausgehen und die Macht verdinglichen, die sie aus den Bildern herausliest. Eine vielzitierte Autorität der ethnographischen Methode, die nicht reine Philosophie blieb, wie bei Clifford Geertz (1996: 21) hatte bereits bemängelt, dass, nachdem die alten Geschichten langsam verschlissen seien, man dennoch versuche, „noch großartigere und dramatischere Geschichten zu erzählen, über das Aufeinanderprallen einander fremder Gesellschaften, über gegensätzliche Moralvorstellungen und unvereinbare Weltbilder". Die „Differenz", die der postkoloniale Diskurs zum Grundkonzept erhob, sollte aber nicht so weit essentialisiert werden, dass eine vergleichende Kulturanalyse keinerlei „Ähnlichkeiten" mehr feststellen könne. Seit John Stuart Mills Logik (1843, 1959: 253) galt die Spannung einer Methode die Differenzen ermittelt und einer Methode, die Übereinstimmungen verglichener Phänomene feststellt. Im Zeitalter des Rationalismus der klassischen Moderne war es nötig, die Differenzmethode gegen vorschnelle gedankliche Vereinnahmungen herauszustellen. Heute muss man eher die Übereinstimmungsmethode zum Wohl einer hybridisierten Weltkultur wieder rehabilitieren.

Literatur

Arbeitsrat für Kunst. Berlin 1918-1921. Ausstellung mit Dokumentation. Berlin, Akademie der Künste, 1980.

Ashcroft, Bill, u. a.: Key Concepts of Post-Colonial Studies. London, Routledge, 1998.

Beckmann, Max: Die Realität der Träume in den Bildern. Aus Tagebüchern, Briefen, Gesprächen 1903-1950. München, Piper/Leipzig, Reclam, (1984), 1987, 2. Aufl.

Below, Irene/von Bismarck, Beatrice (Hrsg.): Globalisierung/Hierarchisierung. Kulturelle Dominanzen in Kunst und Kunstgeschichte. Marburg, Jonas, 2005.

Bernabé, Jean u. a.: Éloge de la Créolité. Paris, Gallimard, 1990, 1993.

Belting, Hans: Hybride Kunst? Ein Blick hinter die globale Fassade. In: Scheps, Marc u.a. (Hrsg.) Kunstwelten im Dialog. Von Gauguin zur globalen Gegenwart. Kat. Museum Ludwig Köln, 1999: 324-329.

v. Beyme, Klaus: Das Zeitalter der Avantgarden. Kunst und Gesellschaft 1905-1955. München, Beck, 2005.

v. Beyme, Klaus: Föderalismus und regionales Bewusstsein. Ein internationaler Vergleich. München, Beck, 2007.

Bhaba, Homi: The location of culture. London, Routledge, 1994.

Bradburne, James M. u.a.(Hrsg.): Blut. Kunst, Macht, Politik, Pathologie. München, Prestel, 2002.

Checkland, S. J.: Ben Nicolson. London, John Murray, 2000.

Chipp, H. B.: Theories of Modern Art. A Source Book by Artists and Critics. Berkeley, University of California Press, 1968, 1996.

Enwezor: Die Blackbox. In: Documenta 11 – Plattform 5. Ostfildern, Hatje/Kantz, 2002: 42- 55.

Ette, Ottmar: Die Ordnung der Weltkulturen. In: Bay, Hansjörg/Merten, Kai (Hrsg): Die Ordnung der Weltkulturen. Würzburg, Königshausen & Neumann, 2006: 357-380.

Fanon, Frantz: Die Verdammten dieser Erde. Frankfurt, Suhrkamp, 1966.

Documenta 11 (Hrsg. Enwezor): Ausstellung. Katalog. Ostfildern, Hatje Cantz, 2002.

Ferrer, M.: Groupes, mouvements, tendances de l'art contemporain depuis 1945. Paris, École nationale supérieure des Beaux-Arts, 1990.

Fouchet, M.-P.: Wilfredo Lam. Barcelona, Edición polígrafa, 1983.

Franke, Ursula/Früchtl, Josef (Hrsg.): Kunst und Demokratie. Positionen zu Beginn des 21. Jahrhunderts. Hamburg, Felix Meiner, 2003.

Geertz, Clifford: Welt in Stücken. Kultur und Politik am Ende des 20. Jahrhunderts. Wien, Passagen, 1996.

Gerz, Jochen: Im Licht der Kultur – ein Statement. In: Franke, Ursula/Früchtl, Josef: Kunst und Demokratie. Hamburg, Felix Meiner, 2003: 95-98.

Goetz, Karl Otto: Im Nebel zweier Äxte. Gedichte. Aachen, Rimbaud Verlagsgesellschaft, 1994.

Groys, Boris: Gesamtkunstwerk Stalin. München, Hanser, 1988.

Guilbaut, Serge (Hrsg.): How New York Stole the Idea of Modern Art. Chicago University Press, 1983,1984,dt.1997.

Hardt, A./Negri, Antonio: Empire. Die neue Weltordnung. Frankfurt, Campus, 2002.

Heller, R. (Hrsg.): Vom Expressionismus zum Widerstand. Kunst in Deutschland. 1909-1936. München, Prestel, 1991.

Hellinger, Ariane: Die Bewertung der documenta 11 in der Kunstkritik. Zwischen „politischer Überfrachtung" und „neuem Kunstbegriff" – die postkoloniale Weltkunstausstellung im Spiegel der internationalen Tagespresse. Mag. Diss., Heidelberg, 2006.

Immendorff: Jörg Immendorff im Gespräch mit Pamela Kort. Köln, Kiepenheuer&Witsch, 1993.

Inklusion: Exklusion. Versuch einer neuen Kartografie der Kunst im Zeitalter von Postkolonialismus und globaler Migration (Hrsg. Weibel, Peter), Köln, DuMont, 1996.

Jorn, Asger: Plädoyer für die Form. München, Klaus Boer, 1990, 1997.

Jussawalla, Adil: Missing Person. Bombay, Clearing House, 1976.

Kahn, Joel: Culture, Multiculture, Postculture. London, Sage, 1995.

Khan-Magomedov, S.: Vhutemas. Moscou 1920-1930. Paris, Éditions du régard, 1990, 2 Bde.

Kimpel, H.: Documenta: Mythos und Wirklichkeit. Köln, DuMont, 1997.

Kliemann, H.: Die Novembergruppe. Berlin, Gebr. Mann, 1969.

Kollwitz: Ich sah die Welt mit liebevollen Blicken. Ein Leben in Selbstzeugnissen (Hrsg.: H. Kollwitz). Hannover, Fackelträger Verlag, 1968/Wiesbaden, Fourier Verlag, 2001, 12. Aufl.

Kristeva, Julia: Fremde sind wir uns selbst. Frankfurt, Suhrkamp, 1988, 1990.

Kunstwelten im Dialog – von Gauguin bis zur globalen Gegenwart. Köln, Museum Ludwig, 2000.

Leiss, K.: Kunst im Konflikt. Kunst und Künstler im Widerstreit mit der „Obrigkeit". Berlin, de Gruyter, 1971.

Lindey, C. H.: Art in the Cold War. London, Herbert Press, 1990.
Lüddemann, Stefan: Kunstkritik als Kommunikation. Vom Richteramt zur Evaluationsagentur. Wiesbaden, Deutscher Universitäts-Verlag, 2004.
Magiciens de la terre. Paris, Centre Georges Pompidou, 1989.
Marchart, Oliver: Die Politik, die Theorie und der Westen. Der Bruch der Documenta 11 im Biennalekontext und ihre Vermittlungsstrategie. In: Volkenandt, Claus (Hrsg.): Kunstgeschichte und Weltgegenwartskunst. Berlin, Reimer, 2004: 95-119.
Masson, André: Le rebelle du surréalisme. Écrits. Paris, Collection Savoir Hermann, 1976.
(Meidner, Ludwig) Breuer, G./Wagemann I. (Hrsg.): Ludwig Meidner. Zeichner, Maler, Literat. 1884-1966, Stuttgart, Hatje, 1991, 2 Bde.
Mill, John Stuart: A System of Logic (1843). London, Longman, 1959.
Mouffe, Chantal: Über das Politische. Wider die kosmopolische Illusion. Frankfurt, Suhrkamp, 2007.
Orozco, José Clemente: Schriften in: Baqué, E./Spreitz, H. (Hrsg.): José Clemente Orozco 1883-1949. Berlin, Leibniz Gesellschaft für kulturellen Austausch, 1981.
Parmesani, L.: Art of the Twentieth Century. Movements, Theories, Schools and Tendencies 1900-2000. Mailand, Skira, Marconi, 2000.
Picasso, Pablo: Wort und Bekenntnis. Die gesammelten Dichtungen und Zeugnisse (Hrsg. P. Schifferli). Zürich, Die Arche, 1954, 1960, 2. Aufl./Berlin, Ullstein, 1957.
Politics – Poetics das Buch zur Documenta X. Ostfildern, Cantz, 1997.
Rebentisch, Juliane: Ästhetik der Installation. Frankfurt, Suhrkamp, 2003.
Restany, Pierre: Avec le nouveau réalisme sur l'autre face de l'art. Nimes, CNAP/Éditions Jacqueline Chambon, 2000.
Rorty, Richard: Philosophy and the Mirror of Nature. Princeton, Princeton University Press, 1979.
Said, Edward W.: Kultur, Identität und Geschichte. In: Peter Weibel (Hrsg.) Inklusion: Exklusion. Köln, DuMont, 1997: 37-46.
Saunders, Frances St.: Wer die Zeche zahlt… Der CIA und die Kultur im Kalten Krieg. Berlin, Siedler, 2001.
Schlocker, Georges: Jeder der Exot des Anderen. Gleichrangigkeit der Kulturen. Die Biennale zeitgenössischer Kunst in Lyon demonstriert die Ausweitung schöpferischer Erfindung. http://www.freitag.de/2000/35/00351501.html
Schmied, Wieland (Hrsg.): Matta. Tübingen, Wasmuth, 1991.
Schneede, U. M. (Hrsg.): Die zwanziger Jahre: Manifeste und Dokumente deutscher Künstler. Köln, DuMont, 1979.
Shdanow, A.: Über Kunst und Wissenschaft. Kiel, Rotfront Verlag, o. J.
Spivak, Gayatri Chakravorty. The Post-Colonial Critic. Interviews, Strategies, Dialogues (Hrsg.: Sarah Harasym). London, Routledge, 1990.
Steneberg, E.: Arbeitsrat für Kunst. Berlin 1918-1921. Düsseldorf, Marzona, 1987.
Stokes Sims, L.: Lam and the International Avantgarde 1923-1982. Austin, University of Texas Press, 2002.
Varadharajan, Asha: Exotic Parodies. Subjectivity in Adorno, Said and Spivak. Minneapolis, University of Minnesota Press, 1995.
Volkenandt, Claus (Hrsg.): Kunstgeschichte und Weltgegenwartskunst. Konzepte – Methoden – Perspektiven. Berlin, Reimer, 2004.
Weibel, Peter/Steinle, Christa (Hrsg.): Identität: Differenz. Tribüne Trikon 1940-1990. Ein Topografie der Moderne. Wien, Böhlau, 1992: 593-599.

Weibel, Peter (Hrsg.): Inklusion: Exklusion. Versuch einer neuen Kartografie der Kunst im Zeitalter von Postkolonialismus und globaler Migration. Ausstellung in Graz. 1996. Köln, DuMont, 1997.
Weibel, Peter (Hrsg.): Kontext Kunst. Köln, DuMont, 1994.
Weinstein, Joan: The End of Expressionism. Art and the November Revolution in Germany. 1918-1919. Chicago, Chicago University Press, 1990.
Wetterleuchten! Künstler-Manifeste des 20. Jahrhunderts. Hamburg, Nautilus, 2000.
Wichmann, Siegfried (Hrsg.): Weltkulturen und moderne Kunst. München, Dokumentation, 1972.

5 Die 68er Bewegung und die Avantgarden der Kunst

1 Die politischen Rahmenbedingungen einer Revolte in Kunst und Politik

Wie bei allen „Und-Themen“ wird ein kausaler Zusammenhang zwischen einer politischen Bewegung und den künstlerischen Tendenzen der Epoche unterstellt, der so eindeutig nicht empirisch nachgewiesen werden kann. Aber in mehrfacher Hinsicht gibt es Berührungspunkte. Den Sozialwissenschaftlern ist von einem Akteur wie Jean-Jacques Lebel (in: Um 1968, 1990: 49) vorgeworfen worden,, den „antikulturellen Kontext“ der sich entwickelnden Bewegung nicht begriffen zu haben. Aber auch er konnte nur „unterirdische Einflüsse“ von Seiten der Situationistischen Internationale und anderen Bewegungen ausmachen. „Die Phantasie an die Macht“ wurde zum Schlachtruf der französischen 68er (Gilcher-Holtey 1995), aber nur ein Teil der Künstler wollte wirklich Teilhabe an der Macht. Nicht wenige wollten – wie Kunzelmann – vor allem „Spaß haben“. Erstmals schien die Verallgemeinerung falsch, dass die Radikalisierung der Künstler meist in Ländern ohne starkes Bürgertum eintrat (Gentilini in: Um 1968: 44). Das war richtig für die klassische Moderne, wo die Avantgarden in Deutschland, Italien und Russland am revolutionärsten schienen. In den 60er Jahren aber trat die Radikalisierung gerade da ein, wo ein saturiertes Bürgertum die Jugend entfremdete. Am radikalsten waren die Bewegungen diesmal in Frankreich, Deutschland und in den USA.

(1) Die Nachkriegspolitik hat in den drei Ländern, in denen die Studentenrebellion am heftigsten explodierte – und für die die Universitäten Berkeley, Paris und Berlin symbolisch stehen – war besonders konservativ:

- den McCarthyismus in Amerika und die Kalte-Kriegs-Hysterie,
- die Ära de Gaulle, welche das Kolonialproblem liquidieren musste,
- die antikommunistische Verfestigung in der Adenauer-Ära im geteilten Deutschland.

(2) Mit der Demokratisierung der Bildungssysteme kamen neue Schichten in die Universitäten, die weder dem quantitativen Ansturm, noch den qualitativen Bedürfnissen der neuen Generation gerecht wurden.

(3) Die Künstler waren durch den Triumph der Abstrakten frustriert und versuchten in immer neuen Ansätzen des „Neuen Realismus“, der „Pop-Art“, der Aktionskunst, den postmodernen Stilvarianten, dem Neo-Dadaismus aus der klassizistischen Erstarrung

des „informel" heraus zutreten, am heftigsten in den USA, wo der Abstrakte Expressionismus ein Jahrzehnt kanonisiert worden war.

Trotz dieser lockeren Kausalität zwischen Politik und Kunst in den 60er Jahren, darf man keine Direktumsetzung politischer Aspirationen in der Kunst erwarten. Der repräsentative Band, der die Kunst der Moderne seit 1900 nach Jahren geordnet präsentiert (Foster u. a. 2004: 527ff) ist im Kapitel 1968 eher irreführend. Da werden vor allem schwer verständliche Werke der Conceptual Art von Joseph Kosuth und John Baldessari geboten, welche die Revolte sicher nicht stimuliert haben. Immerhin zeigt dieses Beispiel, dass man die Kunst der 60er Jahre nicht vom Telos der Studentenrebellion her sehen darf. Es gab auch recht esoterische, eskapistische und quietistische Kunstrichtungen.

Es gab in der westlichen Welt Konfrontationen, welche die 68er Bewegung vorbereitete:

- Weltberühmte Künstler wie Picasso, Léger oder Magritte wurden Parteimitglieder. Viele Künstler und Intellektuelle – auch Picasso – waren aktiv in der Friedensbewegung, die zunehmend gegen Amerikas roll-back-Politik Stellung nahm. Frankreichs Künstler gingen politisch nach links, Amerikas Künstler, die einst libertäre Linke gewesen waren, entwickelten sich in die liberale Mitte (vgl. Kap. 5, 3).
- Politisch bevormundend wirkte die amerikanische kulturelle Hegemonie. Die USA schafften sich eine gut geölte „kulturelle Maschine", während Paris – wie oft seit der großen Revolution – in die Lager der „zwei Frankreichs" gespalten war. Die „Kulturmarxisten", die unter Frankreichs Linksintellektuellen zahlreich waren, glaubten, dass die Kulturhegemonie im Sinne von Gramsci einer geschlossenen politischen Front bedurfte. Die Entwicklung der Avantgarde-Kunst im Kalten Krieg verlief in der westlichen Welt nicht einheitlich. New York hatte Paris als Bannerträger der Moderne abgelöst. Die Moderne wurde in Paris sogar „gestohlen", wie der französische Kunsthistoriker Guilbaut (1990: 30ff) wähnte.
- Amerikanische Kunst wurde nicht geschätzt. Sartre sah im Einfluss Mondrians auf Amerika nur eine sterile „Boogie-Welt". Selbst der unangefochtene König der Künstler, Picasso, hat darunter gelitten, dass der führende amerikanische Kunsthändler Samuel Kootz sein Werk ablehnte, weil es nicht abstrakt genug sei (Brassaï/Picasso 1964: 315). „Ramboism" wurde den amerikanischen Malern unterstellt, noch ehe der Begriff kursierte. Vorurteile spielten auf beiden Seiten in der Polemik eine wichtige Rolle. Amerika galt bei den intellektuellen Snobs in Frankreich als das „Land guter Filme, aber schlechter Malerei". Die Kommentatoren kämpften zum Teil noch gegen den Feind von gestern und gegen die Barbarei, die von Deutschland ausgegangen war. Die deutschen Künstler, einst total Frankreichfixiert, nahmen Rache für diese Abhängigkeit und liefen zu den amerikanischen Kunstauffassungen über. Karl Otto Goetz, einziges deutsches Mitglied in der Cob-

ra-Gruppe, die sich gegen die Pariser Hegemonie wehrte, erklärte Mitte der 50er Jahre: „Ohne diesen frischen amerikanischen Wind ist mir Paris kotzlangweilig, was die Malerei anbelangt“ (zit. Schieder 2005: 297).

2 McCarthyismus und amerikanische Avantgarde

Der rasante Siegeszug der amerikanischen Kunst nach 1945 ist auch politisch gedeutet worden. Der Sieg der Koalition über Hitler-Deutschland wurde in Amerika weniger den Russen gutgeschrieben, als der überlegenen amerikanischen Wirtschaftsmacht und Technologie. Das neue Kraftgefühl setzte sich in die Vorstellung um, dass Amerika auf allen Gebieten führend sein müsse. Neue Zeichen der Unduldsamkeit waren in der Ära McCarthy nicht zu übersehen. Die Kritik am „American Way of Life“ hatte enge politische Grenzen.

- Es kam zu einem politpuritanischen Ikonoklasmus. Wie einst Rivera 1935 Lenins Kopf aus seinem New Yorker Fresko herausnehmen sollte, so wurde 1947 einem Künstler wie Anton Refregier in San Francisco zugemutet, Roosevelts Konterfei aus einem Fresko zu streichen (Guilbaut 1983: 196; 1997: 228).
- Auf der politischen Bühne gab es in der Ära McCarthy immer wieder Ausfälle gegen die angeblich subversive Schule von New York. 1949 kam es zu einer Rede des Abgeordneten Dondero im Repräsentantenhaus, in dem die Moderne unter die „kommunistischen Ismen“ eingereiht wurde (Dok. in: Chipp 1996: 496f). Dem Redner wurde mit Recht vorgehalten, dass die Sowjetunion ja nicht gut den „abstrakten Expressionismus“ fördern könne, weil sie den „sozialistischen Realismus“ für verbindlich erklärt hatte. Der rechte Populist half sich mit dem Argumentationstrick, dass diese kommunistische Förderung nur Teil eines perfiden Subversionsplans sei. „Die Ismen“ seien eingesetzt worden, um ein Zerstörungswerk gegenüber der amerikanischen Kultur zu vollenden: der Kubismus durch Unordnung, der Futurismus durch Maschinenmythen, der Dadaismus durch Lächerlichmachung, der Expressionismus durch Primitivismus und Kunst der Geistesgestörten, der Abstraktionismus durch die Schaffung von „Gehirnstürmen“ und der Surrealismus durch Leugnung der Vernunft. Die linken Netzwerke der Künstler wurden maßlos übertrieben. Meist waren die amerikanischen Avantgardisten linksliberale Radikale.
- Es hielt sich hartnäckig das Gerücht, der CIA habe den abstrakten Expressionismus groß gemacht. Ein Enthüllungsbuch von Saunders (2001: 250ff) konnte interessante Verstrickungen von Literaten und Feuilletonisten im „Kongress für kulturelle Freiheit“ aufdecken. Aber es gab sie kaum in der Malerszene, wie ein interviewter Ex-Agent des CIA über den Führer der Abstrakten Expressionisten Motherwell bekannte. Das Buch hieß „Who pays the piper“, mental zu ergänzen

ist: „can order the tune". Aber der CIA konnte in der Kunst den Ton nicht bestellen, die künstlerischen Bewegungen liefen bald nach CIA- und FBI-Maßstäben aus dem Ruder. Der CIA bekämpfte den falschen außenpolitischen Feind: die Sowjetunion hatte kaum Einfluss auf die Kunst, der FBI bekämpfte den gefährlicheren innenpolitischen Feind: die künstlerischen Bewegungen, die auf Umwälzung der Gesellschaft aus waren, aber konnte ihn nicht kontrollieren.

- Es wurde auch in Europa von den USA gesponsort. Kultureller Imperialismus wurde auf beiden Seiten gepflegt. Der Ausstellungsort Kassel – einer relativ bedeutungslosen Stadt am Ostrand der Bundesrepublik – für die „Documenta" war ein Produkt des Kalten Krieges. Nahe der „Zonengrenze" sollte mit Förderung der USA ein Schaufenster der modernen Kunst der freien Welt errichtet werden (Kimpel 1997: 131). Aber schon die Eröffnung der Dritten Documenta war mit handfesten Störmanöver junger Künstler und Protestler des Westens konfrontiert.

Eine paradoxe Situation war in der freien Welt entstanden:

- Die politische Führung verfemte die klassische Moderne, wie Präsident Truman sagte: „If this is art than I'm a Hottentot" (zit. Checkland/Nicholson 2000: 292).
- Aber der geheime Arm der Administration CIA förderte die Avantgarden, um sie gegen die kommunistische Kulturpropaganda in Stellung zu bringen.
- Ganz sicher hat diese verquere Situation und die Hypokrisie im politischen Klima zur Entwicklung neuer Protesthaltungen der künstlerischen Intelligencija geführt.

Mit dem Aufkommen der Political Correctness-Bewegung wurde die magistrale Attitüde der abstrakten Expressionisten des Male-Chauvinismus und des Rassismus bezichtigt (Gibson 1997: 168). 1969 bildete sich die „Women Artist Revolution" (WAR) aus einer Kunstarbeiter-Koalition unter publizistischer Führung von Lucy Lippard (Archer 2002: 115). Ein kämpferischer Feminismus reihte sich in die Phalanx der linken Bewegungen ein, die nicht mehr an den Hauptkonflikt von Arbeit und Kapital bei den Marxisten glaubte, sondern Unterdrückung in vielen Bereichen sah: in den Geschlechterbeziehungen, in den Rassenbeziehungen, in den Beziehungen der ethnischen Minderheiten und Sprachgruppen zur dominanten Kultur, die schon bei den Founding Fathers der Verfassung selbstverständlich „englisch" war.

3 Künstlergruppen zwischen Kunst und Politik

Der Sieg der Abstraktion schien das Ende der politischen Kunst, die sich für mehr Demokratie engagierte. Aber auch nach dem zweiten Weltkrieg gab es noch immer zahlreiche Gruppen und Strömungen. Eine Studie (Ferrer 1990) hat für die Zeit von 1940 bis 1970 noch immer 39 Gruppen in Europa und in den USA gezählt. Die Entpolitisierung der modernen Kunst gelang keineswegs vollständig. Der französische Kunstkritiker Michel Tapié, der 1951 erstmals von „Art Informel" sprach, präsentierte Künstler wie Dubuffet, Wols oder Hartung, deren Kunst keineswegs frei von politischen Konnotationen war. „Informel" war keine Gruppe und Bewegung mehr, sondern eine „Stimmung" in Kunst umgesetzt, die sich aus dem Geist des damals vorherrschenden „Existentialismus" entwickelt hatte (Parmesani 2000: 56). Insofern schien das „Informel" die adäquate Ausdrucksform für eine entspannte Demokratie – keine hektischen ideologisierten Gruppen mehr, sondern unabhängige Individuen, die gelegentlich ihre Kräfte zu einer gemeinsamen Unternehmung vereinten. Nur in England hatte es schon länger ein normales Verhältnis zur Demokratie gegeben und Künstler sahen Kunst als einen Job wie andere an, ohne Weltverbesserungsabsichten. Die entspannte Attitüde sollte nicht vorhalten. Demokratisierung aller Subsysteme trat als Forderung gegen die angeblich formalistische repräsentative Demokratie an.

Die Fülle der Gruppen, die 68er Geist vorbereiteten, war sehr heterogen. Aber Zwei Generalbegriffe erfassten viele Gruppen:

(1) Mit Ausnahme von Cobra wurden viele Strömungen auch unter dem Oberbegriff der *Postmoderne* behandelt. Postmodernismus grassierte in der Philosophie, wie sie seit Jacques Derrida und anderen französischen postmodernen Philosophen Weltgeltung erlangte. Die Gegner (Sokal/Bricmont 1999) witzelten über den „eleganten Unsinn" von „Derridada und Lecancan", der die rationale Moderne abzulösen begann. Postmodern waren viele der Gruppen, weil sie pluralistisch, anti-ideologisch und kommunikativ auftraten, die Massenmedien akzeptieren, wenn auch nicht immer wie bei McLuhan im Sinn „the medium is the message" und keine überzeitlichen Wahrheiten mehr verkünden wollen. Die literarischen Propagandisten wie Greenberg und Rosenberg hatten die ernste Kunst des abstrakten Expressionismus gern dem „Kitsch" entgegengestellt. In der Pop Art wurde sogar der Kitsch museumsfähig.

(2) Postmoderne Tendenzen waren vor allem im *Dekonstruktivismus* angelegt, der in anderen Metiers eine bedeutendere ikonoklastische Rolle spielte (Hoffmann, 1995: 21): In der Architektur als Gegenbewegung zum Konstruktivismus. Der Pionier unter den Avantgardeforschern, Peter Bürger, glaubte zwar, dass man ein Bauwerk nicht wie einen Text „dekonstruieren" könne, gleichwohl haben die Architekten nicht nur mit der „Schräge" einen Weg gefunden, die traditionelle Statik zu vernachlässigen, und eklektisch widersprüchliche Elemente mit einander zu verbinden.

(1) In Europa war der quietistische Stimmungsumschwung im Bereich Kunst und Politik keineswegs total. Die Spätmodernisten der *Cobra-Gruppe (1948-1951)* knüpften noch an die radikalen Zielsetzungen der 30er Jahre an. COBRA (als Abkürzung für Copenhagen-Brüssel-Amsterdam) umfasste Künstler der Spätmoderne wie Asger Jorn, Karel Appel, Pierre Alechinsky, Constant, Corneille, Dotremont – eine Gruppe enttäuschter Delegierter eines Surrealistenkongresses. Sie blieb von 1948 bis 1951 um eine Zeitschrift

„Cobra" geschart. Trotz der Internationalität verlor sie sich bald wieder in nationalen Sonderwegen.

Politisches Engagement einte und entzweite zugleich. Die Einheit von Kunst und Politik wurde noch einmal beschworen – mit reichlich gewagtem Vokabular wie „Guerilla" oder wenigstens, was die 68er propagierten, „Kunst für das Volk". Das einzige deutsche Mitglied der Gruppe, Karl Otto Goetz (1994 II: 64), erinnerte sich an turbulente Szenen, weil aufgrund mangelnder Sprachkenntnisse der Holländer ein Vortrag des Gruppenideologen Dotremont als pro-kommunistisch empfunden wurde. In Manifesten, die Constant (Dok. in: Wetterleuchten 2000: 67) redigierte, waren noch so aktivistische Töne zu hören, wie „die Befriedigung unserer elementaren Wünsche ist die Revolution". In Dänemark war es in der Zeit der deutschen Besatzung zu einer Entdeckung der skandinavischen Mythologie, in der die Symbolwelt kollektive Erfahrungen der nordischen Länder widerspiegelte. Schon 1944 hat Carl-Henning Pedersen die Forderung aufgestellt, alle Menschen zu Künstlern zu machen, und nahm damit Gedanken von Beuys vorweg.

(2) *Die „Situationistische Internationale" (1958-1969)* wurde schließlich sogar als Wegbereiter der linken Studentenrebellion angesehen, war aber eher ein französisches Pendant der Pop Art und Neo-Dada. Viele ihrer Aktivisten kamen aus den Seminaren von Henri Lefèbvre. Eine erste politische Aktion war 1958 gegen eine internationale Versammlung von Kunstkritikern in Belgien gerichtet. Wie viele der aktionistischen Strömungen griff sie auf Dada, Surrealismus und Cobra zurück. Jorn und Constant von Cobra waren wieder dabei. Yves Klein wurde wohl der bekannteste Künstler, der in viele Bereiche, wie Body Art, Konzeptkunst und Action Art hineinwirkte. 1960 wurde in Mailand das erste Manifest des „nouveau réalisme" erlassen. „Einmischung ins Alltagsleben" sollte die Gesellschaft verändern. Die soziologische Realität sollte ohne polemische Absicht dargestellt werden. Nicht „Revolution" war das Schlagwort, sondern *„détournement"* (Umsturz und Verfall). Gegen die Mythologisierungen der älteren Generation der „abstrakten Expressionisten" in Amerika und des „lyrischen Abstraktionismus" in Frankreich wurde proklamiert, den Fuß wieder auf die Erde zu stellen. Man knüpfte an den Dadaismus an, legte aber Wert darauf, den Fuß „40 Grad unterhalb des Null-Dadas" anzusetzen, direkt auf der Höhe, auf der der Mensch sich ins Reale einordnet (Restany 2000: 41). 1961 wurde ein Manifest erlassen „Avantgarde ist unerwünscht!" Gemeint war nur die „Avantgarde von gestern", denn in Forderung 13 wurde die Aufgabe der Avantgarde umschrieben, „ihre Anerkennung zu erzwingen, ehe ihre Disziplin und ihr Programm verwässert worden sind" (Dok. in: Wetterleuchten, 2000: 83).

Die SI-Bewegung wurde in der Literatur sogar als die „Avantgarde der Avantgarde" bezeichnet. Es ging um eine Kritik an der Trennung der Künstler von der Kultur durch den Kapitalismus. Die „Negation des Spektakels" und die „Wut gegen die Kultur", die Werke zu Waren gemacht hat, nährten den Protest. Bezeichnenderweise wurde weniger auf die Politik angespielt als vielmehr die Hilfe einer bisher in Künstlermanifesten kaum bemühten Wissenschaft angerufen: der Soziologie. Spielerische Schöpfung und Spontaneität sollten diesen Zustand überwinden. Henri Lefebvre, auf den die Gruppe – wie so viele linke Künstler – sich berief, blieb skeptisch. Diese Künstlerattitüde war für ihn „revolutionärer Romantizismus". Die Bewegung, die sich auch gegen die Vorherrschaft von Paris richtete und so verschiedene Künstler wie Yves Klein, Armand, Christo, Tinguely und Niki de Saint-Phalle umfasste, war nur drei Jahre aktiv. Eine „Schule von Nizza" ist nicht dauerhaft entstanden. Ihr Bündnis mit der „Pop Art" Amerikas wies schon darauf hin, dass keine politisierte Bewegung angestrebt wurde. Es wurde zwar gelegentlich über die Sprengung des Eiffelturms und die Besetzung der UNESCO räsonniert, aber es kam kaum zu Aktionen (Ohrt 1990; Gilcher-Holtey 2007: 256; diess. 1995: 73ff).

(3) *Neo-Dada und Pop Art* – der Terminus wurde erstmals von Lawrence Alloway 1958 verwendet – kämpften am Royal College of Art in London für eine populäre Massen- und Konsumkultur. Richard Hamilton, R.B. Kitaj und Hockney wurden wohl die bekanntesten Protagonisten eines allgegenwärtigen städtischen Bildguts von Werbeplakaten und Graffiti, mit Anklängen an Art Brut bei Dubuffet. In Amerika wurden die Pop Art-Künstler wie Rauschenberg, Jasper Johns, Claes Oldenburg u. a. anfangs unter der Bezeichnung Neo-Dada zusammengefasst, das zum Oberbegriff auch für Nouveau Réalisme und die Situationistische Internationale wurde.

Von John Cage kamen vor allem zwei Anregungen: Kunst muss „gesellig" sein, und die Entfremdung der Künstler muss durch Synergie-Effekte verschiedener Künste überwunden werden. Dieser Schönberg-Schüler hatte seit 1949 an Kompositionen gearbeitet, die Zufallsgeräusche und akustische Events in die musikalische Konzeption einbezogen. Bazon Brock und Friedensreich Hundertwasser haben im Dezember 1959 an der Hamburger Hochschule für Bildende Künste verwandte Happenings gestaltet, als sie begleitet von der Verlesung des alttestamentarischen Judenzuges durch die Wüste, die endlose Linie malten (Thomas 1985: 153, 157).

(4) *Aktionskunst* als multimediale Performanz, beginnend mit Theater-Events bei John Cage, ist sicher am stärksten stilbildend für die revoltierenden 68er Künstler geworden. Joan Jonas erklärte die Attraktion 1995 mit den Worten: „Was mich zur Performance hinzog, war die Möglichkeit, Klang, Bewegung, Bild und all die verschiedenen Elemente zu vermischen, und so eine komplexe Aussage machen zu können. Es lag mir nie, eine einzelne, einfache Aussage zu machen – wie bei der Skulptur" (zit. Dempsey 2002: 225). Wo innovative Kunst und revolutionäre Politik vereint werden sollten, verlangte das die Abkehr von der herkömmlichen Malerei und Bildhauerei. Nur in der Aktionskunst ließ sich die Forderung nach der Vereinigung von Kunst, Politik und Leben anvisieren.

(5) Fluxus war eine Form der Aktionskunst, die von George Maciunas (1931-1978), einem litauischen Amerikaner, der in Wiesbaden als Air-Force-Offizier stationiert war, 1961 als Terminus kreiert wurde. Sie nannte sich „Anti-Bewegung" und wurde zur informellen anarchoiden internationalen Gruppe, eng verwandt mit Neo-Dada, Lettrismus, und Situationistischer Internationale, der so verschiedene Künstler wie Yoko Ono oder Wolf Vostell angehörten. Bei keiner „Bewegung" war die Grenzziehung so schwer, weil die Sympathisanten in Kooperation wie in Opposition zu Pop Art, Minimalismus oder „Nouveau Réalisme" standen (Foster u. a 2004: 456). Die gesellschaftspolitische Kritik wurde in dieser Bewegung stärker betont, wenn sie sich zunächst auch eher gegen den Kunstbetrieb richtete. So wie John Cage jeden Ton zu Musik erklärt – wer's nicht glaubt fahre nach Halberstadt und höre den einen Ton, der 30 Jahre variiert werden soll – wurde alles nach einem Manifest von 1965 zur Kunst erklärt und ein jeder kann es nach dem „Do it yourself-Konzept selbst machen.

(6) In Deutschland entstanden Gruppen eines *kritischen Realismus,* die in den 70er Jahren auf die Politisierung der APO reagierten. In der „belagerten Stadt" Berlin herrschte ein besonderes Klima, in dem das Formgut von Dix oder Grosz relativ präsent blieb und sich in den 80er Jahren erstaunlich „deutsche" neo-expressionistischen Tendenzen durchsetzen. Hier entstanden die „pathetischen Realisten" um Markus Lüpertz und Georg Baselitz, und die „Schule der neuen Prächtigkeit". Johannes Grützke gehörte zu ihr, der dadurch bekannt wurde, dass er die Ikonen des Marxismus-Leninismus wie Ulbricht zu Gartenzwergen schrumpfen ließ (Thomas 1985: 228, 166). In der „Apotheose des Händeschüttelns" (1968) oder der „Demonstration" wurden auch die Revoluzzer fratzenhaft (Johannes Grützke 1979: 45ff). In einer Variation von Delacroix's „Die Freiheit führt das Volk" (1830) blieb bei Grützkes „Darstellung der Freiheit" (1972) aus einer Perspektive hinter der Barrikade und ohne Konfrontation mit Feinden, eine kokette Andeutung der sexuellen Revolution übrig. Im Bild „Freud, Marx, Marcuse und Grützke (1969) wurden die Ikonen der Linken zu Stammtisch-Figuren. In der Ausstellung „Kunst und Politik" (1970) verkündete Grützke Skepsis, wie sie damals in der Linken selten war: „Ich weiß, dass Bilder nichts bewirken, dass Kunst nie etwas bewirkt hat".

Die klassische Avantgarde wurde von den meisten dieser Bewegungen für tot erklärt, dennoch wurden einzelne Protagonisten, vor allem aus der Dada-Bewegung, auf den Schild gehoben. Die größte Attraktion für Protestbewegungen war der lange vergessene Marcel Duchamp – der Übervater, der sich seit 1912 der Kunst verweigerte. Er schwieg, und wo er nicht geschwiegen hatte, hat er die künstlerischen Montagen und Assemblagen der Revoluzzer-Epigonen eher distanziert betrachtet. Seine Urteile über neuere Strömungen waren harsch: Warhols multimediale Versuche langweilten ihn, Pop Art gab er nicht mehr als 10 Jahre (Duchamp 1992: 234, 193). In einem Interview mit Cabanne (1972: 161) bekannte er, dass Politik ihn nicht interessiere. Nach der Jugend gefragt, antwortete er, dass sie ihm gefalle, weil sie „so aktiv ist. Auch wenn sich diese Aktivität gegen mich richtet. Die Jugend denkt so viel. Aber leider kommt dabei auch nichts Neues raus, nur Altes, Vergangenes". Er spielte damit auf ein Bild von Eduardo Arroyo und anderen über „Das tragische Ende Marcel Duchamps" zum „rituellen Vatermord" an, als mit malerischem Hinweis auf Duchamps letztes Bild „Akt die Treppe herabsteigend" (1912) Duchamp symbolisch von der Treppe gestoßen wurde, worauf in einer Bildfolge amerikanische Pop-Künstler und Nouveaux Réalistes den Leichnam zu Grabe trugen. Die Begründung für diese Verurteilung: es mangele ihm an Abenteuergeist und Erfindungsfreiheit – ein Vorwurf, der selten so absurd wie bei Duchamp erschien (Um 1968. 1990: 18). Einige Surrealisten wollten die Bilder zertreten. Duchamp war auch durch Provokationen nicht aus der Reserve zu locken. Er wollte noch immer nicht in eine Guru-Rolle gedrängt werden (Duchamp 1992: 240). Im Interview mit Cabanne (1972: 159) war er gegen die Entfernung der Bilder, und fand, dass sie albern gemalt seien: „Mir ist das egal; es langt wenn man nicht darüber spricht. Denn diese jungen Leute wollen nur Reklame für sich selbst machen und weiter nichts"- keine ganz falsche Analyse.

4 Die Revolte als Einheit von Kunst und Leben

Seit dem Futurismus und dem Surrealismus ließen sich in den Avantgarden immer wieder Texte zur Gewaltverherrlichung nachweisen. Die verbalen Exzesse wurden aber überwiegend als Versuch, die Einheit von Kunst und Leben wenigstens verbal herzustellen, gewertet (Hecken 2006: 107). Rein strafrechtlich würden die hymnischen Terrorismus-Erklärungen auch schwerlich zur Verurteilung ausreichen. Die meisten Avantgardisten wollten vor allem eine Störung der Ordnung und des Routinebetriebes. 1968 erfüllte sich ein alter Traum aufmüpfiger Künstler: in der Mai-Revolte wurde Formen von Aktionskunst und Happening in die Politik eingebracht, wie Jean-Jacques Lebel in Anmerkungen zum politischen Straßentheater verkündete (in: Vostell 1970: o. S.). Die Nacht des 10. Mai wurde vor allem als ästhetisches Erlebnis von einem Vorkämpfer beschrieben. Politische Effizienz-Kalküle wurden nicht angestellt. In einem Brief an Vostell (ebd.: O. S.) bekannte der schon lange politisch aktive Lebel: „Künstler zu sein – ich schaffe immer noch so viel ich kann, und so oft ich kann, vor allem kollektive spontane bewußtseinssprengende Ereignisse (manchmal kann man sie Happenings nennen, manchmal oder öfter ist es einfach das Leben) – doch ich habe diesen permanenten Prozess reintegriert in eine Bewegung, die viel größer und tiefer ist als Kunst – ich meine die internationale Revolution...Kein Gedicht, kein Gemälde, kein Happening, kein Konzert könnte jemals den Beteiligten...den absoluten Orgasmus geben, den wir bei unserer Verbrennt-die-Börse-Aktion bekamen". Lebel nannte diese Aktionen *„Dadaisierung des Politischen"*.

Die deutsche Sektion der Situationisten, die sich unter Führung und Finanzierung von Asger Jorn bildete, hat im Gegensatz zu den Parisern keine Ablehnung der Kunst enthalten, sondern nur bestimmte Richtungen wie die Abstraktion wurden verteufelt. In Deutschland wurde der Konflikt trotzdem sofort „verrechtlicht". Die Zeitschrift „Spur" wurde wegen Pornographie beschlagnahmt und Weihbischof Neuhäuser stellte gegen Dieter Kunzelmann einen Strafantrag wegen Gotteslästerung aufgrund seines Textes „Der Kardinal, der Film und die Orgie", in dem der Autor hoffte, dass in Kirchen künftig „neue orgiastische Feste" gefeiert werden könnten (in: Böckelmann/Nagel 1976: 42f). Kunzelmann war einer der wenigen Künstler, die simultan in einer Gruppe wie „Spur", im SDS und in der Kommune 1 aktiv waren und zugleich eine Rolle als Theoretiker spielte. In einem Manifest distanzierte er sich vom orthodoxen Marxismus: „Die sozialistische Revolution missbrauchte die Künstler. Die Einseitigkeit dieser Umstürze beruhte auf der Trennung von Arbeit und Gaudi. Eine Revolution ohne Gaudi ist keine Revolution" (zit. Hoffmann 1995: 173).

Zur Organisation „Subversive Aktion" stießen auch Rudi Dutschke und Bernd Rabehl. Sie haben im SDS versucht, die Aktion auf eine Massenbasis zu stellen. Eine Verengung trat mit der Gründung von K1 und anderen Kommunen ein. Der Slogan „Brenn, Kaufhaus brenn!" wurde am 3. April 1968 von Ensslin und Baader von der metaphorischen Phrase in die politische Tat umgesetzt und der theoretische Destruktionismus ging in den Terrorismus über.

Eine andere Form des politischen Engagements, das kunstnah blieb, wurde bei Joseph Beuys entwickelt. Seine inspirierenden Zeichnungen wurden begrifflicher, seine Skulpturen drängten zu Materialität und Räumlichkeit. Die Aufführungskünste schienen sich als weitere Steigerungsmöglichkeit anzubieten. Er stilisierte sich selbst mit dem Slogan unter seinem Bild: „Die Revolution sind wir" (1971). Dreißig große Aktionen seit 1963 machten ihn bekannt. Die Teilnehmer waren verstört und fasziniert zugleich (Schneede 2001: 238f). Beuys hat bei Fluxus mitgewirkt, aber zum Ärger einiger „Fluxus-Aristokraten" die Konzepte neu und politischer definiert (Ermen 2007: 90). Sein erweiterter Kunstbegriff war von Rudolf Steiners „anschauender Ästhetik" geprägt. Mit der „sozialen Plastik" ging er über Vorbilder wie Marcel Duchamp hinaus. Beuys (1989: 21) sprach auch von „anthropologischer Kunst", von Kunst als „Freiheitswissenschaft" oder vom „Gesamtkunstwerk". Der erweiterte Kunstbegriff sollte nicht heißen, zur Kunst solle nun auch noch die Politik kommen, „nein, dass sich aus der Kunst heraus der Begriff der Politik so wandelt, dass sich alles zum Gestaltungsbegriff wandelt" (Kelly/Beuys 1994:42).

Beuys hat sich ebenfalls mit der Vaterfigur Duchamp auseinander gesetzt. 1964 hat Beuys „Das Schweigen von Marcel Duchamp wird überbewertet" im ZDF mit Vostell und Bazon Brock veranstaltet. Beuys agierte mit Filz und Fett in allerlei Bewegungsabläufen und konnte seine Enttäuschung kaum verbergen, dass Duchamp der Fluxus-Bewegung keine neuen Ideen abgewinnen konnte (Stachelhaus 1991: 84). Duchamps Anti-Kunst-Begriff wurde zum Angriffsziel. Beuys wollte beide Pole umfassen: „Kunst und Antikunst". Im Gegensatz zu reinen Klamauk-Happenings dachte Beuys ständig über politische Veränderungsmöglichkeiten nach. Er rief den freien demokratischen sozialistischen Staat „Eurasia" aus. Eurasia – in Russland nach der Revolution eher eine nostalgische Emigranten-Ideologie – war zur Überwindung des Ost-West-Gegensatzes gedacht. Nach der Erschießung von Benno Ohnesorg gründete Beuys die „Deutsche Studentenpartei". Drei Jahre später glaubte Beuys nicht mehr an die Veränderung durch Parteien. Ein Aufruf zur Wahlverweigerung hat Selbstregierung und Gewaltlosigkeit propagiert (Dok. in: Um 1968: 138). 1972 kam es in Düsseldorf zur Aktion „Überwindet die Parteiendiktatur". Das hinderte ihn nicht, sich später bei den Grünen zu engagieren.

Die Studentenbewegung mündete zu einem Teil in die Grüne Bewegung ein. Mit der Transformation der maoistisch gesonnenen Revolutionäre in spontaneistische Ökologen verlor sich das Kreator-Prinzip von Josef Beuys endgültig in autopoietischen Zirkelschlüssen – blieb aber so politisch, dass ausgerechnet der alles verstehende „Gutmensch" Rau als Kultusminister Beuys als Düsseldorfer Professor mit Entlassung bestrafen musste, weil dieser zum Ärger seiner Kollegen den Numerus clausus unterlief und jeden Bewerber zuließ. Rau hat damit den härtesten Konflikt zwischen Demokratie und Kunst provoziert, den die Bundesrepublik erlebte. Beuys hatte im Vertrauen auf seine internationale Reputation alle Warnungen und Kündigungsdrohungen des Ministers in den Wind geschlagen. Nach einer 100-Tage-Sitzung auf der Documenta 5 besetzte er mit 54 abgewiesenen Bewerbern das Sekretariat (Stachelhaus 1991: 127).

Auch Immendorff erhielt wegen seiner autonomen mobilen Kunstakademie Hausverbot in der Düsseldorfer Akademie. Jörg Immendorffs Bild „Hört auf zu malen!" wurde zum Fanal einer Abkehr von der „abstrakten Beliebigkeit". Er hielt sich freilich selbst nicht daran. Die „Lidl-Aktionen" Ende der 60er Jahre endeten jedoch rasch in einer neuen linkssektiererischen Beliebigkeit. Künstlerische Produktivität verschliss sich in Hausbesetzungen, „Roten Zellen Kunst" und „Vietnam-Ausschüssen". Einer der Hauptsünder bekannte im Rückblick bei einer hochnotpeinlichen Befragung: „Heute habe ich nicht mehr diese politische Auffassung, ich käme gar nicht auf die Idee, meine Arbeit als Propagandawerkzeug für irgendeine politische Richtung einzusetzen" (Immendorff 1993: 58). Die Aktionskunst endete in hermetischen Performance-Veranstaltungen, die häufig ohne Publikum und nur noch vor der Video-Kamera stattfanden (Thomas 1985: 209, 228). Die Bewegung verlor sich in den 70er Jahren in den maoistischen und Sponti-Gruppen.

Noch aber gab es auch Solidarität unter ernstzunehmenden Künstlern. Im April 1973 wurde ein Institut gegründet, das die „Freie Internationale Hochschule für Kreativität und Interdisziplinäre Forschung" auf ihre Fahnen schrieb. Klaus Staeck wurde Vorsitzender, Künstler wie Gerhard Richter und Georg Meistermann und nicht zuletzt Heinrich Böll standen ihm zur Seite. Fast wäre es zu einem städtischen Zuschuss gekommen, aber die Hochschule realisierte sich allenfalls in Eigenintiativen (Ermen 2007: 93f).

Kunstnah blieben auch die Aktionen von Wolf Vostell. Er sah sich in der Tradition von Schwitters und des Dadaismus, löste sich aber in der „dé-collage" als Herstellungsprinzip von der älteren Collage-Kunst. Er bestand darauf, dass er die Methode unabhängig von Paris entwickelt habe, obwohl die Parallelen frappierend sind (Hoffmann 1995: 105). Seine „Miss Vietnam“, die als Happening im Mai 1967 aufgeführt wurde, führte zur rituellen Aufschlitzung von drei Schaufensterpuppen als Protest gegen den Krieg in Vietnam. Grüne Themen wie die Verkehrsumzingelung des Kölner Doms als Protest gegen die Vernichtung von Lebensraum erregten Aufsehen. Seine immer wieder verwendeter Werkstoff war Beton, als Sinnbild für die Verkrustung der westdeutschen Gesellschaft. In einer Ausstellung von 1970 „happening & fluxus“ wurde er heftig angegriffen. Er formulierte lapidar: „Eine Gesellschaft, in der es stinkt, verträgt eine stinkende Ausstellung nicht“ (Wedewer/Vostell 1992: 78, Vostell 1970). Den Fluxus-Künstler empfand er als „Berater der Gesellschaft“.

Relativ bürgerlich wirkte in den 60er Jahren die Herstellung von revolutionären Ikonen, wie Vostells Dutschke-Bild von 1967. Andy Warhol hatte mit seinen Mao-Konterfeis 1972 eine Masche begonnen, die er zur Serie ausbaute. Sein Urteil über den „denkbar größten Star“ klang eher mediengerecht als politisch. Deutsche Künstler schlossen sich an, wenn auch zum Glück ohne Serienwahn. Nicht nur Immendorff, der jeden linksmodischen Blödsinn mitgemacht hat und als „kunstästhetischer Trittbrettfahrer“ eingestuft wurde (S. D. Sauerbier in: Um 1968: 187), – längst ehe er als Goldlack-Portraitist von Gerhard Schröder endete. Auch Gerhard Richter und Sigmar Polke – mit entsprechender Qualitätsverbesserung des Heiligenbildes – reihten sich ein. Bei Richter wurde die verschwommene Kontur eher entrückt als politisch-aktivistisch dargestellt. Bei Polke wird der taoistische Bezug durch die umgebenden Figuren hergestellt und exotisch verklärt (Um 1968, 1990: 140ff, 145). Das Publikum hat diese Versuche eher als beiläufige Fingerübungen von ansonsten respektablen Künstlern gewertet. Dem durch plebejisches Revoluzzertum der Frankfurter Studenten zutiefst verschreckten Adorno schrieb Marcuse einen mitfühlenden Brief, in dem er sich von einigen Umtrieben der Bewegung distanzierte. Aber er fand es nötig, diese weiter gegen maßlose rechte Angriffe zu verteidigen: „Hier ist wohl die tiefste Divergenz zwischen uns. Von den ‚Chinesen‘ am Rhein zu sprechen, solange die Amerikaner am Rhein stehen, ist mir einfach unmöglich“ (Brief vom 4. 6.1969 zit. Wiggershaus 1988: 704). Marcuse in seinem Kunstgeschmack wurde von damaligen Aktivisten wie Bazon Brock (in: Um 1968, 1990: 183) auf die Schippe genommen, weil er nicht gemerkt habe, dass Pop „affirmativ“ sei. Einige Künstler nahmen den „Traum von der herrschaftslosen Sprache“ wörtlich und stellten die Produktion von Kunst vorübergehend ein, weil sie nicht die gleiche Sprache mit den Herrschenden und ihren Medien sprechen wollten (M. L. Syring in: Um 1968: 65).

5 Die 68er und ihre Rechtsbrüche

Schon in der Weimarer Republik kam es zu Konflikten mit der Justiz. Meist ging es um drei angebliche Delikte:

- Verunglimpfung der Republik (meist reagierte das Militär),
- Blasphemie,
- Pornographie.

Max Ernst hatte schon Schwierigkeiten mit dem Bild „Maria züchtigt das Christuskind" (1926). Es kam nicht zur Anklage und blieb bei bischöflichen Protesten.

Auch nach dem zweiten Weltkrieg kam es noch zu Konflikten von Kunst und Justiz. – meist betrafen sie weniger bekannte Künstler, die nackte Frauen als Kruzifix boten und andere Blasphemien. Paul Wunderlich wurde verurteilt. Er verzichtete auf Berufung und machte eine bezaubernde Farblithographie: „Rosen für den Staatsanwalt". Zur Sühne wurde Wunderlich vom Kultursenator Hamburgs zum Dozenten an der Hochschule für bildende Kunst ernannt. Heftiger noch war der Streit um das Bild von Baselitz „Der nackte Mann". Das Landgericht Berlin verurteilte den Künstler, aber der BGH hob die Entscheidung auf mit der Begründung: „Sie (es ging um zwei Bilder) stellten jeweils eine männliche Person mit erigiertem Penis dar"...Die Strafkammer selbst...erkennt mit Recht an, der anstößige abgebildete Gegenstand oder Vorgang könne durch die Art und Weise der künstlerischen Darstellung weitergehend sublimiert wirken, so dass der abstrakt Symbolgehalt vorherrscht" (zit. Leiss 1971: 431f). Artikel 142 der Weimarer Reichsverfassung und Art. 5, Abs. 3 des Grundgesetzes erklärten lapidar: „Kunst ist frei". Die Weite der Formulierung hat schon die Kommentatoren der Weimarer Verfassung erschreckt (Ridder 1963: 9).

Knies (1967: 21) hat in der Zeit der Studentenrevolte die Ausweitung der „Raubtierfreiheit der Kunst" beschrieben: „Satire und Karikatur, einst mehr als politische Waffe und sozialkritisches Agens denn als eine spezifische Kunstform verstanden und gehandhabt, haben viel von ihrer früheren Schärfe und Radikalität verloren. Politisches, soziales und gesellschaftskritisches Engagement des Künstlers gilt vielfach als illegitime Verfolgung eines außerkünstlerischen Zwecks, die eine Minderung der ästhetischen Qualität zur Folge hat". Letztere Einschränkung wurde von den radikalen Künstlern der 60er nicht mehr akzeptiert. Wahlplakate von Deventer, Hachfeld, Staeck und Volland wurden per einstweilige Verfügung untersagt, vor allem Strauss-Plakate. Staeck musste den Werbespruch der FAZ „Dahinter steckt immer ein kluger Kopf" zurücknehmen (Volland, 1979, o.S.). Grundrechte sind Abwehrrechte gegen den Staat. Wenn ein Künstler in die Rechte Dritter eingreift, kann er sich nicht unmittelbar auf Artikel 5.3 berufen. Immer wieder wurde versucht Kunst und Nichtkunst, Kunst und bloße politische Meinung zu unterscheiden. Aber die Ausgrenzung der engagierten politischen Kunst stieß auf Widerstand, beim Bundesverwaltungsgericht und beim Bundesverfassungsgericht, denn von Aischylos bis Brecht, von Phidias bis Calder birst die Kunst von Meinungen (Arndt 1966: 28). Abgrenzungen von „anstößiger und jugendgefährdender Kunst, mangelnder Form und Hässlichkeit oder fehlender Gestaltungswille (Erbel 1969) ergaben keine konsensfähigen Maßstäbe. Schon die NS-Vergangenheit Deutschlands machte die Juristen vorsichtig, auch wenn sie die politische Kunst noch so abscheulich fanden, wie eine Verfassungsgerichtsentscheidung im sog. Mephisto-Urteil vom 24. 2. 1971 zeigte (BVerfGE 30: 173, 191ff). Auch ein Künstler wie Staeck (1982: 97), der theoretisch die Unterscheidung von Kunst und Nichtkunst nicht akzeptierte, freute sich diebisch, als er auf eine „Documenta" eingeladen wurde. Dadurch ist wieder einmal formal der Beweis erbracht, dass das, was ich mache, auch Kunst ist". Diese formalen Beweise brauchte der Künstler nicht, aber in Rechtsstreitigkeiten ließen sie sich trefflich einsetzen.

Aber die Kunstfreiheit wurde nicht als schrankenlos angesehen. Schranken waren durch gleichrangige Grundrechte und durch die grundgesetzliche Wertordnung gegeben. Eingriffe in die Persönlichkeitsrechte konnte nach dieser Ansicht nur im Einzelfall geprüft werden (Heinz 1982: 55). Mit wachsenden Umtrieben von Organisationen, die den wabernden APO-Mief verließen und politisch gefährlich erschienen hat das Bundesverfassungsgericht am 25. 4. 1972 (BVerfGE 33: 52, 71) auch die Gefährdung der demokratischen Grundordnung Bundesrepublik Deutschland unter die Schranken der Kunstfreiheit aufgenommen. Anlass war die Einfuhr eines als verfassungsfeindlich angesehenen Films. Die Schranken blieben in der Bundesrepublik enger als in der Weimarer Republik, weil damals eine Vorbehalt des Gesetzes galt, was zur Verschärfung der Kontrolle über die Kunst benutzt werden konnte (Heinz 1982: 57). Grenzfälle waren die „Verunglimpfung des Staates und seiner Symbole" (etwa in einem Fall vor dem OLG Köln, wo es um einen Bundesadler hinter Gefängnisgittern ging, OLG Köln, AfP 1977: 25). Ein Jurist hat gegen die Kölner Urteile erhebliche rechtliche Bedenken vorgebracht, weil sie der Mephisto-Entscheidung des Bundesverfassungsgerichts widersprächen (Württenberger, 1979: 309ff). Die juristische Diskussion versuchte zwischen der Scylla der Ehrverletzung durch Kunst und der Charybdis der Erhaltung einer lebendigen kritischen Demokratie im Kulturbereich hindurchzusteuern. Das Reichsgericht hatte im Urteil gegen George Grosz noch zwischen dem kunstverständigen und dem flüchtigen Betrachter, der in seinen religiösen Gefühlen geschützt werden muss unterschieden (RGSt 64: 121, 125f). Der Bundesgerichtshof hat diesen Auslegungsmaßstab im „Döhl-Urteil" 1961 aufgegeben: das Wesen der zeitgenössischen Kunst sollte mit berücksichtigt werden: „Es genügt indessen, mit dem LG von dem Eindruck auszugehen, den ein künstlerisch aufgeschlossener Mensch oder zumindest um Verständnis bemühter, wenn auch literarisch nicht besonders vorgebildeter Mensch von dem Kunstwerk hat. Wie dieses auf eine solche gedachte Person wirkt, hat der Richter selbst zu beurteilen" (BGH GA 1961: 241). Schon Tucholsky (1960 I: 363) hatte festgestellt: „Die Satire muss übertreiben und ist ihrem tiefsten Wesen nach ungerecht. Sie bläst die Wahrheit auf, damit sie deutlicher wird, und sie kann gar nicht anders arbeiten als nach dem Bibelwort: Es leiden die Gerechten mit den Ungerechten". Die Entscheidungen verlangen ein großes Fingerspitzengefühl des Richters. Autoritative Entscheidungen sind einerseits gefährlich. Andererseits birgt die Überforderung der Gerichte durch immer mehr Fälle, dass im Namen der Gewaltenteilung die Richter zu politischen Entscheidungsträgern werden (Heinz 1982: 65). Die Karikatur hat dies Dilemma schon 1926 aufgegriffen: „Unseres lieben Herrn Staatsanwalts braver Normalmensch".

Klaus Staeck (1982: 79) als häufig von Prozessen bedrohter Künstler hat die Variationsbreite der Gerichtsentscheidungen angeprangert. Am Anfang hat die FAZ seine Plakate noch gelobt: „Gäbe es mehr solche Sachen, dann wären doch die Wahlkämpfe nicht so stur, so trocken und so schrecklich langweilig. Später wurden die gleichen Plakate auf einmal von der einen Seite als faschistisch, von der anderen als kommunistisch, von der nächsten als hemmungslose Hetze usw. eingestuft". 1982 bekannte Staeck (1982: 85), dass er inzwischen 32 Prozesse gewonnen und nur einen verloren habe. Diesen einen hatte er selbst angestrengt, weil er jemandem verbieten wollte, ihn einen Nazi zu nennen. Kein weises Unterfangen für einen Künstler, der auch Anwalt ist, da der Vorwurf des Nazismus bei einem Linken offensichtlich absurd war. Ein viel besprochenes Beispiel war die „Dürermutter" mit der Unterschrift: „Würden Sie dieser Frau ein Zimmer vermieten?" Er wollte damit ein ausgelutschtes Thema der Wohnungsnot in Heidelberg hochspielen, und zwar nicht mit dem „indoktrinierenden Zeigefinger, den leider viele Linke haben, Zugang zu Menschen zu finden, die zunächst einmal nicht unbedingt als die Politischsten gelten" (ebd.: 86). Der Versuch, satirische Plakate durch Kunstbezüge als Kunst auszuweisen, war in politischen Kontexten riskanter. Dürers Mutter konnte sich nicht wehren, aber der Marinerichter a. D. Filbinger konnte es, als Staeck einen bigotten Politiker vor Caspar David Friedrichs „Kreuz im Gebirge" mit gefalteten Händen darstellte mit der Unterschrift: „Seit 33 pausenlos in Sorge um Deine innere Sicherheit, Hans Filbinger!" Da wurde Blasphemie gewittert. Selbst der fromme linke Parteigenosse Staecks Erhard Eppler nahm Anstoß (ebd. 110f).

Staeck hat als Jurist vor Gericht immer sehr geschickt operiert. Nie hat er argumentiert: „Das ist große Kunst", sondern sich juristisch auf den Rahmen der Gesetze berufen. Welcher Künstler aber geht in die Archive? Als Staeck vier Jahre nach seinem Plakat mit Strauss „Juso beißt wehrloses Kind" vom Springer-Konzern eine Unterlassungsklage angedroht bekam, konnte er nachweisen, dass Springer von diesem Werk seit Jahren Kenntnis hatte. Ein recht konservativer Richter hat für Staeck entschieden.

Mit der Radikalisierung der 68er Künstler häuften sich auch die Prozesse wegen Überschreitung der Grenzen von Kunstfreiheit. Diese Verfahren zeigten zwar, dass die deutsche Justiz im Vergleich zur Weimarer Republik – wo Kunstfreiheit durch Gesetz eingeschränkt werden konnte – nach den NS-Erfahrungen toleranter geworden war. Doch die Schranken der Freiheit der Kunst nach Art. 5, 3 GG wurden mit wachsender Radikalisierung enger gezogen, vor allem im Bereich der Gefährdung der Freiheitlich-Demokratischen Grundordnung.

Darüber hinaus gab es Repressionsmöglichkeiten im politischen Bereich:

- *Prozessdrohungen* wirkten schon wegen der enormen Kosten, etwa wenn Springer auftrat. Weit mehr Betroffene intervenierten nicht mit rechtlichen Mitteln – schon wegen der drohenden Prozesskosten, die bei Springer auf 10000 DM geschätzt wurden.

- Verweigerung von Ausstellungsmöglichkeiten, wie sie vor allem Staeck anschaulich beschrieben hat. Da wurde notfalls der Hausmeister krank oder starb bis selbst ein konservativer Richter sich auf den Arm genommen fühlte, und für den von ihm schwerlich geschätzten linken Künstler entschied (1982: 90, 108).
- Es gab auch subtile Sanktionen gegen aufmüpfige Künstler wie die *„Zensur durch Subventionsentzug"*.

6 Fazit

Die politische Kritik ist in der Polemik gegen den „Regierungs- und Pepsi-Cola-Komplex" der Kunstförderung im New Deal untergegangen. Die Kritik an der Kommerzialisierung des modernen Kunstbetriebs hat aber noch zugenommen und die „neue Beliebigkeit" wurde angeprangert. Eine 1968 angestrebte Einheit von künstlerischen und neuen sozialen Bewegungen hat nirgends mehr als Strohfeuer entfacht. Im Gegensatz zu Frankreich und Italien kam es in Deutschland zu keiner Solidarisierung von Organisationen der Arbeiterschaft mit den rebellierenden Studenten. Die alten Linken der Kunstkritik, wie Jost Hermand (2004: 173), polemisierten zwar weiter gegen die hoffnungslos affirmative Kunstentwicklung. Aber sie können die Beschwörung der normativen Alternative, welche die Kunst zu fördern habe, nicht mehr konkretisieren. Es bleibt bei der Forderung nach einer „besseren Gesellschaftsform", die nicht weniger abstrakt ist als die verurteilte formalistisch-affirmative abstrakte Kunst, die sich auf keine gesellschaftlichen Probleme mehr einlasse.

Die These ist zudem falsch. Die Kunst repolitisierte sich in periodischen Abständen, aber nicht mehr in dem Sinn, den die Theorien zur Gesellschaftsveränderung der klassischen Moderne goutierten. Es gab auch politische Künstler, wie Klaus Staeck, der seine Objekte, Siebdrucke, Postkarten und Plakate in einer kleinen Unternehmung vermarktete, aber trotzdem politisch wirkte, wie Dutzende von Prozessdrohungen und Prozesse zeigten. Welch ein Glück, wenn ein guter politischer Künstler zugleich noch Anwalt ist und permanent künstlerisch arbeitet, ohne seine „Aktion mehr Demokratie wagen" nach dem ersten Misserfolg wieder einzustellen! In der internationalen Literatur wird auf ältere Vorbilder wie John Heartfield hingewiesen (Archer 2002: 115). Aber was Heartfield gefehlt hatte, war die alternative Marktmacht, die Staeck (1982: 86f) sich mit Umsicht aufbaute, um unabhängig zu bleiben: „Insofern bin ich ja mit meiner winzigen Produktion als Kleingewerbetreibender ein hübsches Produkt ihrer Gesellschaft, auch als Geschäftsmann".

Eine Umfrage unter zeitgenössischen Künstlern zeigte, dass die Berührungsängste mit politischen und religiösen Botschaften in der Kunst geringer sind als erwartet. 17 Künstler – darunter bekannte Namen, wie Karl Otto Goetz, Penk, Rosemarie Trockel und, nicht verwunderlich, Tübke – fanden politische Botschaften eine „Bereicherung", 8 lehnten sie ab, 9 weitere konnten sie nur unter Kautelen akzeptieren (Fragebögen in: Pues 2002: 561ff). Der politische Impetus in der Kunst litt jedoch zunehmend darunter, dass diese Botschaften im Namen von „political correctness" mit Anliegen immer neuer Gruppen – von ethnischen Minderheiten über Straßenkinder in Brasilien oder Frauenbeschneidung in Afrika – sich hoffnungslos verzettelten.

Was bleibt von der 68er Kunst? Weniger als von den sonstigen Denkanstößen der Bewegung. Es bleibt wenig, wenn man prächtige Werke mit Museumsrang sucht. Pathetisch wurde gesagt: „Die Kultur der sechziger Jahre lebt in dem fort, was wir als unerträglich, unverbindlich und überfordernd gegenwärtig empfinden". Der einstige Mit-Akteur Bazon Brock (in: Um 1968, 1990: 185) schrieb das 1990, als schon sichtbar wurde, dass einiges geblieben war – nicht nur der Steinewerfer der APO, Joschka Fischer, als Minister in Turnschuhen. Im Bildungssystem, in den Gender-Beziehungen und vielen anderen Bereichen hat sich einiges verändert. Nur in der Kunst wären zahlreiche Innovationen, die ab 1960 durchgesetzt wurden, auch ohne 1968 denkbar gewesen. Die Graffiti-Szene wurde von der Hausbesetzer-Bewegung berühmt gemacht und setzte sich schrittweise als Kunst durch. Die Heidelberger Karzer-Graffiti – sonst nur eine touristische Kuriosität – gewannen plötzlich Vorbildcharakter (Treeck 1993: 78).

Nicht nur die politische Integration der 68er fand statt, sondern auch die Eingliederung der rebellischen Künstler in die Marktgesellschaft. Die rebellierende Kunstszene hatte vor allem im Vergleich zur Literatur und zum Theater schlechte Karten, da das „syndikalistische Modell" der „Demokratisierung der literarischen Produktionsverhältnisse" nicht nachgeahmt werden konnte. Im September 1968 waren auf der Frankfurter Buchmesse durch Polizeieinsatz Demonstrationen verhindert worden, um die Verleihung des Friedenspreises des Deutschen Buchhandels, an den Präsidenten Senghor zu verhindern, der als „neokoloniale Marionette" verschrien wurde. In der Folge kam es zum Aufstand der Lektoren bei Suhrkamp und Luchterhand. Für Luchterhand hatte Günter Grass ein „Mitarbeiterstatut" und einen „Autorenbeirat" lanciert. Die Vokabel „Sozialisierung" brachte die Gemäßigten auf, und auf die Dauer haben die Mitbestimmungsmodelle nicht einmal in eilends gegründeten alternativen Verlagen überlebt. Weder die Lektoren noch die Autoren waren sich als die „spezifischen Intellektuellen" im Sinne von Bourdieu und Foucault einig. Enzensberger setzte auf die „revolutionären Intellektuellen" im Bund mit der Dritten Welt – Grass auf die „reformatorischen Intellektuellen", die noch an „Es-Pe-De"-Aktionen teilnahmen (Gilcher-Holtey 2006: 232). In den bildenden Künsten gab es keine permanenten Einrichtungen wie Verlage. Die Galerien boten wenig Ansatzpunkte, und die Syndikalisierungsversuche der klassischen Avantgarde, mit den schon der Kubist Albert Gleizes das Geld seiner reichen Künstlerfrau verplemperte, sind gescheitert (v. Beyme 2005:181). Eine Demokratisierung der künstlerischen Produktionsverhältnisse blieb weit stärker als in Literatur und Theater auf Einzelinitiativen beschränkt. Immerhin haben die Berliner Realisten sich in der Selbsthilfegalerie „Großgörschen 35" in einer Hinterhof-

Fabriketage sammeln und 1966/67 ihr kritisches Programm entwickeln können, um dem Wohlstandsbürgertum ihr fratzenhaftes Spiegelbild entgegen zu halten (Thomas, 1985: 165). Das Plakat von Dieter Hacker (1971) „Tötet Euren Galeristen", „Gründet eine Produzentengalerie" wurde nur im zweiten Teil befolgt, und war auch dort nur temporär erfolgreich. Inzwischen sind die Galeristen zwar immer noch präsent, werden aber von ganz neuen Formen des Art-Managing marginalisiert. Die kritischen Avantgarden zwischen Medien, Theater-Szene und Performance haben für die Publizistik nichts Bedrohliches mehr: sie werden liebevoll „Bobos – Bourgeois Bohemians" – genannt.

Kunst und Recht sind freilich lange antagonistisch geblieben. Der Sieg der Abstraktion im „Informel" hat nur vorübergehend Entwarnung gebracht. Wie Linke wähnte ist die Abstraktion nicht umsonst vom CIA finanziert worden, um die aufmüpfige Kunst zu entpolitisieren und der Propagandakunst des sozialistischen Realismus das Wasser abzugraben. Aber sowohl Politisierung und damit vielfach realistische Kunst sind in den 60er Jahren wieder erstanden. Selbst die politische Toleranz des Rechtssystem ist gewachsen, weil keine linke Bedrohung der Republik in Sicht ist, und weil die Säkularisierung die Empfindlichkeiten hinsichtlich von Blasphemie gesenkt haben.

Diese gewachsene Toleranz zeigte sich an der Kunst der *Graffiti,* die sich als „angewandte Architekturkritik" verstand. Seit 1994 gibt es in Berlin eine „Gemeinsame Ermittlungsgruppe Graffiti" von Polizei und Bundespolizei. Ein Verein „*Nofitti*" wurde gegründet, um der optischen Verwahrlosung der Stadt Einhalt zu gebieten, aber seit 2000 wurde es still um ihn. Selbst die Marketing-Spezialisten sehen in den Graffitis keine Verwahrlosung mehr, sondern eine weitere Attraktion für Touristen, die vielfach nach Berlin kommen, weil sie eine unkonventionelle Stadt mit einmaligen Subkulturen von Problemkids, Adreanalinjunkies und Autonomen vermuten (Oberländer 2011: 27). Was einst der „Kampf gegen die Graffiti ein Kampf für den Kommerz, so ist ein Teil des Kommerzes heute bereit, die Graffiti zu integrieren.

Zur Provokation gehört ein gewisser Puritanismus des Bürgertums und seiner Gesellschaft. Diese aber wurde zur Minderheitenkultur. Marcel Duchamp konnte noch mit dem „Pissoir" (1917) schockieren. Spätere Skandale mussten mehr Tabus verletzten, wie Andres Serranos „Piss Christ" (1984), in dem der Gekreuzigte in einem Urinbad gezeigt wurde (Mèredieu 1004: 615). Die individualisierte Ekel-Schwelle musste das kollektive Rechtsbewußtsein und Religionsgefühl als Abwehrgrenze ersetzen.

Der spät-avangardistische Traum vom Verschwinden der Kunst wurde durch die Mediatisierung der Künste durch die Medien auf ganz andere Weise wahr, als es die 68er geträumt hatten (Reck in: Wilhelm 1996: 76). „Gott ist tot" – aber postmoderne Philosophen wie Vattimo haben gezeigt, dass man diese Botschaft anders als der Pastorensohn Nietzsche heute ohne Neurosen ertragen kann. Die „Vergottung der Kunst" als Ersatzgott ist mit den Avantgarden der klassischen Moderne ebenfalls gestorben. Das erfreulich Neue an den radikalen Künstlergruppen – im Vergleich zu den K-Gruppen – war, dass sie überwiegend keine eschatologischen Visionen für die Dauer mehr propagierten. Beispielhaft scheint die „Situationistische Internationale". Ihr Manifest von 1961 hatte ein Verfallsdatum schon angepeilt und Ibsen zitiert: „Eine Wahrheit wird nur zehn Jahre alt" (Dok. in Wetterleuchten, 2000: 83).

Literatur

Archer, Michael: Art since 1960. London, Thames & Hudson, 1997, 2002.
Arndt, Adolf: Die Kunst im Recht. NJW 1966: 25-28.
Arbeitsrat für Kunst. Berlin 1918-1921. Ausstellung mit Dokumentation. Berlin, Akademie der Künste, 1980.
Ball, H.: Der Künstler und die Zeitkrankheit. Ausgewählte Schriften. Frankfurt, Suhrkamp, 1984.
Behne, A.: Essays zur seiner Kunst- und Architekturkritik (Hrsg.: M. Bushart). Berlin, Gebr. Mann, 2000.
Beuys, Joseph/Ende, Michael: Kunst und Politik. Ein Gespräch. Wangen, Freie Hochschule Argental, 1989.
v. Beyme, Klaus: Das Zeitalter der Avantgarden. Kunst und Gesellschaft 1905-1955. München, Beck, 2005.
Böckelmann, Frank/Nagel, Herbert (Hrsg): Subversive Aktion. Der Sinn der Organisation ist ihr Scheitern. Frankfurt, 1976.
Bodemann-Ritter, Clara (Hrsg.): Joseph Beuys. Jeder Mensch ein Künstler. Gespräche auf der Documenta 5/1972. Berlin, Ullstein, 1975, 1996, 6. Aufl.
Brassai, Pierre: Conversations avec Picasso. Paris, Gallimard, 1964.
Brauneck, M.(Hrsg.): Die Rote Fahne. Kritik, Theorie, Feuilleton 1918-1933. München, Fink, 1973.
Breuer, G./Wagemann, I.: Ludwig Meidner. Zeichner, Maler, Literat. 1884-1966. Stuttgart, Hatje, 1991. 2 Bde., Bd. 2: Literarische Werke und Briefe: 290-487.(zit. Meidner 1991 II).
Cabanne, Pierre: Gespräche mit Marcel Duchamp. Köln, Verlag Galerie der Spiegel, 1972.
Corinth, Lovis: Selbstbiographie (Hrsg.: Ch. Berend-Corinth). Leipzig, Hirzel, 1926.
Dech, J.: Hannah Höch. Schnitt mit dem Küchenmesser Dada durch die letzte weimarer Bierbauchkulturepoche Deutschlands. Frankfurt, Fischer, 1989, 1993, 2. Aufl.
Dempsey, Amy: Stile, Schulen, Bewegungen. Leipzig, Seemann, 2002.
Duchamp, Marcel: Interviews und Statements (Hrsg. Serge Stauffer). Stuttgart, Cantz, 1992.
Edschmid, Kasimir: Lebendiger Expressionismus. Auseinandersetzungen, Gestalten, Erinnerungen. München, Desch, 1964.
Einstein, Carl: Werke. Berlin, Medusa-Verlag (Hrsg.: R.-P. Baacke, M. Schmid u.a.). Bd. 1-3, 1980-1985.
Erbel, Günter: Ein „Definitionsverbot" für den verfassungsrechtlichen Begriff „Kunst". DVBl, 1969: 863-867.
Ermen, Reinhard: Joseph Beuys. Reinbek, Rowohlt, 2007.
Fähnders, W.: Avantgarde und Moderne 1890-1933. Stuttgart, Metzler, 1998.
Fecht (Hrsg.): Politische Karikatur in der BRD. Reinbek, Rowohlt, 1974.
Ferrer, M.: Groupes, mouvements, tendances de l'art contemporain depuis 1945. Paris, École nationale supérieure des Beaux Arts, 1990.
Foster, Hal/Krauss, Rosalind u.a.: Art since 1900. London, Thames & Hudson, 2004.
Frenzel, U.: Gerhard Marcks 1889-1981. Briefe und Werke. München, Prestel, 1988.

Gilcher-Holtey, Ingrid (Hrsg.): 1968. Vom Ereignis zum Gegenstand der Geschichtswissenschaft. Göttingen, Vandenhoeck & Ruprecht, 1998.
Gilcher-Holtey, Ingrid: Transformation durch Partizipation? Die 68er Bewegung und die Demokratisierung der literarischen Produktionsverhältnisse. In: Diess. u. a. (Hrsg.): Politisches Theater nach 1968. Frankfurt, Campus, 2006: 205-233.
Gilcher-Holtey, Ingrid: Eingreifendes Denken: die Wirkungschancen von Intellektuellen. Weilerswist, Velbrück, 2007.
Goetz, Karl Otto: Erinnerungen. Aachen, Rimbaud Verlagsanstalt, 1994, Bd. 2.
Grosz, George: Ein kleines Ja und ein großes Nein. Hamburg, Rowohlt, 1955.
Guilbaut, Serge: How New York stole the Idea of Modern Art. Chicago, Chicago University Press, 1983, 1984.
Hecken, Hans: Gegenkultur und Avantgarde 1950-1970. Situationisten, Beatniks, 68er. Tübingen, Francke, 2006.
Hecken, Hans: Avantgarde und Terrorismus. Rhetorik der Intensität und Programme der Revolte von den Futuristen bis zur RAF. Bielefeld, Transcript, 2006.
Heinz, Wolfgang: Kunst und Strafrecht – Aktuelle Fragen politischer Kunst. In: Mühleisen, Hans Otto (Hrsg.). Grenzen politischer Kunst. München, Schnell & Steiner, 1982: 17-43.
Hermand, Joest: Nach der Postmoderne. Köln, Böhlau, 2004.
Hille, K.: Hannah Höch und Raoul Hausmann. Eine Berliner Dada-Geschichte. Berlin, Rowohlt, 2000.
Höch, Hannah: Eine Lebenscollage. Archiv-Edition (Hrsg.: C. Thater-Schulz). Bd. 1, 1. Abt.: 1889-1918. Berlin, Argon, 1989.
Hoffmann, Justin: Dekonstruktionskunst. München, Silke Schreiber, 1995.
Huelsenbeck, R. (Hrsg.): Almanach Dada. Berlin, Reiss, 1920. Reprint: Paris, Champ Libre, 1980 (zweisprachige Ausgabe, dt. Texte: 1-160).
(Immendorff): Jörg Immendorff im Gespräch mit Pamela Kort. Köln, DuMont, 1993.
Johannes Grützke: Misch Du Dich nicht auch noch ein. Gemälde, Pastelle, Zeichnungen, Grafik und Text 1964-1979. Frankfurt, Zweitausendundeins, 1979.
Kelly, Petra/Beuys, Joseph: „Diese Nacht in die die Menschen...". Wangen/Allgäu, FIU-Verlag, 1994.
Ernst Ludwig Kirchner – Gustav Schiefler: Briefwechsel 1910-1935/38 (Hrsg.: W. Henze). Stuttgart, Belser, 1990.
Klee, Paul: Tagebücher. Köln, DuMont Schauberg, 1957, 1967. Stuttgart, Hatje, 1988 (wegen der zahlreichen Ausgaben mit den nachträglich angebrachten Ziffern im Text zitiert).
Kliemann, H.: Die Novembergruppe. Berlin, Gebr. Mann, 1969.
Knies, Wolfgang: Schranken der Kunstfreiheit als verfassungsrechtliches Problem. München, Beck, 1967.
Kolbe, Georg.: Briefe und Aufzeichnungen (Hrsg.: M. von Tiesenhausen). Tübingen, Wasmuth, 1987.
Kunst und Politik. Ausstellungskatalog. Karlsruhe, 1970.
Leiss, K.: Kunst im Konflikt. Kunst und Künstler im Widerstreit mit der „Obrigkeit". Berlin, de Gruyter, 1971.
Mühleisen, H. O. (Hrsg.): Die Grenzen der politischen Kunst. München, Schnell & Steiner, 1982.
Oberländer, Jan: Angewandte Kulturkritik. Graffiti wird verfolgt, aber oft nicht verstanden. Der Tagesspiegel, 13. Mai 2011: 27.

Ohrt, Roberto: Phantom Avantgarde. Eine Geschichte der Situationistischen Internationale und der modernen Kunst. Hamburg, Nautilus/Galerie van de Loo, 1990.
Parmesani, L.: Art of the Twentieth Century. Movements, Theories, Schools, and Tendencies. 1900-2000. Mailand, Skira, Marconi, 2000.
Pechstein, Max: Erinnerungen. München, List, 1963.
Rathke, Ch.: Conrad Felixmüller. Schleswig-Holsteinsches Landesmuseum Gottorf, 1990.
Restany, Pierre: Avec le Nouveau Réalisme sur l'autre face de l'art. Nimes, Jacqueline Chambon, 2000.
Richter, Hans: Dada: Art and Anti-Art. New York, McGraw Hill, 1966. Dt.: Dada-Kunst und Antikunst. Der Beitrag Dadas zur Kunst des 20. Jahrhunderts. Köln, DuMont Schauberg, 1964.
Ridder, Helmut: Freiheit der Kunst nach dem Grundgesetz. Berlin, 1963.
Saunders, F. H.: Wer die Zeche zahlt...Der CIA und die Kultur im Kalten Krieg. Berlin, Siedler, 2001.
Schieder, Martin: Im Blick des Anderen. Die deutsch-französischen Kunstbeziehungen 1945-1959. Berlin, Akademie Verlag, 2005.
Schlemmer, Oskar: Briefe und Tagebücher (Hrsg.: Tut Schlemmer). München, Langen Müller, 1958/Stuttgart, Hatje, 1977.
Schneede, Uwe M. (Hrsg.): Die zwanziger Jahre: Manifeste und Dokumente deutscher Künstler. Köln, DuMont, 1979.
Schneede, Uwe M.: Die Geschichte der Kunst im 20. Jahrhundert. München, Beck, 2001.
Sheehan, James J.: Geschichte der deutschen Kunstmuseen. München, Beck, 2002.
Sokal, Alan/Bricmont, Jean: Eleganter Unsinn. Wie Denker der Postmoderne die Wissenschaften missbrauchen. München, Beck, 1999.
Stachelhaus, Heiner: Joseph Beuys. München Heyne, 1987, 1991, 3. Aufl.
Staeck, Klaus: Kunst und Öffentlichkeit. In: Mühleisen 1982: 77-113.
Steneberg, Eberhard: Arbeitsrat für Kunst. Berlin 1918-1921. Düsseldorf, Marzona, 1987.
Strobl, A.: Otto Dix. Eine Malerkarriere der zwanziger Jahre. Berlin, Reimer, 1996.
Thomas, Karin: Zweimal deutsche Kunst nach 1945. Köln, DuMont, 1985.
Treeck, Bernhard van: Graffiti Lexikon. Moers, Aragon, 1993.
Tucholsky, Kurt: Gesammelte Werke. Reinbek, Rowohlt, 1960.
Um 1968. konkrete utopien in kunst und gesellschaft (Hrsg. Marie Luise Sying). Städtische Kunsthalle Düsseldorf, Köln, DuMont 1990.
Vogeler, Heinrich: Proletkult. Kunst und Kultur in der Kommunistischen Gesellschaft. Hannover, Steegemann, 1920.
Vogeler, Heinrich: Das Neue Leben. Ausgewählte Schriften zur proletarischen Revolution und Kunst (Hrsg.: D. Pforte).Darmstadt, Luchterhand, 1973.
Volland, E.: Plakate, Montagen, Zeichnungen, Karikaturen 1964-1979. Berlin, 1979.
Vostell, Wolf: Happening und Leben. Neuwied, Luchterhand, 1970.
Vostell, Wolf: Fluxus Zug. Eine mobile Kunstakademie. 1.5- 29. 9. 1981. Berlin, 1981.
Wedewer, Rolf (Hrsg.): Vostell. Ausstellung Bonn etc., Heidelberg, Braus, 1992.
Wetterleuchten! Künstler-Manifeste des 20. Jahrhunderts. Hamburg, Nautilus, 2000.
Wiggershaus, Rolf: Die Frankfurter Schule. München, Hanser, 1986, DTV, 1988.
Wilhelm, Karin (Hrsg.): Kunst als Revolte? Von der Fähigkeit der Künste, Nein zu sagen. Giessen, Anabas, 1996.
Wischin, F.: Egon Schiele. „Ich Gefangener." Kunst oder Kinderpornographie: Die Affaire von Neulengbach 1912. Wien, Christian Brandstätter, 1998 (Faksimile von Arthus Roesslers in

Ich-Form des Künstlers geschriebenen Erinnerungen: „Egon Schiele im Gefängnis, 1922: 87-92 und andere Quellen).
Württenberger, Thomas: Kunst, Kunstfreiheit und Staatsverunglimpfung (§ 90a StGB) JR 1979: 309-314.

6 Die kulturelle Identität Deutschlands nach der Vereinigung

1 Die Tradition: Kulturnation contra Staatsnation

Im Zeitalter der Postmoderne ist die Politik nicht mehr das naturwüchsige Zentrum, das die Gesellschaft zusammenhält. Mehr und mehr nimmt die Kultur ihren verwaisten Platz ein. Kultur aber spiegelt mehr noch als andere Bereiche der Gesellschaft, wie Wirtschaft und Politik, die Fragmentierung einer Gesellschaft ohne Zentrum wider. Was Hans Sedlmayr einst als „Verlust der Mitte" rückwärtsgewandt nostalgisch gebrandmarkt hatte, ist längst von den Deutern eines a-zentrischen Weltbildes akzeptiert worden.

Deutschland hat traditionell ein gebrochenes Verhältnis von Geist und Macht, Kultur und Politik. Selbst zivile Kanzler wie Ludwig Erhard ließen sich zu verbalen Ausfällen gegen die intellektuellen „Pinscher" hinreißen. Nur Brandt konnte ein zentrales Interesse an der Kultur nachgesagt werden. Nicht nur die Politik ist in einem föderalistischen Lande dezentralisiert, sondern vor allem die Kultur. Berlin war nie ein Zentrum der deutschen Kultur wie Paris oder London die Zentren ihrer Nationalkulturen darstellten. Die Suche nach einer Hauptstadt 1991 war nicht kulturpolitisch inspiriert. Sie war eher technokratisch gestimmt. In einer audiovisuell vernetzten Landschaft von dezentralisierten Bürokratien schien der sichtbare Mittelpunkt von Herrschaft und Kultur entbehrlich zu sein (v. Beyme 1991: 127).

Diese Haltung hatte Tradition in Deutschland. Schon Goethe klagte über die Kleinstaaterei des Geistes: „Denn wir führen im Grunde alle ein isoliertes armseliges Leben! Aus dem eigentlichen Volke kommt uns sehr wenig Kultur entgegen, und unsere sämtlichen Talente und guten Köpfe sind über ganz Deutschland ausgesät. Da sitzt einer in Wien, ein anderer in Berlin, ein anderer in Königsberg, ein anderer in Bonn oder Düsseldorf; alle durch fünfzig bis hundert Meilen getrennt, so dass persönliche Berührungen und ein persönlicher Austausch von Gedanken zu den Seltenheiten gehören (Goethes Gespräche 1955: 324). In Wien oder Königsberg sitzen heute keine deutschen Kultureliten mehr – aber auch auf einem halbierten Territorium dessen, was Goethe noch als „das Reich" ansah, blieb das Prinzip erhalten: extreme Fragmentierung. Durch die kulturelle Kluft zwischen Ost- und Westdeutschland nach der Vereinigung hat sich dieses noch verstärkt.

Auch mit der Vereinigung konnte Berlin diese Fragmentierung nur mildern, nicht aber beseitigen können. Die Kluft zwischen Politik und Kultur kann durch die Zentrierung der nationalen Macht in der größten Metropole etwas gemildert werden. Aber die Berührungen der Teilsysteme werden auch in Zukunft geringer sein als in Frankreich, wo sich immer ein größerer Teil der kulturellen Eliten für die Politik zur Verfügung stellte, und umgekehrt so verschiedene Präsidenten wie Pompidou oder Mitterand sich als Staatsmann und *„homme de lettres"* fühlten. Kulturminister von dem Gewicht eines Malraux oder Jack Lang konnten sich in Deutschland schon deshalb nicht entwickeln, weil der Bund nur in der auswärtigen Kulturpolitik Zuständigkeiten besaß. Wo der Bund nach der Vereinigung sich finanziell in der Erhaltung von Bildungs- und Kultureinrichtungen engagieren will, muss er dies zum Teil über para-staatliche Einrichtungen, oder sogar über private Vereine tun, denen Geld vom Bund anvertraut wird.

Diese kulturferne Tradition der deutschen Politik ist umso verwunderlicher, als Deutschland noch zur Zeit Metternichs als „geographischer Begriff" galt. Die beiden größten deutschen Dichter, Goethe und Schiller, verfassten gemeinsam den Vers: „Zur Nation euch zu bilden, ihr hofft es, Deutsche vergebens. Bildet, ihr könnt es, dafür freier zu Menschen euch aus!" Das Bekenntnis zur „Kulturnation" Deutschland musste die mangelnde staatliche Einheit ersetzen. An diese Tradition hat noch die Bundesrepublik in ihrem Anspruch auf Wiedervereinigung festgehalten. Je schärfer die DDR-Ideologie die *„Klassen-Nation"* Ostdeutschlands betonte, umso mehr wurde die gesamtdeutsche „Kultur-Nation" im Westen beschworen. Beide deutsche Staaten sprachen latent apodiktisch für ganz Deutschland: die DDR im Namen der „werktätigen Klasse"; die Bundesrepublik im Namen der unzerreißbaren Kulturnation. Die objektivistische Verdinglichung eines Prinzips herrschte auf beiden Seiten. Bundeskanzler Schmidt vertrat einmal die These, daß die Deutschen nicht darauf verzichten könnten, zur deutschen Nation zu gehören, selbst wenn sie wollten (Bericht zur Lage der Nation 1975: 5), während Honecker die Nation zur gleichen Zeit als „historische Kategorie" abtat (Kosing 1976). Bei Honecker war dies umso bemerkenswerter, als er im extremen Westen Deutschlands, an der Saar, aufgewachsen war. Nur die Volksrepublik China hielt – wegen ihrer eigenen Geschichte – als einziges sozialistisches Land daran fest, daß historische Nationen auch im Systemwettbewerb nicht dauerhaft gespalten werden könnten. Willy Brandt hat mit dem Grundlagenvertrag eine de facto Anerkennung der DDR ermöglicht. Aber auch er hielt an der Wiedervereinigungshoffnung und an der Idee der Kulturnation fest. In seiner Regierungserklärung von 1973 schlug er vor, daß eine „öffentliche und private Anstrengung zur Förderung der Künste in eine Deutsche Nationalstiftung münden könnten.... In einer Nationalstiftung könnte auch das lebendige Erbe ostdeutscher Kultur eine Heimat finden." Es wurde vermutet, diese Idee sei durch Günter Grass in die Regierungserklärung hineingekommen.

Trotz des Auseinanderlebens der Wirtschafts- und Gesellschaftssysteme blieb die Einheit der Kulturnation in vielfacher Hinsicht im negativen wie im positiven erhalten. Der Vergleich der Architektur und des Städtebaus in beiden deutschen Staaten zeigte, daß die DDR vielfach mit zeitlicher Verschiebung ähnliche Bausünden nachvollzog, wie sie im Westen verübt worden waren (v. Beyme, 1987: 274ff). Positiv war die Erhaltung der Einheit der Sprache zu vermerken. Als die DDR Mitte der 70er Jahre ihre Orthographiereform durchsetzen wollte, wurde sie von der Sowjetunion zurückgepfiffen (Thierse 1992: 36). Es ist viel über die „Plaste-und-Elaste-Sprache" der DDR gewitzelt worden. Die Russizismen wie „Datsche" oder „die Spezifik" verschwanden relativ schnell aus dem ostdeutschen Sprachgebrauch. Anglizismen breiteten sich aus. Die DDR-Bevölkerung verfügte noch immer über zwei Sprachen, da der „Klassenfeind" jeden Abend über das Fernsehen ins Pantoffelkino kam, und Westdeutschland rein audio-visuell „Referenzkultur" blieb. Selbst Honecker hat sich einmal verplappert, als er öffentlich zugab, welche westdeutsche Fernsehserie er bevorzuge. Gelegentlich taten sich einzelne Politiker Ostdeutschlands noch schwer. 1991 ließ in Halle ein Staatssekretär die „sozialistische Marktwirtschaft" hochleben und verfehlte die „soziale Marktwirtschaft". Aber meistens waren die Freudschen Fehlleistungen unter Kontrolle. Hymnische Elogen über die Kulturpolitik der DDR als Beitrag zur „Überwindung der kapitalistischen Produktionsweise" und die „Höherentwicklung der werktätigen Klassen", die selbst unter Frankfurter Kollegen gelegentlich vorkamen (Autorenkollektiv Frankfurt 1974: 9), waren nach 1990 weder im Osten noch im Westen Deutschland mehr zu hören.

2 Die Folgen der Territorialisierung von Kunstparadigmen in beiden deutschen Staaten

Die Aufgabe der Nationsidee blieb nicht auf die DDR-Propaganda beschränkt. Im DDR-Volk hingegen blieben viel archaischere gesamtdeutsche Gefühle wach als im modernisierten Westdeutschland. Folgerichtig schlug dort im Herbst der Ruf der Massen „wir sind das Volk" rasch in die Parole „wir sind ein Volk" um. Große Teile der westdeutschen Intellektuellen hatten sich mit den zwei Staaten abgefunden. Das war damals sicher friedensfördernd, wurde aber von Konservativen in einer „Galerie der Blamierten" angeprangert (Hacker 1992). Als die Einigung wider Erwarten aller Anhänger wie Gegner 1990 möglich wurde, reagierten viele Intellektuelle erschreckt und abweisend. Günter Grass, als Exponent einer realistischen Politik gegen die extreme Linke zur Unterstützung Brandts in den 70er Jahren, wurde zum schärfsten antinationalen Kritiker, als ob er wieder einmal die Wonnen des oppositionellen Intellektuellen genießen wollte. Dies geschah, obwohl bei Grass, Böll, Walser, Lenz und einem großen Teil der Literatur nach 1945 in Deutschland eine Provinzialisierung der Kultur eingetreten war. Man litt an der Wunde „Deutschland" und verarbeitete gefühlvoll die Narben der Zerreißung des einstigen Deutschland. Die deutsche Literatur drohte ins Stadium der osteuropäischen Literaturen des 19. Jahrhunderts zurückzusinken, die nur zwei Themen kannten: die Liebe zu einer Frau, die sie nicht hatten, und die Liebe zum Vaterland, das unerlöst und fremdbestimmt schien. Erst die deutsche Einigung schien auch kulturell möglich zu machen, daß Deutschland eine Nation wie andere wurde.

Kulturellen Paradigmen, die in der Weimarer Republik im ganzen Reichsgebiet in einem latenten Kulturbürgerkrieg lagen, wurden nach 1945 territorialisiert. Die Wiedervereinigung schien diese Territorien aufzuheben. Aber der Konflikt in den kulturellen Eliten blieb. Er entterritorialisierte sich partiell. Auch Westdeutsche Intellektuelle, vor allem die Linken, nahmen die alten Vorbehalte gegen die Einheitsstaatlichkeit auf, die sich einst nur gegen die konservativen Tendenzen des Nationalstaats gerichtet hatten. Der Sozialismus, aus dem realen Sozialismus entlassen, konnte in die Idee zurückflüchten. Integraler Sozialismus war nicht möglich – das wußten auch die Linksintellektuellen. Aber ein „bißchen DDR", das Gute an der Grundidee, sollte gerettet werden. Ostdeutschland als selbständiger Staat schien berufen, ein besseres Deutschland zu bleiben. Ein Schutzraum gegen Kapitalismus und Konsumismus. Die sentimentale Redeweise der Bundesrepublik von den „Brüdern und Schwestern" verlor sich nach der ersten Vereinigungseuphorie. Die unterstützungsbedürftigen „Vettern und Cousinen" blieben übrig. Phantasien des dritten Weges kamen wieder auf, obwohl schon Marx über den preußischen Sozialismus von Rodbertus und Dühring hart geurteilt hatte, weil diese Interpreten den Druck des Weltmarktes ignorierten, und durch „Ignoranz gegen alles, was außerhalb von Preußen vor sich geht", auffielen.

Auf der Suche nach dem dritten Weg verwickelte sich mancher in Widersprüche. Die Regierung Modrow hatte die „sozialistischen Errungenschaften" durch Appelle an Gorbatschow schützen wollen. Die Mehrheitsentscheidung des Wahlvolkes vom März 1990 machte seine Hoffnungen zunichte. Nur eine kleine Ausnahme gab es: Bonn mußte die Sozialisierungen anerkennen, welche die sowjetische Besatzungsmacht 1945-1949 durchgesetzt hatte. Auch DDR-Künstler, die sich mit dem DDR-Regime lange arrangiert hatten, wie Wolfgang Mattheuer (1990: 240), waren befremdet von der Anti-Einheitswelle in der Intelligenz des Westens wie des Ostens: „Auffällig ist mir eine durchgehende Tendenz in diesen Zeitungen. Alles gegen eine Einheit der beiden deutschen Staaten. Aufruf folgt auf Aufruf. Jeder ist gegen jede Art von Einheit gerichtet, während doch die Mehrheit der Bürger kein neues DDR-Experiment will. Oder täusche ich mich?"

So mancher Skeptiker gegen die Einheit war als untadeliger Demokrat dafür, die demokratische „unaufgeklärte Entscheidung des Volkes" zu ignorieren, wenn dafür ein bißchen „gute DDR-Identität" gerettet werden konnte. Nicht die Russen sollten das garantieren, wie bei Modrow und der PDS. Aber man hoffte, durch Verlängerung der Zweistaatlichkeit Deutschlands in bilateralen Verhandlungen mehr Rettung der DDR-Identität heraushandeln zu können. Undurchdacht war dabei, daß diese Sonderidentität mit westdeutschem Geld hätte finanziert werden müssen. Mancher Linke vergaß, was er als geistvoller Kapitalismuskritiker schon gewußt hat: daß „das Kapital" für soviel Selbstverleugnung rein strukturell nicht prädisponiert war. Das Problem der Intelligenz wurde, daß die Mehrheit der Ostdeutschen im März 1990 den *„unconditional surrender"* nachvollzog, den ganz Deutschland schon 1945 unterzeichnen mußte. Er war Westdeutschland nicht schlecht bekommen. Im Gegensatz zu der Zeit nach dem Ersten

Weltkrieg haben die Sieger sich Gedanken machen müssen, wie sie die Verlierer am Leben halten. Der Marshallplan war die Initialzündung. Die Marshallplan-Idee für Osteuropa ließ sich nicht realisieren. Aber die Bundesrepublik hat den Marshallplan auf ihre Weise noch einmal erfunden: Pro Kopf wurde schon kurz nach der Vereinigung etwa das 12fache an Geldern nach Ostdeutschland transferiert als Westdeutschland nach 1945 von Amerika erhielt (Seibel 1992).

Trotz dieser gewaltigen Transfers – mit allen Friktionen und Fehlallokationen, die unvermeidlich sind, wenn man den „Teufel" der staatlichen Planwirtschaft mit dem „Beelzebub" einer parastaatlichen Treuhandgesellschaft austreibt – war die Enttäuschung weiter Kreise Ostdeutschlands und der Intelligenz in beiden Landesteilen groß. Ein kluger politischer Kopf unter den westdeutschen Künstlern ostdeutscher Herkunft, wie Klaus Staeck (1990: 5), hatte das prognostiziert: „Allerdings wird die DDR ... so weiterleben, wie das Dritte Reich überlebt hat: als Legende von den menschlicheren Menschen, sich in sozialer Sicherheit wiegend, und der ewigen deutschen Frau, die nachts alleine über die Straße gehen konnte." An diesem quietistischen Bild einer sicheren DDR wirkten allerdings konservative Kreise in Ostdeutschland nicht weniger mit als linke Nostalgiker. Die Bandbreite der Begriffe zur Selbstfindung war groß – von den der masochistischen Bezeichnung *„Zonenkinder"* bis zur Überhöhung der *„Ostdeutschen als Avantgarde"*, wie ein Buchtitel lautete (Engler 2002; Knoblich 2003: 28f). Weder die Selbsterhöhung noch die Selbsterniedrigung konnte für ein entspanntes Zusammenwachsen zweier Kulturen förderlich sein. Eine Große Anfrage der SPD zur Bedeutung der Soziokultur (vgl. Kap. 7) führte zu einer Beschäftigung der Bundesregierung auch mit den Veränderungen, die sich in der DDR abzeichneten. Es wurde signalisiert, dass die Bundesregierung bereit sei, „durch die Förderung besonderer Modelle zur Qualifizierung und Beratung… einen Beitrag zu leisten" (BT-Drs. 11/6971). Unter den Kulturschaffenden gab es sicher höhere Prozentsätze als in der ostdeutschen Bevölkerung, *„besondere Modelle"* einzufordern. Der Kulturartikel (Art. 35) des *Einigungsvertrages* schien tolerant gegenüber dem „weiten Kulturbegriff" in Ostdeutschland (Ritter 2000: 46). Die in Ostdeutschland vielfach beschworene Soziokultur machte eine partielle Wiederholung von Nachkriegsphänomenen möglich: verwahrloste Werkshallen und Volkshäuser wurden zu Begegnungsstätten und Spielhäusern umfunktioniert (Hain 1996: 107).

Die *„blockierte Modernisierung" des realen Sozialismus* führte in allen sozialen Schichten zu neuen Blockaden, zur Verunsicherung der Lebensstile, zu neuen psychischen kollektiven Neurosen des „Gefühlsstaus" (Maaz 1990). Daß ein um das lutherische Gewissen ringender Protestantismus die Antiregime-Bewegung geführt hatte, blieb nicht ohne Einfluß auf die neue kollektive Befindlichkeit. Die Intellektuellen von Links machten die kulturelle Integration schwer, weil sie nun am wiedervereinigten Deutschland zu leiden vorgaben. Die larmoyante Befindlichkeitsliteratur in der DDR wurde durch sie verstärkt. In Ostdeutschland war sie unvermeidlich. Westdeutsche Arroganz war unangebracht. Die westdeutsche Nachkriegs-Trümmer-Literatur war im Grundton nicht anders gestimmt. Auch sie war eine latente Nostalgie nach einem verlorenen status quo ante und eine Entfremdung angesichts der sich anbahnenden Modernisierung gewesen.

Die Kultur drohte wieder zu zerfallen, nachdem sie bis 1871 und 1949-1989 vielfach als das einigende Band der deutschen Staaten angesehen worden war. Im 19. Jahrhundert hat Deutschland, zu seinem Schaden, die Kulturstaatsidee rasch aufgegeben und propagandistisch pervertiert. Eine völkische Grundstimmung, rassisch verbrämt, längst ehe der Nationalsozialismus diese Stimmungen des Bürgertums ausnutzte, wurde als Bindekitt der Nation gesehen, die es erlaubte, abweichende Gesellschaftsbilder, vor allem der Sozialdemokraten und des politischen Katholizismus als „vaterlandslos" zu diskriminieren. Dies ist die einzige Gefahr der deutschen Geschichte, die heute nicht wieder droht. Das heißt freilich nicht, daß latenter Rassismus in der Ethno- und Ausländerpolitik sich nicht wieder Gehör verschaffen kann. Aber dies ist erstmals nicht mehr ein rein deutsches Phänomen.

Die Idee der Kulturnation als Tröstungsphilosophie der westdeutschen Führung über 40 Jahre hat sich durchgesetzt. Sie müßte nun realisiert werden, und hier beginnen die großen Probleme nach 40 Jahren unterschiedlicher Systementwicklung. In keinem Bereich ist die Exponierung einer gesellschaftlichen Sphäre gegenüber dem freien Markt so desaströs wie in der Kunst. Die Kultur hat in der DDR gewaltige Privilegien genossen. Kein Wunder, daß ein großer Teil der Kulturschaffenden mit der kulturellen Wiedervereinigung nicht zufrieden sein konnte, auch wenn er sie persönlich leidlich überstand. Joachim Hoffmann, der Kulturminister der DDR, 1973-1989, hat die Nöte und Forderungen der ostdeutschen „Intelligenz" formuliert. An Forderungen wurde vor allem ein Stop des Stellenabbaus und die Weiterführung der Beteiligung des Bundes an der Kulturfinanzierung in Ostdeutschland in der Höhe der Mittel von 1991 aufgestellt (in: Richter 1993: 249ff; 269).

3 Staatliche Hilfe zur Bewahrung des kulturellen Erbes in Ostdeutschland

Ein weiterer Widerspruch durchzog die intellektuelle Kritik an der gesamtdeutschen Kulturpolitik: einerseits wollte man diesen Staat nur mit Vorbehalten – andererseits wurde beklagt, daß er so ohnmächtig und untätig zusah, wie das kulturelle Erbe der DDR verfiel.

In kaum einem europäischen Land – mit Ausnahme der Schweiz – sind die kulturpolitischen Kompetenzen des Nationalstaats so klein wie in der Bundesrepublik. Daß der Bund in die ostdeutsche Kulturlandschaft überhaupt eingreifen darf, verdankt er dem Einfallstor des Einigungsvertrages, der als internationaler Vertrag zustandekam. In ihm wurde der DDR „pflegliche Behandlung" des kulturellen Erbes versprochen. Finanzielle Zusagen wurden vage formuliert mit Sätzen wie: „nicht ausgeschlossen". Diese Vagheit war eine Konzession an die Kulturhoheit der Länder. Von der Infrastruktur des Bundes her ist die nationale Regierung denkbar schlecht auf die neuen Aufgaben des Beitrags zur kulturellen Identität vorbereitet gewesen.

Es gibt kein Kulturministerium, wie in anderen Ländern. Selbst der kulturpolitische Ausschuß des Deutschen Bundestages wurde Anfang der 80er Jahre aufgelöst. Ein Unterausschuß des Innenausschusses wurde zuständig. Zu Beginn der 13. Wahlperiode wurde auch dieser nicht mehr bestellt. Es gab lange nicht einmal einen Staatssekretär mit ausschließlicher Zuständigkeit für Kunst und Kultur (Sühlo 1997: 125). Der Bundestag hat in 40 Jahren bis zur Vereinigung nur drei Kulturdebatten zustandegebracht. Eine kleine Abteilung „Vertriebene und Kultur" im Innenministerium, mit einem Mini-Etat von 300 Millionen DM verwaltete die residualen Kompetenzen des Bundes im Kulturbereich (Zimmer 1991: 55). Das DDR-Kulturministerium wurde am 2. Oktober 1990 aufgelöst. Der Kulturminister der Regierung de Maizière, Herbert Schirmer, gab im Interview zu Protokoll, dass man sich schon vor der Auflösung „im letzten Drittel doch sehr als Satellitenregierung empfunden" habe (Nachfragen 1991: 5ff). Der DDR-Regierung wurde früh suggeriert, daß ein zentrales Kulturministerium nicht in die föderalistische Landschaft passe. Die Bundesrepublik definierte sich als „Kulturstaat" im Gegensatz zur „Staatskultur" der DDR. In der Verfassungsdebatte 1992 tauchte der Vorschlag auf, die Kulturpflege als Staatsziel ins Grundgesetz aufzunehmen. 1994 gelang dieser Sprung ins Grundgesetz nur dem Umweltschutz.

Die DDR hat die Förderung der Kultur als Teil ihrer Legitimationsstrategie früh zum Programm gemacht. Auch westliche Analytiker schienen beeindruckt von den Zahlen. 1981 wurden etwa 2-2.5% von den Staatsausgaben in die Kultur investiert. In der Bundesrepublik war der Anteil nur 0.6% (Hermand 1988: 61). Der Vergleich dieser Zahlen ist angesichts der Fragmentierung der Kulturförderung der Bundesrepbulik ziemlich unsinnig. In der DDR gab es kein privates Sponsoring. In den Etatposten eines sozialistischen Staates verbargen sich unter Kultur vielfach andersartige Ausgaben – ähnlich wie bei den Budgetkosten für Soziales. Aber kein Zweifel: die DDR hatte beachtliche Investitionen getätigt, und der Bund allein konnte die Verluste kaum wettmachen.

Auch im vereinten Deutschland hielt sich der Topos, daß die Kulturausgaben als Anteil des Gesamthaushalts ständig sinken. Die Bundesregierung in ihrer Selbstdarstellung nahm nur in Anspruch, „trotz der schwierigen Haushaltsentwicklung ... ihre Verpflichtungen zur Förderung von Kunst und Kultur sehr ernst" zu nehmen. Anfang der 80er Jahre lag der Anteil des Bundes für Kulturausgaben in seinem Budget bei 0.1%, während die Länder 1.1% und die Gemeinden 2.4% ihres Haushalts ausgaben. Nach den Zahlen der Bundesregierung für 1996 betrug der Anteil der Kulturausgaben 0.35% der Gesamtausgaben des Bundes (Presse- und Informationsamt 1991: 2).

Nach Artikel 35 des Einigungsvertrages vom September 1990 übernahm der Bund bis 1994 für einen begrenzten Zeitraum die Förderung von Kunst und Kultur. Die Länder – die im Einigungsprozeß generell versuchten, ihre Kosten zu minimisieren – nahmen diesen zeitweiligen Kompetenzverlust aus finanziellem Kalkül hin. Ein Substanzerhaltungsprogramm, ein Infrastrukturprogramm und ein Denkmalsonderschutzprogramm wurden finanziert. Der Primat der Länder drückte sich in der Quotierung aus: Bund 49%, Länder 51%. Der Bund zahlte in dieser Übergangsfinanzierung etwas über 1.2 Milliarden – das war mehr als der Bund für die kulturelle Repräsentation im Ausland ausgab (1.1 Milliarden DM). 1991 wurde ein Programm „Aufschwung Ost", Sonderprogramm für Denkmalpflege und Erhaltung historischer Bausubstanz gestartet. Die vorgesehenen 230 Millionen DM waren angesichts des Erhaltungszustandes von DDR-Bauwerken ein Tropfen auf den heißen Stein (Bundesminister des Innern 1991: 2) (vgl. Tabelle).

Tabelle: Übergangsfinanzierung Kultur, Fördermittel nach Ländern in DM 1991-1993

Programm	Berlin	Brandenburg	Mecklenburg-Vorpommern	Sachsen	Sachsen-Anhalt	Thüringen	Länderübergreifende Maßnahmen	Summen
Jahr	91 92 93	91 92 93	91 92 93	91 92 93	91 92 93	91 92 93	91 92 93	91 92 93 91-93
Substanzerhaltungsprogramm	104 80 64	74 47 57	51 47 44	197 164 129	85 72 59	73 46 55	16 16 2	600 472 410 1.482
Infrastrukturprogramm	31 24 18	59 47 36	48 38 24	62 52 40	51 51 23	49 35 27	10 3	300 246 171 717
Denkmalschutzsonderprogramm	4 7 4	10 14 8	9 11 6	11 15 9	8 40 7	8 11 6	23 4	50 93 44 187
Repräs. Kultur-Einrichtungen Berlin	-	-	-	-	-	-	-	80 74 60 214
Kult. Einheit Deutschland	5,4 0,6 1,5	0,7 0,2 0,1	1,1 0,1 0,2	1,7 0,8 0,7	0,8 0,1 0,1	0,5 0,4 0,3	7,8 0,8 0,9	18 3 3,8 24,8
Summe	224 186 148	144 108 101	109 96 74	272 232 179	145 124 89	131 92 88	24 50 10	1048 888 689 2625

1991 bis 1993 hat der Bund zur Substanzerhaltung in den neuen Bundesländern 1.5 Milliarden DM eingesetzt. Die Länder erstellten die Förder- und Prioritätenliste selbst. Die kostenintensiven laufenden Personalkosten bei Theatern und Orchestern waren ein

Hauptposten in der Substanzerhaltung. Die Länder einigten sich auf den Verteilungsschlüssel (vgl. Tabelle) und steuerten wenigstens 50% zu den Kosten bei. Die geförderten Einrichtungen durften auch nach Ende des Haushaltsjahres nicht abgewickelt werden. Nach den Kriterien der früheren Zonenrandförderung wurden die 720 Millionen DM (1991-1993) für ein Infrastrukturprogramm verteilt. Die staatliche Modernisierungshilfe reichte von den kleineren Museen bis zu Bibliotheken und Einrichtungen der Soziokultur.

Die verrottete Bausubstanz wichtiger Denkmäler erforderte einen Sondereinsatz von 187 Millionen DM (1991-1993). 49% trug der Bund. Die Deutsche Stiftung Denkmalschutz erhielt eine Anschubfinanzierung von ca. 40 Millionen. Das Bundesbauministerium reichte zusätzlich ein Programm zum Schutz städtebaulicher Ensembles ein (80 Millionen DM jährlich). Die repräsentativen kulturellen Einrichtungen in Berlin erhielten in drei Jahren 214 Millionen DM. Der Bund hat die Stiftung Kulturfonds als Ersatz für den Kulturfonds der DDR seit September 1990 gefördert, indem er den Stiftungshaushalt von 92 von 1991-1994 mit ca. 20 Millionen DM subventionierte. Der Kulturfonds dient vor allem zur Milderung der sozialen Nöte der Künstler in Ostdeutschland. Darüberhinaus kam es zur gezielten Direktförderung einzelner kultureller Ereignisse von ca. 25 Millionen DM.

Die Fragmentierung im deutschen Föderalismus führte dazu, daß der Bund vor allem als Zahlungsinstanz gesehen wurde, der aber möglichst wenig Kompetenz eingeräumt werden sollte. Die Kulturstiftung der Länder wurde 1988 mit der Hälfte des Startkapitals (20 Millionen DM) vom Bund subventioniert. Der Bund handelte dabei die Möglichkeit heraus, in Bonn zwei Museumsbauten zu planen, die erst fertig wurden, als die Hauptstadtentscheidung längst zugunsten Berlins gefallen war. In der Stiftung Preußischer Kulturbesitz trugen die Länder nur ca. 20% bei, beanspruchten aber 40% der Stimmen. Die Gründung des letzten Relikts, das an Preußen erinnerte, welches von den Alliierten aufgelöst worden ist, war in der Adenauerzeit stark umstritten. Nach der Einigung ist seine Existenzgrundlage entfallen, da der Kulturbesitz den Ländern überantwortet werden soll (vgl. Kap. 7, 2, c).

Im Einigungsvertrag (Art. 35, Abs. 5) war jedoch die Stiftung Preußischer Kulturbesitz „vorläufig" mit der Trägerschaft für die Zusammenführung der ehemals staatlichen Museen in Ost und West betraut worden, deren künftiges Schicksal in einer sibyllinischen Äußerung verborgen blieb: „Auch für die künftige Regelung ist eine umfassende Trägerschaft für die ehemals staatlichen preußischen Sammlungen in Berlin zu finden." Seit 1974 waren alle alten Länder im Stiftungsrat vertreten, seit 1993 auch die neuen Bundesländer. Bayern drohte gelegentlich mit dem Austritt aus der Stiftung (FAZ 5. 2. 1992: 27). An den laufenden Kosten beteiligte sich der Bund mit 75%, bei der Gebäudesanierung mit 50%.

Die Stiftung Preußischer Kulturbesitz kam nach der Einigung unter schweren Beschuß. Nicht umstritten war die Entscheidung, auf der Museumsinsel in Berlin das „Neue Museum" wieder aufzubauen. Übel genommen wurde dem Stiftungsrat, daß er auch den früher geplanten Neubau einer Gemäldegallerie am West-Berliner Kulturforum (Nähe Tiergarten) weiter verfolgte. Die damit getroffene Entscheidung zugunsten eines Gleichgewichts zwischen dem östlichen und dem westlichen Zentrum der Kultur fand nicht ungeteilte Zustimmung, weil viele die volle Priorität für Kulturinvestitionen nur im Osten forderten. Daß die Stiftung noch eigene Politik trieb, war entschiedenen Föderalisten ein Dorn im Auge. Seit der Vereinigung scheint diese wichtige Einrichtung eine starke Lobby zugunsten der Hauptstadt Berlin darzustellen. Das weckt weiteres Mißtrauen, wenn man bedenkt, wie knapp die Entscheidung für Berlin ausfiel, bei der die kleinen Parteien von der PDS bis zur FDP den Ausschlag gaben (vgl. Kap. 13, 3). Bis zur Einigung war die Finanzierung der Stiftung ein Tabu. Nach der Vereinigung zahlten die Länder nur noch einen begrenzten Beitrag. Das Wachstum der Ausgaben wurde allein vom Bund und vom Land Berlin getragen. Der Regierende Bürgermeister hat daher den Vorstoß gewagt, Bund und Berlin zu alleinigen Trägern der Stiftung zu machen. Die Überführung in die Rolle einer vielfach geforderten Nationalstiftung wurde diskutiert (Knopp 1991: 36).

Schon Willy Brandt hatte 1973 in seiner Regierungserklärung eine Nationalstiftung vorgeschlagen, die sich am Vorbild der Stiftung Preußischer Kulturbesitz orientierte. Der Vorschlag wurde 1991 wieder aufgegriffen (Zimmer 1991: 55). Eine Kulturstiftung der ostdeutschen Länder wurde vom Berliner Stadtentwicklungssenator Volker Hassemer gefordert. Ziel war eine Mischfinanzierung, die Zuschüsse an Vorleistungen der Länder bindet und auch das private Mäzenatentum ermuntert (Rietzschel 1991: 33). Die mannigfaltigen Hilfen sind das größte Programm der Kulturpolitik, das es in der deutschen Nachkriegsgeschichte gab.

Eine faire Rechnung wird freilich die Globalzahlen der Statistik nicht konfrontieren können: Die rund 1.5 Milliarden Westhilfe machten anfangs etwa 30% des Kulturhaushalts der neuen Bundesländer aus, der auf 5 Milliarden geschätzt wurde. Die Gemeinden haben zudem aus dem wirtschaftlichen Programm *„Aufschwung Ost"* manches für die Kultur abgezweigt. Eine Gesamtrechnung wird somit schwierig. Andererseits müssen diese Zahlen mit den gestiegenen Preisen und Löhnen korreliert werden. DM ist nicht gleich Ost-Mark zu setzen (Rietzschel 1992: 27). Die DDR-Kulturpolitik hat sich auf spektakuläre Aktionen konzentriert und die Zahlen wachsenden Kulturengagements wie eine heilige Hostie in der Statistik vor sich her getragen. Aber sie hat die Infrastruktur vernachlässigt. Bereits 1983 galten nach einem Gutachten 50% der Bühnen der DDR wegen Baufälligkeit nicht mehr als bespielbar (Dümcke 1991: 33). Wie in der Wirtschaft war längst nicht mehr alles Gold, was in der DDR-Statistik noch zu glänzen schien. Trotz verschiedener alternativer Rechnungen besteht kein Grund mehr, an der Legende festzuhalten, die DDR habe mehr für die Kultur getan als der gesamtdeutsche Staat. Die SPD (Kulturforum der Sozialdemokratie 1993: 98ff, 103) veröffentlichte ein Thesenpapier. Am weitreichendsten war Vorschlag 12 zur öffentlichen Kulturfinanzierung. Darin wurde die Verwirklichung des *Subsidiaritätsprinzip* gefordert, ohne die Lasten einseitig auf die Kommunen abzuwälzen. Es wurde im Einzelnen verlangt:

- Die Kommunen müssen in ihrem Gesamthaushalt einen Sockelbetrag für die Kulturfinanzierung festlegen.
- Die Länder müssen im kommunalen Finanzausgleich eine „Kulturquote" zwischen 3 und 5% der jeweiligen Zuweisungen festlegen.
- Der Bund muß die Kultur nach Artikel 35 des Einigungsvertrages mitfinanzieren, solange die Kulturfinanzierung in den neuen Ländern nicht grundlegend gesichert ist. Bis zum Jahr 2000 wurde eine Bundesförderung von mindestens 500 Millionen DM ausgegangen. Diese Forderungen hat der Bund weitgehend erfüllt, z. T. sogar übererfüllt (vgl. Kap. 7, 4).

Der Kampf um die Kulturpolitik wurde zum Lehrstück über den Immobilismus des Föderalismus. Wo einige die Bundesinitiativen als Verletzung des Föderalismusprinzips ansahen, wollten andere eine „intelligente Wahrnehmung des Verfassungsauftrags" erkennen und forderten mehr Bundesengagement (Lammert 1992: 33). Die Kulturpolitik schuf weitere Mischfinanzierungen und gemeinschaftlich zwischen Bund und Ländern betriebene Einrichtungen, die im Allgemeinen in der deutschen Föderalismus-Diskussion inzwischen in Verruf gekommen waren. Die deutsche Politikverflechtung hat jedoch deutliche Züge in Richtung „unitarischer Bundesstaat" entwickelt, da die Länder sich nur auf wenige kooperative Strategien einigen konnten. Mit alten problematischen Steuerungsinstrumenten – von der Treuhandgesellschaft bis zur Politikverflechtung – wurden jedoch erstaunliche Leistungen erzielt, die erst ex post facto fair gewürdigt werden können, wenn der Pulverdampf über dem Schlachtfeld täglicher Konflikte sich verzogen hat. In einigen Bereichen hat sich die Lage in Ostdeutschland jedoch tatsächlich verschlechtert, wie in der Kirchendenkmalpflege, weil es kein Kirchenbauprogramm der EKD und des Bundes mehr gab und die Kirchen ärmer geworden sind (Kiesow 1997: 43).

4 Hilfe zur Selbsthilfe

Schlimmere Folgen als die Staatskunst hatte die Erschlaffung der Künstler im Sozialstaat der DDR. Die Selbsthilfekräfte waren gelähmt. Das erste gesamtdeutsche statistische Jahrbuch von 1991 wies in Westdeutschland 74 Theatergemeinden und 305 Spielstätten aus. Auf dem Gebiet der ehemaligen DDR waren es 217. Wieder sind die Zahlen schwer vergleichbar. Zweifellos gab es pro Kopf der Bevölkerung in Westdeutschland weniger Ensembles (Statistisches Jahrbuch 1991: 419f). Auch in der Musikpflege war die Leistung der DDR beachtlich. 76 Orchester standen 89 in Westdeutschland gegenüber. Zum Vergleich: USA 133, Großbritannien 9. Setzt man diese Zahlen zur Bevölkerung in Beziehung, so hatte die DDR 7.5 mal dichtere „Versorgung" der Bevölkerung mit guter Musik als die USA. Das klassische Land der deutschen Kleinstaaterei, Thüringen, hatte die größte Versorgungsdichte (Allmendinger 1993: 255). Wichtiger noch sind die qualitativen Seiten der Statistik. Im internationalen Vergleich wurde in Ostdeutschland die höchste Arbeitsmotivation festgestellt.

Der Bund hat seine Hilfe als Selbsthilfe verstanden. 1991 wurden weit weniger Orchester abgeschafft, als die Horrorvisionen in den Zeitungen zunächst behaupteten (Allmendinger 1993: 247). Deutschland blieb seiner etatistischen Tradition treu. Die Hoftheater und Orchester der Duodez-Staaten hatten Deutschland schon immer zu einem der dichtesten Kulturräume der Welt gemacht. Diese Tradition hatte den Sozialismus und den Postsozialismus überlebt.

Das „Kulturkombinat DDR" brach zusammen, aber die Selbsthilfe erstarb nicht völlig. Eine Fülle von regionalen und funktionalen Verbänden der Künstler und „Kulturschaffenden" wurden 1989/90 gegründet (Feist/Gillen 1990: 221). Selbsthilfegruppen, neue Galerien, kleine Verlage, entstanden in vielen Orten. Barbara Köhler brachte die Aufbruchstimmung in Verse: „Aber hier in Sachsen, hier wird alles nicht so heiß gegessen, wie's gekocht wird, und die Erde ist kreisförmig. Ein Präsentierteller. Worauf wir Sitzengelassene, jedermann sichtbar, die Suppe auslöffeln, einbrocken, auslöffeln." (Verdofsky 1991). Dem Ansturm der westlichen Verbände, Galerien und Verlagstruste konnte diese Kleinlandschaft nicht lange standhalten. Die Gewerkschaft „Kunst" fusionierte nach einigen Umbenennungen in die „IG Kommunikation". Der einst dem Kulturministerium unterstellte Verband der Theaterschaffenden löste sich auf. Spitzenkünstler wanderten nach Westen ab. Die Besucherzahlen stagnierten. Das Videokonkurrenzangebot und die neuen Medien gruben vielen Kultureinrichtungen das Wasser ab. Im Ostberliner Gorki-Theater waren nur noch 10% der Besucher Ostdeutsche (Die Zeit 1990: 73, Kultursenator 1992). Aber nur das mit 39 subventionierten Theatern überversorgte Berlin konnte die Publikumsverluste leidlich ausgleichen. Wer damals in der Westberliner Schaubühne keine Karte bekam, ging ins Ostberliner Theater am Schiffbauerdamm, wo Karten – im Gegensatz zu früher – leichter zu haben schienen. Dies hat sich inzwischen geändert. Die staatlichen Konzert- und Gastspielagenturen, die Bezirksfilmdirektionen und andere Bildungseinrichtungen wurden „abgewickelt", wie ein neuer Ausdruck aus dem „Wörterbuch des Unmenschen" euphemistisch lautete. Dennoch wuchs zusammen, was nicht immer zusammen gehörte (Walter Grasskamp).

Eigenständige Verbände konnten sich kaum halten. Sie überlebten allenfalls da, wo westdeutsche Verbände die Interessenten nicht aufnahmen, wie z.B. der „Verband Deutscher Ingenieure" gegenüber den Fachhochschulabsolventen der DDR „mauerte". Ein DDR-Soziologenverband löste sich auf sowie die Deutsche Gesellschaft für Soziologie ihre Aufnahmepolitik liberalisierte, und ähnlich verlief die Entwicklung in den meisten Bereichen von Wissenschaft und Kultur. Die DDR-Nostalgie fand in einem Volk von „Vereinsmeiern" kaum organisatorische Ansätze. Populistische „Komitees für Gerechtigkeit" versuchten ab 1992, die Lücke wenigstens im sozialen und politischen Bereich zu füllen. Aber auch ihnen wird im festgefügten Parteienstaat Deutschlands kaum eine dauerhafte Chance eingeräumt.

Zwei Einrichtungen wurden zum Testfall der Eigenständigkeit ostdeutscher Intelligenz: der Schriftstellerverband und die Berliner Akademie. Der Verband Deutscher Schriftsteller in den IG Medien hielt im Mai 1991 in Travemünde seinen ersten gesamtdeutschen Schriftstellerkongreß. Es kam nicht zur polemischen Schlammschlacht. Man bemühte sich um einen echten Neuanfang. Die Exponenten des alten DDR-Literaturbetriebs, wie Hermann Kant, hatten den Appell respektiert und erschienen nicht.

Die West-Berliner Akademie der Künste entschied mit 59:23:6 die Mitglieder der Ostberliner Akademie aufzunehmen. Die Mehrheit votierte für eine Wiedervereinigung „ohne Ansehen der Person", ohne Prüfung der Leistung, um sich positiv von den Abwicklungen der wissenschaftlichen Akademieinstitute und Universitäten Ostdeutschlands abzusetzen. Nur eine Minderheit trat aus, wie Rainer Kunze und Günter Kunert von den Schriftstellern, und Antes, Baselitz, Lüpertz oder Richter unter den Malern. Viele waren in Ostdeutschland geboren. Nicht einmal Heiner Müllers Vorschlag, sowohl die Ost- als auch die Westmitglieder durch die Gauck-Behörde im Hinblick auf Aktivitäten in der Staatssicherheit der DDR überprüfen zu lassen, fand Gehör. Hermann Kant trat „freiwillig" aus, um den Generalpardon dieser en bloc-Übernahme der DDR-Künstler nicht mit seiner Person zu belasten (Rietzschel 1992: 29). Die „List der Vernunft" hatte zwei Akademie-Präsidenten, Walter Jens (West) und Heiner Müller (Ost), die gegen den vereinigten Staat aufgetreten waren, zur „Zwangswiedervereinigung" mit Hilfe der Berliner Staatsmacht veranlaßt – ein weiterer Beleg dafür, dass die etatistische Tradition in der Kulturpolitik noch lebendig war. Nur wenige Mitglieder der West-Akademie wollten sich dem neuen gesamtdeutschen Konformismus – und den Wendungen des neuen Präsidenten Walter Jens, der erst gegen die en bloc-Vereinigung votiert hatte – nicht beugen (Kunert 1992).

In der Kultur – wie in der politischen Kultur Gesamtdeutschlands – überwog bei den Westlern die Neigung zum Generalpardon. Die Emigranten und Oppositionellen, die wirklich gelitten hatten, hielten die Fahne der Aufarbeitung moralischer Schuld hoch. Am schärfsten wurden die Auseinandersetzungen zwischen Wolf Biermann und Sascha Anderson, als der letztere als Stasi-Spitzel in der oppositionellen Kunstszene der DDR entlarvt worden war (Schlesinger 1992: 61; Das Kaninchen 1992). Abgründe der Bespitzelung wurden durch die Öffnung der Akten sichtbar. Biermanns Gedicht: „Menschlich fühl ich mich verbunden – Mit den armen Stasi-Hunden – Die bei Schnee und Regengüssen – Mühsam auf mich achten müssen – Die Stasi ist mein Eckermann." – war für viele kaum noch nachzuvollziehen.

Langfristig ist der Markt der Testfall für die Überlebensfähigkeit der Kultur. Nur antiquierter Geniekult übersah noch, daß Kunst und Wirtschaft eng verflochten sind. Die nichtkommerziellen Kultureinrichtungen machten schon 1984 in der Bundesrepublik 2.3% der gesamtwirtschaftlichen Bruttowertschöpfung und 2.7% der Erwerbstätigen aus (Hummel/Berger 1988; Rytlewski 1991) Mittelfristig wurden die Aussichten der DDR-Kunst am Markt in den bildenden Künsten zumindest als nicht schlecht angesehen (Grasskamp 1992). Der Pluralismus der Postmoderne öffnete Nischen auch für die Kulturerzeugnisse, die dem Mainstream von Documenta-Ausstellungen nicht zu entsprechen schienen.

Dem Vorwurf des Abbaus der Kulturförderung in der DDR, dem sich auch Gerhard Masuhr aus dem sicheren New York anschloß (Dümling 1997: 29) standen die Fakten der Wirtschaftswissenschaftler gegenüber: Die Kunst im Osten war zu teuer. In ostdeutschen Großstädten wurden mit 208 DM pro Einwohner etwa 85 DM mehr für Kultur als im Westen ausgegeben. Die Auslastungsquote von Theatern lag im Osten 1993/94 bei 66% – gegenüber 78% in Westdeutschland (Teure Kunst 1997: 19).

Befragungsergebnisse in deutschen Großstädten zeigten, daß im ostdeutschen Leipzig die Bereitschaft zu kostendeckenden Preisen für Kultureinrichtungen um ein vielfaches geringer war als in einer westdeutschen Stadt wie Dortmund (Goeschel 1995: 240f). Die Bewährung der Kultur am Markt erfordert weitere Anstrengungen zur Überwindung der Versorgungsmentalität in Ostdeutschland.

5 Die DDR-Kunst in der Bewährung am Markt

Der Prozeß des Zusammenwachsens der deutschen Teilkulturen wurde behindert, da eine Art Klassenkampf des Westens die Gleichberechtigung des Ostens erschwerte. Wie überall waren die Emigranten des Ostens am intolerantesten gegen die Daheimgebliebenen. Weltberühmte Künstler, die aus der DDR emigrierten, wie Baselitz, haben nach 1989 die DDR-Kunst in toto als minderwertig und ideologisch verketzert. In Westdeutschland setzte sich etwa in der Malerei ab 1955 der abstrakte Expressionismus durch, der von Paris im Krieg nach New York emigriert war und nun mit den Siegern zurückkehrte. Deutschland suchte ohne viel Aufhebens Anschluß an die Weltkunst. Die deutschen Traditionen eines ungebändigten Expressionismus einerseits und eines kritischen Realismus andererseits wurden abgestoßen. Ein Maler wie Otto Dix blieb marginalisiert und marginalisierte sich durch zweitklassige Nachkriegsmalerei selbst. Die DDR territorialisierte die Glaubenskämpfe um die Kunst in der Weimarer Zeit. Der kritische Realismus wurde adoptiert und kanonisiert. Dies geschah in einem Ausmaß, daß selbst ein Otto Dix seine mangelnde Anerkennung in Westdeutschland nicht recht durch eine Option für Ostdeutschland kompensieren mochte.

Expressionistische Dichter wie Johannes R. Becher schlossen Frieden mit dem sozialistischen Realismus und paßten sich an. Brecht genoß innerhalb einer Minimalanpassung weite Narrenfreiheit. Die meisten lebten nicht lange genug, um mit dem sich verhärtenden kulturpolitischen Kurs der DDR in Konflikt kommen zu können.

Das Produkt der realistischen Sozialisation – vielfach durch Flucht in die Altmeisterlichkeit wie bei Heisig und Tübke gemildert – wurde nun von den Emigranten Ostdeutschlands, die in der Bundesrepublik etabliert waren, nicht eben willkommen geheißen. Nur wenige, wie Klaus Staeck, versuchten fair zu sein, auch dort, wo ihr Kunstgeschmack in der DDR nicht getroffen wurde. Nur wenige in der DDR Gebliebene, wie Altenbourg und die Leipziger Schule fanden rasch offene Anerkennung und einen Markt im Westen, die sie früher nur latent gehabt hatten.

Ein neuer Glaubenskrieg zerriß die deutsche Kulturszene: der realistische DDR-Konformismus wurde aus der Kunst heraus definiert. Keineswegs nur von Emigranten, sondern vor allem vom Museumsbetrieb und den Sammlern. Ludwig in Aachen war eine Ausnahme in seinem innovatorischem Bestreben, Weltkunst schlechthin zu sammeln, von Brasilien bis in die Sowjetunion, um den viel beklagten Eurozentrismus zu überwinden (Grasskamp 1992).

Das kulturelle Erbe der DDR schien in der Architektur am sichersten. Der Palast der Republik und das Außenministerium waren gefährdet – beide wurden bereits abgerissen. Schinkels Bauakademie hat einige Aussichten als Rekonstruktion den alten Platz wieder einzunehmen. Weniger leicht tut sich die alte Schlossfassade, deren Errichtung im Zuge des Sparpakets auf das Jahr 2014 – und manche glauben auf den Sanktnimmerleinstag – verschoben wurde (vgl. Kap. 13.3). Das Lenindenkmal am Lenin-Platz wurde in sinnloser Weise demoliert. Aber die einstige Stalin-Allee hat genügend Nostalgie erweckt, um dem Modernisierungs-Vandalismus Stand zu halten.

Eine große Zahl der Theater und Ensembles ließ sich kaum unter marktwirtschaftlichen Gesichtspunkten halten. Selbst die Dissenter trösteten sich einst in der DDR mit dem Wort, das Hanns Eisler einst Heiner Müller (1992: 175) gesagt haben soll: „Müller, Sie sollten froh sein, in einem Land zu leben, in dem Literatur so ernst genommen wird." Für die Schikanen, mit denen die Zensur oppositionelle Literatur auf ihre Weise ernst nahm, war dies freilich kaum ein Trost. Aber es blieb auch bei Müller nach der Vereinigung eine Sehnsucht nach dem „Erfahrungsdruck", den das SED-Regime ausübte. Man konnte sich besser an der Diktatur reiben. Nicht wenige Schriftsteller bekamen in der westlichen Welt eine Aufmerksamkeit, die sie ohne Verfolgung und Behinderungen schwerlich genossen hätten. Der Markt legte sich nach 1989 wie eine lähmende Glocke auf die DDR-Intelligenz. Einige profitierten von ihm, indem sie die Befindlichkeitsliteratur geschickt vermarkteten. Nicht wenige zerbrachen an der Schwierigkeit, im pluralistischen Stimmengewirr eines Literatur- und Konsummarktes noch Gehör zu finden, weil der Oppositionswert der DDR-Provokationen in Westdeutschland offene Türen einrannte. Biermann geriet erst nach 1989 in Verdrängungswettbewerb mit neuen Rockgruppen, auch wenn die sangbare Lyrik eines altmodischen Bänkelsängers, der sich selbst bescheiden als „Liedermacher" bezeichnete, auch im Westen ihre Freunde behielt.

Diese Trendbeschreibungen sind Zuspitzungen, die möglicherweise nicht allen gerecht werden. Versucht man, in einer Matrix die Haltungen der DDR-Künstler in Anlehnung an das Schema individueller Anpassungsweisen des amerikanischen Soziologen Robert Merton zu klassifizieren, so lassen sich vier Haltungen schematisieren:

Matrix: Anpassungsweisen von DDR-Künstlern

aktiv	Passiv
INNOVATION	RITUALISMUS
Plenzdorf Altenbourg	Kant Heisig (Pariser Kommune)
REBELLION (endete meist in Emigration)	ESKAPISMUS (meist historisierend)
Biermann Baselitz, Penck, Staeck	Christa Wolf (nach den Kindheitsmustern) Irmtraud Morgner Werner Tübke

Diese jeweiligen Haltungen blieben nicht folgenlos für den Anpassungsprozeß nach 1990. Die Innovatoren orientierten sich in der Marktwirtschaft vergleichsweise am leichtesten. Die Ritualisten waren „out". Die Rebellen hatten durch Emigration meist längst Anschluß an westliche Paradigmen gefunden. Wo sie die DDR-Stimmungen konservierten, wie Biermann, ist auf die Dauer ihre Adaption nicht gesichert. In der DDR gebliebene Jung-Rebellen entwickelten sich entweder in Richtung Innovation oder verblieben im Pathos der Eigentlichkeit und verloren damit ihre „Suhrkamp-Fähigkeit".

Umfragen nach der Wende zeigten, daß die Ostdeutschen im Durchschnitt ein traditionaleres Verständnis von Kultur hatten, das sich mit Werten der alten DDR-Kultur verband. So wurden in Ostdeutschland Begriffe wie Tradition, Erziehung, Tischsitten, Urlaub, ja sogar Körperpflege mit dem Begriff Kultur weit häufiger assoziiert als in Westdeutschland (Wolf-Csanády 1996: 84). Obwohl die DDR auch einen traditonaleren Begriff von Nationalgefühl hatte, zeigte sich in der Nachwende-Literatur gerade keine nationale Begeisterung. Es überwog in der Lyrik ein Verlustgefühl, auch bei denen, die längst nicht mehr gläubige Kommunisten gewesen sind, wie bei Volker Braun:

> „Was ich niemals besaß, wird mir entrissen.
> Was ich nicht lebte, werd ich ewig missen".

Erfahrungen von Posthistoire breiteten sich aus, Vergänglichkeitselegie paarte sich mit schnoddriger Aussichtslosigkeit, wie bei Durs Grünbein:

> „Revolutionsschrott en masse, die Massen genasführt
> Im Trott von bankrotten Rotten, was bleibt ein Gebet:
> Heiliger Kim Il Sung, Phönix Pjönjangs, bitt für uns" (Conrady 1993: 51, 26).

Es wird eher Ende statt Wende suggeriert, und die innere Landkarte eines geschichtslosen Ichs gezeichnet (Ehrhardt 1997: 155).

Die Anpassungsschwierigkeiten der Kulturschaffenden an die Marktwirtschaft sind keine ostdeutschen Besonderheiten. In allen ex-sozialistischen Ländern tauchten ähnliche Probleme auf. Die meisten haben jedoch mehr staatlichen Dirigismus für eine Übergangsphase beibehalten. Da wurde ein zentrales Kulturministerium nicht wie in der DDR einfach aufgelöst (Oschlies 1991). Instinktives Mißtrauen löst in allen sozialistischen Ländern die expressive deutsche Kunst aus, wenn sie nicht figurative Züge bewahrte, wie bei Baselitz, Kiefer oder Immendorff. Auch im Westen wurde diese Kunst vielfach als zu „teutonisch" empfunden. Wenn große Ausstellungen, wie die von 1985 über die „Kunst der Bundesrepublik Deutschland" in London, jedoch allzu viele Künstler präsentieren, die ebenso gut aus einem anderen Lande kommen könnten, dann wurde diese „Wüstenlandschaft" von den Kritikerpäpsten nicht eben gnädig aufgenommen (FAZ 23. 12. 1985: 25).

Ein russischer Künstler, der enttäuscht aus Amerika Ende 1990 in sein Land zurückkehrte, artikulierte, was viele Osteuropäer empfinden: „Die Leute im Westen brauchen unsere Kunst überhaupt nicht. Sie verlangen von der Kunst schöne Formen, geistreiche Einfälle, philosophische Rätsel zur Unterhaltung der Intellektuellen, und nackte Frauen für einfache Kerls. Das ist eine andere Welt. Wir sind nicht sie, und unsere Probleme sind nicht die ihren." (Jakimow 1991: 31). Besucher einer Beuys-Ausstellung in Moskau, die interviewt wurden, zeigten, daß diese Äußerung keine Einzelmeinung im Osten war.

Die kritischen Intellektuellen Ostdeutschlands wissen, dass auch Ostdeutschland in der Kultur „nicht so weiter machen kann wie bisher". Die eigene Kultur wird unter der Reizüberflutung mit westlicher Kunst in neuem Licht gesehen. Da kann es zu Pauschalierungen kommen, wie bei Heiner Müller gegenüber einigen Ost-Theatern: „Schließen wegen Niveau-Verlust!" (Tageszeitung 7. 5. 1991). Plötzlich erscheint auch gutes DDR-Theater den östlichen Kritikern irgendwie antiquiert. Das Publikum in Ost und West liebt in seiner Mehrheit die „Grantler" und Entfremdungsdeklamatoren auf deutschen Bühnen wie Thomas Bernhard, Botho Strauß oder Franz Xaver Kroetz nicht durchgängig. Aber die Kritik hat sich an sie gewöhnt, und könnte als Alternative mit dem positiven Pathos des Überzeugungstheaters in der Nachfolge von Bert Brecht nicht mehr viel anfangen.

Eine eigenständige Wendekunst zu erwarten, war noch zu früh. Einzelne Werke wie Klaus Pohls „Karate Billy kehrt zurück" oder F.C. Delius' „Die Birnen von Ribbeck" waren hoffnungsvolle Anfänge. Große Literatur durfte bei minutiöser Schilderung des einmaligen Vorgangs der Wende jedoch nicht erwartet werden. Distanz war nötig – gerade in der Kunst! Aber es ist zu hoffen, daß in Ost und West die alte Pathetik verschwindet, die einmal in einer Anthologie zusammengefaßt wurde: „Die Wunde, die Deutschland heißt". Herta Müller brachte es mit ihrer Verarbeitung des Kommunismus in Rumänien immerhin zum Nobelpreis. Ihr half die Antipathetik einer distanziert-knappen Sprache. Jan Liefers Rückblick auf seine DDR-Vergangenheit war nicht Nobelpreis-fähig, aber ein gutes Beispiel ironischer Distanz (Soundtrack meiner Kindheit. Reinbek, Rowohlt 2009). Uwe Tellkamps Roman „Der Turm" (Frankfurt, Suhrkamp, 2008) hat die „Geschichte aus einem versunkenen Land" kompliziert aber anrührend erzählt. Die Schwierigkeiten der deutschen Literatur auf dem Weltmarkt sind mit einigen gelungenen erzählerischen Beispiel nicht überwunden. Sie sind auch kein bloßes Problem der ostdeutschen Literatur: „Deutsche Autoren liegen wie Blei" und „gedankenschwere Nabelschau" (Gedankenschwere Nabelschau 1992) lautete das Urteil ausländischer Buchimporteure. Allenfalls Patrick Süskinds „Parfum" gelang – erstmals nach Erich Maria Remarques „Im Westen nichts Neues" – wieder ein Welterfolg auf dem Buchmarkt.

In der Kulturpolitik ist die Hysterie um die internationale Wettbewerbsfähigkeit noch nicht in dem Ausmaß ausgebrochen, in dem sie die wirtschaftliche Diskussion beherrscht. Nationalkulturen können eine ganze Weile selbstgenügsam sein. Der deutschen Kultur wird vor allem dann im Ausland eine Chance gegeben, wenn sie nicht als „Hausmeister" oder „Hauswart" auftritt, sondern sich auf eine „internationale Wohngemeinschaft" einstellt (Glaser 1991: 15). Erst wenn die Betroffenheitsliteratur dem Anschluß an die kosmopolitischen Traditionen von Goethe bis Thomas Mann weicht, kann eine gesamtdeutsche kulturelle Identität in der Literatur auch im Ausland wieder positiver wahrgenommen werden.

Literatur

Allmendinger, Jutta: Staatskultur und Marktkultur. Ostdeutsche Orchester im Vergleich. In: Kultur und Kulturträger in der DDR. Berlin, Akademie Verlag 1993: 215-281.

Autorenkollektiv Frankfurt (Altvater, Elmar u. a.): Probleme sozialistischer Kulturpolitik am Beispiel der DDR. Frankfurt, Fischer, 1974.

Bericht zur Lage der Nation. Hrsg. vom Bundesministerium für innerdeutsche Beziehungen. Bonn/Coburg, 1975.

v. Beyme, Klaus: Der Wiederaufbau. Architektur und Städtebau in beiden deutschen Staaten. München, Piper, 1987.

v. Beyme, Klaus: Hauptstadtsuche. Frankfurt, Suhrkamp, 1991.

(Biermann): Das Kaninchen frißt die Schlange. Wolf Biermann über die Stasi-Debatte. Tiefer als unter die Haut. Wolf Biermann über Schweinehunde, halbe Helden und andere Funde aus seinen Stasi-Akten. Der Spiegel, Nr. 5, 1992: 180-185.

Bundesminister des Inneren: Bericht zum Stand der Übergangsfinanzierung der Kultur im Beitrittsgebiet. Bonn, 20. Sept. 1991.

(Conrady) Von einem Land und vom anderen. Gedichte zur deutschen Wende. Hrsg.: Karl Otto Conrady. Frankfurt, Suhrkamp, 1993.

Dümcke, Cornelia: Überlebenskampf ohne Chancen. Die Deutsche Bühne. 1991, Nr. 3: 54-56.

Dümling, Albrecht: Nachdenken über die Vereinigung. Tagesspiegel 30.7.1997: 29.

Engler, W.: Die Ostdeutschen als Avantgarde. Berlin, Aufbau-Verlag, 2002.

Erhardt, W.: Gedichte 1989. Die deutsche Einheit und die Poesie. In: ders./Dirk Niefanger (Hrsg.): Zwei Wende-Zeiten. Blicke auf die deutsche Literatur 1945 und 1989. Tübingen, Niemeyer, 1997: 141-165.

Feist, G./Gillen, E. (Hrsg.): „Kunstkombinat DDR". Berlin, Nishen, 1990.
Gabbe, J.: Parteien und Nation. Zur Rolle des Nationalbewußtseins für die Grundorientierungen der Parteien in der Anfangsphase der Bundesrepublik. Meisenheim/Hain, 1976.
Gedankenschwere Nabelschau. Der Spiegel 12, 1992: 258-263.
Glaser, Hermann: Kultur und Gesellschaft in der Bundesrepublik. Eine Profilskizze 1945-1990. Aus Politik und Zeitgeschehen, 1991, B.1/2: 3-15.
Grasskamp, Walter: Die unästhetische Demokratie. München, Beck, 1992.
Goeschel, Albrecht u.a.: Die befragte Reform. Neue Kulturpolitik in Ost und West. Berlin, Deutsches Institut für Urbanistik, 1995.
Goethes Gespräche mit Eckermann. Berlin, Aufbau-Verlag, 1955.
Hacker, Jens: Deutsche Irrtümer. Berlin, Ullstein, 1992.
Hain, Stefani/Stroux, St. (Hrsg.): Die Salons der Sozialisten. Kulturhäuser in der DDR. Berlin, 1996.
Hermand, Jost: Kultur der Bundesrepublik. 1965-1985. München, Nymphenburger, 1988.
Hummel, M./Berger, M.: Die volkswirtschaftliche Bedeutung von Kunst und Kultur. Berlin, Duncker & Humblot, 1988.
Jakimow, Alexander: Rückkehr aus dem Jenseits. Westliche Kultur weckt Unbehagen im Osten. Beobachtungen eines Moskauer Kunstkritikers. Frankfurter Allgemeine Zeitung, 20.2.1991: 31.
Kiesow, Gottfried: Denkmalpflege im vereinten Deutschland: eine kritische Bilanz. In: Christian Marquart (Red.): Denkmalpflege im vereinten Deutschland. Stuttgart, DVA, 1997: 32-43.
Knoblich, T. J.: Soziokultur in Ostdeutschland. Aus Politik und Zeitgeschichte B 12/2003: 28-34.
Knopp, Werner: Die Kraft und die Last der Tradition. Der Präsident der Stiftung Preußischer Kulturbesitz rechtfertigt die umstrittenen neuen Museumsplanungen in Berlin. FAZ, 26.3.1991: 36.
(Knopp) Die zweite Chance für Preußens Erbe und sie wurde genutzt. Der Tagesspiegel, 15.10. 1997: 7 (Interview mit dem scheidenden Präsidenten Werner Knopp).
Th. Koch: Deutsch-deutsche Einigung als Kulturproblem. Deutschlandarchiv, 1991, Nr. 1: 16-25.
Kosing, A./Koch, Thilo: Nation in Geschichte und Gegenwart. Berlin (DDR), Dietz, 1976.
Koch, Thilo: Deutsch-deutsche Einigung als Kulturproblem. Deutschlandarchiv, 1991, Nr. 1: 16-25.
Kultursenator Ulrich Roloff-Momin über die Berliner Theaterkrise. Der Spiegel, Nr. 28, 1992: 180-181.
Kunert, Günter: Kampf um eine dubiose Ehre. Günter Kunert über die Berliner Akademie der Künste und ihren alten, neuen Präsidenten Walter Jens. Der Spiegel, Nr. 17, 1992: 258-261.
Lammert, Norbert (Staatssekretär im Bundesbildungsministerium): Aufgeklärter Föderalismus. FAZ, 7.5.1992,: 33.
Maaz, H. J.: Der Gefühlsstau. Ein Psychogramm der DDR. Berlin, Argon, 1990.
Mattheuer, Wolfgang: Äußerungen. Leipzig, Reclam, 1990.
Müller, Heiner: Krieg ohne Schlacht: Leben in zwei Diktaturen. Köln, Kiepenheuer 1992: 175.
Nach-Fragen an ein geschlossenes Ministerium. Interview mit Herbert Schirmer und Volker Hassemer. In: Bildende Kunst, Nr. 12, 1991: 5ff.
Oschlies, Wolf.: Agonie oder Aufschwung der Kultur? Osteuropäische Kulturpolitik unter den Bedingungen einsetzender Marktwirtschaft. Berichte des Bundesinstituts für ostwissenschaftliche und internationale Studien. 1991, Nr. 28.

Presse- und Informationsamt der Bundesregierung: So fördert der Bund Kunst und Kultur, Bonn, 1997.

Richter, Wolfgang (Hrsg.): Unfrieden in Deutschland. Weissbuch. Wissenschaft und Kultur im Beitrittsgebiet. (Gesellschaft zum Schutz von Bürgerrecht und Menschenwürde e.V.) Berlin, Kolog-Verlag, 1993.

Rietzschel, Thomas: Aufschwung ohne Kunst. Die Kulturstiftung der ostdeutschen Länder. FAZ, 15.5.1991: 33.

Rietzschel, Thomas: Sieg der Diplomatie, FAZ, 4.2.1992: 29.

Rietzschel, Thomas: Ende einer Legende. Geld und Kultur im Osten. FAZ, 11.3.1992: 27.

Ritter, W.: Kultur und Kulturpolitik im vereinten Deutschland. In: Deutscher Kulturrat (Hrsg.): Kulturpolitik. Dokumente Bd. 1. Bonn Berlin 2000.

Rytlewski, Ralf: Tut Berlin gut? Die externen Effekte der neuen Kulturpolitik. In: Werner Süß (Hrsg.): Die Bundesrepublik in den 80er Jahren. Opladen, Leske, 1991: 171-184.

Schlesinger, Kurt: Ich gestehe! Ich verlange! Die Zeit, Nr. 8, 1992: 61 und Der Spiegel, Nr. 17, 1992: 40-51

Seibel, W.: Necessary Illusions. The Transformation of Government Structures in the New Germany. Revue Tocqueville 1992: 177-197.

Staeck, Klaus: Vom Verschwinden der DDR. In: Eulenspiegel, Nr. 24, 1990: 5.

Sühlo, W.: Kulturstadt Berlin? In: Hermann Glaser u.a. (Hrsg.): Zukunft Kulturpolitik. Hagen, Kulturpolitische Gesellschaft 1997: 120-129.

Statistisches Jahrbuch 1991 für das vereinte Deutschland. Stuttgart, Metzler/Poeschel, 1991.

Teure Kunst im Osten. Der Tagesspiegel 23.7.1997: 19.

Thierse,Wolfgang: Sprich, damit ich dich sehe. Ein anderes Deutsch, doch keine andere Sprache in der Vergangenheit der DDR. FAZ, 7.4.1992: 36.

Verdofsky, J.: Sachsen am Meer – Ahoi. Frankfurter Rundschau, 27.6.1991.

Wolf-Csanády, Elisabeth: Wertewandel und Kulturpolitik in der Bundesrepublik Deutschland und Österreich. Frankfurt, Lang 1996.

Zimmer, D. E.: So schleppt sich alles notdürftig dahin. Die Kultur in den neuen Bundesländern. Die Zeit, Nr. 14, 1991: 55.

III. Handlungsebenen und Institutionen der Kulturpolitik

7 Handlungsebenen und Institutionen der deutschen Kulturpolitik

1 Kulturpolitik zwischen Staat und Gesellschaft

Die Vereinheitlichung der europäischen Kulturpolitik stößt an Grenzen durch die unterschiedlichen staatlichen und institutionellen Traditionen:

1. *Die etatistische Tradition* mit einem Kulturministerium: Frankreich, Österreich.
2. *Parastaatliche Institutionen*, die vom Staat initiiert wurden, aber gesellschaftlich fungieren und den inhaltlichen Staatseinfluss gering halten. Sie treten auf als Autonome Fonds: Skandinavien, Niederlande, oder als „Arts Council" wie in Großbritannien (Anfang 1990er Jahre staatlich geworden).
3. *Föderalistische Institutionen.* Deutschland, Belgien, gelegentlich bei starken zentralen Vorgaben wie in Österreich. In Deutschland stammten in den 80 Jahren nur 2% der Ausgaben von der Zentrale – in Italien 68%.
4. *Zivilgesellschaftliche Kulturpolitik* mit geringer staatlicher Förderung (USA). In den USA tritt der Staat als Impresario nur in wenigen Bereichen auf, wie im „Smithsonian Institute" in Washington. In anderen Ländern dominiert er durch parastaatliche Einrichtungen die gesamte Kulturpolitik.

Alle vier Traditionen nordatlantischer Kulturpolitik sind nicht staatsfrei. Der Staat interveniert (Typologie in v. Beyme 1997: 37):

- *repressiv* gegen Pornos,
- *regulativ* in der Steuerpolitik,
- *protektiv* in der Förderung von Museen (16%), Denkmalpflege (4.0%),
- *distributiv* in der finanziellen Förderung von Theatern und Musik (36%), Kunsthochschulen (6%), sonstige Kulturförderung vom Film bis zur Soziokultur (12%) (Daten zu 2004 in: Söndermann 2004a: 5),
- *redistributiv* in der Künstlersozialpolitik.

Immer neue Funktionen der Kulturpolitik wurden entdeckt, wie etwa die *„animation socio-culturelle"*, die in zahlreichen französischen Städten eingesetzt wurde, um den „heißen Sommern" in den Vorstädten mit ihren Gewaltakten vorzubeugen. In Deutschland wurde von Sozialwissenschaftlern dieses Mittel unter dem Motto *„Kultur statt*

Knüppel" angepriesen, etwa bei Fußball-Europa-Meisterschaften (Hippe 1988: 191). Angesichts der auseinander driftenden Teile der Gesellschaft schien Kulturpolitik mit Jugendhäusern und besonderen Aktivierungsmöglichkeiten für Jugendliche die einzige Kraft, die in der gesellschaftlichen Krise die Gesellschaft vielleicht noch zusammen halten könnte.

Künstler hörten in der Postmoderne auf, herausragende Exponenten der Gesellschaft sein zu wollen. England und die USA waren Kontinentaleuropa schon lange voraus. Dort gilt die Maxime: der Künstler ist ein Job wie andere. Auf dem Kontinent lebten noch Relikte des alten Geniekults fort. Nur 3-4% der bildenden Künstler lebten von ihrer Kunst, der Rest brauchte Nebenerwerbsberufe (Fohrbeck/Wiesand 1975). Eine neuere Studie kam für die bildenden Künstler auf ca. 12000 Euro Jahreseinkommen in Deutschland. Sie lagen damit noch immer über den Schauspielern. Nur die Sparte „Wort" wies günstigere Ergebnisse aus (Pues 2002: 297).

Künstlersozialpolitik sollte diese desolate Lage in den fetten 70er Jahren verbessern. Das Steuerungsinstrument blieb umstritten: Die Niederlande und Norwegen lagen damals an der Spitze der Künstler-Sozialpolitik in den bildenden Künsten, waren keineswegs Spitzenreiter in der kulturellen Innovation. In diesem Bereich dominierten hingegen die USA, die seit den New Deal-Erfahrungen unter Roosevelt von staatlicher Kunstpolitik abgerückt sind, und die Kunst der Gesellschaft überlassen haben. Bei starker direkter Künstlerförderung wird ein sozialer Mitnahmeeffekt befürchtet, wie Zahlen für die Künstler pro 100 000 Einwohner zeigten (Fohrbeck 1971: 10): Niederlande 49, Norwegen 40, Großbritannien 18, USA 17, Deutschland 16. Leider wurde eine solche Untersuchung nicht wiederholt. Künstlersozialpolitik als Krönung des Wohlfahrtsstaatsdenkens ist in seiner Bedeutung gesunken.

Der Künstlerberuf hat seinen avantgardistischen Nimbus verloren, vielfach verbunden mit anderen Tätigkeiten im Patchwork postmoderner Biographien. Es zeigte sich jedoch bei den Zahlen der 60er Jahre, dass Großbritannien und USA mit geringer staatlicher Künstlerförderung trotzdem noch höheren Anteil an Künstlern hatten als das etatistisch gesonnene Deutschland. Die Erfahrungen anderer Länder mit „Subventionskunst" reizen nicht mehr zur Nachahmung. Holland „entsorgt seinen Bildermüll" lauteten die Schlagzeilen. Künstler wurden aufgefordert, ihre Bilder aus dem „Kunstbunker" wieder abzuholen. 1968 hatten linke Künstler Bilder verbrannt, um den Staat auf ihre miserable soziale Lage aufmerksam zu machen. 1996 wurde nicht abgeholten oder unverkäuflichen Werken die Vernichtung angedroht (Schümer 1996: 37). *Sic transit gloria artis!*

Die vierte *„zivilgesellschaftliche Tradition"* der Kulturpolitik ist global auf dem Vormarsch. Anfangs wurde dieser Trend als „Amerikanisierung" denunziert. Inzwischen wächst die Einsicht – wie in anderen Politikfeldern auch – dass Amerika aufgrund seiner historischen Sonderentwicklung nur ein Vorreiter in der Betonung gesellschaftlicher Initiative gewesen ist. Für etatistische Traditionsländer war es schwer, vom Traum der üppigen staatlichen Dotierung Abschied zu nehmen.

Zur Rechtfertigung des Kulturhoheit der Länder wird meist ein Verfassungsgerichtsurteil (BVerfGE 37, 314, 322) zitiert. Es blieb jedoch nicht unbemerkt (Meyer 2006: 4), dass die *„Kulturhoheit"* in Anführungsstriche gesetzt worden war, mit der Einschränkung, dass diese *den Ländern „grundsätzlich"* zustehe. Daraus folgt, dass das Land für Landeskultur und der Bund für Bundeskultur jeweils zuständig ist. Konkret: der Bund darf keinen Musikwettbewerb in einem Land veranstalten, ein Land darf einen solchen nicht im Bund ausrufen. Nach dem Endbericht der Enquete-Kommission von 2007 (:420) ist die Kulturhoheit der Länder unbestritten, aber der Bund gestaltet die Rahmenbedingungen, etwa in folgenden Rechtsgebieten:

- Urheberrecht,
- Steuerrecht.

Auf Bundesebene besteht seit 1990 eine Bestimmung mit Verfassungsrang durch den *Einigungsvertrag*, der im Artikel 35,1 das Gewicht Deutschlands nicht nur von seinem politischen Gewicht und seiner wirtschaftlichen Leistungskraft, sondern auch von seiner Bedeutung als Kulturstaat ableitet. Bayern hatte schon immer in Artikel 3 seiner Verfassung den Hinweis auf den Kulturstaat, der nach dem Rechtsstaat, aber noch vor dem Sozialstaat genannt wurde. Es gilt daher die Vermutung, dass Kultur als Staatsziel sinnvoll ist. Einwände von Juristen, Kultur sei juristisch nicht fassbar und Kultur als Staatsziel im Gesamtstaat laufe den Intentionen des Föderalismus zuwider, werden nicht gelten gelassen (vgl. Scheytt 2008: 97ff).

Obwohl staatliche Stellen inzwischen den verbreiterten Kulturbegriff zur Kenntnis genommen haben, kommt es noch immer zu Konflikten mit Kreativwirtschaftlern (vgl. Kap. 8). „Politisches Straßentheater" war ein berüchtigter Konfliktfall. Es wurde von Verwaltungsgerichten eine *„Hauptzwecktheorie"* entwickelt. Gefragt wurde: ist der Hauptzweck von Straßentheater und öffentlichen Kunstaktionen primär künstlerisch? Oder ist politische Intervention – etwa in Wahlkämpfen – der eigentliche Zweck? (Palm 1998: 55). Auch nach einer Entspannung im Verhältnis von Behörden und politischer Kunst bleibt das *Steuerrecht* empfindlich gegenüber kommerzialisierter Kunst. 2011 kam es zu einer öffentlichen Debatte um die berühmter „Stolpersteine" mit der ein Kölner Künstler, Gunter Demnig, der Opfer des Nationalsozialismus durch künstlerisch gestaltete Steine gedachte, die er vor Häusern von Deportierten in die Strasse einließ. Es ging um die läppische Frage, ob diese Kunst mit 19% Mehrwertsteuer veranlagt werden darf, oder ob der Künstler den Niedrigsatz von 7%, der für die Kunst gilt, in Anspruch nehmen darf (vgl. Kap. 8). Selbst China hat sich im Fall Ai Weiwei an solchen Konflikten im Westen inspiriert, und den eingesperrten Künstler 2011 zu einem Geständnis gebracht, er habe steuerpflichtige Kunst nicht deklariert. Das Geständnis führte zur Freilassung, aber der Künstler durfte Peking nicht verlassen. So ließ sich der Fall von der offen politischen Repression in einen Fall der Steuerkriminalität umdeuten. In jedem Fall bleibt die Frage: „Was ist Kunst?“ im Bereich der Verwaltung und des Steuerrechts virulent.

2 Die nationalstaatliche Ebene der Kulturförderung

Liberalisierung und Marktwirtschaft sind auch im Kulturbereich im Vormarsch. Dennoch bleibt in einigen Sektoren der Nationalstaat auch in der Ära der Liberalisierung für die Kultur zuständig und steuert. Der Staat reduziert zwar die „kulturelle Dotierungspolitik“. Aber er bleibt *regulativer Staat*, auch wenn der Staat die historische Dichotomie von *Förderung* und *Bevormundung* in der Demokratie zugunsten der Förderung überwunden hat. Demokratie bedeutet auch in der Kulturpolitik vor allem:

- Partizipation aller Betroffenen,
- Anerkennung des Pluralismus von Interessen,
- Transparenz der Meinungsbildungs- und Entscheidungsprozesse,
- Fairness in den Entscheidungen des Staates,
- Rechenschaftspflicht und Kontrolle im Verhältnisse zwischen den Betroffenen von Entscheidungen und den „decision makers“ (Zembylas 2005: 13, 71).

Reste einer notwendigen Bevormundung blieben auch im Zeitalter der Demokratie erhalten. Das staatliche Rechtssystem *schafft Grenzen* gegen:

- *Gewaltvideos* (reale Morde),
- *Bilder von verhungernden und missbrauchten Kindern* ohne Anleitung zur Bekämpfung dieser Missbräuche,
- Zuschauerbeschimpfung.

Die Grenzen liegen in ganz Europa beim:

- *Persönlichkeitsschutz*,
- *Sujetschutz* (Holocaust nicht mit Naziparolen darstellen).
- *Rezeptionsgrenzen* werden gezogen: Polizeiterror darf man nicht als ästhetisches Schauspiel darstellen. Beim Irak-Krieg ist die Grenze aber manchmal überschritten worden. Die Rede vom „schönen Krieg“ geisterte durch die Medien. Der „chirurgisch saubere Schlag“ hat ästhetische Qualitäten, die nur noch durch „Kollateralschäden“ und andere Verniedlichungen des Grauens beeinträchtigt werden.

„Der Staat ist nicht für Kunst und Kultur zuständig, sondern für die Bedingungen, unter denen sie stattfinden“ hat der nachmalige Bundestagspräsident Lammert (2004: 22) einmal gesagt. Er schloss daraus, dass die Kulturpolitik daher gar nicht anspruchsvoll genug sein könne und sich zugleich in Bescheidenheit einüben müsse. Kaum ein Politikbereich leidet so an widersprüchlichen Forderungen:

- einerseits soll die *kulturelle Kreativität vom Staat in Ruhe gelassen* und nicht reglementiert werden,
- andererseits wird immer wieder die *staatliche Förderung von kulturellen Aktivitäten* eingefordert.

Das Verhältnis von Politik und Kultur ist nicht überzeugend geregelt,

- wenn die Kunst dem Staat in kritischer Distanz,
- und die Politik der Kunst in andächtiger Demut begegnet (Lammert 2004: 24).

Die geforderte Toleranz auf beiden Seiten ist jedoch erfahrungsgemäß größer bei den Politikern als bei den Künstlern. Kulturpolitik versucht zunehmend, die hierarchischen Ordnungsbeziehungen der Vergangenheit zu überwinden. Kulturpolitik zielt auf eine *aktivierte Kulturgesellschaft*, die ehrenamtliches Engagement neben der professionellen Kulturarbeit fördert (Scheytt 2008: 62). Das Gewicht des Bundes in der Kulturpolitik ist seit der Wiedervereinigung gewachsen. Die Europäisierung und Globalisierung wird weiter in die Richtung einer verstärkten *Kulturaußenpolitik* wirken (Kap. 10). Gleichwohl sind die Institutionen, die dem normalen Bürger am häufigsten begegnen, dem Bereich der *Kulturinnenpolitik* zuzurechnen.

a) Die Kulturstiftung des Bundes (KSB)

Nach 29 Jahren konnte im Jahre 2002 eine alte Idee von Willy Brandt und Günter Grass verwirklicht werden: die Bundeskulturstiftung mit Sitz in Halle an der Saale. Die Motivation zur Gründung der Stiftung war eine Folge der deutschen Wiedervereinigung, die deutlich werden ließ, dass viele kulturelle Projekte bundesweite Bedeutung besitzen und vom Bund gefördert werden sollten. Der Schwerpunkt der Stiftung liegt bei innovativen Projekten im internationalen Kontext. Die Förderung von Projekten, die nur im Ausland angesiedelt waren, schien ausgeschlossen. Staatsminister Nida-Rümelin versprach, dass die Stiftung „staatsfern und länderfreundlich" agieren werde, obwohl sein ursprünglicher Plan einer Fusion mit der *„Kulturstiftung der Länder"* nicht durchsetzbar war. Noch die frühere Amtsträgerin im Kulturstaatsministerium, Christina Weiss, „biss" nach eigenem Bekunden „auf Granit" beim Bemühen um die Vereinigung der beiden Institutionen. Die Beratungen für die Grosse Koalition von Union und SPD fassten im November 2005 diese Fusion endlich ins Auge. Eine Lösung des Konflikts mit der Kulturstiftung der Länder kam mit dem Scheitern der Föderalismusreform 2004 nicht mehr zustande. Im Dezember 2006 verständigten sich der amtierende

Stiftungsratvorsitzende, Kulturstaatsminister Bernd Neumann und der damalige Ministerpräsident Christian Wulff für die Länder darauf, in der laufenden Legislaturperiode keine weiteren Anläufe zur Fusion beider Stiftungen nehmen zu wollen. Es blieb bei einer Verständigung auf eine intensivere Zusammenarbeit der beiden Einrichtungen (Satzung der Kulturstiftung des Bundes, § 2, 2; http://de.wikipedia.org/wiki/Bundeskulturstiftung). Die Gemeinnützigkeit der Stiftung wurde in archaischer Form beschworen: „Die Stiftung verfolgt ausschließlich und unmittelbar gemeinnützige und mildtätige Zwecke..." Auch die Zuwendungen Dritter waren streng geregelt. Sie dürfen nicht mit Auflagen verbunden sein (Satzung § 3, 2; § 4,2).

Der Stiftungsrat bestand zunächst aus 14 Mitgliedern. Ihm gehörten anfangs neben drei Künstlern von Rang auch zwei Ländervertreter an. Der Sitz der Institution in Halle sollte bereits den Verdacht eines Zentralisierungsschubes zerstreuen. Gefördert werden Projekte – nicht Institutionen – im Bereich der auswärtigen Kultur, der Hauptstadtkultur, der Erinnerungskultur und sogar der Vertriebenenkultur, also Bereiche, die nicht in die Länderkompetenz fallen. Der Etat umfasste 38,3 Mio. Euro. 2004 wurden neue Projekte beschlossen wie der *„Tanzplan Deutschland"* zur Förderung des Tanzes. Die „Leuchttürme der Gegenwartskunst" waren bis dahin konventioneller und umfassten die „Documenta" XII, die „Berlin Biennale", das „Ensemble Modern", die Donaueschinger Musiktage, das „Theatertreffen Berlin" und das „Festival Transmediale". Einerseits galt die *Documenta,* die von der Kulturstiftung des Bundes gefördert wurde zu den „Leuchttürmen der Gegenwartskultur" (Buergel in: Kulturstiftung des Bundes, 2004: 6). Andererseits wurden in kritischen Medien in die Breite gehende Suchbewegungen und die Flucht ins Avantgardistisch-Experimentelle befürchtet (Wefing 2004: 27), was kulturelle Neidreaktionen und politische Gegenbewegungen auslösen könnte. Für die Auswahl von 54 Projekten wurde ein Fördervolumen von 3.85 Mio. Euro bereit gestellt – keine üppige Dotierung. Für ihre Arbeit erhielt die Stiftung um 2010 jährlich ca. 35 Millionen Euro aus dem Haushalt des BKM (BT 13. 1. 2011, Drs. 17/4413: 49, 2012: 38 Millionen). Eine Überfremdung der Kultur durch den Bund war mit diesen Summen nicht zu erwarten. Zurzeit fördert die Bundeskulturstiftung (umfassendes Verzeichnis aller ursprünglichen Projekte in: Die Bundeskulturstiftung 2003: 14f).

- Kulturelle Aspekte der deutschen Wiedervereinigung,
- Regionalschwerpunkt Mittel- und Osteuropa,
- Kulturelle Vermittlung von Tanz, Theater und Musik,
- Arbeit in Zukunft,
- Restaurierung.
- Ein *Netzwerk Neue Musik* setzt an der Schnittstelle zwischen Musikproduktion und Musikvermittlung an. Zwischen 2007 und 2011 stellte der Bund 12 Millionen Euro zur Verfügung, um in verschiedenen Modellprojekten Neue Musik an ein breites Publikum zu vermitteln.

- Mit der Einrichtung *„Wanderlust"* wurde ein Fonds für internationale Theaterpartnerschaften gegründet.
- Der *„World Cinema Fund"* entwickelte sich als weltweit einzigartiges Modell der Kooperation deutscher Filmproduzenten mit Regisseuren aus den Schwerpunktregionen Lateinamerika, Afrika, Naher Osten und Zentralasien.
- 2002 wurde der „Fonds zur Stärkung des bürgerschaftlichen Engagments für die Kultur in den neuen Bundesländern eingerichtet, ein Projekt, das bis 2010 laufen sollte.
- Mit der Kulturstiftung der Länder zusammen wurde das *KUR-Programm zur Sicherung und Restaurierung von mobilem Kulturgut* aufgelegt, da sich der Zustand vieler Exponate in zahlreichen Museumssammlungen als alarmierend erwies. Ab 2007 sollten Modellprojekte zur Erhaltung von Objekten gefördert werden. Zugleich soll die Öffentlichkeit über die Gefährdung ihres kulturellen Erbes informiert und für Fragen der Restaurierung sensibilisiert werden.
- Die Zeitschrift *„Magazin"* der Bundeskulturstiftung erscheint halbjährlich.

Die KSB ist ein wichtiger Kooperationspartner der Goethe-Institute, und häufig an der Finanzierung von Projekten beteiligt. Außerdem fördert sie die selbstverwalteten Künstlerfonds (Stiftung Kunstfonds, Fonds Darstellende Künste, Deutscher Literaturfonds, Deutscher Übersetzerfonds, Fonds Soziokultur). Für ihre Arbeit erhält die Stiftung jährlich ca. 35 Millionen Euro aus dem Haushalt des BKM. Das weite Programm bei begrenzten Mitteln hat die anfänglichen Kritiken verstummen lassen, die eine „Documenta in Permanenz" und ein „diskursromantisches Programm" der Bundeskulturstiftung befürchteten (Lehnart 2002: 37). Auch die Konzentration auf das Exzentrische, Prozeßhafte und politisch Eingreifende wurden moniert (Wefers 2004: 27). Forderungen nach politisch relevanten Aktionen statt bloßer „Selbstreferentialität der Kunst", wie sie anfangs noch an die Bundeskulturstiftung herangetragen wurden, wichen inzwischen weitgehend professionalisierter Arbeit in einzelnen Kulturbereichen. Bleibender Schaden der Bundeskulturstiftung als einer „neuesten Form des Nationalismus" und ein „Alleingang des Bundes" (Hintermeier 2002: 41) wurde befürchtet, wenn die Länder weiterhin Obstruktion trieben. Aber schon unter Nida-Rümelin kam es zu Kompromissen durch „Kooperation und Verantwortungsteilung", auch wenn der Kulturstaatsminister sich gelegentlich zu Androhung von Gegenmaßnahmen gegen die Länder hinreißen ließ – nach dem Motto: „streichst du mir etwa durch den Ausstieg aus der Stiftung Preußischer Kulturbesitz, streich' ich dir, etwa den Zuschuß für Germanische Nationalmuseum Nürnberg". Es ist nicht zuletzt das Verdienst der Kulturstaatsminister, dass dieses *„Worst case-Szenario"* niemals eingetreten ist. Nida-Rümelin war zuversichtlich, dass es einen prinzipiellen Streit zwischen Bund und Ländern letztlich nicht gäbe, sondern „eher zwischen einzelnen Ländern" (zit. Kulik 2004).

b) Kulturstiftung der Länder

Die Stiftung wurde 1988 mit Sitz in Berlin gegründet (Drs.17/4413: 49). Von Objekten der Ur- und Frühgeschichte bis zur digitalen Computerkunst reichen die Aktivitäten der Stiftung, die als „Föderalismus in seiner schönsten Gestalt" bezeichnet wurde (Generalsekretärin Isabel Pfeiffer-Poensgen).

- Seit 2008 fördert sie gemeinsam mit der Kulturstiftung des Bundes 26 *Restaurierungsprojekte* im Rahmen der Konservierung und Restaurierung von mobilem Kulturgut *(KUR)*. Ab 2009 stellten die 16 Bundesländer Mittel zur Förderung von kunst- und kulturhistorischen Ausstellungen von herausragender Bedeutung zur Verfügung. 1988-2005 sind rund 250 Ausstellungen mit Mitteln des Bundes über die Kulturstiftung der Länder gefördert worden.
- Eine Bildungsinitiative *„Kinder zum Olymp"* versuchte Kinder und Jugendliche aktiv in Kontakt mit Kultur zu bringen.
- Der *Deutsch-Russische Museumsdialog* fördert den Austausch von deutschen und russischen Museen. Rund 80 deutsche Museen, die Verluste von Sammlungsbeständen durch kriegsbedingte Verlagerung in die Sowjetunion erlitten, haben sich in dieser Initiative zusammengeschlossen.
- Der deutsche Theaterpreis *„Faust"* wurde vom *Deutschen Bühnenverein* gemeinsam mit der *Deutschen Akademie für Darstellende Künste* seit 2006 vergeben.
- Mit *Arsprototo* unterhält die Stiftung ein erfolgreiches Magazin, das auch durch Aufrufe zu Spenden für Restaurationen tätig wurde. In der Schriftenreihe *Patrimonia* werden die wichtigsten Erwerbungen deutscher Museen, Bibliotheken und Archive monographisch vorgestellt (http://de.wikipedia.org/wiki/Kulturstiftung der L%C3%A4nder)

Die Kulturstiftung der Länder organisiert die Jurysitzungen zur *Vergabe von Künstlerstipendien* für die Villa Massimo in Rom, die Deutsche Akademie Rom Casa Baldi, die Cité Internationale des Arts in Paris und für das Deutsche Studienzentrum in Venedig.

c) Stiftung Preußischer Kulturbesitz

Der Bund hat neben der „Stiftung Preußischer Kulturbesitz" (Abkommen von 1997: 60 Mill. DM; 2002: 190 Mill. Euro), einigen Ländern seit langem ein Dorn im Auge, und der *„Berliner Kultur GmbH"* (aufgrund des Hauptstadtkulturvertrages gab der Bund rund 60 Mio. Euro aus) seine Interessen im Kulturbereich gebündelt. Die Stiftung Preußischer Kulturbesitz (SPK), gegründet 1957, gehört mit herausragenden Museen, Bibliotheken, Archiven und Forschungseinrichtungen weltweit zu den größten Kultur- und Wissenschaftsinstitutionen. Nach zwei Universitäten (Göttingen und Frankfurt am

Main und der Stiftung Kreuznacher Diakonie war die Stiftung Preußischer Kulturbesitz mit 260 Millionen noch vor der Stiftung „Deutsche Krebsforschung" an vierter Stelle der größten Stiftungen im öffentlichen Bereich (Klein 2011: 19).

Nach Jahren verfassungsrechtlicher Auseinandersetzung konnte die Stiftung mit Sitz in Berlin 1961 ihre Arbeit aufnehmen. Neben dem Bund waren zunächst einige preußische Nachfolgeländer wie Berlin, Nordrhein-Westfalen und Schleswig-Holstein organisiert. Ab 1975 sind alle Bundesländer in Westdeutschland der Stiftung beigetreten. Der Einigungsvertrag regelte die Einbeziehung der ehemaligen Einrichtungen der DDR in die Stiftung, wie die „Staatlichen Museen zu Berlin", die „Deutsche Staatsbibliothek" und die Merseburger Dienststelle des Zentralen Staatsarchivs der DDR. 1992 kam es zum Beitritt der neuen Bundesländer und 1994 wurde eine dauerhafte Regelung ausgehandelt. Sitz des Präsidenten und der Hauptverwaltung der Stiftung ist die Villa von der Heydt. Der Namensträger war einst Bankier und Minister in Bismarcks letztem preußischem Kabinett vor der Reichseinigung 1871. Das Gebäude wurde im Stil der Neorenaissance gebaut und erst 1971 von der Bundesbaudirektion von Kriegsschäden befreit.

Die SPK ist mit ca. 2000 Mitarbeiter(inne)n der größte Arbeitgeber im kulturellen Bereich in Deutschland. Sie umfasst als gleichberechtigt nebeneinander stehende Einrichtungen:

- die Staatlichen Museen zu Berlin (SMB),
- die Staatsbibliothek zu Berlin (SBB) mit 10 Millionen Bänden,
- das Geheime Staatsarchiv Preußischer Kulturbesitz (GStA PK) mit 35000 laufenden Metern Archivalien,
- das Ibero-Amerikanische Institut (IAI),
- das Staatliche Institut für Musikforschung (SIM). (Leitbild: 2009: 1).

Im Abkommen über die gemeinsame Finanzierung der Stiftung Preußischer Kulturbesitz von 1997 (Leitbild 2009: 2) wurde festgelegt, dass von einem Sockelbetrag der Betriebskosten von 240 Mio. DM 75% der Bund als Festbetrag trägt und 25% die Länder. Der jährliche Finanzbedarf, der über den Sockelbetrag hinausgeht, sollte zu 75% vom Bund und zu 25% vom Land Berlin getragen werden. Das Abkommen konnte frühestens am 31. Dezember 2005 gekündigt werden. Der Stiftungsrat stellte im Dezember 2009 den Haushaltsplan für 2010 fest, der Gesamtausgaben in Höhe von 259 717 Euro vorsah.

3 Kulturpolitik in Regierung und Parlament

Die Bundeskulturpolitik war lange kaum mehr als eine *Abteilung des Innenministeriums* mit sporadischer Resonanz im Bundestag. Zugleich beanspruchen mehrere andere Ministerien Kompetenzen im Bereich der Kulturpolitik. Selbst in Ländern, die ein Kulturministerium haben, wie Frankreich, hat man 21 verschiedene Ministerien festgestellt, die zur Finanzierung von Teilbereichen der Kultur beitragen (Myerscough 1984:10f). Wie dünn die Decke der Kulturpolitiker war, kann man daran ermessen, dass Sieghardt von Köckritz, zwanzig Jahre lang Abteilungsleiter mit Schwerpunkt „Kultur" im Innenministerium, von den einst geförderten Kulturpolitikern eine Festschrift gewidmet bekam, die zu einer gut abgestimmten und wichtigen Bestandsaufnahme der Kulturpolitik auf den verschiedenen Ebenen wurde (Ermisch u.a. 1993). Bundeskulturpolitik schien sich auf einen aufgeklärten Beamten zu beschränken, der in einem Ministerium arbeitete, in dem die Kultur schönes Beiwerk war. Gleichwohl war für die Durchsetzung kultureller Anliegen die Einbettung in das Innenministerium nicht immer ein Fehler, weil dieses Ressort durchsetzungsstärker erschien als mancher „Kulturbeauftragte", falls der Minister Interesse an der Kulturabteilung entwickelte.

a) Kulturdebatten im Bundestag

Nach dem Regierungswechsel 1998 hat der Deutsche Bundestag einen eigenständigen Kulturausschuss konstituiert, welcher eine intensivere fachpolitische Begleitung kulturreller Aufgabenwahrnehmung auf Bundesebene ermöglichte (Scheytt 2008: 131). Je enger der Kulturbegriff, umso weniger zeichnet er sich durch Materien aus, die Gegenstand von Gesetzesaktivitäten werden (Meyer 2006: 3). Im Bundestag spielte die Kulturpolitik keine dominante Rolle, außer wenn es um auswärtige Kulturbeziehungen ging etwa, wenn der SPD-Abgeordnete Kahn-Ackermann die Neigung zur Esoterik und elitären Beschränkung für die deutsche Kolonie und das diplomatische Korps in der Kulturpolitik in ausländischen Hauptstädten beklagte (BT:11. 12. 1963: 4714 A). Es wurden nur selten *Große Anfragen* vorgelegt. Die FDP-Fraktion hat im März 1962 eine Große Anfrage über die kulturpolitischen Aufgaben des Bundes lanciert (Drs. IV: 233). Der CDU-Abgeordnete Martin demonstrierte einen frühen Trend: keine Kompetenzerweiterung des Bundes in der Kultur, sondern eine wirksamere Koordination als bisher. Von einem *Kulturrat*, der damals vom SPD-Abgeordneten Lohmar gefordert und in Parallele zu dem erfolgreichen Wissenschaftsrat gesetzt wurde, hielten die Unionsparteien wenig, weil außerhalb des parlamentarischen Systems ohne politische Kompetenz keine großen Fortschritte zu erwarten seien (BT 15. 3. 1962, 718 C, 712 D). Auch die eher zentralistisch gestimmte FDP opponierte mit Frau Funcke gegen die Schaffung eines Kulturrates, weil die vielen Themen „von der Wissenschaft über den Sport bis zum Film" in einem solchen Gremium nicht sinnvoll behandelt werden könnten. Bundesinnenminister Höcherl behauptete in der Debatte, dass sich vor allem wissenschaftliche und kulturelle Institutionen auf Seiten des Bundes gestellt hätten, während die öffentliche Meinung angeblich einmütig gegen mehr Mitwirkung des Bundes in kulturellen Angelegenheiten eingestellt sei (ebd.: 276 B). Die FDP-Abgeordnete Funcke opponierte auch gegen den von Rednern der Unionsparteien geäußerten Gedanken, dass die *Kultusministerkonferenz* die geforderte Koordination bewirken könne, weil die Länder in ihr zu divergente Interessen hätten (ebd.: 745 C).

Am 7. Oktober 1973 wurde ein *Bericht der Enquete-Kommission Auswärtige Kulturpolitik* vorgelegt (Drs. 7/4121), der erstmals ein Gesamtaufnahme in diesem Bereich darstellte (vgl. Kap.10). 1982 kam es zu einer großen Anfrage, auf welche die Bundesregierung 1984 antwortete, indem sie eine Zwischenbilanz vorlegte. Der Abgeordnete Dregger (CDU) hat eine Debatte am 9. 11. 1984 (BT:1174 C) mit Recht für ungewöhnlich gehalten, weil über Kulturpolitik im engeren Sinne – ohne Bildungspolitik – seit Jahrzehnten nicht mehr im Parlament debattiert worden sei. Es kam bei diesem konservativen Exponenten jedoch also gleich wieder zur unkonzentrierten Behandlung von allen möglichen ideosynkratischen Themen – vom politischen Mandat, dass sich Künstler bei einem Sit-in in Mutlangen angemaßt hatten, bis zur Kritik an Manipulationen des Kunstmarkts (ebd. 1176). Der SPD-Abgeordnete Duve kam hingegen stärker auf die versäumten institutionellen Fragen von einer Länderkulturstiftung bis zu einer Bundeskulturstiftung (als „Nationalstiftung" diskutiert) zu sprechen (ebd.: 1178ff). Die Antwort der Bundesregierung auf die Großen Anfragen kam dabei manchmal zu kurz. Gelobt wurde der Einsatz der Bundesregierung zur Verbesserung der beruflichen und sozialen Lage der Künstler (Baum, FDP, ebd.: 1182: C). Die „politischste der Künste", die Architektur; kam nur am Rande in kulturpolitischen Debatten zur Sprache, etwa, wenn der SPD-Abgeordnete Conradi die Opern für die *„Smokingkultur"* und das soziokulturelle Zentrum für die *„Turnschuhkultur"* als Gemeinde-Initiativen geißelte, da die Zeit der „Planung des Bundestages" vergangen sei und es nicht mehr zum großen Wurf reiche (ebd. 1197 A).

Am 20. Juni 1986 wurde ein Zusatztagesordnungspunkt in einer aktuellen Stunde aufgerufen: Kritik an der auswärtigen Kulturpolitik der Bundesregierung. Der Abgeordnete Duve (SPD) zitierte Günter Grass, der den „schleichenden Prozess der autoritären Kulturpolitik zwischen den beiden deutschen Staaten als gesamtdeutsche Kulturpolitik auf unterstem Niveau" bezeichnet hatte (ebd.: 11260 A). Es ging aber weniger um das Verhältnis zur DDR als um Kritik an der Politik der Goethe-Institute. Außenminister Genscher verteidigte die Unabhängigkeit der Goethe-Institute und glaubte nicht, dass bessere Arbeit geleistet würde, wenn sie nur verlängerter Arm der Regierung wären (ebd. 11261 A). Assoziative Fahrigkeit der Gedanken und gegenseitige Vorwürfe machte diese aktuelle Stunde nicht zu einer Sternstunde der Kulturpolitik im Deutschen Bundestag.

Am 4. Dezember 1986 kam es zu einer *Debatte über Kulturpolitik,* die als die zweite überhaupt in der Geschichte des Bundestages deklariert wurde (BT Drs. 19644ff). Als

Grund für diese Enthaltsamkeit wurde für die Nachkriegszeit angegeben, dass „der Wiederaufbau vordringlicher schien" und Kultur als „elitäre Angelegenheit, als eine Spezialistenbeschäftigung gesehen wurde" (Dawecke, CDU/CSU 19645 C). Wieder kam die soziale Lage der Künstler zur Sprache, in einem „Blick hinter die Dekorationskulisse einer selbstgerechten Kulturpolitik" (Duve, SPD, 19649). Die Grünen gaben sich nicht mit dem SPD-Papier „Kunst braucht Freiräume" zufrieden und forderten „Kunst braucht jede, alle Freiheiten" (ebd. Ströbele, Grüne, 19655 A). Diese Debatte zeigte, dass die Grundsätzlichkeit, mit der Kulturfragen wie Glaubensfragen diskutiert wurden, trotz aller Beschwörung der kulturellen Einheit nicht sehr einheitsstiftend wirkten. Bundeskanzler Kohl hat in dieser Debatte die SPD-Sprecher, wie Duve, einer „Summe von Diffamierungen und Beleidigungen" bezichtigt (ebd.: 16657 B). Der SPD-Abgeordnete Conradi lobte, dass ein Kanzler in eine Kulturdebatte eingriff, malte aber die Gefahr eines Populismus des Kanzlers an die Wand (ebd. 19660 D).

Am 25. 7. 1989 wurde von Abgeordneten der SPD um Weisskirchen, Duve, Soell, Wiefelspütz u. a. eine *Große Anfrage zur Soziokultur* eingebracht. Die Bundesregierung antwortete am 25. 4. 1980 ziemlich allgemein und zeigte „Verständnis" für viele der aufgeworfenen Fragen. Da die Soziokultur noch jung sei, könne eine umfassende Antwort nicht erwartet werden und es wurde auf die sich „langsam entwickelnde Kulturforschung" verwiesen (Drs. 11/6971: 2). Für den 27. Oktober 1989 wurde eine Debatte über *„Grundsätze und Ziele für eine Kulturpolitik der Bundesrepublik in den neunziger Jahren"* angesetzt (Drs. 11/5469). Der spätere Kulturstaatsminister Neumann (CDU/CSU) konnte sich erstmals in diesem Bereich parlamentarisch profilieren. Nach den Diskussionen von 1984 und 1986 wollten die Regierungsfraktionen der Regierung Kohl erreichen, dass wenigstens einmal in jeder Legislaturperiode eine größere Debatte zu Kunst und Kultur zustande komme. Neumann unterstrich die Länderkompetenzen, fand aber: „Der Bund hat aber auch eine zugeschriebene Zuständigkeit aus der Natur der Sache, die mit dem Begriff ‚gesamtstaatliche Repräsentation und Verantwortung' zu umschreiben ist". Er berief sich dabei auf ein Gutachten zur Finanzreform von 1966 (BT: 12978 D). Neumann sah die Kulturpolitik seit der Wende 1982 um wesentliche Schritte vorangekommen:

- Die *Ausgaben* für Kulturpolitik seien überproportional gestiegen.
- Die Arbeiten für die *Verwirklichung* des Hauses der Geschichte, der Kunst – und Ausstellungshalle in Bonn sowie des Deutschen Historischen Museums seien beträchtlich fortgeschritten.
- Erstmals sei in einer Untersuchung der Bundesregierung die *volkswirtschaftliche Bedeutung von Kunst und Kultur* auf nationaler Ebene bestätigt worden.
- Von der dreistufigen Steuerreform 1986/1990 profitierten auch die Kulturschaffenden, durch Schaffung eines *künstlerfreundlichen Steuerrechts* mit der Befreiung des Erwerbs von Kunstwerken lebender Künstler von der Vermögenssteuer.

- *Fortschritte in der Künstlersozialversicherung*. Der Redner gab jedoch zu, dass es nach wie vor unbefriedigend sei, dass 95% der Künstler vom Verkauf ihrer Arbeiten nicht leben könnten.
- Die vom Bundestag in den vergangenen Jahren bewilligte kontinuierliche *Anhebung der Bundesmittel für die Deutsche Künstlerhilfe* hat die Situation der 600 vom Bundespräsidenten laufend betreuten älteren und in Not geratenen Künstler fühlbar verbessert.
- Die *Filmförderung* sei ausgebaut worden,
- und die Idee eines eigenverantwortlich arbeitenden *Kulturfonds* sei auf Dauer gestellt worden (ebd.: 12980 A-C).

Der SPD-Abgeordnete Duve hat sich weniger an dieser Positivliste der Regierung als an Visionen für eine pluralistische und europäische Kulturpolitik abgearbeitet. Gewagte Erweiterungen in das Reich der politischen Kultur und bei den Grünen in die „multikulturelle Gesellschaft" dominierten die Debatte. Conradi (SPD) biß sich erneut an einzelnen Bauvorhaben fest, wie dem Konzept des Deutschen Historischen Museums. Dem Bundeskanzler wurde vorgeworfen, dass er das Projekt „zu sehr persönlich und zu sehr parteilich betrieben" habe. Auf wenig Gegenliebe stieß sein Vorschlag, das Reichstagsgebäude zu einem Deutschen Historischen Museum umzubauen (ebd. 12996 D, 12997 D).

Am 14. März 1990 wurde eine große Anfrage von SPD-Abgeordneten zur *„Kulturpolitik in Europa und in der Europäischen Gemeinschaft"* angesetzt. Es wurde die Einberufung einer *KSZE-Kulturkonferenz* vorgeschlagen – als Vorstufe zu einer von Günter Grass angemahnten Europäischen Kulturkonferenz (ebd.: 15580 D). Spätere Anfragen und Debatten richteten sich vor allem auf nationale Gedenkstätten und Frage des Erhalts von Kulturgütern in Ostdeutschland (Dt. BT 25. Nov.1992: 10573; Drs. 12/4197, 21. Jan. 1993). Die Antworten, wenn sie substantiell sein sollten, kamen meist Jahre zu spät, wie der *„Bericht der Bundesregierung über ihre Maßnahmen zur Förderung der Kulturarbeit gemäß § 96 BVFG in den Jahren 1986 bis 1990"* (23. 7. 1993), als ganz andere Probleme durch die Wiedervereinigung dringlich geworden waren (Drs. 12/5490). Diese Probleme mussten dann von der Opposition durch Anträge auf *„Beibehaltung der bisherigen Förderungshöhe für die Kultur in den neuen Bundesländern"* aufgegriffen werden (BT 23. 1.1992: 6155ff). Roswitha Wisniewski (CDU/CSU) empfahl dabei, „ohne Angst föderalistische Tabus zu brechen" (ebd. 23. 1. 1992: 6157 D). Im Bericht der Bundesregierung wurden immerhin die kulturelle Breitenarbeit und die Sicherung des dinglichen Kulturgutes, die überregionalen Kulturwerke und Beiträge zur Kulturarbeit des Bundesministeriums für innerdeutsche Beziehungen behandelt.

Ein Mittel die Empfehlungen des Schlussberichtes der Enquetekommission umzusetzen liegt eim Bundestag. Aber im Bundestag wurden nur selten Große Anfragen vorgelegt, wie 1982, auf welche die Bundesregierung 1984 antwortete, indem sie eine Zwischenbilanz vorlegte. Spätere Anfragen und Debatten richteten sich vor allem auf nationale Gedenkstätten und Frage des Erhalts von Kulturgütern in Ostdeutschland (Dt. BT 25. Nov.1992: 10573; Drs. 12/4197, 21. Jan. 1993). Die Antworten, wenn sie substantiell sein sollten, kamen meist Jahre zu spät, wie der „Bericht der Bundesregierung über ihre Maßnahmen zur Förderung der Kulturarbeit gemäß § 96 BVFG in den Jahren 1986 bis 1990" (von 1993), als ganz andere Probleme durch die Wiedervereinigung dringlich geworden waren (Drs. 12/5490).

Am 15. Juni 1994 wurde die *Zukunft der Bundeskulturförderung* auf Antrag von einigen Bundestagsabgeordneten auf die Tagesordnung gesetzt. Wieder kam es nur zu einem Sammelsurium von Gesichtspunkten und persönlichen Präferenzen, aber nicht zu einer Grundsatzdebatte. Erhaltung der Buchpreisbildung, Förderung von „Leuchttürmen", Mittel für „Kunst am Bau", auswärtige Kulturpolitik und andere Themen wurden unverbunden diskutiert (BT 15. 6. 1994: 20223ff). Senator Roloff-Momin (Berlin) trat auch in dieser Debatte – wie in seinem Buch von 1997 – als scharfer Kritiker des Niedergangs von Förderungsmitteln auf (ebd.: 20235ff).

Am 24. 8. 2000 ging die Antwort der Bundesregierung auf die Große Anfrage von Dr. Norbert Lammert, Bernd Neumann und anderer CDU-CSU-Abgeordneter ein. Das Motto *„Kultur für Alle"* schien der Bundesregierung noch immer aktuell. Sie gab jedoch zu, dass das Ziel einer chancengleichen Verteilung der Kulturangebote nicht erreicht werden konnte (Drs. 14/4020: 3). Die sozialverträgliche Gestaltung der Eintrittspreise schien noch nicht gewährleistet. Im transnationalen Vergleich wundern sich ausländische Besucher jedoch immer wieder, wie billig die deutschen Konzert- und Theater-Karten im Vergleich zu ihrem Land noch seien. Die Zahl der aktiven Kulturnutzer schien noch immer relativ klein. Die Regierung machte jedoch geltend, dass zielgruppenspezifische Ansätze der Kulturvermittlung Fortschritte erzielt hätten. Von einem *„Scheitern der neuen Kulturpolitik"* könne daher keine Rede sein. Die Bundesregierung musste freilich einräumen, dass die öffentliche Hand jeden Theaterbesuch 1998 mit 90 bis 280 DM subventioniere, den Besuch eines soziokulturellen Zentrums jedoch noch nur mit 6, 37 DM. (ebd.: 4).

Ein *Gesetz zur weiteren Stärkung des bürgerschaftlichen Engagements* auf der Grundlage der Beschlussempfehlung und des Berichts des Finanzausschusses (Drs. 16/5926, 16/5985) wurde vom Bundestag am 6. Juli 2007 und vom Bundesrat am 31. 8. 2007 angenommen. Dabei ging es vor allem um Änderungen des Einkommensteuergesetzes, des Körperschaftssteuergesetzes, des Gewerbesteuergesetzes, des Umsatzsteuergesetzes, des Erbschafts- und Schenkungssteuergesetzes. Der Kulturstaatsminister Neumann erklärte die Kultur als Gewinner bei der Stärkung des bürgerschaftlichen Engagements. Zu den wesentlichen Änderungen wurde die steuerliche Begünstigung der Mitgliedsbeiträge an Fördervereine von kulturellen Einrichtungen gezählt, selbst dann, wenn die Mitglieder Gegenleistungen wie verbilligte Eintrittskarten erhielten. Der Freibetrag für steuerfreie Einnahmen bei nebenberuflichen künstlerischen Tätigkeiten (z.B. Chorleiter, Musiklehrer) wurde erhöht. Maßnahmen zum Bürokratieaufgaben wurden gelobt, wie das Erfordernis förmlicher Zuwendungsnachweise erst ab Spenden über 200 Euro. Der steuerliche Spendenabzug wurde auf 20% des Gesamtbetrages der Einkünfte angehoben. Der Höchstbetrag für die Ausstattung von Stiftungen stieg auf 1 Million Euro (Pressemitteilung Nr. 266).

Die Bundesregierung gab – in Folge eines Beschlusses des Deutschen Bundestages vom 15. Juni 1994 – ihren *14. Bericht zur Auswärtigen Kultur- und Bildungspolitik 2009/2010* ab, der auf alle Bereiche einging (Drs. 17/4413, 13. Januar 2011: 4), die zu den systematischen Gesichtspunkten oben behandelt werden. Die Förderung der deutschen Sprache wurde erneut als zentrales Ziel der Auswärtigen Kulturpolitik deklariert. Der Deutsche Kulturrat (Newsletter 7. 9. 2011: 1) hat die Aufgabe besorgt zu sein, wenn Kulturdebatten von der Haushaltsdebatte und der Europadebatte marginalisiert werden. Olaf Zimmermann, der Geschäftsführer des Kulturrats, fand diesen Zustand nicht hinnehmbar und erhoffte sich eine Änderung „nur durch die Gründung eines eigenen Bundeskulturministeriums", obwohl dieses vermutlich bei Mittelverteilung in Notzeiten nicht durchsetzungsfähiger wäre als der jetzige Kulturstaatsminister.

Kulturförderung ist zunehmend in die *Regierungserklärungen* eingegangen. Angela Merkel hat 2005 betont, dass Kulturförderung für die neue Regierung als Investition und nicht als Subvention gelte (30. November 2005: 9). Am 2. Juli 2010 gab die Bundesregierung schriftlich Auskunft über Haushaltskürzungen. Dieses löste eine Kleine Anfrage von einigen SPD-Abgeordneten aus, die sehr ins Detail aller Regionen in der Welt ging. Die Fragesteller gingen davon aus, dass Steinmeier in seiner Amtszeit als Außenminister die Auswärtige Kultur- und Bildungspolitik zu einem Kernelement der Außenpolitik gemacht habe. Man berief sich auf den Koalitionsvertrag zwischen den Unionsparteien und der FDP, wo steigende Investitionen in diesem Bereich versprochen worden waren. Es zeichnete sich aber im Haushalt von 2010 nach Meinung der Anfrager ab, dass die Schuldenlast höchst ungleich verteilt werde. Das Goethe-Institut treffe die Kürzungen besonders massiv (Drs. 17/2496: 1). Die Debatten auf allen Politikfeldern werden meist elitär beherrscht, aber bei der Kulturpolitik war die kleine Zahl der Redner besonders auffällig, welche in der Debatte auftraten: Daweke (CDU/CSU), Duve, Conradi (SPD), Baum (FDP). Erst mit der *Kulturenquete* konnte der Bundestag 2007 einen gewichtigen Beitrag zur Kulturpolitik vorlegen (Kap.9).

b) Der Kulturstaatsminister.

Die Regierung Schröder schuf 1998 einen „Kulturstaatsminister", um die umständliche Position eines „Beauftragten der Bundesregierung für Kultur und Medien" aufzuwerten.

Ein Bundeskulturministerium konnte nicht geschaffen werden, daher kam nur ein „Mini-Ministerium" heraus. Die gewählte organisatorische Lösung mit ihrer Zwitterstsellung gilt bei Staatsrechtlern als verfassungsrechtlich bedenklich. „Das Bundeskabinett ist ressortfrei, sodass sich die Kultur- und Medienangelegenheiten nicht durch einen Trick als gesamthänderische Aufgaben der Bundesregierung hochzonen lassen". Man schlug vor, die exemplarische Konstruktion von § 247 Baugesetzbuch für solche Bereiche zu entwickeln, die sich nicht eindeutig sachlich und kompetenziell zuordnen lassen und somit ein kulturföderalistisches Verfahrensmodell zu erarbeiten (Hense 2000: 382). Andere Staatsrechtler gingen davon aus, dass der Bund sich im Rahmen seiner Zuständigkeiten organisieren könne wie er will und ggf. die jetzige Behörde in ein echtes Ministerium für Kultur und Medien umwandeln. Es wurde jedoch bezweifelt, dass eine solche Aufwertung politisch klug wäre (Hertel 2001: 166f).

Vier Staatsminister amtierten bisher: der medien-gewandte *Michael Naumann* (SPD, 1998-2001), der kühle Rationalist und Philosoph *Julian Nida-Rümelin* (SPD, 2001-2002), der sich bald auf eine Professur für politische Philosophie in München zurückzog und den Ruf des „Nie-da-Rümelin" nicht loswurde, weil er nach seiner Ernennung einige Wochen Urlaub in Brasilien machte, und *Christina Weiss* (parteilos), die 2002 bis 2005 das Amt mit beträchtlichem Fingerspitzengefühl ausübte. Im Wahlkampf 2005 blieb ihre Tätigkeit daher ganz von Kritik verschont (Minkmar 2005:31). In wichtigen Fragen, wie im Beutekunst-Streit mit Russland hat auch sie wenig bewirken können. Der einstige Vizepräsident des Verfassungsgerichts, Mahrenholz (2005: 35) hat daher die deutsche Kulturpolitik kritisiert, dass sie die Brücken, welche das russische Duma-Gesetz vom 15. April 1998 gebaut hat, nicht sinnvoll genutzt habe.

Seit 2005 war *Bernd Neumann* (CDU) Staatsminister für Kultur und Medien. Im Herbst 2009 wurde er nach der Bundestagswahl erneut bestätigt. Anfangs war seine Presse eher nicht enthusiastisch, aber er hat sich mit Umsicht profiliert und in sparwütigen Zeiten enorm viel für den Kulturbereich herausgeschlagen. Gelobt wurde, dass „niemand vor ihm diesen Job auch nur eine volle Legislaturperiode von vier Jahren ausgehalten" habe (Höllersen 2011: 120f). Sein Erfolgsrezept war vor allem die Tatsache, dass er nicht als Intellektueller von außen in die politische Szene hineinschneite, sondern seit 20 Jahren Abgeordneter war, das Geschäft kannte und die nötigen Kontakte besaß. Fazit: „Kein Vordenker, sondern ein Macher".

Der Kulturstaatsminister ist zuständig für:

- die rechtlichen Rahmenbedingungen im Kultur- und Medienbereich soll er in der Bundesgesetzgebung weiter entwickeln,
- für Kultureinrichtungen und –projekte von nationaler Bedeutung,
- für die kulturelle Repräsentation des Gesamtstaates in der Bundeshauptstadt Berlin,
- für die Vertretung von kultur- und medienpolitischen Interessen in internationalen Gremien,
- für national bedeutsame Gedenkstätten zur Erinnerung an die Opfer der NS-Terrorherschaft,
- die Zusammenarbeit mit Gedenkstätten und Institutionen, die an das Unrecht in der ehemaligen DDR erinnern.

Mit Kulturpolitik lässt sich keine Karriere machen, hatte Christina Weiss einmal geäußert und der von Angela Merkel als Kulturstaatsminister vorgesehene Norbert Lammert zog es im Oktober 2005 vor, Bundestagspräsident zu werden. Das einst von den Feuilletons begrüßte Amt begann mitleidige Häme auszulösen: „Gedenkstättenbau als zentralstaatliche Daueraufgabe?" lautete eine ironische Frage. Neoliberales Gedankengut scheint gegen einen Kulturminister zu sprechen, wo selbst ein Wirtschaftsminister die Wirtschaft allenfalls „ruinieren" aber nicht „steuern" kann. Der Hochmut der Kulturpolitiker, „den Tempelhütern unserer subventionierten Kultur" gegenüber den gewöhnlichen Beamten und den Politikern als bloßen „Parteisoldaten" wurde mit verantwortlich für die Misere der Kulturpolitik gemacht (Bahners 2005:17; 2005: 39).

Das Amt des Kulturstaatsministers wurde durch die SPD geschaffen, aber die CDU hat es beibehalten, obwohl gewitzelt wurde, dass Angela Merkel sich allenfalls für Beatle-Platten und Bayreuth-Opern interessiere, die keiner kulturpolitischen Förderung mehr bedürften. Dass nach drei SPD-Staatsministern keine brillanten Namen aus der Kulturszene von der CDU benannt wurden, ist der Kanzlerin zu Unrecht als mangelndes Interesse ausgelegt worden (Bahners 2005: 17). Ein Benennungsprozess muss sich vergewissern, dass der Betreffende das Amt will. Man hatte schließlich Erfahrungen mit Norbert Lammert, der sowohl ein ausgewiesener Kulturpolitiker als auch ein gewiefter und durchsetzungsfähiger Parlamentarier war. Aber er hat das Amt des Bundestagspräsidenten vorgezogen. Der erste CDU-Kulturstaatsminister wurde als „ausgebuffter Polit-Profi in der Presse begrüßt, der zwar nicht viel von den schönen Künsten verstehe, dafür aber umso mehr von schwarz-roter-Kungelei" (Palmer 2005: 42). Ein solches Urteil von Feuilletonisten ist für Politikwissenschaftler unverständlich. Der Amtsträger soll nicht selbst Kulturphilosoph sein wie Nida-Rümelin, und er muss auch kein Superintellektueller sein, wie Neumanns Vorgänger, die ein Journalist als „frei schwebende Schwäne" bezeichnet hat. Er soll die Kulturbelange vertreten und daher kann man nur froh sein, wenn ein Politprofi zuständig ist – das gilt auch für die Umsetzung der Kulturenquete. Das Amt und sogar der Kulturausschuss des Bundestages sind immer wieder in Gefahr, wie Thierse und andere anlässlich der Föderalismus-Reform befürchteten.

Die SPD hat am 29. September 2008 in Berlin im Jüdischen Museum eine Jubelfeier unter dem Titel „Hauptsache Kultur. 10 Jahre Bundeskulturpolitik" veranstaltet und mit Stolz ihre Jahre des „geistigen Neubeginns" herausgestrichen. SPD und Grüne haben im Herbst 1998 das Amt des Kulturstaatsministers gegen Widerstände aus den Unionsparteien und den Ländern durchgesetzt. Michael Naumann, Nida-Rümelin und Christina Weiss – in der Presse als „Die drei von der Kulturtankstelle" ironisiert, weil Hubertus Heil vom „kulturellen Auftanken" sprach – haben unter der Leitung des Vorsitzenden des Kulturforums der Sozialdemokratie Wolfgang Thierse über ihre Erfahrungen debattiert. Eine Podiumsdiskussion mit Günter Grass und Gesine Schwan galt als „literarische Sättigungsbeilage" (Kilb 2008: 39). Alle drei Staatsminister konnten ihre „Errungenschaften" darstellen. Wichtiger erschienen die Desiderata für die Zukunft, einige, die keine Schlagzeilen machten, wie eine Leseinitiative, um dem Publikum Romane wieder näher zu bringen (Naumann), und solche die Kontroversen entfachen, wie die Forderung nach einem Bundeskulturministerium (Weiss). Der Einsatz für den Wiederaufbau des Berliner Schlosses und ein Zentrum für Vertreibung und Zwangsmigration hatte früher genug Staub aufgewirbelt (Minkmar 2005: 31). Dass die Fachminister die Wichtigkeit ihres Ressorts in Bezug auf die Kulturförderung hervorhoben, war zu erwarten, etwa wenn Steinmeier die Rettung der Goethe-Institute in die Forderung nach stärkerer auswärtiger Kulturpolitik einmünden ließ.

Eine wichtige Errungenschaft war die Bundeskulturstiftung. Die Mittel für 2002 25 Millionen und 75 für 2004 drohten zu verfallen, weil die Länder Nida-Rümelin Schwierigkeiten bereiteten. Selbst die konservative FAZ urteilte, dass die beanstandeten Summen im Vergleich zu einem neuen Transportflugzeuge der Bundeswehr lächerlich seien (Wefing 2001: 47). Der CDU-Staatsminister Neumann, der bei einer parteiinternen Veranstaltung nicht gefeiert werden konnte, ist von den Medien in seinen Verdiensten nicht vergessen worden, beim Gedenkstättenkonzept, beim Urheberrecht und beim Filmförderungsgesetz (Kilb 2008: 39), für das ihm in Kommentaren zu seiner Ernennung als einziges ein gesteigertes Interesse und eine erhöhte Kompetenz zugesprochen worden war.

Als Michael Naumann einst die Länder gegen deren „Kulturhoheit" provozierte, entstand „verfassungsloses Staunen". Immerhin gaben einzelne Länderminister wie Will Vesper zu, dass der Ausdruck „Kulturhoheit" ihm auch nicht gefiel. Als Politiker hat Neumann nicht gewartet, sondern – etwa in der Restitutionsdebatte – angewandt, was er bei Kohl gelernt hat: „Nicht warten, bis einem alles um die Ohren fliegt, selber agieren". Er lud zum Krisengipfel ein. Bei der Haushaltsdebatte gelang es ihm kurz danach, den Kulturetat um 3.4% zu erhöhen (Berg/Sontheimer 2006: 182). Einem etablierten Macher wird hoch angerechnet, wenn er nicht nur parteiübergreifend Friede verkündet. Als Wowereit Neumann provozierte und sich auch noch zum Kultursenator Berlins erklärte, hat er gekontert, dass der Bund die Staatsoper übernehmen, das Humboldt-Forum allein finanzieren und dem Land die NS-Gedenkstätten abnehmen sollte.

c) Medien als Kulturvermittler

Eine vielfach zentrale aber nicht zentral gesteuerte Ebene stellen die Medien dar. Sie geben die Kulturentwicklung nicht nur wieder, sondern begleiten sie aktiv. Von der Zeitung „politik und kultur" wird der *Puk-Journalistenpreis* des Deutschen Kulturrates jährlich für allgemeinverständliche Vermittlung kulturpolitischer Themen vergeben. Damit wird die öffentliche Dimension kulturpolitischer Berichterstattung in den Medien zunehmend gewürdigt (Scheytt 2008: 31).

4 Finanzentwicklung im Kulturbereich

a) Die Bundesebene

Der Stellenwert der Kulturpolitik im politischen System lässt sich an zwei Indikatoren ablesen, wenn man die vielen Sonntagsreden über die Bedeutung der Kultur nicht für bare Münze nimmt: an der Höhe der Kulturausgaben und der institutionellen Verankerung der Kulturpolitik auf Bundesebene.

(1) So heterogen wie die oben dokumentierten Meinungen der Bürger sind leider auch die statistischen Auflistungen von Kulturausgaben. *Ländervergleiche* werden erschwert, wenn in vielen Staaten Ausgaben, die in den Bereich des Tourismus, des Sports und der Medien reichen, die Kulturetats nominell aufblähen. Selbst *Städtevergleiche* werden durch unvergleichbare Zahlen behindert. Ein Autor, der am Institut für Politische Wissenschaft der Universität Heidelberg zwei nahe beieinander liegende Städte untersuchte, stieß auf das Problem, dass eine Tourismus-Stadt wie Heidelberg Kulturausgaben auch unter „Tourismus" abbucht. Beim Vergleich expliziter Kulturausgaben scheint Mannheim daher gewichtiger als die Stadt ist (Siebold 2006: 74ff). Forscher drängen daher neuerdings in der internationalen Kulturstatistik auf *Vereinheitlichung der Statistik* und der Messgrößen drängen. „Task Force 3" zur Kulturfinanzierung musste erst einmal eine neue Abgrenzung der Kulturfelder erarbeiten (Söndermann in: Hofecker/Tschmuck 2003: 68). Die Darstellung von Kulturausgaben folgte dem *Grundmittelkonzept*. Bei den Grundmitteln werden von den Ausgaben eines Aufgabenbereichs die dem jeweiligen Aufgabenbereich zurechenbaren Einnahmen (aus dem öffentlichen und nichtöffentlichen Bereich) abgezogen. Beim Städtevergleich wurde das Konzept auf laufende Grundmittel abgestellt. Ausgaben für Bau- und anderen Investitionen wurden nicht berücksichtigt. Sie würden die Proportionen verzerren. Bei der Einnahmenhöhe gibt es beträchtliche Unterschiede zwischen den Kultursparten. Theater können einen erheblichen Teil ihrer Einnahmen aus Eintrittsgeldern finanzieren, bei Bibliotheken hingegen sind die Nutzungsentgelte gering. Nur die nach dem Grundmittelkonzept abgegrenzten Kulturausgaben (unter Abzug der jeweiligen Einnahmen) spiegeln die tatsächliche Lastenverteilung zwischen den Gebietskörperschaften wider (Kulturfinanzbericht 2010: 20).

In den siebziger und achtziger Jahren sind die Kulturausgaben überportional zu den sonstigen öffentlichen Ausgaben gestiegen, von 1,3 Milliarden Euro auf 3,9 Milliarden. Das Volumen wurde also verdreifacht. International ungewöhnlich erscheint, dass Deutschland für einen Flächenstaat die höchste Museums-, Theater-, und Berufsorchester Dichte pro Einwohner besitzt (Singer 2003: 22). Von 1995 bis 2001 nahmen die Ausgaben der Länder (einschließlich der Gemeinden) um 13% zu. Die Bundesrepublik hat im Jahre 2001 bei den öffentlichen Ausgaben pro Einwohner ihren Zenith erreicht (Graphik: Kulturfinanzbericht 2003: 23). Die Länder waren 2003 mit 43%, die Gemeinden mit 44,6% und der Bund mit 12,4% an der Kulturfinanzierung beteiligt. Die Länder reduzierten jedoch 2001-2004 ihre Ausgaben für Kultur um 2%. Über die Entwicklung der Gemeinden lagen nach 2001 keine verlässlichen Daten mehr vor (Kulturfinanzbericht 2003: 2). Der geringe Anteil der Kulturausgaben führte dazu, dass die Einschnitte in den Gemeinden erst ab 2002 nominal fühlbar wurden (Kröger/Sievers 2003: 16). Die kulturelle Bildung geriet nach Prognosen der Kulturstatistiker, wie Söndermann (2004a: 11), weiter unter Druck. Es wurde befürchtet, dass in einigen Bereichen, wie der kulturellen Bildung, in den nächsten Jahren 15-20% der Mittel gekürzt werden und die Breitenwirkung der kulturellen Bildung empfindlich reduziert.

Nach 2001 kam es zum Niedergang. In Deutschland sind die Kulturausgaben um zwei Prozent gesunken: von 8,3 Mrd. (2002), auf 8.18 Mrd. (2003) und auf 8,02 Mrd. Euro (2004). 2007 waren es wieder 8, 5 Mrd. Der Anteil der Kulturausgaben des Bundes lag damit bei 0.04% des Bruttoinlandsprodukts, oder 12,96 Euro pro Einwohner. Bei den Ländern betrugen die Ausgaben 0,15%, bei den Stadtstaaten 0.48% und bei den Gemeinden 0.18% vom BIP (Kulturfinanzbericht 2010: 33). Zum Vergleich muß man freilich wichtigere Bereiche heranziehen, um nicht zu positiv zu urteilen: Die Prokopf-Ausgaben für Familien-, Sozial- und Jugendhilfe lagen bei 560 EUR, für Gesundheit und Sport bei 180 EUR – aber um den Preis einer Nettoneuverschuldung von 800 Euro pro Kopf im Jahr (Söndermann 2004: 1, 3). 2007 überschritten die öffentlichen Kulturausgaben pro Einwohner erstmals seit 2003 mit 102, 83 Euro wieder die 100-Euro-Grenze. Das bedeutete eine Steigerung von 12,4% gegenüber 1995 (91,45 Euro pro Einwohner). Für die Jahre 2008-2010 sahen die vorläufigen Berechnungen eine kontinuierliche Steigerung der Kulturausgaben pro Einwohner auf 116,95 Euro vor (Kulturfinanzbericht 2010: 14).

Bund, Länder und Gemeinden gaben 2007 8.5 Milliarden Euro für Kultur aus. Für 2010 waren 9,6 Milliarden veranschlagt. Das waren 1.67% der Gesamtausgaben der öffentlichen Haushalte. 2007 überstiegen die Ausgaben für Kultur und kulturnahe Bereiche mit 10.04 Milliarden erstmals die 10-Milliarden-Euro-Grenze. Die Kulturausgaben des Bundes lagen bei 0.7% der Bundesausgaben (ebd.: 24). Zu diesen Inlandsausgaben kamen 476 Mio. Euro – ohne Auslandsschulen (296 Mio. Euro) und ohne Rundfunk (Die Deutsche Welle erhielt 282 Mio. Euro). Verzerrend wirken auch die einbezogenen Rundfunketats, weil zusätzlich ein Etat besteht, der gebühren-finanziert ist. Bei einer internationalen Vergleichsanalyse müssen aber die Rundfunkausgaben mit einbezogen werden. Die Länder wendeten 1,8% und die Gemeinden 2,4% für den kulturellen Bereich auf (ebd.: 24).

Den 306 (2007: 289,7) Millionen Euro des Bundes standen nur 9.1 (2007: 6, 9) Millionen der Länder gegenüber (Kulturfinanzbericht 2003: 78; 2010: 59). Die 146 Einrichtungen des Goethe-Instituts in 91 Ländern und ca. 180 Kulturgesellschaften im Ausland wurden gefördert. Zweifünftel der Mittel fließen in den Bildungsbereich des Auslandsschulwesens. Auch in diesem Bereich sind Einbußen zu beklagen. In Euro pro Einwohner sanken die öffentlichen Ausgaben für kulturelle Angelegenheiten im Ausland von 4,4 (1995) auf 3,6 Euro (2007) (Kulturfinanzbericht 2010: 59f).

Im *„Ausschuss für Kultur und Medien"* (2010: 1) in einer Bundestagsdebatte zur „Lage der öffentlichen Kulturfinanzierung in der Finanz- und Wirtschaftskrise" gab die Vorsitzende Monika Grütters neuere Zahlen bekannt. Ca 8, 5 Milliarden Euro wurden pro Jahr in Deutschland für die Kultur ausgegeben. Das entsprach dem Richtsatz von 1,8 % der Steuermittel nicht mehr, die früher postuliert worden sind. Die Proportionen der staatlichen Ebenen hatten sich ebenfalls leicht verschoben. Nach dem Konzept der unmittelbaren Ausgaben sahen die Zahlen (für 2007) anders aus als nach dem Grundmittelkonzept (Kulturfinanzbericht 2010: 20f):

Öffentliche Ausgaben für Kultur nach Körperschaftsgruppen und Ausgabekategorien

unmittelbare Ausgaben		Grundmittelkonzept
Bund	11,2%	12,60%
Länder	37,5%	42,97%
Gemeinden/Zweckverbände	51,22%	44,44%

b) Die Bundesländer

Eine der wichtigen Fragen von Politikwissenschaftlern an jedes Politikfeld ist die Frage: *„do parties matter?"*. Im internationalen Vergleich haben in den „fetten 80er Jahren" kleine Länder wie Dänemark und die Niederlande nach den Kulturausgaben (kaufkraftbereinigt in ECU) geführt. Frankreich war von den großen Ländern an der Spitze. Deutschland, Spanien und Italien folgten, gleich welche Partei an der Macht war. Weit hinten lagen Großbritannien und Irland. Die Gründe dafür waren eine eher zivilgesellschaftliche Auffassung von Kulturpflege, nicht aber die Partei an der Macht, die in beiden Fällen als „konservativ" angesehen werden musste. Die Frage „do parties matter?" ließ sich viel eindeutiger in einzelnen Bereichen der Kultur durchaus bejahen. Aber auch hier sind vor allem nationale Traditionen entscheidend. Deutschland gab proportional am meisten für Theater, Frankreich für Filmförderung, Italien für Musik und die Niederlande für bildende Kunst aus (Zahlen in: v. Beyme 1998: 22f). Die über 8 Milliarden für öffentliche Kulturfinanzierung im Jahr 2005 entsprachen einem Anteil von 0, 35% am Bruttoinlandsprodukt (BIP). Der Bund wendete nur 0.7% seiner Gesamtausgaben für Kultur auf. Die Länder hingegen 1, 7% und die Gemeinden 2,4% ihres Gesamtetats (Kulturfinanzbericht 2010: 14).

Für den *kulturnahen Bereich* der Rundfunk- und Fernsehanstalten, kirchliche Angelegenheiten und Volkshochschulen haben die Gebietskörperschaften 2007 weitere, 1,6 Milliarden zur Verfügung gestellt. 2010 sollten 11, 4 Milliarden ausgegeben werden. In diesem Bereich lag der Anteil des Bundes immerhin bei 33,9%, der Anteil der Länder bei 48, 8% und der Gemeinden auf 17.3% (Kulturfinanzbericht 2010: 15). Die Theater- und Musikförderung machten im Jahr 2007 über ein Drittel aus (38,8 %). Es folgten

Museen (14,8), und Bibliotheken (9,8 %). Für die sonstige Kulturpflege wurden 11,3%, für die Kulturverwaltung 4,7 % und für die Kunsthochschulen 5,3% aufgebracht (Kulturfinanzbericht 2010: 15).

Regionen und Länder (besonders in föderalistischen Systemen wie Österreich und Deutschland) spielen in Europa eine zunehmende Rolle. In föderalistischen Systemen sind die Erziehungs- und Kulturpolitik die letzten Residuen einer überwiegenden Kompetenz der Gliedstaaten. Die Große Koalition wollte ab 2005 diesen Länderschwerpunkt noch ausbauen, sie überlebte aber die Wahlen von 2005 nicht. Die Länder in Deutschland verteidigen erbittert ihre Kulturhoheit. Ein Bundeskulturbeauftragter im Jahr 2000 in Deutschland sorgte für Aufregung, als er erklärte, dass der barocke Begriff *„Kulturhoheit"* nicht im Grundgesetz auftauche (FAZ. 3.11. 2000: 41). Einen *„Kulturminister"* kann es im deutschen Föderalismus nicht geben, aber die Länder gaben Kompetenzen an die Zentrale ab, vor allem wenn außenpolitische Gesichtspunkte involviert schienen:

- in der Wiedervereinigung zugunsten der Bauwerke im Osten,
- bei der Kultur der Vertriebenen,
- in der Behandlung von Fragen der „Beutekunst".
- Filmpolitik ist immer ein Einfallstor des Zentralismus.

Die Gliedstaaten in föderalistischen Systemen und die Regionen in dezentralisierten Staaten handeln vielfach nicht konsequent. In Deutschland hat Nordrhein-Westfalen nichts zum „Gedenkstättenkonzept" der Bundesregierung gesagt und Baden-Württemberg schwieg zur „Künstlersozialkasse" (Wefing in: FAZ. 3. 11. 2000: 41). So konnte der Kulturstaatsminister auf der fetten Weide der Kulturlandschaft wildern, ohne mehr als ein „bajuwarisches Grummeln" auszulösen. Das wurde besonders deutlich bei Großprojekten der Denkmalpflege, und in der Filmförderung (Hense 2000). Der deutsche Ausweg aus dem Dilemma erscheint die föderalismusadäquate Realisierung von Vorhaben, wie § 247 BauGB in Verbindung mit dem Hauptstadtvertrag: *Kooperation* wurde das Zauberwort. Das geht aber nur, wo *Politikverflechtung* eine Tradition wie in Deutschland und Österreich besitzt. Beim amerikanischen und Schweizer Konkurrenzföderalismus hat die Kooperation weniger Ansatzpunkte und verliert sich in bilateralen Verhandlungen.

Die Länder betonen ihre Kulturhoheit. Aber sie haben die Zuständigkeit institutionell gleichsam „kalt angeschweißt": in Baden-Württemberg gab es 1992-96: eine „Ministerin für Frauen, Familie, Weiterbildung und Kunst". Nordrhein-Westfalen leistete sich bis 2000 ein Landesministerium: „Arbeit, Soziales, Stadtentwicklung, Kultur und Sport". Clement löste das Ressort auf und schlug es zum Bauministerium, wo es in tödliche Umarmung von Bauinteressen und Technologie zu geraten drohte (FAZ 16. 6. 2000: 41). Diese Beispiele zeigten, dass Kultur auch auf Länderebene oft als nachrangig behandelt wird. Wichtig wurde die Kulturpolitik auf Länderebene jedoch durch die

Erweiterung des Kulturbegriffs und die starke Einbeziehung von Schule und Jugendhilfe. Hier wurde freilich sehr bald beklagt, dass zu viele Modellversuche und Modellprojekte die Überführung von Modellen in dauerhafte Institutionen verhinderte. Am Anfang schien stärkere Vermarktung eine Alternative (Scheytt 2003: 11). Inzwischen wird diese jedoch als Entfremdung gerade von Publizisten im Kulturbereich vielfach beklagt.

Da sich die Frage „do parties matter?" im internationalen Vergleich nicht eindeutig beantworten lässt, erscheint es methodisch stringenter, die *Parteieinflüsse* in einem föderalistischen Land wie Deutschland zu vergleichen, zumal das Gros der Kulturausgaben bei den Ländern (mit unterschiedlichen Kommunalisierungsgraden) liegt. Die unionsgeführten Länder haben traditionell die höchsten Ausgaben für bestimmte Kulturbereiche wie die Denkmalpflege ermöglicht (v. Beyme 1987: 239). Bei den allgemeinen Ausgabenvergleichen im Kulturbereich ist die Frage so einfach nicht zu beantworten. Wie auch bei den Gemeinden erweist sich eher die Größe und die Funktion im weiteren Umland als entscheidend für die Höhe der Ausgaben. Das Land Berlin hatte mit besonderen Finanzproblemen zu kämpfen, obwohl es vom Hauptstadtvertrag profitierte – sehr zum Leidwesen des Bundesrechnungshofes, der 2004 indiskrete Fragen zum „Bundesinteresse" an den 103 Millionen Euro für den *Hauptstadtkulturfonds* stellte. 2011 gingen 420 Millionen Euro des Haushalts des BKM nach Berlin. Dennoch kam es zum „Supergau" der Schließung des Schiller-Theaters, wie André Schmitz, der Verwaltungsdirektor der Volksbühne, sich ausdrückte (Kultur vor der Wahl 2011:60). Es wurde die Forderung laut, Berlin noch mehr zu unterstützen, indem der Bund die „Berliner Philharmoniker" übernimmt, nachdem der Bund die Staatsoper nicht unter seine Fittiche nehmen konnte, wegen der Konkurrenz der 84 anderen Opernhäuser in Deutschland. Der Kultursenator in den Jahren 1991-1996, Roloff-Momin (1997: 32), hat seine Enttäuschung über die SPD in harte Worte gefasst, die einem ganzen Buch seinen Namen gaben: „Dann waren da noch die Fraktionssitzungen der SPD: Deren Prioritäten waren klar: Soziales, Arbeit, Familie, Jugend, Bildung, Justiz...Kultur zuletzt." Die Versuche des Senators, die SPD für Kultur zu erwärmen, bewirkten angeblich „fast das Gegenteil". Die Entwicklung der Kulturausgaben zeigte jedoch auch für SPD-geführte Länder ein etwas positiveres Bild.

Beim *Niedergang der Kulturausgaben* seit 2001 lassen sich wiederum keine Gründe in der Parteienzusammensetzung der Regierung finden. Bayern und Baden-Württemberg, die unionsgeführten *highscorer* auf diesem Gebiet, haben von 2002 auf 2003 ihre Kulturausgaben am stärksten reduziert. Das gleiche galt jedoch für Nordrhein-Westfalen (damals SPD-regiert) – nicht hingegen für ein anderes reiches Land wie Hessen.

Eigentlich müssten diese Zahlen zur Wirtschaftskraft der Länder in Beziehung gesetzt werden. Dabei würden Sachsen und Berlin am besten abschneiden – hingegen würde Hessen, das drittreichste Land der Bundesrepublik, unter den Schlusslichtern rangieren. Die Zahlen zeigen, dass kaum eine Korrelation zwischen Parteizusammensetzung der Landesregierung und den Kulturausgaben besteht. Die Zahlen des „Kulturberichts 2003" (Wiesbaden 2004: 25f) bezogen sich auf den Höhepunkt der Kulturausgaben in Deutschland im Jahre 2001. Damals lagen nach den Stadtstaaten Bayern und Baden-Württemberg bei den Kulturausgaben pro Einwohner noch an der Spitze. Sie wurden aber von den neuen Bundesländern Sachsen, Sachsen-Anhalt und Thüringen übertroffen (2007). Schlusslichter waren damals drei SPD-regierte Länder wie Schleswig-Holstein, Niedersachsen und Rheinland-Pfalz (in SPD-FDP-Koalition). Dazu gehörte jedoch auch das CDU-regierte Saarland. Intervenierende Variablen zur Erklärung niedriger Kulturausgaben (Saarland, Bremen) sind eine generelle finanzielle Schwäche und bei Nicht-Stadtstaaten auch der geringe Urbanisierungsgrad (etwa im Falle Schleswig-Holsteins). Im Zuge der allgemeinen Geldknappheit nehmen jedoch die Senkungen der Kulturausgaben überall zu. Die alte Gleichung: christdemokratische Regierung = Traditionspflege und Kulturfreundlichkeit stimmt nicht mehr. Die Christdemokraten wurden seit den 90er Jahren zunehmend vom Neoliberalismus erfasst, auch wenn ein Flügel noch immer das „christlich-soziale" betont und offener für Staatsintervention erscheint. Dies kommt aber in der Regel der Sozialpolitik und nicht der Kulturpolitik zu gute.

In Deutschland demonstrierten die Daten, dass der Zentralstaat in den fetten Jahren nur eine marginale Rolle spielte: 40-43% der Kulturausgaben lagen noch in den 90er Jahren bei den Ländern, 55% bei den Gemeinden, 4% bei privaten Sponsoren (Frey 1999: 214). Aber die Länder sind ebenfalls in die Finanzkrise geraten und versuchten, Kulturkompetenzen auf den Bund, auf para-staatliche Träger oder auf die Gemeinden abzuwälzen. 2005 trugen die Länder einschließlich der Kommunen und Stadtstaaten mit knapp 7 Milliarden Euro den größten Teil der öffentlichen Kulturausgaben. 3.64 Milliarden entfielen auf die Gemeindeebene, 2,50 Milliarden Euro auf die staatliche Ebene der Flächenländer und 850 Millionen Euro auf die Stadtstaaten. Die höchsten Ausgaben wies Nordrhein-Westfalen auf (1,34 Mrd.), es folgten Bayern mit 983 Mill. und Baden-Württemberg mit 898,0 Mill. Schlusslichter bildeten das Saarland und Bremen. Relative Zahlen auf die Einwohnerzahl bezogen erwiesen sich jedoch als aussagekräftiger. Die Länder wendeten im Durchschnitt 84, 72 Euro pro Einwohner auf. An der Spitze lagen Sachsen und Sachsen-Anhalt, am Ende der Skala das Saarland und Schleswig-Holstein. Zwischen 1995 und 2005 ergab sich nach den Zahlen des Kulturfinanzbericht 2008 (: 21) kaum eine Ausgabensteigerung (0.4%). Wieder waren die Entwicklungen in den Ländern sehr unterschiedlich. Hessen hatte ein Plus von 51,2%, Mecklenburg-Vorpommern ein Minus von 30, 3%. Die öffentlichen Ausgaben für Kultur wiesen 8,1 Milliarden Euro für 2007 (Soll-Wert) oder 99,1 Euro pro Einwohner auf. Der Anteil am BIP sank von 0, 40% (1995 und 2000) auf 0, 36% (2005) und 0, 34% 2007 (Kulturfinanzbericht 2008: 23; Söndermann 2005: 398f).

Zählt man einen längeren Zeitraum von 1995-2007 aus, gab es noch ein Wachstum von 9,1 % für Kulturausgaben bei den Ländern. Am stärksten fiel das Wachstum in Nordrhein-Westfalen (62,2%) und Hessen (43,3%) aus. Unter den Stadtstaaten verzeichnete Hamburg die stärksten Zuwächse von 62,1%. Die Steigerungsrate war vornehmlich durch das Projekt der Elbphilharmonie zu erklären. Von den Flächenländern erzielte Sachsen die höchsten Prokopfausgaben für Kultur mit 170, 84 Euro je Einwohner, während Schleswig-Holstein nur 56, 21 Euro pro Einwohner ausgab. Da die Länder sehr unterschiedliche Größen aufwiesen, waren wiederum die Kulturausgaben pro Kopf der Einwohner aussagekräftig. Die Stadtstaaten, die eine Kulturfunktion für das Umland entwickelten, hatten 2007 mit 191 Euro pro Einwohner in Hamburg, 155 Euro in Berlin und 136 Euro in Bremen, die höchsten Aufwendungen, unabhängig von der stärksten Regierungspartei – lagen damit aber immer noch unter dem Niveau von Spitzenreiter Sachsen. Das galt vor allem für die Hauptstadt Berlin, die jedoch für die Wahrnehmung der Hauptstadtfunktionen zunehmend beim Bund um zusätzliche Entschädigungen einkam. Die Flächenstaaten lagen naturgemäß unter diesem Niveau. Entgegen den Behauptungen vom kulturellen Kahlschlag im Osten haben die neuen Bundesländer sich gut entwickelt (Kulturfinanzbericht 2010: 32f; vgl. Kap. 6).

Die Ausgaben für *Denkmalschutz und Denkmalpflege* beliefen sich 2007 auf 433 Millionen Euro. An erster Stelle stand Sachsen (96,1 Millionen). Es folgten Nordrhein-Westfalen mit 66 Mio, Bayern mit 63 Mio und Baden-Württemberg mit 46 Mio. Bei Ausgaben, in denen die pure Zahl der Institutionen zählt wie Theater, Bibliotheken oder Museen lag naturgemäß der größte Flächenstaat Nordrhein-Westfalen an der Spitze (305 Mio). Bei kleineren Ländern hingegen ist der Anteil der öffentlichen Ausgaben etwa bei Museen dominant. Das Saarland gibt 47% seiner Kulturausgaben für Museen aus. Die Ausgaben für Theater und Musik wurden überwiegend (43%) von den Kommunen getragen. (Kulturfinanzbericht 2010: 47f).

Die *Filmförderung* wurde in der 8. Novelle zum Filmförderungsgesetz neu geregelt. Die Fördermöglichkeiten für den Filmbereich wurden erweitert, z.B. durch eine an filmkünstlerische Erfolge geknüpfte Referenzfilmförderung und eine verstärkte *Marketingförderung* für den Filmabsatz, in der sich auch in diesem sensiblen Bereich die Ökonomisierung der Kulturpolitik niederschlug. Auch in diesem Sektor tauchten Fragen der Systematik auf, weil Ausgabepositionen nicht einheitlich und „überschneidungsfrei" verbucht worden sind, sondern z.T. in Rubriken wie „sonstige Kulturpflege" und „Kunsthochschulen" oder gar unter „Wirtschaftsförderung" auftauchten. Der Bund beteiligt sich an der Filmförderung in hohem Maße. Sein Förderkonzept basiert auf drei Säulen:

- der BK-Filmförderung,
- dem Filmförderungsgesetz (FF),
- und seit 1. Januar 2007 im DFFF, da die Wettbewerbsfähigkeit und Qualität des deutschen Films steigern soll. 2007 59,4 Mill. Euro Fördermittel von der DFFF bewilligt. Mit dem Geld wurden 99 Projekte unterstützt, 65 deutsche Produktionen und 34 internationale Koproduktionen. Im Zeitraum von Januar 2007 bis Februar 2010 wurden 302 Filmproduktionen mit insgesamt 171 Millionen Euro aus dem DFFF gefördert (Kulturfinanzbericht 2010: 70).

Mit dem sechsten Gesetz zur Änderung des Filmförderungsgesetzes ist am 31. Juli 2010 eine Novellierung in Kraft getreten, die eine Filmabgabe der Fernsehveranstalter und Programmvermarkter gesetzlich regelt. Unternehmen, die von Kinofilmen profitierten sind zu Abgaben verpflichtet. Mit der Gesetzesänderung soll die Gleichbehandlung von Kinobetreibern, Videowirtschaft, Fernsehveranstaltern und Programmvermarktern sichergestellt werden. Gleichwohl klagten viele Kinobetreiber gegen die Pflicht, eine Kinoabgabe nach dem Filmförderungsgesetz zahlen zu müssen. Ein Verwaltungsgericht sah die Abgabe-Gerechtigkeit verletzt, weil Fernsehveranstalter nicht in gleicher Weise herangezogen wurden. Im Gesetzesentwurf zur Sechsten Änderung des Filmförderungsgesetzes (DB 7. 6. 2010, Drs. 17/1938: 3) haben alle Parteien bis auf die Linke beschlossen, dass das Filmförderungsgesetz rückwirkend bis 2004 so geändert werden muß, dass auch für Fernsehveranstalter ein Abgabemaßstab gilt.

2007 flossen nach den Haushaltsansätzen 308 Millionen Euro in die Filmförderung, über die Hälfte ging in die Förderung von Kinofilmen (Kulturfinanzbericht 2010: 70). Die staatliche Filmförderung gliederte sich in die Förderbereiche kulturelle, wirtschaftliche (ca. Dreiviertel der Ausgaben) und bildungspolitische Filme (ca. ein Viertel der Ausgaben). Die Länder brachten den Löwenanteil auf (115,4 Millionen), der Bund förderte mit 34,6 Millionen. Bei den Flächenländern lagen Baden-Württemberg (23,3 Mill.) und Nordrhein-Westfalen (17, 8 Mill.) an der Spitze. Den höchsten Prokopf-Beitrag erbrachte Hamburg mit 8, 06 Euro pro Einwohner auf. Durchgeführt werden die Förderungsmaßnahmen maßgeblich von der *Filmförderanstalt* FFA (Kulturfinanzbericht 2008: 70, 72).

Die Ausgaben für *Rundfunkanstalten und Fernsehen* beliefen sich auf 280,7 Mill. Im Jahr 2005 und wurden fast ausschließlich vom Bund aufgebracht. Die Ausgaben für die *Deutsche Welle* wurden direkt im Bundeshaushalt ausgewiesen. Die *Landesrundfunkanstalten* hingegen waren eigenständige Gebietskörperschaften. Ihre Ausgaben werden überwiegend von Rundfunk- und Fernsehgebühren finanziert, die nicht in die Landeshaushalte eingehen.

Zur Finanzierung der *Volkshochschulen* wendeten Staat und Gemeinden knapp 700 Millionen Euro auf. Diese Aufwendungen können aber nur begrenzt für die Kulturpolitik verbucht werden, weil Sprach-, Gesundheits- und Computerkurse hohe Anteile in Anspruch nehmen. Der Bund lag in diesem Bereich mit 272 Mill. Euro knapp vor den Gemeinden mit 231,7 Mill. Und den Ländern mit 192,5 Mill. (Kulturbericht 2008: 74).

Ein Sonderproblem der Kulturpolitik auf Landesebene stellte die Hauptstadtkultur dar. Der Bundesrechnungshof hat in in einem Bericht für den Haushaltsausschuss des Bundestages kritisiert, wie der *Berliner „Hauptstadtkulturfonds"* 10,3 Millionen Euro für die hauptstädtische Kulturpolitik aus Bundesmitteln ausgebe – ohne „nachvollziehbare Buchhaltung" und ohne klare Angabe des Bundesinteresses an der gesamten Ausgabenstruktur (Hauptstadtkultur, FAZ. 8. 10. 2004: 33).

c) Die Kulturpolitik der Gemeinden

Der „Deutsche Städtetag" schien am stärksten berufen, Richtlinien zur Städtischen Kulturpolitik zu entwerfen. Er hat in Publikationen wie „Städtische Kulturpolitik" (1971) schon früh Empfehlungen und Richtlinien aufgestellt, von der Stärkung der Weiterbildung bis zur Forderung, dass städtische Einrichtungen auch außerhalb der üblichen Arbeitszeit geöffnet sein sollten – eine Forderung, die ohne Finanzexperten und Gewerkschafter entwickelt zu sein scheint. Die Zusammenarbeit von Stadtplanung und Denkmalpflege, die Schaffung von Kulturzentren im Zentrum der Städte und die Zusammenfassung der Kulturarbeit unter einem Kulturdezernenten fanden sich in den Beschlüssen des Städtetages (MittDS Nr. 89/70; Städtische Kulturpolitik 1971: 12f). Problem war die historische Zersplitterung der deutschen Kulturpolitik, auch wenn der Deutsche Städtetag (1979: 7) stolz verkündete, dass Kulturpolitik in Deutschland in erster Linie Kommunalpolitik sei. Eine Langzeitstudie über die Kulturpolitik der Gemeinden (Frank 1990: 318) zeigte, dass nicht alle diese Blütenträume der Forderungskataloge reiften. Die Studie konnte nur einen „bescheidenen Bedeutungsgewinn der kommunalen Kulturpolitik in der Stadtentwicklungspolitik" feststellen. Die interne Heterogenität der Interessen in Verbindung mit den Besonderheiten des Urbanisierungsprozesses hat die Möglichkeiten aktiver Kulturpolitik in den Gemeinden begrenzt. Die Kulturreformdebatte der 70er Jahre hatte daher auf dieser Ebene geringeren Einfluss als auf Bundes- und Länderebene. Es wurde oft beklagt, dass die Kulturpolitik der Kommunen sich spät und unsystematisch entwickelt habe. Im transnationalen Vergleich zeigte eine historische Studie jedoch, dass deutsche Städte bei der Herausbildung und Institutionalisierung einer städtischen Kulturpolitik führend waren – auch im Vergleich zu Frankreich, das die Kulturpolitik der Zentralregierung stärker förderte als Deutschland. Dieser Vorsprung deutscher Städte ließ sich aus der Dezentralisierung Deutschlands und den alten Traditionen kommunaler Selbstverwaltung erklären. Auch in Frankreich entwickelte sich dank der Aktivitäten großer Städte die Kunstpolitik (*politique des beaux-arts*) zu einer Kulturpolitik (*politique culturelle*) im modernen Sinne weiter (Höpel 2007: 475, 480). Die Kulturpolitik der Gemeinden wird von formellen und informellen Entscheidungsstrukturen beeinflusst. Generell gilt die Regel, das Bürgermeister und Verwaltung den kommunalpolitischen Prozess dominieren, obwohl die Gemeindeordnungen der gewählten Vertretungskörperschaft die politikleitende Funktion zuweisen. Vielfach ist das Selbstverständnis der „Kulturgestalter" in den Kulturämtern von Klein- und Mittelstädten, die sich nicht nur als „Kulturverwalter" verstehen, kritisiert worden: hektische Betriebsamkeit und Konzeptionslosigkeit wurde ihnen vorgeworfen (Pohlmann 1994: 287).

Je dürftiger die Finanzen von Bund und Ländern werden, umso mehr wird die *Kommunalisierung der Kulturpolitik* forciert. Die Länder können den Gemeinden Mittel zweckgebunden zuweisen, oder sie eigenständig über die Verwendung der Mittel entscheiden lassen. In Nordrhein-Westfalen als dem größten Flächenstaat war die Kommunalisierung 2007 mit 78,8 % der öffentlichen Kulturausgaben in Regie der Gemeinden am höchsten. Es folgten Hessen (63,1%) und Baden-Württemberg (57,7%). Schlusslicht war das Saarland 39,2% (Kulturfinanzbericht 2010: 34). Wer – wie in der Literatur gelegentlich geschieht – den Kommunalisierungsgrad zum Indikator für eine gute Politik machte, könnte versuchen, die Kommunalisierungsbereitschaft wiederum einer Partei zuzuschreiben. Die drei genannten Länder zeigen freilich, dass im Spitzenfeld SPD-geführte und auch unionsgeführte Regierungen lagen. Ein hoher *Urbanisierungsgrad* scheint als intervenierende Variable zu fungieren. Wo viele Großstädte eine erfolgreiche Lobby bilden, kann auch eine zum Zentralismus neigende überwiegende Dauerherrschaft der Sozialdemokraten in Nordrhein-Westfalen oder einst in Hessen einen Spitzenwert in der Dezentralisierung von Kulturpolitik erzielen. Wer die Daten negativ interpretieren möchte, könnte auch geltend machen, dass Nordrhein-Westfalen dank einer niedergehenden Wirtschaft und vergleichsweise geringer Ausgaben für die Kultur (gemessen pro Einwohner), am stärksten die Lasten für die Kulturpolitik auf die Gemeinden abwälzte.

Die *Ausgaben der Gemeinden* staffelten sich auch nach der Gemeindegröße. Städte über 500 000 Einwohner hatten 2007 die höchsten Aufwendungen (845501 Euro oder 124,2 Euro pro Einwohner) (Kulturfinanzbericht 2010: 40). Großstädte bis zu 200 000 Einwohnern hatten vergleichsweise noch am ehesten Zuwachsraten (Söndermann 2005: 408). Die größten Posten des Kulturbudgets in diesen Großstädten machten Theater und Orchester aus (57% ab 500 000 Einwohner, sogar fast 65% bei Gemeinden zwischen 200 000 und 500 000 Einwohner). Bei kleineren Städten spielten die Bibliotheken eine herausragende Rolle (Kulturfinanzbericht 2010: 52; 2008: 30), auch wenn die Ausgaben pro Kopf der Einwohner naturgemäß im Vergleich zu Halbmillionenstädten geringer ausfielen. 2007 haben die Gemeinden 51% der Bibliotheksausgaben bestritten, die Länder steuerten 28,7% und der Bund 23,6% bei. Der Bund konzentrierte sich vor allem auf die Deutsche Nationalbibliothek, das Bundesarchiv und die Stiftung Preußischer Kulturbesitz, welche die Staatsbibliothek zu Berlin unterhält. Die höchsten Prokopfausgaben für Bibliotheken verzeichnete Sachsen (20, 03 Euro) und Berlin mit 18, 26 Euro pro Einwohner, die niedrigsten hatte das Saarland mit 5, 29 Euro pro Kopf (ebd.: 52).

Bei den Städten über 500 000 Einwohner rangierte Frankfurt mit 207 Euro pro Einwohner an der Spitze. Noch immer profitierte die Stadt davon, dass „Mainhattan" vom Image der bloßen Banker-Stadt loszukommen trachtete. Landeshauptstädte haben überdurchschnittliche Anstrengungen unternommen. Das eher arme Magdeburg lag mit 128 Euro pro Einwohner immerhin an vierter Stelle nach Düsseldorf, Stuttgart, und Dresden. Schwerin (27, 8 Euro) rangierte nach Hannover und Kiel aber am Ende der Rangliste der Landeshauptstädte. München – kulturell bis zur Wiedervereinigung oft als „heimliche Hauptstadt" angesehen – lag nur im Mittelfeld. Am ehesten vergleichbar sind die mittleren Großstädte zwischen 200 000 und 500 000 Einwohnern. Leipzig stand 2007 an 2. Stelle in dieser Kategorie – nach Frankfurt und einen Platz vor Düsseldorf. In der

Gruppe der Städte von 200 000 bis zu einer halben Million Einwohner führte Mannheim (151 Euro pro Einwohner) vor Bonn und Halle (Kulturfinanzbericht 2010: 45).

Die Kulturstatistiker fragten selten nach den Ursachen solcher Rangfolgen. Frühere Vermutungen, wie die Tradition von *einstigen territorialen Hauptstädten*, treffen nur noch für Karlsruhe und Dresden zu. *Universitätsstädte* (Leipzig, Mannheim, Erfurt, Freiburg, Bonn) liegen günstiger als andere Städte vergleichbarer Größe. Aber es gibt auch eine Korrelation zur *Lage als regionalem Zentrum mit wenig großstädtischer Konkurrenz*, wie in den Fällen von Leipzig, Dresden, Erfurt, Freiburg. Umgekehrt sind *Städte in Ballungsgebieten*, wie an der Ruhr (Gelsenkirchen, Oberhausen, Mönchengladbach) am Ende der Skalen zu finden, weil es bei ihnen zahlreiche regionale Kulturpendler gibt.

Die Kommunen, die noch immer das größte öffentliche Budget für Kulturausgaben aufweisen, sind meist die ersten Adressaten sozio-kultureller Bewegungen. Sie haben sich am stärksten umgestellt. Nach dem Ende der fetten Jahre der „Staatstheater-Gesinnung" kam es zur Festivalisierung der Kulturpolitik. In Kassel war die „Documenta" eine Erfolgsstory, die auch wirtschaftliche Schubkraft für eine marginalisierte Region in der alten Bundesrepublik entwickelte. Bei den kleineren Städten ist eine große Ko-finanzierung auffällig. Vor allem die Sparkassen haben eine wichtige Funktion als Sponsoren, überwiegend im Museums- und Musikförderungsbereich.

Bei den Ausgaben pro Kopf der Bevölkerung, aufgeschlüsselt nach Sparten, lagen im Ländervergleich Berlin, Bremen und Sachsen bei den *Bibliotheken* an der Spitze. Das kleine Saarland führte die Liste der Länder bei den *Museen* an. (Kulturfinanzbericht 2010: 48). Deutschland ist der Flächenstaat mit der höchsten Museums-, Theater-, und Berufsorchesterdichte pro Einwohner in der Welt. 90% der Ausgaben für Theater mit 22 Millionen Besuchern werden durch öffentliche Haushalte bestritten. 4570 Museen mit 96,2 Millionen Besuchern wurden aus Staatsmitteln finanziert (Opielka 2003; Singer 2003: 22). Das Institut für Museumsforschung erfasste in der Museumsstatistik für das Jahr 2007 4712 Museen. 58,5% befanden sich in öffentlicher Trägerschaft und 383% in privater Trägerschaft (Privatpersonen, Firmen, Vereine und privatrechtliche Stiftungen). In 3.2% der 152 Fälle bestand die Trägerschaft in einer Mischform. Die Länder trugen 34,1%, der Bund 18% der Kosten für die Museen. Das Gros der Kosten 47,9% wurde 2007 immer noch von den Gemeinden getragen. Das ist auch darauf zurückzuführen, dass die größte Gruppe der Museen (2117) Volks- und Heimatkundemuseen darstellen. Mit großem Abstand folgen die Kunstmuseen (480) und kulturgeschichtliche Spezialmuseen (685). 2007 gab es darüber hinaus 9235 Ausstellungen. Für 2007 zählte die Statistik 107 Millionen Museumsbesucher (Kulturfinanzbericht 2010: 54).

In Zeiten knapper Finanzen gewinnt das *Organisationsmodell kommunaler Kulturpolitik* an Bedeutung. Markus Pohlmann (1994: 132, 135) hat vorsichtig mit einer Typologie von städtischen Kulturverwaltungen begonnen. Er unterschied: eine verwaltungsgeprägtes, ein dienstleistungsorientiertes und ein aktiv gestaltendes Kulturamt und reduzierte die Analyse schließlich auf eine Zweiertypologie: eine *traditionell-offene Leistungsverwaltung* und eine *innovativ-spezialisierte Verwaltung*. Diese Typologie eignete sich, um die Kulturverwaltungstypen in zwei benachbarten Städten mit höchst unterschiedlicher Tradition und überregionaler Bekanntheit zu charakterisieren, wie Heidelberg und Mannheim. Beide Städte haben ähnliche Schwerpunkte der Resourcen: darstellende Kunst, bildende Kunst, Bildung und Musik. Heidelberg zehrt von seinem überregionalen Image. Mannheim musste größere Anstrengungen unternehmen, um überregionale Strahlkraft zu erlangen, etwa durch „Schiller-Tage" oder Pop-Akademie (Seibold 2006: 74, 95). Der Vergleich zweier Städte zeigte, dass Geld allein nicht entscheidend für die kulturelle Performanz ist. Innovative Leistungsverwaltung kann Benachteiligungen in der Pfadabhängigkeit von kulturellen Errungenschaften ausgleichen. Durch enge Kooperation zwischen Kulturdezernat, Kulturamt und Stadtmarketing kann eine innovativ-spezialisierte Verwaltung durchaus Erfolge erzielen.

Typologie von Kulturverwaltungstypen

	Traditionell-offene Leistungsverwaltung	*innovativ-spezialisierte Verwaltung*
Aufgaben und Programmstrukturpunkte Breites Aufgabenprofil	Planungsabstinenz programmatische Offenheit Geringe Eigeninitiative Ungezielte Förderpolitik Traditionsgebundene Förderpolitik	konzeptionelle Kompetenz programmatische Schwerpunkte stark eigeninitiativ gezielte Selektivität innovative Förderpolitik
Organisationsstruktur	zentral undifferenzierte Arbeitsteilung Hohes Maß an Spannungen Kulturamt – Kulturinstitute Entscheidungsmaßstab verwaltungsgeprägt	dezentral Arbeitsteilung nach Sparten geringes Maß an Spannungen Kulturamt – Kulturinstitute professionell orientierte Entscheidungsmaßstäbe
Personalstruktur Kompetenz	Verwaltungspersonal geringe Akademisierung Verwaltungsführungskräfte Motivation: persönliche Neigung	verwaltungsexternes Personal starke Akademisierung akademische Führungskräfte Motivation: professionelle Kompetenz

Quelle: Seibold 2006: 81

Der Kulturrat hat sich vor allem für die Vorsorge in Notzeiten eingesetzt. Am 23. 3. 2010 wurde ein Nothilfefonds Kultur bei der Kulturstiftung des Bundes oder der Kulturstiftung der Länder diskutiert. Mit diesem Fonds sollten in Not geratene kommunale Kultureinrichtungen kurzfristig unterstützt werden – angesichts der Museums- und Theaterschließungen keine überflüssige Maßnahme.

Literatur

Amtsblatt der EU, 10. 3. 2000.
Antwort der Bundesregierung auf die Große Anfrage der Abgeordneten Dr. Norbert Lammert u. a. BT Drs. 14/1575.
Ausschuss für Kultur und Medien, Deutscher Bundestag, 17. Wahlperiode, 8. Sitzung, 24. 2. 2010, Protokoll Nr. 17/8. Expertengespräch: Lage der öffentlichen Kulturfinanzierung in der Finanz- und Wirtschaftskrise.
Auswärtiges Amt: Leitsätze für die auswärtige Kulturpolitik. Bonn, 1978
Auswärtiges Amt: Die Auswärtige Politik der Bundesrepublik Deutschland. Köln, Verlag Wissenschaft und Politik, 1972.
Bahners, Patrick: Gescheitertes Experiment. Drei Kulturstaatsminister sind genug, in: FAZ, 25. 10. 2005 (a): 17.
Bahners, Patrick: Bloß keinen Dichter! Dienstbeschreibung: Was ein Kulturstaatsminister sein kann, in: FAZ, 9. 11. 2005 (b): 39.
Bartella, Raimund: Finanzkrise lässt kommunale Kulturausgaben abschmelzen, in: Kulturpolitische Mitteilungen 103, 2003: 41-42.
Berg, Stefan/Sontheimer, Michael: Ganz oben im Kanzleramt. Als Kulturstaatsminister galt der CDU-Veteran Bernd Neumann zunächst als Fehlbesetzung. Der Spiegel 48/2006: 178-182.
Bericht der Enquete-Kommission Auswärtige Kulturpolitik gemäß Beschluss des Deutschen Bundestages vom 23. Februar 1973. Drs. 7/4121 vom 7. Oktober 1975.
v. Beyme, Klaus: Der Wiederaufbau. Architektur und Städtebaupolitik in beiden deutschen Staaten. München. Piper, 1987.
v. Beyme: Die Kunst der Macht und die Gegenmacht der Kunst. Frankfurt, Suhrkamp, 1998
v. Beyme, Klaus: Der Gesetzgeber. Wiesbaden, Westdeutscher Verlag, 1997.
v. Beyme, Klaus: Kulturpolitik und nationale Identität. Wiesbaden, Westdeutscher Verlag, 1998.
v. Beyme, Klaus: Das Zeitalter der Avantgarden. Kunst und Gesellschaft. 1905-1955. München. Beck, 2005.
Clair, Jean: Die Verantwortung des Künstlers. Avantgarde zwischen Terror und Vernunft. Köln, DuMont, 1998.
Cowen, Tyler: In Praise of Commercial Culture. Cambridge/Mass., Harvard University Press, 1998.
Cultural Statistics in the EU. 2000: Final Report of the EU. Working Paper 3/2000/E/Nr.1.
Cultural Statistics. European Commission. Luxemburg Publications Office of the European Union. 2011.
Danto, A. C.: Das Fortleben der Kunst. München. Fink, 2000.
Delbrück, Jost (Hrsg.): Grünbuch zu den Folgewirkungen der KSZE. Köln, Verlag Wissenschaft und Politik, 1977.
Deutscher Bundestag 17. WP. Ausschuss für Kultur und Medien. Wortprotokoll, 24. 4. 2010.
Deutscher Städtetag: Kultur in den Städten. Eine Bestandsaufnahme. Stuttgart, Kohlhammer, 1979.
Düwell, Kurt/Linke, Werner (Hrsg.): Deutsche Auswärtige Kulturpolitik seit 1871. Köln, Böhlau, 1981.
Düwell, Kurt: Zwischen Propaganda und Friedensarbeit – 100 Jahre der deutschen Auswärtigen Kulturpolitik. In: Maaß 2009: 61-111.

Enquete-Kommission: Bericht der Enquete-Kommission Auswärtige Kulturpolitik des Deutschen Bundestages vom 23. Februar 1975. BT-Drs. 7/4121.
Enquete-Kommission: Schlussbericht der Enquete-Kommission ‚Kultur in Deutschland'. Bundestagsdrucksache 16/7000. Berlin 2007.
Ermisch, Günter u. a. (Hrsg.): Wanderungen durch die Kulturpolitik. Festschrift für Sieghardt von Köckritz. Berlin, Nicolai, 1993.
Eurostat Working Group on Cultural Statistics: Task Force on Cultural Employment. Luxemburg, 2002.
Fohrbeck, Karla u. a.: Kunstförderung im internationalen Vergleich. Köln. DuMont, 1971.
Fohrbeck, Karla/Wiesand, Andreas: Der Künstler-Report. München (zuerst als Bundestagsdrucksache 7/3071 v. 13. 1. 1975) München, Hanser, 1975.
Frank, Rainer: Kultur auf dem Prüfstand. Ein Streifzug durch 40 Jahre kommunaler Kulturpolitik. München, Minerva, 1990.
Frey, Manuel: Macht und Moral des Schenkens. Staat und bürgerliche Mäzene. Berlin. 1999.
Fuchs, Max: Kulturpolitik in Zeiten der Globalisierung, in: Aus Politik und Zeitgeschichte B 12/ 2003: 15-20.
Fuchs, Max: Kulturpolitik. Wiesbaden, VS Verlag für Sozialwissenschaften, 2007.
Grosz, Andreas/Delhaes, Daniel (Hrsg.): Die Kultur-AG: neue Allianzen zwischen Wirtschaft und Kultur. München. Hanser, 1999.
Grünbuch. Erschließung des Potentials der Kultur- und Kreativindustrien. Brüssel, Europäische Kommission, 2010 (Kom, 2010, 183,3).
Hanimann, Joseph: Vielfältiger, in: FAZ, 6. 2. 2003: 33.
Hense, Ansgar: Bundeskulturpolitik als verfassungsrechtliches und verwaltungsrechtliches Problem. Deutsches Verwaltungsblatt Nr. 6, 2000: 376-384.
Hermand, Jost: Kultur im Wiederaufbau. Die Bundesrepublik Deutschland. 1945-1965. München, Nymphenburger, 1986.
Hermand, Jost: Die Kultur der Bundesrepublik Deutschland. 1965-1986. München, Nymphenburger, 1988.
Hertel, Wolfram: Kulturföderalismus in Deutschland: Verfassungsfolklore oder Verfassungsrecht? Jahrbuch des Föderalismus, 2001/2: 154-167.
v. Heydebreck, Amélie, 2003: Künstler, rettet den Kapitalismus. Die Wirtschaft verkriecht sich im Schoß der Kultur: was ist, wenn die nicht mitmacht? in: Frankfurter Allgemeine Sonntagszeitung, 9. 3. 2003: 25.
Hintermeier, Hannes: Der neueste Nationalismus. Welchen Schaden bringt die Bundeskulturstiftung? FAZ., 8. 3. 2002: 41.
Hippe, Wolfgang: Kulturpolitik als Innenpolitik. In: A.R.T. (Hrsg): Kultur macht Politik. Köln, Kölner Volksblatt-Verlag, 1988: 190-197.
Hofecker, Franz-Otto/Tschmuck, Peter: Kulturpolitik, Kulturforschung und Kulturstatistik. Innsbruck, Studienverlag, 2003.
Hoffmann, Hilmar: Kultur für Morgen. Frankfurt, Fischer, 1986.
Hoffmann, Hilmar (Hrsg.): Kultur und Wirtschaft. Knappe Kassen – Neue Allianzen. Köln, DuMont, 2001.
Hoffmann , Hilmar/Schneider, Wolfgang (Hrsg.): Kulturpolitik in der Berliner Republik. Köln, DuMont, 2002.

Höllersen, Wiebke: Der Geldautomat. Staatsminister Bernd Neumann ist ein Politiker, der den Kulturbetrieb glücklich macht, denn er versorgt ihn üppig mit Subventionen. Der Spiegel 6/2011: 120-121.

Höpel, Thomas: Von der Kunst- und zur Kulturpolitik. Städtische Kulturpolitik in Deutschland und Frankreich 1918-1939. Wiesbaden, Franz Steiner, 2007.

Höppe, Thomas: Von der Kunst- zur Kulturpolitik. Städtische Kulturpolitik in Deutschland und Frankreich 1918-1939. Stuttgart, Steiner, 2007.

Jahrbuch für Kulturpolitik 2004. Essen, Institut für Kulturpolitik der Kulturpolitischen Gesellschaft, 2004.

Kilb, Andreas: Die drei von der Kulturtankstelle. Mit einem bunten Abend im Jüdischen Museum in Berlin versucht die SPD, ihre Deutungshoheit in der Bundeskulturpolitik zurückzugewinnen. FAZ. 1. Okt. 2008: 39.

Klein, Armin: Kulturpolitik. Eine Einführung. Wiesbaden, Verlag für Sozialwissenschaften, 2003, 2005, 2.Aufl.

Klein, Katharina: Geben ist nachhaltiger als Nehmen. Stiftungen: Die mehr als 18000 Stiftungen in Deutschland verwalten ein Vermögen von geschätzt 100 Milliarden Euro. FAZ. 29. 7. 2011: 19.

Kleinegges, Udo u.a.: Im Blickpunkt: Kultur in Deutschland. Zahlen und Fakten. Stuttgart, Metzler/Poeschel, 1994.

Kloepfer, Inge: Kultur – Deutschlands teures Hobby, in: FAZ, 11.12.2005: 45.

Knoblich, Tobias J.: Soziokultur in Ostdeutschland, in: Aus Politik und Zeitgeschichte B 12/2003: 28-34.

Kommission der EU: Ein Europa der Völker bauen. Brüssel, 2002.

Kröger, Franz/Sievers, Norbert: Stillstand ist Rückschritt. Abschied vom Kulturboom? in: Kulturpolitische Mitteilungen 103/2003: 43-47.

Kulick, Holger: Bundeskulturstiftung kommt. Der Spiegel 28. 1. 2004

Kulturbericht 2003. Wiesbaden, Statistische Ämter des Bundes und der Länder, 2004.

Kulturfinanzbericht 2003. Berlin, Wiss. Dienste des Deutschen Bundestages, 8.6.2004.

Kulturfinanzbericht 2008 (4. Auflage). Berlin, Statistische Ämter des Bundes und der Länder. Wiesbaden, Statistisches Bundesamt, Sept. 2008.

Kulturfinanzierung in Europa. Europäische Kommission, Generaldirektion Bildung und Kultur. Luxemburg, Amt für amtliche Veröffentlichungen der Europäischen Gemeinschaften. 2002.

Kulturnische im Welthandel. Ein Gespräch zur Unesco-Konvention zur kulturellen Vielfalt, in: FAZ, 24.10. 2005: 39.

Die Kulturstiftung des Bundes. Halle a. d. Saale, 2003.

Kulturstiftung des Bundes. Halle an der Saale, 2004.

Kultur vor der Wahl. Berliner Museen, Opern und Orchester: was sind sie Senat und Bund wirklich wert? Die Zeit, Nr. 38, 15. 9. 2011: 60.

Lammert, Norbert (Hrsg.): Alles nur Theater? Beiträge zur Debatte über Kulturstaat und Bürgergesellschaft. Köln, DuMont, 2004.

Lehnart, Ilona: Documenta in Permanenz. FAZ 24. 7. 2002: 37.

Leitbild der Stiftung Preußischer Kulturbesitz, Berlin, 23. 3. 2009..

Lynen, Peter M.: Sponsoring der Kunst – rechtliche Lösungen im öffentlichen Bereich. Düsseldorf (hektographierte Thesen) 2004.

Maaß, Kurt-Jürgen (Hrsg.): Kultur und Außenpolitik. Handbuch für Studium und Praxis. Baden-Baden, Nomos, 2009, 2. Aufl.

Mahrenholz, Ernst Gottfried: Deutsche, rührt euch. Ende für den Beutekunststreit, in: FAZ, 7.6.2005: 35.

Meyer, Hans: Bemerungen zu den Themen Kultur, Medien, Hauptstadt Berlin im Rahmen der Föderalismusreform. Berlin, mimeo,2006.

Minkmar, Nils: Warum lacht Frau Weiss? in: Frankfurter Allgemeine Sonntagszeitung, 11.11. 2005: 31.

Mues, Gabor: Ist das noch Kunst? Der Fiskus als Kunstrichter. FAZ. 26. 2.011: 49.

Mulcahy, Kevin: American Cultural Patronage: the Limits of Privatization, in: Hofecker, Franz-Otto/Tschmuck, Peter (Hrsg.): Kulturpolitik, Kulturforschung und Kulturstatistik. Innsbruck, Studienverlag, 2003: 89-104.

Mumme, Martin: Strategien auswärtiger Bewußtseinspolitik. Würzburg, Königshausen & Neumann, 2007.

Myerscough, John (Hrsg.) Funding the Arts in Europe. London, European Centre for Political Studies, 1984.

Nida-Rümelin, Julian: Humanismus als Leitkultur. Ein Perspektivenwechsel. München, Beck, 2006.

Opielka, Michael: Kunst und Kultur im Wohlfahrtsstaat, in: Aus Politik und Zeitgeschichte. B 12/ 2003: 28-34.

Palm, Wolfgang: Öffentliche Kunstförderung zwischen Kunstfreiheitsgarantie und Kulturstaat. Berlin, Duncker 6 Humblot, 1999.

Peisert, Hansgert: Die auswärtige Kulturpolitik der Bundesrepublik Deutschland. Sozialwissenschaftliche Analysen und Planungsmodelle. Stuttgart, Klett, 1978.

Pohlmann, Markus: Kulturpolitik in Deutschland. Städtisch organisierte Kultur und Kulturadministration. München, Minverva, 1994.

Presse- und Informationsamt der Bundesregierung, 1997: So fördert der Bund Kunst und Kultur. Bonn.

Pues, L. u.a. (Hrsg.): Art-Investor. Handbuch für Kunst und Investment. München, Finanzbuch-Verlag, 2002.

Roloff-Momin, Ulrich: zuletzt: kultur. Berlin, Aufbau-Verlag, 1997.

Sachrendt, Christian: Kunst als Botschafter einer künstlischen Nation. Studien zur Rolle der bildenden Kunst in der auswärtigen Kulturpolitik der DDR. Stuttgart, 2009.

Satzung der Kulturstiftung des Bundes. Halle an der Saale o. J.

Scheytt, Oliver: Künste und kulturelle Bildung als Kraftfelder der Kulturpolitik. Aus Politik und Zeitgeschichte B 12/2003: 6 -14.

Scheytt, Oliver: Kulturstaat Deutschland. Plädoyer für eine aktivierende Kulturpolitik. Bielefeld, Transkript Verlag, 2008.

Schneider, Axel: Die auswärtige Sprachpolitik der Bundesrepublik Deutschland. Bamberg, 2000.

Schümer, Dirk: Bildermüll. Holland weiß nicht, wohin mit seiner Subventionskunst, in: FAZ, 4. 11.1996.

Schwencke, Olaf u. a. (Hrsg.). Kulturelle Modernisierung in Europa. Regionale Identitäten und soziokulturelle Konzepte. Dokumentation 45. Hagen, Kulturpolitische Gesellschaft, 1993.

Schwencke, Olaf u.a.: Kulturpolitik von A-Z. Berlin, Siebenhaar Verlag, 2009.

Seibold, Hannes: Kommunale Kulturpolitik im Städtevergleich: Mannheim und Heidelberg. Heidelberg, Mag. Diss. 2006.

Singer, Otto: Die Förderung von Kunst und Kultur. Berlin, Wissenschaftliche Dienste des Deutschen Bundestages, Sept. 2003 (Reg.Nr. WF X-060/03).

Söndermann, Michael: Kulturausgaben in Deutschland sinken 2004 weiter. KulturStatistik 24. Bonn, Arbeitskreis Kulturstatistik, 2004.
Söndermann, Michael: Wohin treibt die Öffentliche Kulturfinanzierung in Deutschland. Wien 2004 a (mimeo)
Söndermann, Michael (2004b): Beschäftigung im Kultursektor in Deutschland 2003/2004, in: Jahrbuch für Kulturpolitik: 459-475.
Söndermann, Michael: Öffentliche Kulturfinanzierung in Deutschland 2005. Ergebnisse aus der Kulturstatistik. Jahrbuch für Kulturpolitik 2006, Bd. 6. Essen, Klartext: 395-409.
Städtische Kulturpolitik. Empfehlungen, Richtlinien und Hinweise des Deutschen Städtetages zur Praxis städtischer Kulturpolitik 1946 bis 1970. Stuttgart, Kohlhammer, 1971.
Wagner, Bernd: Zwanzig Jahre Neue Kulturpolitik. Eine Bibliographie. Hagen, Kulturpolitische Gesellschaft, 1993.
Wagner, Thomas: Das neue System. Wie man in Hessen mit der Kultur die Macht sichern will, in: FAZ, 28.11.2002: 33.
Wefing, Heinrich: Alles außer Nolde. Was fördert eigentlich die Bundeskulturstiftung? in: Frankfurter Allgemeine Zeitung, 8. 7. 2004: 27.
Weiss, Christina: Stadt ist Bühne. Kulturpolitik heute. Frankfurt, EVA, 1999.
Wiesand, Andreas Johannes (für das Bundesinnenministerium), 1987: Kunst ohne Grenzen? Kulturelle Identität und Freizügigkeit in Europa. Köln. DuMont, 1987.
Zukunft Kulturpolitik in: Kulturpolitische Mitteilungen 100/2003: 1.

8 Von der staatlichen Kulturförderung zur „Kreativwirtschaft".

1 Phasen der Kulturpolitik, das Wachstum der Beschäftigten im Kultursektor und die Künstlersozialversicherung

a) Phasen der Kulturpolitik

Kulturpolitik nach 1968 entwickelte sich in mehreren Phasen. Diese waren durch normative Postulate vorbereitet und haben die Forschung nach sich gezogen. Zum Teil waren Publizisten der Kulturpolitik auch Akteure, vor allem im kommunalen Bereich, wie Hermann Glaser oder Hilmar Hoffmann.

Eine Einteilung unterschied vier Phasen der Kulturpolitik in der Bundesrepublik Deutschland seit 1945:

1. Nach 1945: *restaurativ-affirmative Kulturpolitik* mit dem Leitmotiv „Kulturpflege".
2. Ab Ende 1969: von der Kulturpolitik zur Kulturarbeit unter Leitmotiven wie *„neue Kulturpolitik", „Kultur für alle", „Soziokultur".*
3. Ab Ende 1980: *Ökonomisierung der Kulturpolitik,* Rückkehr der Dominanz der traditionellen Kulturinstitutionen in den Gemeinden und Einsatz von Kultur als Image-Faktor.
4. Ab Ende 1990: *Pluralisierung der Kulturpolitik,* Abgrenzung zur Kultur für alle, Rückzug auf Pflichtaufgaben und kulturelle Grundversorgung, Konkurrenz der Kommunen und kein neues allgemeines Leitbild, sondern Profilierung jeder Gemeinde für sich selbst (Seibold 2006: 29).

Nur die erste Phase unterschied sich nennenswert von anderen Dreiphaseneinteilungen.

1) Politische Instrumentalisierung der *Sozio-Kultur.* Späte Folgen der 68er Bewegung und der neuen sozialen Bewegungen standen Pate. Noch gelang es gelegentlich, diesen Impetus zentral zu kanalisieren. Hilmar Hoffmanns Frankfurter Museumsmeile in den 80er Jahren war ein prominentes Beispiel dafür.

2) In den 90er Jahren ist die *ökonomische Verwertbarkeit* zur Förderung von Standortvorteilen für die Wirtschaft in den Vordergrund getreten. Künstler sind nicht mehr das

schlechte Gewissen der Gesellschaft, nicht mehr Spinner und Querdenker, sondern „Meister des Geschäftserfolgs" (Barry J. Gibbons). Kultur wurde zum *„Quartiermacher für Zukunftsbranchen"* (Wagner 1988: 77). Die Kreativindustrie wurde nicht mehr unter dem engen Gesichtspunkt von Kunst als Anlageobjekt für Individuen und Institutionen angesehen, wie in älteren Traktaten (Wagenführ 1965: 203), die noch das „Tafelbild" als wichtigstes Objekt des Kunstmarktes ansahen. Kulturelle Einrichtungen sind auf dem europäischen Kontinent überwiegend gegen eine allzu neoliberalistische Marktideologie. Sie verteidigen daher auf dem Buchmarkt die Preisbindung. In den USA haben die großen Buchhandelsketten die kleinen Buchhändler praktisch verdrängt. Gleichzeitig sind die Preise um 62% gestiegen. Die Zahl der veröffentlichten Titel pro Jahr blieb hingegen auf dem Stand von 1974, während sie sich in Deutschland im gleichen Zeitraum verdreifachte. Auch in Deutschland ist dieser Trend der *Oligarchisierung* auf dem Vormarsch. Bald wird jedes vierte Buch, jede dritte CD, jede zweite Fernsehsendung direkt oder indirekt den Stempel „Bertelsmann" tragen (Schneider in: Hoffmann/ Schneider 2002: 203f, 205).

3) Die *ersten 2000er Jahre* galten nach Lyotard und anderen postmodernen Philosophen als „Zeit der Erschlaffung" und „Resignation", wie er sich in Begriffen der *„posthistoire"* widerspiegelte (Wils 1994: 13, 25). Die Posthistoire war ein gigantisches Fehlurteil, sowohl in der Politik als auch in der Wirtschaft. In der Politik kam es zu gewaltigen globalen Veränderungen und sogar zum Einsturz von als unerschütterlich geltenden Diktaturen im Nahen Osten. In der Wirtschaft entwickelten sich beispiellose Booms, gefolgt von einem globalen Crash. Von Stillstand und Erschlaffung keine Rede:

- Der *Umsatz* bei Kunst und Antiquitäten allein wurde 2010 weltweit auf 43 Milliarden geschätzt (Burger 2011: 17).
- *Die Beschäftigten im Kultursektor* sind von 1995 bis 2000 um 21% gestiegen, während sonst die Beschäftigtenzahl nur um 1.5% wuchs. 1999 nahm die Zahl der Kulturschaffenden noch jährlich um 1.4% zu, während die allgemeine Beschäftigung abnahm. 2003 waren nach wohlwollenden Schätzungen 815 000 Personen im Kultursektor beschäftigt. Außerhalb des Kultursektors, vor allem bei den Dienstleistungen und anderen öffentlichen Bereichen können noch einmal 150 000 Personen hinzugezählt werden, was einem Beschäftigtenanteil von 2.7% entsprach – mehr als in der gehätschelten Automobilbranche und ungefähr so viele wie in der Landwirtschaft. 2005 wurden nach einem Mikrozensus knapp 400 000 Erwerbstätige im Kultursektor ausgewiesen. Die bildenden Künstler stellten mit ca. 150 000 Erwerbstätigen die größte Gruppe. Als selbständig wurden fast 200 000 nachgewiesen.

In Zeiten wachsender Arbeitslosigkeit hat sich die „Kulturpolitische Gesellschaft" Gedanken über eine Erhöhung von zusätzlich tariflich bezahlten Dauerstellen im Bereich der Soziokultur gemacht. Der gesamtdeutsche Bedarf wurde nach der Vereinigung Deutschlands auf zusätzliche 15 000 Stellen geschätzt. Man war vorbereitet auf den Vorwurf, dass die arbeitsmarktpolitische Förderung der Soziokultur die bürokratische Aufblähung des Kulturbereichs erzeugen könnte und die Maßnahmen nicht ohne sozialen Druck der Gesellschaft durchzusetzen wären (Bust-Bartels 1993: 23, 102). Inzwischen haben eine Neoliberalisierungswelle und ein vorübergehender Beschäftigungsboom solche Vorschläge überholt. Wenn sich die ökonomische Lage seit der Krise 2010/11 jedoch weiter ändert, können arbeitsmarktpolitische Lenkungsstrategien wieder an Boden gewinnen, vermutlich aber nicht im Kulturbereich. Neue soziale Probleme wie die Entfremdung der Jugend, die Unversorgtheit zunehmender Alterskohorten dürften sich für die soziale Mobilisierung in einer neuen Beschäftigungspolitik eher eignen als die Soziokultur.

b) Künstlersozialpolitik

Deutschland mit seiner alten sozialstaatlichen Tradition hat früh die Kulturpolitik nicht als einen Markt wie jeder andere gewertet. Kulturpolitik war nach Hilmar Hoffmann (1990: 63) Teil von Sozialpolitik, eine Konzeption, die im bürgerlichen politischen Lager nicht unumstritten geblieben ist. 1976 legte die sozial-liberale Koalition den ersten Entwurf für ein *Künstlersozialversicherungsgesetz* vor. Die Verwerter künstlerischer und publizistischer Leistungen sollten am Beitragsaufkommen zur Hälfte beteiligt werden. Diese leisteten starken Widerstand, sodass der Entwurf vom Bundesrat abgelehnt wurde. 1979 sahen zwei weitere Gesetzentwürfe einen Bundeszuschuß zur Beitragsfinanzierung und die Gründung einer Künstlersozialkasse vor. 1981 hat der Deutsche Bundestag das Künstlersozialversicherungsgesetz (KSVG) verabschiedet. Der Bundesrat stimmte dem Gesetz nicht zu, legte aber keinen Einspruch ein. 1987 entschied das Bundesverfassungsgericht, dass das KSVG verfassungskonform zustande kam und rechnete es dem Sozialversicherungsrecht zu. Auch die Zahlungspflicht der Verwerter künstlerischer Leistungen wurde mit dem Grundgesetz als vereinbar angesehen. Zum Teil aufgrund der Anregungen des Verfassungsgerichtssurteils wurde das KSVG novelliert. Der Kreis der zur Künstlersozialabgabe verpflichteten Verwerter wurde um praktisch alle verkaufsorientierten Unternehmen erweitert. 2001 entschied der *Europäische Gerichtshof,* dass Deutschland mit der Erhebung der Künstlersozialabgabe auch auf Einkünfte der in anderen Mitgliedstaaten ansässigen oder beschäftigten Künstler nicht gegen das Verbot der Mehrfachbelastung derselben Personen mit Beiträgen zur Sozialversicherung mehrerer Mitgliederstaaten verstoße (EuGH, 8. 3. 2001, C 78/99). Rechtsexperten rechnen nicht damit, dass in der EU keine Regelung des Sozialrechts zu erwarten ist. (Rees 1991: 275). 2008 haben die Konservativen in den Ausschüssen Wirtschaft, Finanzen, Innere Angelegenheiten sowie Frauen und Jugend im Bundestag einen weiteren Vorstoß unternommen, um die Künstlersozialversicherung abzuschaffen oder wenigstens unternehmerfreundlich zu gestalten (BR-Drs. 558/1/08). Eine Mehrheit lehnte diese Vorschläge ab (Küppers 2010: 157-159).

Empirische Studien, die das *Einkommen der Postavantgarden* untersuchten, zeigten, dass nur 6% von ihrer Kunst komfortabel leben konnten. Nur 15% lebten 1975-80 ausschließlich von ihrer Kunst, 31% brauchten Nebenjobs, 22% konnten leben dank der Unterstützung ihrer Eltern und dem Einkommen der Ehefrau (Moulin 1992: 334). Rosig ist die Lage noch immer nicht, aber die pauschale Marktverketzerung ist abgeflaut. Nach dem „Künstlerreport" (Fohrbeck/Wiesand 1975: 76) in der Bundesrepublik hatte sich die Lage selbst in Zeiten des Wohlfahrtsstaates nur unwesentlich gebessert. Drei Prozent ernährten sich überwiegend von der Kunst. 10% waren Freischaffende und entsprachen dem konservativen Bild des „Kleinunternehmers". Sie lebten aber überwiegend von Nebentätigkeiten. Die Mehrheit war bereits in den Status der „abhängig Beschäftigten" eingerückt – was in der Diskussion des Berichts durch die damalige CDU-Opposition als eine schlimme Tendenz zur Proletarisierung der Künstler kritisiert worden ist. Neuere Studien des Deutschen Kulturrates anhand der Daten der Künstlersozialkasse weisen kaum positivere Ergebnisse aus. Es ist kein Trost für die soziale Lage der Künstler mit einem Jahreseinkommen von etwas über 12 000 Euro pro Jahr, dass die bildenden Künstler noch besser abschneiden als Musiker und Schauspieler. Nur die Sparte „Wort" hat günstigere Ergebnisse (Zimmermann in: Pues 2002: 297).

Seit 1983 sind selbständige erwerbstätige Künstler und Publizisten über die *Künstlersozialkasse* als Pflichtversicherte in die gesetzliche Kranken- und Rentenversicherung einbezogen (1. Jan. 2007: 155 447 Mitglieder). Selbständige Künstler und Publizisten zahlen einen im Vergleich zu anderen Selbstständigen um die Hälfte reduzierten Beitragsatz zur Kranken-, Renten- und Pflegeversicherung. Vorausetzung ist ein bestimmtes jährliches Mindesteinkommen. Die Jahresarbeitseinkommen aus künstlerischer Tätigkeit der aktiv Versicherten betrugen am Stichtag 1. Januar 2010 durchschnittlich 13288 Euro. Frauen verdienten mit 11355 Euro weniger als die männlichen Kollegen mit ihren 14999 Euro. Die Künstlersozialkasse (2007: 607 Mill. Euro, 2008: 663 Mill.) speiste sich zu 50% aus Beiträgen, zu 30% aus der Künstlersozialabgabe der Kunstverwerter und einem Bundeszuschuss von 20%. Die Verwaltungskosten der Künstlersozialkasse übernimmt der Bund. Sie gelten als Teil der Bundesverwaltung (Kulturfinanzbericht 2010: 78). Der Deutsche Kulturrat (Newsletter 13. 9. 2011:1) nahm erfreut zur Kenntnis, dass der Künstlersozialabgabesatz von 3,9% auf 2012 stabil bleiben sollte.

Die *mittelständische Struktur* der Beschäftigung, welche beide großen Parteien propagieren, ist im Kultursektor mit 20% gewährleistet. Deutschland lag mit diesen Zahlen vor Frankreich, einem Spitzenreiter der Kulturpolitik, mit 2%. Nur kleinere Länder mit Ausnahme von Großbritannien hatten höhere Werte (Söndermann 2004 b: 462, 472). Im britischen Fall kann wiederum die eher zivilgesellschaftliche Kulturtradition zur Erklärung herangezogen werden, da die hohe Zahl der Kulturschaffenden nicht aus den geringen staatlichen Kulturausgaben abgeleitet werden kann. Angesichts der enormen Arbeitslosigkeit in Deutschland sind die Zahlen der Beschäftigungsstatistik ein gewichtiges Argument, um das Sinken der öffentlichen Ausgaben für die Kultur zu stoppen. Neoliberale Anhänger der Kulturwirtschaft, heute als „Kreativwirtschaft" terminologisch „aufgehübscht", würden diese Wachstumszahlen bei sinkender Beschäftigtenzahl im Lande jedoch vermutlich eher als Erfolg für die Entstaatlichung von Kulturpolitik werten.

c) Debatten um die „kreative Klasse"

In den 2000er Jahren wurden die Instrumentalisierungen der Sozio-Kultur und der Ökonomisierung der Kultur schwächer. Es kam zu einer neuen Offenheit der Bürger, die Kunst um ihrer selbst willen ansehen und gesellschaftlich organisiert finanzieren. Kunst geht zum Konsumenten und „holt ihn da ab, wo er lebt" wurde zur populistischen Phrase in der Museumspädagogik. Auch politische Bildung kann nicht mehr nur in Volkshochschulen stattfinden. Kunst in dieser dritten Welle wieder selbstbewusster. Die Wirtschaft versucht zu „kuscheln", während die Kunst „selbstbewusst bockig" wird, das heißt die Sponsoren nehmen mehr Rücksicht auf die gesellschaftlich artikulierten Kulturbedürfnisse. Tyler Cowen vertrat in dem Werk: „In Praise of Commercial Culture" (1998) schon die These: 90% der Bruttowertschöpfung des Kulturbereichs werden heute in kommerziellen Unternehmen erwirtschaftet. Es gibt bereits *„Artbanker"*, die statt Aktien Kunst als Investition empfehlen. Solche Zahlen gelten bisher jedoch allenfalls für die USA. Nach Schätzung des Arbeitskreises „Kultursponsoring" erreichte die *private Kulturförderung* in Deutschland nur 7-9% der öffentlichen Kulturausgaben (Kulturfinanzbericht, 2004: 2). Der Kulturfinanzbericht 2010 (:75) hat bei den Ausgaben für öffentliche Kultureinrichtungen 1 064 Millionen Euro den 4177 Euro öffentlicher Finanzierung gegenübergestellt, das würde etwa einem Fünftel aller Kulturausgaben entsprechen. Diese groben Schätzungen haben die vollständig privat finanzierten Kultureinrichtungen wie Musical-Theater, Rockkonzerte oder Zirkusse nicht berücksichtigt. Die Ausgliederung in den privaten Finanzierungsbereich wird zunehmend von den Leitern der Institutionen gern gesehen, weil man ohne die Fesseln eines kameralistischen Rechnungswesens angeblich wirtschaftlicher arbeiten könnte (Kulturfinanzbericht 2010: 74).

Hilmar Hofmanns Konzept *„Kultur für alle"* von Phase 1 wurde inzwischen für „verblasst" und gleichwohl für ungewöhnlich erfolgreich erklärt. Es dient jedoch als Vorbild auch bei dem Konzept der *„Integration" als neue kulturelle Leitidee*, das Nida-Rümelin bevorzugt (2006: 134f). Die Integration der Ausländer ist inzwischen zu einem Testfall für die gesamte Kulturpolitik geworden. Insofern ist Nida-Rümelin nicht zuzustimmen, dass die Politik nur nach vorgründigem Opportunismus und kurzatmigem Management ausgerichtet war. Aber vor allem in Zeiten der Finanzknappheit droht tatsächlich eine Phase theorieloser Praxis der theoretischen Überhöhung der Praxis, wie sie die Erben der 68er vertraten, zu folgen. Die Antwort auf den Mangel an kulturellen

Leitidee – außerhalb der rein defensiven „deutschen Leitkultur – war der *Multikulturalismus*, der nicht das integrierte Miteinander unterschiedlicher kultureller Bindungen, sondern das Untersichbleiben verschiedener Kulturen auf die Fahnen schrieb, und Mitschuld an der mangelnden Integration der Bürger mit Migrationshindergrund auf sich lud. Ein humanistischer Individualismus setzt inzwischen auf *„Anerkennung"*

Mit dem Boomen der Kulturökonomie boomten auch die Theorien über ein ganz neues Verhältnis von Künstler und Bürgertum. Übertreibungen bieten sich an: Künstler ersetzen das einstige Bürgertum. Die Künstler – eine Wachstumsbranche – sind inzwischen als *„creative class"* in der Kunstökonomie eingestuft worden, die keine Außenseiterrolle mehr spielt, und in Amerika angeblich schon 30% der Erwerbstätigen ausmacht. Aber auch Florida war sich im Klaren darüber, dass die Förderung von Kreativität nicht automatisch unsere Probleme löst. Das herkömmliche *Sozialkapital*, eingebettet in Familien-, Freundschafts- und Nachbarschaftsgemeinschaften, wandelt sich auf dem Weg zum *„kreativen Kapital"* und schafft neue Formen von Organisation und Partizipation. Eine neue Geographie der Kreativität entsteht, bei der die klassischen Prosperitätsregionen mit dominanter Arbeiterklasse und Service classes in der Entwicklung zurückfallen (Florida 2002, 2004: 325, 269, 243). Großbritannien gilt als Musterland der *„creative industries"*. Die Wachstumsbranche hat die Regierungsorganisation erreicht. Dem Kabinettsmitglied für Kultur, Medien und Sport unterstehen ein „Kulturminister" und ein „Minister für Kreativwirtschaft und Tourismus". Mit weitgefassten Indikatoren wurde von Florida eine kulturelle Klasse konstruiert, die eine ausdifferenzierte Kulturwirtschaftsstatistik ermöglicht, aber die qualitativen Probleme im Konflikt zwischen Kunst und Bürgertum, Kunst und Staat oder Kunst und Wirtschaft nicht gerade erhellt. Einige Einsichten sind jedoch über die Kulturpolitik hinaus diskussionswürdig. Eine holländische Studie betont weniger als Florida die kreative Gesinnung, sondern Faktoren wie „urbane Vorzüge, Kulturangebote oder schöne Umgebung" machen gewisse Städte für die kreative Klasse attraktiv (zit. Wiesand 2006: 8f, 15). Viele Mängel sind Floridas Studie vorgeworfen worden, wie veraltete Statistiken und die Neigung des Autors zu Patentlösungen. Florida (2004: 255ff, vgl. Küppers 2010: 89) legte an die Ökonomie Maßstäbe an, die aus der Homosexuellen-Debatte und der Multi-Kulti-Diskussion gewonnen wurden. Der „Gay-Index" schien zum Kriterium der Offenheit gegenüber der Schwulenkultur zu werden, der als Kreativitäts- und Wachstumsfaktor gewertet wurde.

Trotz solcher schiefer Übertreibungen hat der Slogan Erfolg gehabt und ging in die Publizistik und sogar in die Wahlkampfstrategien der britischen Labourparty ein, obwohl es seit Adornos Polemik gegen die „Kulturindustrie" oder Habermas' Zuordnung der Kultur eher zur Lebenswelt als zum ökonomisch determinierten System vielfach Abwehrhaltungen gegen die Begriffe Floridas gegeben hat (Steinert 1998). Voraussetzung für eine empirische Erforschung der Kreativwirtschaft wären exakte Daten. Aber in Deutschland existiert traditionell eine stärkere Arbeitsteilung zwischen Kulturangeboten mit öffentlichem Auftrag und privatwirtschaftlichen Aktivitäten (Wiesand 2006:

15). Die Redeweise von der „kreativen Klasse" wird sich zudem nicht an die Sektoren „öffentlich" und „privat" halten können, denn in beiden Sektoren sind Elemente dieser Symbiose zwischen Kreativität und Rechenhaftigkeit zu finden. Gleichwohl wurden der Beitrag der kreativen Industrie zur Bruttoinlandsprodukt und der Beschäftigung „gemessen". Die USA lagen 2001 mit 7,8 der GDP und 5,9% der Beschäftigung an der Spitze, vor Großbritannien mit 5 % des GDP und 5,3% der Beschäftigung. Leider waren die kontinentalen EU-Länder nicht berücksichtigt (Anheier/Rai Isar 2008: 45). Diese Zahlen korrigierten immerhin einige der übertreibenden Verallgemeinerungen Floridas.

Inzwischen hat Nordrhein-Westfalen 1992 den ersten *Kulturwirtschaftsbericht* vorgelegt und neun weitere Länder haben sich diesem Brauch angeschlossen. Auch das Wirtschaftsministerium hat sich in einem *Research Report* 589 der Kreativwirtschaft angenommen (Culture and Creative Industries 2010: 4). Es wurden 11 Gruppen aufgelistet: Musik, Bücher, Kunst, Film, Rundfunk, Theater, Architektur, Designs, Presse, Werbung, Software und Spiele. Die letzten vier Posten zeigen, wie weit der Begriff der Kulturwirtschaft gefasst wurde. Im Umsatz führten Randgebiete der traditionellen Kulturpolitik wie Design Industrie, Werbung und Software industry. Das zeigt, dass die Randgebiete die Kreativwirtschaft groß rechnen helfen. Der Architekturmarkt fällt ins Gewicht, es folgen Presse, Rundfunk und Filmindustrie sowie die Buchproduktion (ebd.: 11). 2009 wurden 237 000 Creative Industries in Deutschland gezählt, die zusammen 131,4 Milliarden Euro Umsatz produzierten und 787 000 sozialversicherte Angestellte hatten. Mit selbstangestellten Kulturschaffenden kommt man auf über eine Million Beschäftigte. In der Produktion lag die Kulturindustrie bei 2,6% des Bruttoinlandsprodukts – über der Chemischen Industrie (2,25) und unwesentlich hinter der Automobilindustrie (3, 2%), welche die Deutschen gern als ihre „Ernährerindustrie" feiern (ebd.: 4f). Der Anteil der Selbstangestellten wächst im Kulturbereich durch zahlreiche *„freelance professionals"* und Kleinunternehmen. Kleinbetriebe haben 17% des Umsatzes in Deutschland produziert. Der Umsatz ist zwar von 2008 auf 2009 um 3,5% gefallen. Die Zahl der Beschäftigten jedoch um 1, 8% gewachsen (ebd.:7). Der Service-Charakter im Kulturbereich wirkt sich offenbar stabilisierend auf die Beschäftigung aus (vgl. auch BKK-Umfragen 2011:15).

2 Die „Vergesellschaftung" der Kulturpolitik

a) „Vergesellschaftung von unten": Soziokultur

Seit dem 1. Schweizer Kulturbericht wurde ein Dreisektorenmodell verbreitet:

- *Der öffentliche Sektor,*
- der *intermediäre Sektor* (gemeinnützige Organisationen, Vereine, Stiftungen),

- der *private Sektor* (Kulturwirtschaft im engeren und im weiteren Sinne, Medien, Informations- und Kommunikationssektor (Schlussbericht der Enquete-Kommission 2007: 344).

Die drei Sektoren hat es immer gegeben. Neu erscheinen das Wachstum und die Ausdifferenzierung des privaten Sektors. Angesichts knapper Kassen, kam es in der Kulturförderung im dritten Jahrtausend zu Rückzugstendenzen des Staates. Kulturpublizisten haben daher gefordert, dass ein *„contrat culturel“* nötig sei, um angesichts unerbittlicher Verteilungskämpfe im Kultursektor wieder Planungssicherheit zu schaffen (Hoffmann 2001: 245).

Inzwischen werden die drei Sektoren nicht mehr schematisch voneinander abgegrenzt und die wechselseitigen Einflüsse stärker betont. Soziokultur als Programm scheint die Grenzen weiter zu verwischen. Es kam in Mitteleuropa zu einer Betonung der Soziokultur vor allem dort, wo neue soziale Bewegungen, wie die Grünen, politisch stark wurden. Manche ziehen den Terminus „zivilgesellschaftliche Verantwortungsübernahme“ vor – aber er ist zu stark normativ aufgeladen, um den sozialen Realitäten stand zu halten. Die Grünen in Deutschland entwickelten ein neues Paradoxon: Bürgerinitiativen sollen Denkmäler betreuen, und den Rest verfallen lassen (Hoffmann-Axthelm), Bürger sollen über Schutzinteressen entscheiden. Im Verdrängungswettbewerb zwischen Museum und Kindergarten bleiben die Kulturprojekte meist auf der Strecke.

Andererseits haben die Grünen in Deutschland Stiftungsinitiativen gefördert, wie Antje Vollmers Gesetzentwurf von 1998: die Staatsprüfung sollte eingeschränkt, die „Gemeinnützigkeit“ dezentralisiert durch Finanzämter festgestellt werden. Die Begeisterung für den Volksentscheid auf unterer Ebene übersah jedoch, wie stark bei starker Dezentralisierung die Korruptionsgefahr und die Cliquenwirtschaft werden können.

In der grünen Ideologie wird die Lebenswelt à la Habermas möglichst ohne die organisierte Wirtschaft gedacht, aber de facto ist sie nicht mehr ohne die Wirtschaft zu organisieren. Der *„Kulturbürger“* wird schleichend doch zum *„Kulturbourgeois“*. Andererseits führte die städtische Soziokultur zur erfreulichen Inklusion immer weiterer Gruppen. Massenkultur und Fotografie dominierten die Documenta XI. Kunst der Geisteskranken oder der Kinder – alle Kulturprodukte wurden gleichwertig. Neu sind alle diese Forderungen nicht, sondern seit Prinzhorn, Klee, Dubuffet und Lindner in der klassischen Moderne immer wieder diskutiert worden (vgl. v. Beyme 2005: 465ff). Es soll keine „bürgerliche“ Handreichung mehr für Klassiker und „highlights“ der Hochkultur geben. Museen werden somit inklusiver als Parlamente.

Aber auch wenn die Grünen regional schwach sind, konnten neue Soziokulturen entstehen. Die Betonung der Soziokultur war wichtig, weil Deutschland das Sonderproblem der inneren Einheit Deutschlands hat. Noch schwankt die kulturelle Identität in der Selbstbeschreibung der Ostdeutschen zwischen „Zonenkinder“ und „Avantgarde eines neuen Lebensgefühls“ (Knoblich 2003: 28; vgl. Kap. 6). In den neuen Soziokulturen wird die Grenze zwischen Kunst und Kunstgenießern fließend. Es bleibt aber ein kleiner Unterschied: nur der Künstler ist produktiv, der Konsument bleibt eher passiv-rezeptiv. Die Beliebigkeit der Kulturförderung droht zu wachsen. Es sind heute nicht mehr Traditionalisten, wie einst Sedlmayr oder Gehlen, die gegen die Auswüchse einer Kultur der Moderne wettern. Kein geringerer als der Direktor des Pariser Picasso-Museums, Jean Clair (1998:15), sah in der Documenta X in Kassel 1997 nur ein Desaster: „Die Inhaltsleere, die Vulgarität und Dümmlichkeit der meisten Ausstellungsobjekte waren weniger schockierend als der Begriffsapparat im Katalog, der ihre Anwesenheit rechtfertigen sollte". Die Verherrlichung der Kultur von unten wurde mit dem Verdacht konterkariert, dass es dabei auch viel „*Kitsch von unten*" gibt (Ziehe in: Cornel/ Knigge 1990: 150).

Die *Kommunalisierung der Kultur ist* verbunden mit dem Prozess einer beispiellosen *Globalisierung von Kunsttrends und Kunstmoden.* Immer kann man auf Tokio verweisen, wo etwas anderes „in" ist, was man auch hier dringend fördern müsste. Werk und Künstler-Person werden zunehmend eingeebnet. Installationen erlauben keinen normalen Kunstbegriff mehr, jeder kann notfalls alles machen, seit Beuys jedermann zum Künstler erklärt hat. Die Devise unterstellt nicht, dass jedermann auch ein Meisterwerk erstellen könne. Aber es gibt keine Originale und keine Ewigkeitswerte mehr. Das wurde einst treffend in einem Cartoon karikiert: ein Museumsdirektor steht neben einem Experten. Dieser erklärt lorgnon-bewaffnet dem Direktor zu einem Schraubenhaufen, den ein Künstler gerade auf dem Museumsboden aufgehäuft hat: „Es tut mir leid, Herr Direktor, es handelt sich um eine Fälschung". Bei vielen Arten von Action-Kunst kann es keine Fälschungen mehr geben. Für die Bildinhalte gilt: soziale Situationen sind nur noch „*nachgestellt*", nicht mehr „*dargestellt*".

Neue Formen der Einheit von Kunst und Leben, welche die klassische Avantgarde einst anstrebte und damit vielfach scheiterte, sind längst entstanden: Bricolage, Bastelei, ähnlich wie unsere Lebensläufe als „Lebenskunst" figurieren, dominieren im Kunstbetrieb. Angesichts leerer Kassen der öffentlichen Hände ist eine Flucht in die staatliche Kulturförderung nicht mehr möglich. Es gibt keinen wirtschaftsfreien Raum mehr. Daher lautet die Devise „Unterwanderung": „Die Künstler wechseln vom Elfenbeinturm in den Kontrollturm" (zit. Grosz/Delhaes 1999). Das ist ein schönes Wortspiel, aber es gibt keine neue wirtschaftlich fundierte „Artekratie", wie es sie einst bei den italienischen Futuristen als politisch inspiriertes Szenario gegeben hat.

b) „Vergesellschaftlung von oben": Mäzene, Sponsoren und Stiftungen

Fundraising für Vereine, Initiativen und Nonprofit-Organisationen ist zu einer Spezialwissenschaft der Kulturindustrie geworden. Vor allem das *Stiftungswesen* wurde erneut attraktiv, weil Stiftungen weniger als Sponsoring und Spenden dem unmittelbaren Nutzen verpflichtet sind. Stiftungen sind „vom Schattendasein zur öffentlichen Institution" avanciert (Haibach 1996: 86). Die Unabhängigkeit von ca. 14000 Stiftungen (ohne die Kirchen- und Kirchenpfründestiftungen) schützt vor forschen Auflagen und rigiden Maßregelungen durch staatliche Agenturen. In der Bildenden Kunst spielten ca. 400 *Kunstvereine* in Deutschland, mit zum Teil mehreren Tausend Mitgliedern, eine zunehmende Rolle (Hoffmann 2001: 185, 266; Scheytt 2008: 85) In Deutschland arbeiteten im Jahre 2011 schon mehr als *18 000 Stiftungen.* Der Anteil der Stiftungen im Kulturbereich lag mit 15% hinter den Bereichen „Soziales" (31%), aber gleichauf mit „Bildung und Erziehung". Die USA haben die Deutschen gelehrt, dass gemeinnützige Stiftungen Vorteile für die Kapitalbesitzer haben. Sie sind von Schenkungs- und Erbschaftssteuer befreit, und man kann sein Vermögen als „Krönung einer Engagementbiographie" auf Dauer für einen bestimmten Zweck festlegen. Die Politiker haben die Bedeutung der Spender erkannt und 2007 im „Gesetz zur weiteren Stärkung des bürgerlichen Engagements" die steuerliche Absetzbarkeit gestifteter Beträge erhöht. Das Einkommenssteuergesetz wurde geändert: „Zuwendungen (Spenden und Mitgliedsbeiträge) zur Förderung steuerbegünstigter Zecke im Sinne der... Abgabenordnung an eine inländische juristische Person des öffentlichen Rechts oder an eine inländische öffentliche Dienststelle...können insgesamt bis zu 20 Prozent des Gesamtbetrages der Einkünfte oder vier Promille der Summe der gesamten Umsätze und der im Kalenderjahr aufgewendeten Löhne und Gehälter als Sonderausgaben abgezogen werden" (Drs. 579/07: 1). Während amerikanische Großspender wie Gates, Buffett und andere eher auf kurzfristige Aufmerksamkeit setzen, die viele Nachahmer inspiriert, haben deutsche Stifter eher langfristige „Nachhaltigkeit" im Auge (Klein 2011: 19).

Je nach staatlicher Entwicklung hat es immer unterschiedliche Anteile von staatlicher zu zivilgesellschaftlicher Wahrnehmung der Kulturpolitik gegeben. Künstler kritisierten seit jeher das mangelnde Engagement des Staates: Gottfried Benn klagte einst: „Wann hätte der Staat je einen Dichter mit 1000 Mark belebt? ... gefördert wurden allenfalls Charleys Tante und Weißes Rössl". Das ist ungerecht, denn solche populären Kulturerzeugnisse tragen sich heute selber. In dieser Klage des Dichters zeigten sich Reste eines preußischen Etatismus. Die Künstler im Zeitalter der Postmoderne haben sich gewandelt. Künstler, die lange mehrheitlich anarcho-sozialistisch dachten, entdeckten den Kapitalismus: Warhol deklamierte: „Being good in business is the most fascinating kind of art". Wirtschaft andererseits entdeckte plötzlich die „Spinner" und setzte sie für Sensitivitäts- und Fortbildungstraining ein.

Der Staat ist in einigen Bereichen der Kulturförderung keineswegs führend. Karla Fohrbeck (1989: 542f) hat erstmals Zahlen für 1979 und 1983 vorgelegt. Dass sakrale Sammlungen überwiegend private Träger haben, ist verständlich. Aber auch bei naturkundlichen Museen, historischen Gebäuden, Kunstgewerbemuseen und Technikmuseen – vielfach mit Firmen verbunden – dominierten schon vor der Welle der Kunstmarkteuphorie die privaten Trägerschaften. In einer vergleichenden Analyse der Finanzierung von kulturellen *„civil society organizations"* im Bereich der Kultur lagen Skandinavische Länder mit ca. 25% an der Spitze, Deutschland wies ca. 20% und die USA nur ca. 7% aus (Anheier/Raj Isar, Bd. 3, 2010: 352).

Der Staat geriet mit wachsender Vermarktung des Kultursektors für seine Kulturförderung zunehmend in ein Dilemma:

- er soll Geld locker machen,
- aber auf die Inhalte der Kunst keinen Einfluss nehmen.

Der Tausch des ökonomischen Mäzens für den politischen Förderer verbesserte diese Lage nicht. Historisch gesehen war schon Maecenas ein politischer Ehrgeizling, der mit seinem Geld auch etwas für sich wollte. Der Idealtyp des Selbstlosen, Altruistischen, Uneigennützingen, Weisen findet man in der privaten Kulturfinanzierung etwa so häufig wie in der Liebe. Die Kulturwirtschaft stand schon früh im Verdacht, vor allem prestigeträchtige Objekte zu fördern und weniger Interesse an Soziokultur zu entwickeln (Fohrbeck 1989: 143, 131), und gar „verstecktes Vermögen ehrlich zu machen", oder „Reichtum zu adeln durch höhere Zwecke" (Stürmer, 1996:127).

- In den 70er Jahren war die Kunst- und Kulturvermittlung vorwiegend „didaktisch" und auf Inhalte bezogen. *Kulturpädagogik* entstand.
- In den 80er Jahren in einem demokratisierten Kulturmarkt entwickelten sich die *Kulturmanager* (Fohrbeck 1989: 87). Untrügliches Zeichen für die „Vermarktung von Kunst" ist die Durchsetzung von Anglizismen. Sie traten als *art promoter, consultants* und *fundraiser* auf. Anfangs fehlte die Erfahrung und Professionalität ließ zu wünschen übrig. Viele Kulturinstitute waren andererseits auf die Zusammenarbeit mit der Wirtschaft anfangs nicht vorbereitet. Eine Neigung, die Karla Fohrbeck den „moralisierenden Deutschen" unterstellte, war die Tendenz, den Privatmäzen zunächst als „Weihnachtsmann" in den Himmel zu heben, um ihn im Konfliktfall als „Buhmann" in die Hölle zu wünschen (Douglas 1994: 40f, 38).

Ökonomische Sponsoren als Nachfolger der klassischen Mäzene streben eine Gegenleistung für ihren Einsatz an. Handreichungen für das Sponsorenwesen sprechen ganz offen über den „Eigennutz des Sponsors" (Behnke, 1988: 63). Kultur wird in die Werbung und Imagepflege eingespannt. Auch international gibt es einen Wettbewerb: Frankreich lag mit 0. 80% vom Bruttoinlandsprodukt 2003 noch an der Spitze, es folgten Deutschland (0, 68) und Großbritannien (0, 63) (Söndermann 2005: 397). Diese Entwicklung ist jedoch nicht nur negativ zu beurteilen: Unternehmen haben sich inzwischen zu intellektuellen und *emotionalen Wertegemeinschaften* zu entwickeln versucht. Einige richten sich nicht nur am Shareholder-Value aus, sondern orientieren sich an immateriellen Werten wie Kreativität und Qualität und dazu wird vielfach auf kulturelles Sponsoring rekurriert (Gross/Delhaes 1999: 99). *„Wettbewerbskulturen"* werden nicht mehr nur beschworen, sondern sie entstanden auch. Es kam sogar zu einer *„Vermarktlichung der Politik"* (Nullmeier 2002: 169).

Zentrale politische Institutionen haben sich den Rückzug aus der staatlichen Förderung und hin zur Kulturindustrie zunehmend zueigen gemacht. Das Bundesministerium der Finanzen hat in Deutschland einen *„Sponsoring-Erlass"* herausgegeben. Förderungserwartungen des Sponsoring-Empfängers und die Leistungserwartung des Sponsors wurden definiert. Nicht regelbar erscheinen die politischen und außerrechtlichen Folgen des Sponsoring: der Staat zieht sich aus der Verantwortung zurück – im Sozialstaat wie im Kulturstaat. Der Charakter der durch Sponsoring geförderten Einrichtung verändert sich. Museen werden von städtischen Institutionen zur öffentlich-privaten Misch-Unternehmen zur Veranstaltung von Events (Lynen 2004: 2). Für Ausstellungen müssen Museen heute schon mit anderen Einrichtungen kooperieren. Ausstellungen in Europa sind heute vielfach transnational. Neu ist das Hervortreten von kleineren Provinzmuseen für weniger spektakuläre Ausstellungen, wie Françoise Gilot in Chemnitz und in französischen und Schweizer Einrichtungen. Das Verleihen von Kunst wird zum Geschäft. Der neo-liberale Überschwang bedroht jedoch das kulturelle Erbe von Nationalstaaten. Der Verkauf von Kunst muss geregelt werden. In den USA erregte ein Fall einen Presse-Sturm, als ein Provinzmuseum je einen Chagall und einen Kandinsky verkaufte, um „Concept Art" ohne konkrete Objekte erwerben zu können. Der überhitzte Markt für eine überzahlte Avantgarde ist mit dem „holländischen Tulpenfieber" in früheren Jahrhunderten verglichen worden, die von Zeit zu Zeit den Blumenmarkt ruinierten (Danto 2000: 46, 39). In Deutschland gehört die Kultur noch nicht zum „Tafelsilber", das eventuell zum Stopfen von Haushaltslöchern dienen kann, wie Post oder Autobahnen. Aber schon der Versuch eines Bundeslandes wie Hessen, die Kulturschätze auch monetär zu erfassen, weckt Misstrauen (Wagner 2002: 33).

Selbst dort, wo die staatlichen Sponsoren noch überwiegen, entwickelte sich ein Demokratisierungsparadoxon in der Kulturpolitik:

- *Staatliche Hilfe* soll Kunst demokratisieren, begünstigt aber die Reichen und Schönen: 100 Euro Subvention pro Opernkarte sind keine Seltenheit, nur 5% der Museumsbesucher kommen aus der Unterschicht, 55% aus der Oberschicht.
- *Gesellschaftliche Selbsthilfe* führt zu Oligarchien großer Wirtschaftssponsoren. Mit 350 Mio. Euro macht Sponsoring den größten Teil der privaten Kulturfinanzierung aus (Singer 2003: 24). Während in Deutschland die „Kreativwirtschaft" zum modischen Schlagwort wurde, regten sich in Amerika längst kritische Stimmen. Eine Dominanz privatisierter Kultur gilt als modisch nivelliert und fördert nicht notwendigerweise in gleicher Weise Diversität wie die öffentlichen Kultureinrichtungen (Mulcahy 2003: 101, 98). Bei der unkritischen Nachahmung Amerikas ist zudem immer – wie auch in anderen Politikfeldern – unzureichende Kenntnis der Randbedingungen im Spiel. Der amerikanische Staat interveniert nur diskret mit

Steuerprivilegien im „not-for-profit-sector". Kultursponsoring ist auch nicht beliebig einsetzbar.

Verschiedene Wirtschaftssparten haben *unterschiedliche Affinitäten zu Kulturgebieten* (Bruhn 1991: 240):

- *Produktaffinität* (z.B. Reiseanbieter und Kreditkartenunternehmen fördern Denkmalschutz, Elektronikherstellen eher Orginalkunstwerke).
- *Kulturaffinität.* Elemente der Unternehmenskultur spiegeln sich in Kulturbereichen wider (Technologiekonzerne fördern den Einsatz von Technik in der Kunst, Qualitätsanbieter eher Spitzenkunst).
- *Zielgruppenaffinität* (Unternehmer laden Großkunden, Meinungsbildner und Mitarbeiter zu Kunstveranstaltungen ein).
- *Imageaffinität.* Das Image eines Kulturbereichs soll auf das Unternehmensimage positiv übertragen werden (z. B. Investitionsgüterhersteller wollen ihre Imagemerkmale wie Ästhetik, Prestige oder Tradition durch die Kunst unterstreichen).
- *Know-how-Bezug* (z. B. Videohersteller stellen Produkte für Kunstveranstaltungen zur Verfügung).
- *Regionalbezug* (Unternehmen konzentrieren sich auf die Region, in der sie ansässig sind).

Die Absteckung einer *„cultural economy"* (Cunningham u. a.15ff) in der Serie über „Cultures and Globalization" von Anheier und Rai Isar (Bd. 2, 2008: 16ff) unterschied 4 Modelle:

- Das *Wohlfahrtsmodell,* das Renten von der übrigen Ökonomie abzweigt,
- das *kompetitive Modell,* das die Kulturökonomie effektiv in Konkurrenz zu anderen Wirtschaftszweigen treten läßt,
- das *Wachstumsmodell,* indem eine positive wirtschaftliche Beziehung zwischen Wachstum der allgemeinen Ökonomie und der Kulturindustrie untersucht werden,
- das *innovative Modell,* das auf Innovationen und Technologien für die gesamte Ökonomie abhebt.

In Deutschland wuchsen die *Einnahmen öffentlicher Kultureinrichtungen aus priaten Quellen.* Der Kulturfinanzbericht 2008 (:78) wies für 2005 einen privaten Finanzierungsanteil von öffentlich bezuschussten Kultureinrichtungen von 883,5 Mill. Euro bzw 10. 71 Euro pro Einwohner – im Vergleich zu 1, 03 Mrd. Euro von unmittelbaren Einnahmen oder 12,49 Euro pro Einwohner. Die Ausgliederung wurde vielfach damit begründet, dass die Kultureinrichtungen ohne die Fesseln eines kameralistischen Rechnungswesens wirtschaftlicher arbeiten könnten. Diese Schätzung berücksichtigte nicht die vollständig privat finanzierten Kultureinrichtungen wie Musical-Theater, Rockkonzerte oder Zirkusse.

Mit der postmodernen Entwicklung der Kunst kommt es zwischen Wirtschaft und Politik zunehmend zu Querelen, was noch Kunst zu nennen ist. Der Künstler Gunter Demnig erinnerte mit seinem Kunstprojekt „Stolpersteine“ an die Opfer des Nationalsozialismus. Für diese Form des massenhaften Kunstwerks wurde vom Künstler nach dem Umsatzsteuergesetz der volle Betrag von 19% Umsatzsteuer (statt des reduzierten Satzes von 7%) verlangt. Das Gesetz hat einen veralteten Kunstbegriff: Gemälde, Zeichnungen und Stiche – nicht aber Installationen gelten als Kunst. Bei hohen Auflagen – wie bei den Stolpersteinen – ging der Bundesfinanzgerichtshof davon aus, dass es sich nicht mehr um „Originale“ handeln könne. Selbst der künstlerischen Fotografie blieb der Status des „Originals“ weitgehend versagt (Mues 2011: 39). Es zeigte sich somit zunehmend die Gefahr, dass staatliche Stellen – über das Steuerrecht in einer ökonomisierten Gesellschaft – wieder Definitionsmacht gewinnen, über das was Kunst genannt werden kann.

c) Kritik der Kulturindustrie: Die Frankfurter Schule

Die Kritische Theorie der Frankfurter Schule hat in den 30er Jahren die Kritik der Kulturindustrie entwickelt, die bis heute in der Literatur immer wieder aufgegriffen wurde. Adorno (1969: 204) bekannte in einem Interview, das er sein Leben lang das transzendierende „Andere“ in der Kunst gesucht habe. Die kritische Theorie entwickelte sich in Opposition zu Kants Theorie des Schönen als „interesseloses Wohlgefallen“. Wahre Kunst ist auf das legitime Interesse des Menschen an künftigem Glück gerichtet. Ästhetische Erfahrung enthielt für Adorno das progressive Element einer gemeinsamen Menschlichkeit. Das überpersönliche Subjekt ist nicht – wie bei Kant – eine transzendentales Subjekt, sondern ein konkretes historisches Individuum. Daher war die kritische Theorie gegen dominante ästhetische Strömungen wie den Expressionismus mit seiner exzessiven Subjektivität in der Weimarer Republik eingestellt. Ästhetische Theorie hatte Kritik der bestehenden Gesellschaft zu sein. Sie war notwendiger Weise politisch im Kampf gegen die manipulierte Sprache der herrschenden Klassen. Aber dieser negative Ansatz erlaubte unter den obwaltenden sozialen Umständen entfremdeter Subjekte keine Synthese mit den Werten für eine bessere Zukunftsgesellschaft. Kunst wurde autonom gedacht. Alle Versuche ihre soziale und politische Funktion wieder her zu stellen, betrachtete Adorno als gescheitert (ÄT: 9). Die Expansion von Wissenschaft und Technik treibt nach Horkheimer und Adorno die „Entzauberung“ voran. Sie bedeutet aber nicht garantierten Fortschritt, sondern eher eine „universalgeschichtliche Regression“ (Dubiel 1990: 266f). Erzfeind der kritischen Theorie war die Kulturindustrie mit ihrem uniformisierenden Charakter in Architektur, Literatur oder Film (DdA: 141ff), weil sie die Individualität nivellierte. Kultur schien so zur Duplizierung einer miserablen sozialen Realität verdammt. Das Amüsement wurde zum Korrelat der Langweile. Selbst Chaplins Anti-Hitler-Film wurde für Adorno eine Art Reproduktion des langweiligen Alltagslebens im Nazismus (DdA: 171).

Die Soziologie der Kunst erhielt somit stark begrenzte Aufgaben. Mozart's soziale Lebensbedingungen konnten für Adorno seine Musik nicht erklären. Aber Adornos nahm auch Stellung gegen die *l'art pour l'art-Bewegung*. Sie konnte weder dem Charakter der Warenproduktion noch dem Kitsch entkommen. Obwohl er in seinem Werk über den „Jargon der Eigentlichkeit" anerkannte, dass deutsche Symbolisten wie George und Hofmannsthal nicht Jargon schrieben, schien ihre Theorie bei ihren literarischen Interpreten bis hin zu Heidegger dem *„Jargon der Eigentlichkeit"* offen zu stehen (ND/JdE: 417). Adornos Dialektik distanzierte sich auch von Hegels Ästhetik. Mit Hegel war er sich nur in einem Punkt einig: Ästhetik kann nicht von der sozialen Realität, die sie umgibt, gelöst werden. Adorno liebte enzyklopädische geistige Arbeit ohne Spezialisierung. Er hoffte auf ein Ende der Begrenzungen einzelner Künste. Das Ende von „Genres" und „Stilen" wurde proklamiert. „Verfransung" – postmodern ausgedrückt Synergie-Effekte – waren sein Ideal. Bahnbrechend war daher Adornos Verständnis für die „Montage" und „Assemblage" in vielen Werken der Avantgarde.

Hegels Begriff der „List der Vernunft" entwickelte in Adornos Philosophie ein negatives Äquivalent: *„die List der Unvernunft"* (ÄT: 331). Kunst galt als Opposition gegen das bestehende System. Auch Hegel und Marx wurden in ihrem Kunstgeschmack für ihre offen klassizistische Attitüde kritisiert (ÄT: 309). Die Synthese von Hegels Theorien und Gedanken von Schopenhauer und Nietzsche neigte sich vielfach dem zweiten Pol zu. Nietzsches Betonung des Dionysischen wurde als politischer Progressismus entwickelt. In der Musik schien Adorno die Ursünde die Abweichung von der Polyphonie und die Erfindung der Generalbasses, die in einer Hierarchisierung der Kunst enden musste (ÄT: 311). Die klassische Kunst galt Adorno als „ontologisch", weil sie keine Ambiguitätstoleranz zuließ (ÄT: 301). Dieser Gedanke hat Adorno im Zeitalter der Postmoderne ein erstaunliches Revival beschert, wie es sich weltweit in den Feiern zu seinem hundertsten Geburtstag 2003 nieder schlug. Adorno hat seine Ideen vor allem an der Musik und der Literatur exemplifiziert. Wegweisend war auch seine mangelnde Bereitschaft, eine Differenz zwischen „ernster Musik" und „leichter Musik" zu akzeptieren. Er machte immer Front gegen den klassischen Bildungsbürger. Adorno (ÄT: 19ff) entwickelte hingegen eine Gegenüberstellung von Künsten, die auf den Markt gerichtet waren, und Künste, welche das manipulierte falsche Bewusstsein zu überwinden trachteten. Marxens Entfremdungstheorie wurde in seiner „ökonomischen Phase" in eine Theorie des Warenfetischismus weiter entwickelt. Gegen die Dogmatik eines sozialistischen Realismus in den marxistischen Regimen an der Macht entwickelte Adorno die Idee einer Avantgarde, die gerade den Geschmack der arbeitenden Klassen überwindet. Daher wurde Adorno (P: 180ff) zu einem der ersten Theoretiker, der die atonale Musik von Arnold Schönberg lobte, die auf eine neue Harmonie in der Zwölftonmusik verzichtete. Kunst sollte Kompromisse in den Künsten finden, um ungelöste

Konflikte in der Gesellschaft aufzudecken: Kunst war für ihn die soziale Antithese zur Gesellschaft (ÄT: 29).

Adornos Theorien waren freilich nicht immer konsequent. Während seines Aufenthalts in Großbritannien schrieb er über Jazz unter dem Pseudonym „Hektor Rottweiler" (ZfS 1936, V: 2), eine Schrift, die in den „Moments musicaux" reproduziert wurde. Jazz schien ihm damals als der perfekte Ausdruck der Warengesellschaft und von Unterklassen wie der Schwarzen. Jazz wurde nicht als Ausdruck der Rebellion gegen eine rassistische Gesellschaft gesehen, sondern als pseudo-kulturelle Unterhaltung, die nicht zur politischen Aktion, sondern zur Pseudo-Kultur der Passivität führen musste. Jazz schien die mechanische und ritualistische Antwort von „musikalischen Analphabeten" in einer entfremdeten Welt: „Kunst wird entkunstet" (P: 159). Nur in den neuen „gender relations" konnte er ein positives Element der Jazz-Kultur entdecken. Selbst in einer späten Schrift „Zeitlose Mode – zum Jazz" (P: 144ff) rückte er von seinen negativen Generalisierungen nicht ab und nannte sie noch „zu optimistisch". Kunst, die keinen Gebrauchswert repräsentiert sondern vor allem einen Marktwert darstellte, wurde negativ bewertet, ohne zu analysieren, ob die Künstler selbst von Anfang an auf die Kommerzialisierung ausgerichtet waren. Bildungsbürgerlich schien auch Adornos Denunziation des Radios, als entfremdete Form des Hörens. Auch in anderen Bereichen war Adornos Werk nicht frei von Widersprüchen. Er hatte wenig Sinn für die moderne Architektur und verurteilte sie als „unmenschliche Megalomanie" (DdA: 141ff) – trotz seiner Proklamation der *Verfransung der Künste*. Gerade in der postmodernen Ära wurde er jedoch für diese Kritik in feministischen und postmodernen Traktaten hoch gelobt (O' Neill 1999: 174ff).

Diese Widersprüche in Adornos Werk brachten ihn zunehmend in Konflikt mit dem österreichischen Emigranten Paul Lazarsfeld, einem Pionier der empirischen Sozialforschung. Die Kooperation endete 1941 als Adorno von New York nach Los Angeles übersiedelte. Die Kooperation hatte mit dem „Princeton Radio Research Project" begonnen. Lazarsfeld zeigte ursprünglich ein lebhaftes Interesse an Adorno als bekanntem Autor über Musik. Aber die Betonung von Theorie bei Adorno brachte die beiden Gelehrten rasch zu Meinungsverschiedenheiten. Lazarsfeld betonte auch die Notwendigkeit von Theorie. Er unterstrich jedoch zugleich: „On the other hand, we understand that you have to end up finally with research among listeners, although in many cases we might have to stop with the formulation of the theoretical problem and discussions of techniques to answer them, simply for reasons of time"(zit. Wiggershaus 1986: 268). Als Adorno dem Rat Lazarsfelds folgte und empirisch zu arbeiten begann, war dessen Reaktion negativ. Er nannte ihn „uninformed about empirical research" und kritisierte, dass er die logischen Alternativen seiner eigenen Thesen nicht ausschöpfte. Die Attacken endeten in persönlichen Angriffen: „You attack other people as fetishists, neurotic and sloppy but you show yourself the same traits very clearly"(ebd.: 272). Spätere Übelgelauntheit in der Kritik am „Positivismus" in der Kritischen Theorie hatte in diesen Auseinandersetzungen ihre Wurzeln. Abgesehen von den unüberbrückbaren Kontroversen zweier metatheoretischer und methodologischer Ansätze wurde an Adorno mit Recht kritisiert, dass er kein wirkliches Interesse an dem Land entwickelte, dem er sich für seine Rettung zu Dank verpflichtet fühlte. Obwohl er wesentlich länger in den USA gelebt hatte als die reisenden Analytiker Tocqueville und Max Weber war Adornos intellektuelles Interesse an Amerika „begrenzt und selektiv" (Offe 2004: 92). Dabei zeigte sich in persönlichen Äußerungen gegenüber seinen Eltern (GS 10.2: 716) und in dem Paper „Wissenschaftliche Erfahrungen in Amerika", dass er der Aufgeschlossenheit und Hilfsbereitschaft der Amerikaner sehr positive Seiten abgewinnen konnte.

Gegenüber Adornos immer wieder aufgewärmter Kritik an der Kulturindustrie als eine Art „verwaltetem Massenbetrug" wurde in der Kulturindustrie ein „plurales Kraftfeld von Selbstbestimmungs- und Ermächtigungsstrategien" entdeckt. Die Epigonen der kritischen Theorie halten das für ideologischen Selbstbetrug, solange Adornos Forderung nach „verändernder Praxis" nicht eingelöst worden ist (Behrens 2004: 7, 49). Die Gegner der Kritischen Theorie halten Adorno für einen traditionellen Bildungsbürger des 19. Jahrhunderts. Seine Feindschaft gegen die damals progressive Jazz-Bewegung dient dabei vielfach als Beleg. Adornos Fehlurteile über den Jazz wurden von seinen Anhängern gelegentlich bagatellisiert. Sätze wie „Jazz und Pogrom gehören zusammen" lassen sich kaum verteidigen. Ein Autor, der selbst einmal Jazz-Musiker war, hat den Jazz im Geiste der Prinzipien Adornos verteidigt. Der Jazz kann „gekonnt improvisieren und dabei zugleich das Hergebrachte und seine Normen als Realität ernst nehmen" (Steinert 2003: 114, 215). Das Argument postmoderner Apologeten der Kulturindustrie, dass Horkheimer und Adorno die Verdummung der Kulturindustrie festgestellt haben, als diese noch lange nicht auf dem Höhepunkt angekommen war, und dass sie inzwischen eine Art Synonym für Demokratie geworden ist, lassen Adornos Apologeten nicht gelten.

3 Fazit

Die deutsche Kulturpolitik zehrt bis heute von der Vielfalt als Folge der territorialen Zersplitterung bis 1871. Wo in den großen angelsächsischen Ländern ein Dutzend Opern und Schauspielhäuser gefördert werden, hat in Deutschland noch jede Duodez-Residenz ihr Theater. Das kleine Heidelberg (ca. 130 000 Einwohner) leistet sich noch ein Dreisparten-Theater. Langsam erst kommt die Kooperation mit anderen Ex-Residenzen in Gang: Mannheim-Heidelberg-Karlsruhe-Darmstadt. In der Kulturpolitik erscheint die Lage nicht so desolat wie in der Bildungs- und Erziehungspolitik, wo seit der Pisa-Studie und den OECD-Erhebungen eine Hiobsbotschaft nach der anderen über Deutschland hereinbrach. Nach vergleichenden Daten zur Kulturfinanzierung der Mitgliedstaaten liegt Deutschland noch immer in einer Spitzengruppe, aber der Vorsprung von Frankreich und Deutschland schmilzt dahin. Nach älteren Aufstellungen lag die Bundesrepublik mit 22,7 ECU/pro Einwohner nur hinter Frankreich, wenn wir die kleinen Staaten nicht rechnen, die naturgemäß ein rechnerisch größeres Grundvolumen aufbringen müssen (v. Beyme 1998: 22). Bei aller Verherrlichung der Kulturwirtschaft musste doch zugegeben werden, dass die Unternehmen der Kulturwirtschaft im Allgemeinen umsatzschwächer und an Beschäftigungszahlen kleiner sind als die Unternehmen im gesamtwirtschaftlichen Durchschnitt (Ertel 2006: 23). Öffentliche und private Anteile der Kulturwirtschaft sind nach wie vor schwer zu berechnen. Es haben sich *hybride Strukturen* herausgebildet. Künstler können zugleich Urheber und Verwerter, Komponisten und Verleger und Schauspieler und Kunstvermittlungsagenten sein (Zimmermann 2006: 28). Diese neuen hybriden Strukturen blieben nicht ohne Einfluss auf das Verhältnis von Kunst und Politik: einerseits nimmt durch die Kommerzialisierung künstlerischer Tätigkeit die Neigung zu revolutionärer Attitüde ab, andererseits wird die Kreativwirtschaft, vor allem, wenn sie sich organisiert, zum Agitator und Lobbyisten im Feld einer postmodernen Kulturpolitik.

Literatur

Adorno, Theodor W.: Gesammelte Schriften (Hrsg. R. Tiedemann). Frankfurt, Suhrkamp, 1986ff, 20 Bde. (zit.: GS).

Adorno, Theodor W./Horckheimer, Max: Dialektik der Aufklärung. GS, Bd. 3, (zit. DA).

Adorno, Theodor W. Negative Dialektik. Jargon der Eigentlichkeit. GS. Bd. 6 (zit. ND-JdE).

Adorno, Theodor, W.:Ästhetische Theorie. GS, Bd. 7 (zit ÄT).

Adorno, Theodor W.: Prismen. Kulturkritik und Gesellschaft. Frankfurt, Suhrkamp, 1955 (zit. P).

Amtsblatt der EU, 10. 3. 2000.

Anheier, Helmut/Rai Isar, Y. (Hrsg.): The Cultural Economy. Bd.2 „The cultures and globalization series".Bd. 2: London, Sage, 2008. Cultural Expression, Creativity and Innovation. London, Sage, Bd. 3, 2010.

A.R.T (Hrsg.): Kultur macht Politik. Köln, Verlag Kölner Volksblatt, 1988.

Ausschuss für Kultur und Medien, Deutscher Bundestag, 17. Wahlperiode, 8. Sitzung, 24. 2. 2010, Protokoll Nr. 17/8. Expertengespräch: Lage der öffentlichen Kulturfinanzierung in der Finanz- und Wirtschaftskrise.

Bahners, Patrick: Gescheitertes Experiment. Drei Kulturstaatsminister sind genug, in: FAZ, 25. 10. 2005 (a): 17.

Bahners, Patrick: Bloß keinen Dichter! Dienstbeschreibung: Was ein Kulturstaatsminister sein kann, in: FAZ, 9. 11. 2005 (b): 39.

Bartella, Raimund: Finanzkrise lässt kommunale Kulturausgaben abschmelzen, in: Kulturpolitische Mitteilungen 103, 2003: 41-42.

Behnke, Christoph: Vom Mäzen zum Sponsor. Hamburg, Dölling & Galitz, 1988.

Behrens, Roger: Kulturindustrie. Bielefeld, Transcript, 2004.

v. Beyme, Klaus: Der Wiederaufbau. Architektur und Städtebaupolitik in beiden deutschen Staaten. München. Piper, 1987.

v. Beyme: Die Kunst der Macht und die Gegenmacht der Kunst. Frankfurt, Suhrkamp, 1998

v. Beyme, Klaus: Kulturpolitik und nationale Identität. Wiesbaden, Westdeutscher Verlag, 1998.

v. Beyme, Klaus: Das Zeitalter der Avantgarden. Kunst und Gesellschaft. 1905-1955. München. Beck, 2005.

BKK: Die wirtschaftliche und soziale Situation Bildender Künstlerinnen und Künstler. Ergebnisse der BKK-Umfrage 2011. Berlin, 2001.Braun, Günter und Waltraut (Hrsg.): Zu Kunst und Kunstpolitik. Berlin, Gebr. Mann, 1996, 2. Aufl.

Bruhn, Manfred: Sponsoring. Unternehmen als Mäzene und Sponsoren. Frankfurt, Frankfurter Allgemeine Zeitung GmbH, 1991.

Burger, Jörg: Unter Strom. Die Zeit, Nr. 36, 2011: 17-19.

Bust-Bartels, Axel: Ökonomische Entwicklung und (Sozio-)Kultur. Argumente für eine unkonventionelle Beschäftigungsinitiative. Hagen, Kulturpolitische Gesellschaft, 1993.

Clair, Jean: Die Verantwortung des Künstlers. Avantgarde zwischen Terror und Vernunft. Köln, DuMont, 1998.

Cornel, Hajo/Knigge, Volkhard (Hrsg.) Das neue Interesse an der Kultur. Hagen, Kulturpolitische Gesellschaft, 1990.

Cowen, Tyler: In Praise of Commercial Culture. Cambridge/Mass., Harvard University Press, 1998.

Cultural Statistics in the EU. 2000: Final Report of the EU. Working Paper 3/2000/E/Nr.1.

Culture and Creative Industries in Germany 2009. Monitoring of Selected Economic Key Data on Culture and Creative Industries. Berlin, Federal Ministry of Economics and Technology 2010.

Danto, A. C.: Das Fortleben der Kunst. München. Fink, 2000.

Deutscher Bundestag 17. WP. Ausschuss für Kultur und Medien. Wortprotokoll, 24. 4. 2010.

Douglas, Christoph Graf (Hrsg.): Corporate Collecting und Corporate Sponsoring. Regensburg, Lindinger & Schmid, 1994.

Dubiel, Helmut: Kulturtheorie der Frankfurter Schule. In: Brackert, Helmut/Wefelmeyer, Fritz (Hrsg.): Kultur. Bestimmungen im 20. Jahrhundert. Frankfurt, Suhrkamp, 1990: 255-275.

Enquete-Kommission „Kultur in Deutschland. Deutscher Bundestag Drs. 16/7000, Schlussbericht 11. 12. 2007.

Ermisch, Günter u. a. (Hrsg.): Wanderungen durch die Kulturpolitik. Festschrift für Sieghardt von Köckritz. Berlin, Nicolai, 1993.

Ertel, Rainer: Daten und Fakten zur Kulturwirtschaft. Aus Politik und Zeitgeschichte 34/35, 2006: 17-23.

Eurostat Working Group on Cultural Statistics: Task Force on Cultural Employment. Luxemburg, 2002.

Florida, Richard: The Rise of the Creative Class – and how it's transforming work, leisure, community and every day life. New York, Basic Books, 2002, 2004.

Fohrbeck, Karla u. a.: Kunstförderung im internationalen Vergleich. Köln. DuMont, 1971.

Fohrbeck, Karla/Wiesand, Andreas: Der Künstler-Report. München (zuerst als Bundestagsdrucksache 7/3071 v. 13. 1. 1975) München, Hanser, 1975.

Fohrbeck, Karla/Wiesand, Andreas: Von der Industriegesellschaft zur Kulturgesellschaft. München, Beck, 1989.

Fohrbeck, Karla: Renaissance der Mäzene? Interessenvielfalt in der privaten Kulturfinanzierung. Köln, DuMont, 1989.

Frey, Manuel: Macht und Moral des Schenkens. Staat und bürgerliche Mäzene. Berlin, Fanney&Walz, 1999.

Frowein, Jochen A.: Grundrecht und Stiftung. Essen-Bredeney, Mitgliederversammlung des Stifterverbandes, 1976.

Fuchs, Max: Kulturpolitik in Zeiten der Globalisierung, in: Aus Politik und Zeitgeschichte B 12/ 2003: 15-20.
Fuchs, Max: Kulturpolitik. Wiesbaden, VS Verlag für Sozialwissenschaften, 2007.
Glaser, Hermann: Kulturgeschichte der Bundesrepublik Deutschland. München, Hanser, 1985, 3 Bde.
Glaser, Hermann u.a. (Hrsg): Zukunft Kulturpolitik. Festschrift für Olaf Schwencke. Essen. Klartext, 1996.
Göschel, Albrecht: Die Ungleichzeitigkeit in der Kultur. Wandel des Kulturbegriffs in vier Generationen. Essen. Klartext, 1995, 2. Aufl.
Grosz, Andreas/Delhaes, Daniel (Hrsg.): Die Kultur-AG: neue Allianzen zwischen Wirtschaft und Kultur. München. Hanser, 1999.
Haibach, Marita: Spenden, Sponsoring, Stiftungen. Frankfurt, Campus, 1996, 2. Aufl.
Hanimann, Joseph: Vielfältiger, in: FAZ, 6. 2. 2003: 33.
Hense, Ansgar: Bundeskulturpolitik als verfassungsrechtliches und verwaltungsrechtliches Problem. Deutsches Verwaltungsblatt Nr. 6, 2000: 376-384.
Herchenröder, Christian: Die neuen Kunstmärkte. Düsseldorf, Econ, 1990.
v. Heydebreck, Amélie: Künstler, rettet den Kapitalismus. Die Wirtschaft verkriecht sich im Schoß der Kultur: was ist, wenn die nicht mitmacht? in: Frankfurter Allgemeine Sonntagszeitung , 9.3.2003: 25.
Hofecker, Franz-Otto/Tschmuck, Peter: Kulturpolitik, Kulturforschung und Kulturstatistik. Innsbruck, Studienverlag, 2003.
Hoffmann, Hilmar: Kultur für Morgen. Frankfurt, Fischer, 1986.
Hoffmann, Hilmar: Kultur als Lebensform. Frankfurt, Fischer, 1990.
Hoffmann, Hilmar/Schneider, Wolfgang (Hrsg.): Kulturpolitik in der Berliner Republik. Köln, DuMont, 2002.
Jahrbuch für Kulturpolitik 2004. Essen, Institut für Kulturpolitik der Kulturpolitischen Gesellschaft, 2004.
Klein, Armin: Kulturpolitik. Eine Einführung. Wiesbaden, Verlag für Sozialwissenschaften, 2005, 2.Aufl.
Klein, Katharina: Geben ist nachhaltiger als Nehmen. Stiftungen: Die mehr als 18000 Stiftungen in Deutschland verwalten ein Vermögen von geschätzt 100 Milliarden Euro. FAZ. 29. 7. 2011: 19.
Kleinegges, Udo u.a.: Im Blickpunkt: Kultur in Deutschland. Zahlen und Fakten. Stuttgart, Metzler/Poeschel, 1994.
Kloepfer, Inge: Kultur – Deutschlands teures Hobby, in: FAZ, 11.12.2005: 45.
Knoblich, Tobias J.: Soziokultur in Ostdeutschland, in: Aus Politik und Zeitgeschichte B 12/2003: 28-34.
Kommission der EU: Ein Europa der Völker bauen. Brüssel, 2002.
Kröger, Franz/Sievers, Norbert: Stillstand ist Rückschritt. Abschied vom Kulturboom? in: Kulturpolitische Mitteilungen 103/2003: 43-47.
Küppers, Reiner: Künstlerinnen und Künstler zwischen kreativer Freiheit und sozialer Sicherheit. Ein Diskurs zur Kulturpolitik in Zeiten der europäischen Integration. Frankfurt, Peter Lang, 2010.
Kulturbericht 2003. Wiesbaden, Statistische Ämter des Bundes und der Länder, 2004.
Kulturfinanzbericht 2003. Berlin, Wiss. Dienste des Deutschen Bundestages, 8.6.2004.

Kulturfinanzbericht 2008 (4. Auflage). Berlin, Statistische Ämter des Bundes und der Länder. Wiesbaden, Statistisches Bundesamt, Sept. 2008.

Kulturfinanzierung in Europa. Europäische Kommission, Generaldirektion Bildung und Kultur. Luxemburg, Amt für amtliche Veröffentlichungen der Europäischen Gemeinschaften. 2002.

Kulturnische im Welthandel. Ein Gespräch zur Unesco-Konvention zur kulturellen Vielfalt, in: FAZ, 24.10. 2005: 39.

Leitbild der Stiftung Preußischer Kulturbesitz, Berlin, 23. 3. 2009.

Lock, Friedrich/Scheytt, Oliver: Handbuch Kulturmanagement und Kulturpolitik. Loseblatt, Berlin, 2007.

Lynen, Peter M.: Sponsoring der Kunst – rechtliche Lösungen im öffentlichen Bereich. Düsseldorf (hektographierte Thesen) 2004.

Mahrenholz, Ernst Gottfried: Deutsche, rührt euch. Ende für den Beutekunststreit, in: FAZ, 7.6.2005: 35.

Minkmar, Nils: Warum lacht Frau Weiss? in: Frankfurter Allgemeine Sonntagszeitung, 11.11. 2005: 31.

Mues, Gabor: Ist das noch Kunst? Der Fiskus als Kunstrichter. FAZ. 26. 2.011: 49.

Mulcahy, Kevin: American Cultural Patronage: the Limits of Privatization, in: Hofecker, Franz-Otto/Tschmuck, Peter (Hrsg.): Kulturpolitik, Kulturforschung und Kulturstatistik. Innsbruck, Studienverlag, 2003: 89-104.

Mumme, Martin: Strategien auswärtiger Bewußtseinspolitik. Würzburg, Königshausen & Neumann, 2007.

Myerscough, John (Hrsg.): Funding the Arts in Europe. London, European Centre for Political Studies, 1984.

Nida-Rümelin, Julian: Humanismus als Leitkultur. Ein Perspektivenwechsel. München, Beck, 2006.

Nullmeier, Frank: Wettbewerbskulturen. In: Müller, Michael u.a. (Hrsg.): Der Sinn der Politik. Kulturwissenschaftliche Politikanalysen. Konstanz, UKV Verlagsgesellschaft, 2002: 157-176.

Offe, Claus: Selbstbetrachtung aus der Ferne. Tocqueville, Weber und Adorno in den Vereinigten Staaten. Frankfurt, Suhrkamp, 2004.

O'Neill, M (Hrsg.): Adorno, Culture and Feminism. London, Sage, 1999.

Opielka, Michael: Kunst und Kultur im Wohlfahrtsstaat, in: Aus Politik und Zeitgeschichte. B 12/ 2003: 28-34.

Pohlmann, Markus: Kulturpolitik in Deutschland. Städtisch organisierte Kultur und Kulturadministration. München, Minverva, 1994.

Presse- und Informationsamt der Bundesregierung, 1997: So fördert der Bund Kunst und Kultur. Bonn.

Pues, L. u.a. (Hrsg.): Art-Investor. Handbuch für Kunst und Investment. München, Finanzbuch-Verlag, 2002.

Ress, Georg: Kultur und Europäischer Binnenmarkt. Rechtliche Auswirkungen des Europäischen Binnenmarktes auf die Kulturpolitik der Bundesrepublik Deutschland. (Gutachten, Schriftenreihe des Bundesministeriums des Innern 22), Stuttgart, Kohlhammer, 1991.

Roloff-Momin, Ulrich: zuletzt: kultur. Berlin, Aufbau-Verlag, 1997.

Saehrendt, Christian: Kunst als Botschafter einer künstlichen Nation. Studien zur Rolle der bildenden Kunst in der auswärtigen Kulturpolitik der DDR. Stuttgart, Franz Steiner, 2009.

Sager, Peter: Die Besessenen. Begegnungen mit Kunstsammlern zwischen Aachen und Tokio. Köln, DuMont, 1992.

Scheytt, Oliver: Kulturstaat Deutschland. Bielefeld, Transcript, 2008.

Schneider, Axel: Die auswärtige Sprachpolitik der Bundesrepublik Deutschland. Bamberg, 2000.
Schümer, Dirk: Bildermüll. Holland weiß nicht, wohin mit seiner Subventionskunst, in: FAZ, 4. 11.1996.
Schwelling, Birgit (Hrsg.): Politikwissenschaft als Kulturwissenschaft. Wiesbaden,VS, 2004.
Seibold, Hannes: Kommunale Kulturpolitik im Städtevergleich: Mannheim und Heidelberg. Heidelberg, Mag. Diss. 2006.
Singer, Otto: Die Förderung von Kunst und Kultur. Berlin, Wissenschaftliche Dienste des Deutschen Bundestages, Sept. 2003 (Reg.Nr. WF X-060/03).
Söndermann, Michael: Zur Lage der öffentlichen Kulturfinanzierung in Deutschland. Jahrbuch für Kulturpolitik 2000, Bd. 1. Essen, Klartext 2000: 341-371.
Söndermann, Michael: Kulturausgaben in Deutschland sinken 2004 weiter. KulturStatistik 24. Bonn, Arbeitskreis Kulturstatistik, 2004.
Söndermann, Michael: Wohin treibt die Öffentliche Kulturfinanzierung in Deutschland. Wien 2004 a (mimeo).
Söndermann, Michael (2004b): Beschäftigung im Kultursektor in Deutschland 2003/2004, in: Jahrbuch für Kulturpolitik: 459-475.
Söndermann, Michael: Öffentliche Kulturfinanzierung in Deutschland 2005. Jahrbuch für Kulturpolitik; Bd. 6, Essen, Klartext, 2006: 395-409.
Städtische Kulturpolitik. Empfehlungen, Richtlinien und Hinweise des Deutschen Städtetages zur Praxis städtischer Kulturpolitik 1946 bis 1970. Stuttgart, Kohlhammer, 1971.
Steinert, Heinz: Kulturindustrie. Münster, Westfälisches Dampfboot, 1998.
Steinert, Heinz: Die Entdeckung der Kulturindustrie. Oder: Warum Professor Adorno Jazz-Musik nicht ausstehen kann. Münster, Westfälisches Dampfboot, 2003.
Stürmer, Michael: Der Staat ist überfordert – Stiften ist wieder an der Zeit. In: Braun, Günter u. Waltraut (Hrsg.): Zu Kunst und Kunstpolitik. Berlin, Gebr. Mann, 1996, 2. Aufl.:121-142.
Wagenführ, Horst: Kunst als Kapitalanlage. Stuttgart, Forkel-Verlag, 1965.
Wagner, Bernd: Vom Aschenputtel zum Hätschelkind? Tendenzen kommunaler Kulturpolitik. In: A.R.T. (Hrsg.): Kultur macht Politik. Köln, Verlag Kölner Volksblatt, 1988: 68-94.
Wagner, Thomas: Das neue System. Wie man in Hessen mit der Kultur die Macht sichern will, in: FAZ, 28.11.2002: 33.
Wefing, Heinrich: Alles außer Nolde. Was fördert eigentlich die Bundeskulturstiftung? in: Frankfurter Allgemeine Zeitung, 8. 7. 2004: 27.
Weiss, Christina: Stadt ist Bühne. Kulturpolitik heute. Frankfurt, EVA, 1999.
Wiesand, Andreas Johannes: Kultur- oder „Kreativwirtschaft": Was ist das eigentlich? Aus Politik und Zeitgeschichte 34/35/2006: 8-16.
Wiggershaus, R.: Theodor W. Adorno. München, Beck, 1998, 2. Aufl.
Wils, Jean-Pierre: Die große Erschöpfung. Kulturethische Probleme vor der Jahrtausendwende. Paderborn, Schöningh, 1994.
Witkin, R.: Adorno on Popular Culture. London, Routledge, 2003.
Wolf-Csanady, Elisabeth: Wertewandel und Kulturpolitik in der BRD und Österreich. Frankfurt, Lang, 1996.
Zembylas, Tasos/Tschmuck, Peter (Hrsg.): Der Staat als kulturfördernde Instanz. Innsbruck/Wien, Studienverlag, 2005.
Zimmermann, Olaf: Kulturberufe und Kulturwirtschaft – Gegensatz oder Symbiose. Aus Politik und Zeitgeschichte 34/35, 2006: 24-30.
Zukunft Kulturpolitik in: Kulturpolitische Mitteilungen 100/2003: 1.

9 Die Kulturenquete des Deutschen Bundestages vom Dezember 2007

1 Die kulturpolitische Zieldebatte im Vorfeld der Enquete

Die Kulturpolitik erscheint für die Routineprozedur im Parlament als exotisches Handlungsfeld. Am 13. Dezember 2007 rief Bundestagspräsident Norbert Lammert – der sich seit langem als Kulturpolitiker profiliert hatte (vgl. Kap. 7) – den Schluss-Bericht der Enquete-Kommission „Kultur in Deutschland" auf. Er feierte den Ausnahmefall, dass das Thema Kulturpolitik es auf „diese prominenten Tagesordnungsplätze" schaffte, obwohl das Thema in der Öffentlichkeit immer noch unterschätzt werde. Kein gutes Omen für die Wirksamkeit des Berichts. Die Kommissionsvorsitzende Gitta Connemann (CDU/CSU) wurde fast religiös: „Es ist vollbracht". Die Experten waren in wichtigen konzeptionellen Fragen uneinig. Unter den zahlreichen Experten wurden auch Verfassungsrechtler angehört, die häufig zwei Einwände gegen Bundeskulturpolitik hatten:

1) Ein unfassbares Thema wie Kultur könne mit juristischen Mitteln nicht erfasst werden, und wenn dieses doch geschehe, *drohe „Verrechtlichung und Bürokratisierung"*, neben der *„Kommerzialisierung"* im Werk von Habermas die größten Feinde der „Lebenswelt" – zu der die Kultur meist gerechnet wurde.

2) Verfassungsrechtliche Festschreibungen *drohen dem Föderalismus-Prinzip zuwider zu laufen*. Der erste Einwand wurde nicht immer ganz ernst genommen, da auch Länder in ihren Verfassungen Fixierungen gewagt haben (Scheytt 2008: 96f). Bayern hatte keine Bedenken im Artikel 3 Bayern als „Rechts- Kultur-, und Sozialstaat" festzuschreiben. Im Bericht wurden die Kulturstaatserklärungen aus Landesverfassungen (die vielfach nicht nur Schutz- sondern auch Förderklauseln enthalten) und aus dem Art. 151 des EG-Vertrages hinzugefügt (ebd: 80f). Zudem dürften das Rechts- und das Sozialstaatsprinzip keineswegs leichter zu fassen sein, wie eine große kontroverse Literatur zeigt. Außerdem steht im „Einigungsvertrag" von 1990 in Artikel 35, Abs. 1, dem ein quasi-verfassungsmäßiger Rang zuerkannt wird: „Stellung und Ansehen eines vereinten Deutschlands in der Welt hängen außer von seinem politischen Gewicht und seiner wirtschaftlichen Leistungskraft ebenso von seiner Bedeutung als Kulturstaat ab".

Seit die Mittel für Kultur knapper wurden, wird die Debatte der professionellen Kulturschützer immer gedrechselter. Peer Steinbrück war schon als Ministerpräsident von

Nordrhein-Westfalen in einer Rede wie üblich bereit, den Mainstream zu brüskieren. Er warnte vor Illusionen der Besitzstandwahrung und wollte der Kultur keine „Sonderstellung" einräumen. Nur wenige attestierten „Das musste mal gesagt werden!" (Sievers 2004: 4f). Der weihevolle Ton der Kulturpolitiker erregte die Finanzpolitiker immer wieder, selbst wenn sie persönlich kunstsinnig waren wie Peer Steinbrück.

Es mussten theoretische Eindämmungsspiele gegen die Rotstift-Mentalität initiiert werden. Dabei spielte der Begriff *„kulturelle Grundversorgung"* als Auffangkategorie eine Rolle, wie ihn die „Kulturpolitischen Mitteilungen" 2003 und 2004 lancierten (Scheytt, 2003: 26f). Aber auch hier war Einigkeit nicht zu erzielen. Die Globalisierung hatte nach Ansicht einiger Autoren (Göschel 2003: 6ff) die Folge, dass der Staat die Ausgaben auf das Unverzichtbare zurückführen müsste. Das Ziel „Bürgergesellschaft" wurde angesichts der Globalisierungsängste beim Wort genommen. Die kommunale Kulturfinanzierung müsse zunehmend auf freiwillige Beiträge der Bürger umgestellt werden. Politiker wie Will Vesper (Kulturpolische Mitteilungen III, 2004: 36) fanden den Versorgungsgedanken „abwegig", weil Kunst und Kultur keine Versorgungsgüter seien, deren Herstellung dem Staat obliege. Die kulturpolitischen Ziele der Kulturpolitischen Gesellschaft schienen damit fundamental in Frage gestellt. Ihre Exponenten wollten aber das Terrain nicht kampflos und resignativ der Sparpolitik überlassen. Die Staatszieldebatte wurde zum wichtigen Rettungsanker: die *„Freiwilligkeit"* sollte in die *„Pflichtigkeit"* überführt werden. Die Debatte wurde als ein Disput zwischen einem realistischen Wissenschaftler (Göschel) und einem engagierten Kulturpolitiker aufgefasst (Rose I 2004: 23).

Wie nicht anders zu erwarten ist der Endbericht der Enquete-Kommission ein Meisterwerk an Formel-Kompromissen, sodass niemandem wehgetan wurde. Die Enquete-Kommission (Schlussbericht: 84) versuchte den Gegensatz zu entschärfen mit dem Argument, dass Begriffe wie Infrastruktur und Grundversorgung nur einen Teil der kulturellen Aktivitäten, nämlich die staatlichen beträfen. Die Enquete-Kommission sah auch in der Bereitstellung finanzieller Ressourcen für private Kulturträger eine Infrastrukturaufgabe. Förderleistungen unterliefen nach dieser Konzeption nicht der im Dienstleistungsrecht üblichen Subventionsprüfung, sondern werden im „öffentlichen Interesse" geleistet und sind daher aus der EU-Dienstleistungsrichtlinie und den GATS-Verhandlungen aus der Subventionsdiskussion herauszunehmen (ebd.: 85) – ein Standpunkt der gelegentlich als „kulturrechtliche Wohltätigkeitsliteratur" abqualifiziert wurde (Steiner 1984: 7ff; Schlussbericht: 87).

Zur Sicherung der kulturellen Infrastruktur wurden folgende Maßnahmen für unerlässlich erachtet:

1. die Errichtung und Erhaltung von Kultureinrichtungen,
2. die Förderung von Kunst, Kultur und Kultureller Bildung,
3. die Initiierung und Finanzierung kultureller Veranstaltungen,

4. die Gestaltung von angemessenen Rahmenbedingungen für Künstler und Kulturberufe, bürgerschaftliches Engagement, freie Kulturträger und die Kulturwirtschaft (Schlussbericht: 84).

Wichtig war es für die Kommission die kulturelle Vielfalt nicht durch Gleichmacherei zu gefährden (ebd. 85).

Die öffentliche Kultur-Debatte im Vor- und Umwelt der Enquete konnte mehrere Auffangpositionen aufbauen. Die Betonung der Gleichrangigkeit der Kultur mit anderen Subsystemen wie Wirtschaft, Recht und Soziales System konnte auch den Weg der Suche nach Synergie-Effekten mit anderen Subsystemen gehen. Niklas Luhmann hätte gesagt: „strukturelle Koppelungen".

- *Rechtssystem*: Kulturpolitik sollte bei Gesetzen die Kulturverträglichkeit prüfen und darauf dringen, dass die rechtlichen Rahmenbedingungen optimal gestaltet werden (Scheytt 2003 I: 54). Aber auch im Organ der „Kulturpolitischen Gesellschaft" kamen Stimmen zu Worte, die eher auf die Eigenwerte der Kultur abhoben und von der Verrechtlichung auch die Bürokratisierung erwarteten. Selbsteinschätzung des Autors: „Ein konservativer Blick, fürwahr – aber eben kein etatistischer" (Cornell III/2004: 31). Der Schlussbericht (:90) kam zu der Konklusion, dass die derzeitige Rechtslage keine generelle Verpflichtung der Kommune zu allen möglichen Formen der Kulturarbeit feststellen ließ. Eine Ausnahme sah man in Sachsen, weil dort im „Kulturraumgesetz" die Pflichtaufgabe festgeschrieben wurde. Aber der Kulturgestaltungauftrag galt als „pflichtige Selbstverwaltungsaufgabe", über die konkret die Gemeindeorgane nach freiem Ermessen entscheiden.
- Weit fordernder konnte die Kulturpolitik im Bereich *Wirtschaft* auftreten. Die Bedeutung der Kulturpolitik für die Arbeitsmarkt- und Wirtschaftspolitik wird zunehmend heraus gestrichen (vgl. Kap. 8).
- Kulturpolitik tritt auch als *Sozialpolitik* auf – nicht nur in dem allgemeinen Sinne, dass Kultur die Freiheits- und Autonomie-Möglichkeiten des Individuums vergrößert. In angelsächsischen Ländern wurde Bildungs- und Kulturpolitik vielfach der Sozialpolitik zugerechnet, weil Chancengleichheit das oberste Ziel ist. In Deutschland wird die Sozialpolitik als „lohnarbeitszentriert" und damit wirtschaftsbezogen behandelt (Wagner/Zimmer 1997). Die Betrachtung dieses Autors zur „Ästhetik der Macht" (v. Beyme 1998: 31ff) wurde inzwischen auf die Forderung nach einer *„Sozialästhetik"* erweitert (Opielka I/2003: 46).

Der Präsident der Kulturpolitischen Gesellschaft, Oliver Scheytt, konnte als sachverständiges Mitglied der Kommission seine Ansichten über „pflichtige Selbstverwaltungsaufgaben" und „angemessene Bereitstellung von Ressourcen" in den Endbericht einbringen (ebd.: 87). Die Kommission hielt mehrheitlich die pauschale Undifferenziertheit der Bewertung von „Freiwilligkeit" von Kulturleistungen für nicht tragfähig (Schlußbericht: 87).

Der Bericht scheute im Kapitel 3 auch abgehobene politikwissenschaftliche Diskussionen nicht. Die öffentliche und private Förderung und Finanzierung von Kunst und Kultur wurde hinsichtlich der neuen Steuerungskonzepte „*New Public Managment*" und „*Governance*" analysiert. Empfohlen werden Kulturentwicklungspläne in einem breiten gesellschaftlichen Diskurs. In Deutschland scheinen die östlichen Länder wie Brandenburg und Sachsen am weitesten entwickelt zu sein. Demgegenüber verfolgt das Land Nordrhein-Westfalen eine dezentralisierte Strategie (ebd. 94). Rechtsformen sind:

1. *Regiebetriebe, ohne eigene Rechtspersönlichkeit,* die in den öffentlichen Verwaltungsträger eingegliedert sind.
2. *Optimierter Regiebetrieb,* der eine „eigenbetriebsähnliche Führung" erlaubt, wie es in schönem Amtsdeutsch heißt.
3. *Eigenbetriebe als kommunale Unternehmen* mit eigenem Vermögen, die neben öffentlichen Zwecken auch wirtschaftliche Ziele verfolgen und in der normalen Betriebsführung weitgehend selbständig sind.
4. *Kommunaler Zweckverband,* eine Rechtsform für Kultureinrichtungen, die von mehreren Kommunen unterhalten werden.
5. *Stiftungen des öffentlichen Rechts* sind Teil der mittelbaren Staatsverwaltung, um öffentliche Aufgaben von besonderem Interesse zu erfüllen. Sie unterliegen der staatlichen Rechtsaufsicht. Die Finanzierung erfolgt durch laufende Zuwendungen des Staates – manchmal in Kombination mit eigenem Stiftungsvermögen.

Institutionell wurde der Bundesregierung empfohlen, die Aufgaben in der Kultur zu bündeln und zu institutionalisieren, weil Kulturpolitik eine zentrale Querschnittsaufgabe der Innen- und Außenpolitik darstelle (Schlussbericht: 56).

2 Die Wirksamkeit des Enquete-Berichtes

Dass der Bericht nach jahrelangem Gerangel zustande kam, grenzt an ein Wunder. Seine Wirkung ist vielschichtig aber nicht immer klar zu bestimmen:

(1) Die Frage nach der Wirksamkeit eines so umfangreichen Enqueteberichts wird differenziert beantwortet werden müssen. Für den Politikwissenschaftler – auch wenn ihm Kulturpolitik näher steht als andere Staatstätigkeiten – ist diese Enquetekommission eine unter vielen, die durch die kleine Parlamentsreform 1969 (GOBT § 74 a) geschaffen wurde. Es hat keinen Zweck vor Begeisterung über diesen vielseitigen Bericht zu vergessen, was die vergleichende Parlamentsforschung über den Einfluss von Enquetekommissionen herausgefunden hat.

1980 wurde ein Zusatz in die Geschäftsordnung eingefügt, der die Berichterstattung weitgehend ins Belieben der Kommission stellte. 1989 wurde präzisiert: „Die Enquetekommission hat ihren Bericht so rechtzeitig vorzulegen, dass bis zum Ende der Wahlperiode eine Aussprache darüber im Bundestag stattfinden kann". Die Befugnisse der Enquetekommissionen wurden nicht geregelt, obwohl zweimal eine Vorlage eingebracht worden ist (BT-Drs. V/3991; VI/546). Als nicht konsensfähig erwies sich der Vorschlag, die Herausgabe von Planungsunterlagen an eine qualifizierte Minderheit zu ermöglichen. Damit wurden die Berichte auf Konkordanz geeicht und zu Formelkompromissen eingeladen. Ein Viertel der Mitglieder des Bundestages kann die Einsetzung einer Enquetekommission verlangen. Meist geschieht das einvernehmlich. Nur die Enquetekommission „Strukturreform der gesetzlichen Krankenversicherung" wurde von der SPD-Opposition gegen den Willen der Mehrheit durchgesetzt (11. WP. 4. 6. 1987: 1041ff).

Die Kommmissionen nahmen aufgrund des gesellschaftlichen Drucks zu. In der 6. Wahlperiode waren es zwei, in der 11. schon 5. Enquetekommissionen dienen im Innenbetrieb dem Zeitgewinn. Parlamentarier wollen zwar Information, aber wenn das Ergebnis erst nach einigen Jahren vorliegt, hat das Problem unter Umständen nicht mehr den hohen Stellenwert auf der Prioritätenskala der parlamentarischen Führungsgremien. Die Einsetzung einer Enquetekommission hat häufig Alibi-Funktion und dient der Entlastung des Gewissens. Einige Kritiker haben im Geist der autopoietischen Systemtheorie die organisierte Beobachtung eines Problems bereits für die Lösung gehalten (Gill 1991: 116). Die Enquetekommissionen dienen nicht der unverbindlichen Wissenserweiterung, sondern sind ausdrücklich (GOBT § 56, Abs.1) auf die Vorbereitung von Entscheidungen hin angelegt. Enquetekommissionen sind zeitaufwendig und manchmal drohen sie zum Hobby ihres Leiters zu werden, wie im Fall Rainer Eppelmann, Vorsitzender der Kommission für die Aufarbeitung der Folgen der SED-Diktatur.

Die Bundesrepublik hat eine der besten Parlamentsstatistiken der Welt. In ihr tauchen zunehmend anregende Institutionen auf, wie die Europäische Union (in der Agrarpolitik schon bis zu 60-70%) oder das Bundesverfassungsgericht. Selten taucht eine Enquetekommission als Initialzündung eines Gesetzgebungsverfahrens auf. Der Verfasser (v. Beyme 1997: 162ff) hat 150 Schlüsselentscheidungen der ersten 12 Bundestage untersucht. Nur im Umweltbereich wie bei der Gentechnik (1990) spielte die Enquetekommission eine herausragende Rolle. Bei der Gesundheitsreform 1988 wurde in der Regierungsvorlage denn auch nur die „Konzertierte Aktion Gesundheit" und nicht die Enquetekommission hervorgehoben. Problem der Kulturpolitik: es bleibt unklar, welche konkrete Entscheidung der Bund treffen muss, nachdem in endlosen Debatten jedermann die Priorität der Länder hervorgehoben hat. In anderen Politikfeldern gibt es Konkurrenzinstitutionen, die zu Synergieeffekten mit Kommissionen führen können. So geschah es bei der Kommission „Vorsorge zum Schutz der Erdatmosphäre". Der „Beirat für globale Umweltveränderungen" konnte den Kommissionskonsens in den allgemeinen Prinzipien umsetzen helfen (Müller 1994: 55). Hat die Kulturpolitik solche Institutionen? Sie hat Lobbyisten in der „Kulturpolitischen Gesellschaft“ – aber diese ist nicht gerade entscheidungsnah angesiedelt, was nichts mit dem Standort Essen zu tun hat.

Aus mehreren Gründen waren Enquetekommissionen nicht so erfolgreich, wie erhofft:

1. *Ressortübergreifende Planungsausschüsse* sind immer wieder auf Bedenken gestoßen. Die segmentierte Arbeitsweise der Politikfeld-Experten scheint mit in der Kulturpolitik besonders groß, zumal die kommunale Ebene hier besonders betont wird.
2. Da Wissenschaftler, Interessengruppenvertreter und Ministerialbeamte *in wechselnder Besetzung in den Sitzungen* auftauchen, droht die Neuartigkeit des Instruments im Vergleich zu herkömmlichen Informationsprozessen verloren zu gehen.
3. Die *Informationsbeschaffung* wird behindert, weil es an Kompetenzen gegenüber privaten Akteuren fehlt.

Enquetekommissionen stehen unter der doppelten Rollenanforderung:

- wissenschaftlich valide Ergebnisse vorzutragen,
- diese aber gemeinverständlich zu halten, damit die Ergebnisse handlungsanleitend werden können.
- Ein Ergebnis der Kommissionen ist häufig, dass die Regierung in einem Bericht antworten muss. Ich sehe dies nicht im Bereich der Kulturpolitik.

(2) Die Enquetekommission hat ein lang gehegtes Ziel erreicht und dem Bundestag einstimmig empfohlen *Kultur als Staatsziel* ins Grundgesetz aufzunehmen: „Der Staat schützt und fördert die Kultur“. Das Bundesverfassungsgericht (BVerfGE 36: 321) hatte schon aus dem Artikel zur Kunstfreiheit (5,3 GG) vom Kulturstaat gesprochen, der ein freiheitliches Kunstleben erhalten und fördern sollte. Es wurde argumentiert, dass eine solche Erklärung

- föderalismus-neutral sei,
- und die Kultur nicht zur Pflichtaufgabe werden lasse (Enquete Drs. 16/7000: 78).

Noch einmal wurde klargestellt, dass die Staatszielbestimmungen keine subjektiven einklagbaren Ansprüche gewähren (Schlussbericht: 89). Immerhin wurde davon ausgegangen, dass Kulturstaatsklauseln die staatlichen Ebenen „in Pflicht nehmen“ und die „Sicherung der kulturellen Grundversorgung“ aus ihnen hergeleitet werden könne. Die Kommission unterstellte, dass kulturelle Aufgaben als gleichgewichtig mit den sozialen und umweltbezogenen Aufgaben angesehen werden müssten (ebd. 79). Die Wirkung der Staatszielbestimmung erhoffte man sich durch das „politische Ermessen des Gesetzgebers“ und aus „gerichtlichen Abwägungsentscheidungen“. Der Bericht ging davon aus, dass Staatszielbestimmungen Verfassungsnormen seien und danach grundsätzlich genauso justiziabel wie andere Normen – wenn auch weniger hochrangig als Grundrechte (ebd.: 78). Bei Diskussionen im Deutschen Kulturrat (Newsletter 23. 3. 2010:1) wurden mehr als appellative Vorteile vom Staatsziel Kultur im Grundgesetz erwartet, vor allem eine Stärkung der Verhandlungsposition gegenüber der Kommunalaufsicht.

Jeder Erfolg provoziert freilich Gegenkräfte. Andere Lobbies, die weitere Staatsziele vom Tierschutz bis zur Sportförderung anstreben, wurden auf den Plan gerufen. Der Deutsche Kulturrat begrüßte am 25. 8. 2011, dass die SPD-Bundestagsfraktion in einer Kleinen Anfrage der Bundesregierung auf den Zahn gefühlt habe. Die Antwort auf die Kleine Anfrage „Umsetzung von Vorhaben und Vorschlägen zur Förderung von Kunst und Kultur durch den „Bund" (BT-Drs. 17/6835) schien ein wichtiger Schritt auf das Ziel „Verfassungsrang für die Kultur". Positiv wurde an der Antwort der Bundesregierung aufgenommen, dass die Förderung der Menschen mit Migrationshintergrund im Kulturbereich, der Umgang mit den Neuen Medien und das Festhalten an der Künstlersozialkasse vorgesehen waren. Negativ wurde die Einführung eines neuen Bundesfreiwilligendienstes kommentiert. Man wollte jedoch auf die Auswirkungen im Kulturbereich zunächst abwarten (Kulturrat Newsletter, 25. 8. 2011: 1).

3) Der Bericht enthielt *465 Handlungsempfehlungen* (Enquete 13866 A – C). Die schiere Masse erscheint ein Hemmnis für die Umsetzung, zumal häufig der Adressat unklar blieb. Der Handlungsbereich Kulturpolitik ist einmalig im Hinblick auf die Vielfältigkeit möglicher Adressaten von Empfehlungen. Das stärkt zwar einerseits die Durchsetzungskraft, kann sie aber auch durch diffuses Zerfließen eher behindern. Am einfachsten scheint der Erfolg des Berichtes dort zu realisieren, wo wieder neue Berichte angemahnt werden – von den Bereichsberichten bis zum Bundes-Kultur- und Kreativwirtschaftsbericht (Schlussbericht: 349). Damit initiiert die Enquete gleichsam ein autopoietisches System, ein System, das sich selbst laufend fortschreibt. Den Berichten wird sogar nahegelegt, wie sie anzulegen seien, etwa nach dem Modell der Wertschöpfungskette (Schöpferischer Akt – Produktion – Weiterverarbeitung – Vertrieb (verstärkt durch unterstützende Dienstleistungen). Resultat sind: Kulturgüter und Kulturdienstleistungen (ebd. 347). Ein sicheres Impact-Rezept ist auch die Empfehlung wissenschaftliche Forschung anzuregen – der Unternehmensansiedlung bis zur Erfolgsevaluation (ebd.: 355).

Ein sicheres Erfolgsrezept der Enquete ist einen kulturwirtschaftlichen Trend in Empfehlungen umzusetzen, wie die Forderung nach kulturtouristischem Marketing – eine Entwicklung, die ohnehin geschieht, weil wirtschaftliche und regionale administrative Akteure ein Interesse an ihr haben (ebd.: 358).

Die Bestandsaufnahme und Problembeschreibung hat in jedem Fall einigende Wirkung, weil wichtige Grundbegriffe, wie *„Soziokultur"* (ebd. 133), geklärt worden sind. Der Bericht setzte sich vor allem in der Konzeption der Beschreibung der wirtschaftlichen und sozialen Lage der Künstler von früheren Berichten wie dem Künstlerbericht (1975) ab. Der Künstlerbericht bediente sich standardisierter Befragungen, auf jede kunsttheoretische und wertende Betrachtung wurde vermieden (BT Drs. 7/3071). In der Enquete von 2007 sollte die Selbst- und die Fremdeinschätzung berücksichtigt werden. Es ging nicht mehr nur um Verteilungsprobleme wie in den 70er Jahren im Geiste des Slogans „Kultur für alle" (Schlussbericht: 230). Dem Selbstverständnis der „kreativen Klasse" wurde etwa in einem Beitrag des Sachverständigen Heinz Rudolf Kunze Raum gegeben, der mit Karl Kraus-Zitaten nicht geizte wie „Künstler haben das Recht, bescheiden, und die Pflicht eitel zu sein" oder: „Der Wissenschaftler bringt nichts Neues. Er erfindet nur, was gebraucht wird. Der Künstler entdeckt, was nicht gebraucht wird. Er bringt das Neue" (ebd. 233). Es wurde die Mediatisierung des Kunstschaffens durch neue Medien wie Photographie, Kinomatographie, Phonographie und die Massenkommunikationsmittel beschrieben. Die Konjunktur des Bestsellers von Richard Florida: The Rise of the Creative Class (2004) wurde eher unkritisch aufgegriffen. Die starke Ausweitung der kreativen Klasse bis an den Rand des Beuys-Diktums: „Jeder ist ein Künstler" hat nicht nur positive Folgen gezeitigt. Die Empfehlungen nach den kunsttheoretischen Ausflügen, die normaler Weise schwerlich in die trockene Berichtstruktur eingepasst werden konnten, waren eher bescheiden: es wurden Branchenberichte angemahnt und ein Diskussionsprozess mit der Künstlersozialkasse hinsichtlich der angewendeten Abgrenzungskriterien in Gang gesetzt, um die fließenden Grenzen zwischen eigenschöpferischen und technisch vermittelter Kreativität nicht zum Ausschlusskriterium werden zu lassen (Schlussbericht: 238).

Die Gruppe der bildenden Künstler verfügt mit 94% über den höchsten Anteil von Selbständigen (ebd. 240). Von 1995 ist die Gesamtzahl der Erwerbstätigen in Kulturberufen laut Gutachten „Existenzsicherung" bis 2004 um 33% gewachsen und auf fast 800 000 angestiegen (ebd.: 289). Damit hat sich diese soziale Gruppe in Gegensatz zu den vollmundigen Avantgardeparolen gegen das Bürgertum gesetzt. Während es kaum noch unabhängiges Bürgertum im sozialen Sinn gibt, ist diese Existenzform auf die einst rebellierenden Künstler zurückgefallen. Linke Kritiker wie Raphael und andere haben das jedoch schon in der klassischen Hochzeit der Avantgarde festgestellt. Als Ausweg folgen Betrachtungen zur Reorganisation der Curricula der Künstler. Das erscheint sinnvoll im Licht der Tatsache, dass der Mythos des Autodidakten auch damals nicht zutraf, auch wenn Picasso oder Kandinsky gern die Veranstaltungen ihrer Ausbildungsakademie schwänzten. 90,3% der Künstler hatten an Akademien, Kunsthochschulen und Gewerbeschulen studiert, 12,9% hatten andere Studienfächer und 17,2% waren an privaten Kunstschulen, meist vor dem Akademiestudium (v. Beyme 2005: 50). Der Enquetebericht war konform mit der derzeitigen Studiengangsdiskussion: Stärkung betriebswirtschaftlicher Ausbildungsinhalte und bedarfsorientierte und praxisbezogene Ausbildung wie im Berliner postgradualen Masterstudiengang „Art in Context" (ebd.: 242).

Sinnvoll wurde auch die rechtliche und steuerrechtliche Situation der Künstler detailliert behandelt (ebd.: 251ff). In den Empfehlungen sollen die Finanzämter gleichmäßige Besteuerung der selbstständigen künstlerischen Tätigkeit nach § 18 Einkommenssteuergesetz schaffen und von einer „steuerrechtlich irrelevanten Liebhaberei" abgrenzen (ebd.: 257). Vor allem das Urheberrecht sollte neu bedacht werden. In diesem Bericht dürfte der staatliche Handlungsbedarf längst anerkannt sein. Er muss jedoch vor allem mit der Europäischen Union abgestimmt werden, die vielfach einer hemmungslosen Liberalisierungspolitik Vorschub leistete, etwa beim Buchpreis, und damit die kreative Klasse schädigte, insbesondere durch Schrankenregelungen in §§ 44a ff des UrhG (ebd.: 259f). Vor allem die Partei „Die Linke" trat mit Sondervoten zur sozialen Dimension auf und beklagte die Armut der Künstler wie der Migranten und Kinder (ebd.: 437).

- Am wirksamsten dürfte der Bericht dort sein, wo er *konkreten kulturellen Institutionen Empfehlungen* macht wie bei den Museen, denen stärkere Vernetzung, Digitalisierung und „Kooperation statt Konkurrenz" in einem Netzwerk von europäischen und internationalen Partnermuseen empfohlen wird (Schlussbericht: 127).

  In diese Kategorie könnten auch die Kulturstiftung des Bundes und der Fonds zur Künstlerförderung gerechnet werden. Ihnen wird empfohlen, ihre Förderungsentscheidungen in internen Protokollen zu begründen, und auf Antrag den Antragstellern zur Verfügung zu stellen. Für Beteiligte an Universitätsprüfungen ist dieses Begehren ziemlich normal. Aber in einem Sondervotum haben die FDP-Fraktion und der Sachverständige Olaf Zimmermann diese Empfehlung abgelehnt, weil sie einen unverhältnismäßigen Mehraufwand für diese Institutionen bedeuten und keinem Beteiligten nützen würden. Wichtig war für diese Dissidenten, dass die Kriterien und Entscheidungen von einem demokratisch legitimierten Gremium im Konfliktfall überprüft werden können. Weitere Empfehlungen konzentrierten sich auf den Fonds zur Künstlerförderung vom Ausbau der Beratungstätigkeit bis zu Sonderprogrammen für ältere Künstler (ebd.: 332).
- *Empfehlungen an Länder und Kommunen in unterprivilegierten Gebieten* – vor allem im ländlichen Raum – dürften in jedem Fall handlungsanleitend wirken (ebd. 140), weil nicht von jedem Dorfbürgermeister eine eigene Konzeption erwartet werden kann. Die Kulturförderung in den neuen Ländern ist ein weiteres zentrales Anliegen (ebd.: 200ff). Das Leuchtturmprogramm soll auf alle Länder ausgedehnt werden (ebd. 202).
- Ein Manko der wissenschaftlichen Erfassung der Leistungen von Kulturpolitik ist der *chaotische Zustand der Statistik*. In diesem Bereich sind die Handlungsempfehlungen außerordentlich nützlich – von der Denkmalpflege bis zum Stiftungsrecht kirchlicher Kulturträger (ebd. 148, 189). Empirische Dauerbeobachtung und Erfassung nach bundeseinheitlichen Kriterien werden gefordert. Im Gutachten „Kulturwirtschaft" werden die Mängel der existierenden Statistik aufgezählt: der Mikrozensus überzeichnet die Zahl der in Kulturberufen Tätigen, weil viele geringfügig Beschäftigte gezählt werden. Die Umsatzsteuerstatistik und die Beschäftigtenstatistik andererseits weisen zu wenige Kulturschaffende aus (ebd.: 350). 2005 be-

schloss die Wirtschaftsministerkonferenz erstmals eine Abgrenzung der Kulturwirtschaft auf der Basis der amtlichen Statistik – nach dem Schweizer Dreisektoren-Modell und der europäischen Fachdebatte – vorzunehmen. Die bundeseinheitliche Kulturstatistik wird von der Bundesregierung gefordert, und erscheint für alle Beteiligten wünschbar und daher durchsetzbar (ebd.: 435).

- Im *Medienbereich* sind die Empfehlungen wichtig – bis hin zur Gebührenfinanzierung durch den Gesetzgeber und zu Richtlinien für die Popularisierung des Kulturangebots (ebd.: 151, 154, 157).
- Hilfreich ist die Bemühung um Abgrenzungen von Spenden und Sponsoring (ebd. 186)
- Die Empfehlungen für die *Kulturförderung in der Bundeshauptstadt* sind in den Medien am stärksten umstritten gewesen. Die Angst vor der Privilegierung eines Bundeslandes führte zu Empfehlungen über kooperative Einrichtungen mit denen sich die Länder in der Hauptstadt repräsentieren lassen (ebd.: 204; vgl. Kap.13).
- Die *Umsetzung der UNESCO-Konvention* führte ebenfalls zu wichtigen Empfehlungen – vor allem im Bereich der Welterbekonvention (ebd.: 205).
- Breiten Raum nimmt die „*Kreativwirtschaft*" ein. Kultur als Wirtschaftsfaktor ist in aller Munde. Die Kulturwirtschft mit 1.6% des BIP und eine Bruttowertschöpfung von 36 Milliarden Euro rangierte 2004 – entgegen populären Vermutungen – vor der Energiewirtschaft (33 Milliarden) und der hoch gepäppelten Landwirtschaft (24 Milliarden) (ebd.: 336). Bei der Kulturwirtschaft gab es ein Wachstum von 4.5% (2004/2005), am höchsten war der Zuwachs bei Museumsshops und Kunstausstellungen. Ein Minus von 0.5 wiesen nur Einzelhandel, Bücher und Zeitschriften auf (ebd.: 337). Im Buchmarkt wurden daher am stärksten steuernde und regulierende Eingriffe der öffentlichen Hand gefordert (ebd.: 366). Im Buchhandel sind die kulturwirtschaftlichen Kleinunternehmer zwar unter Druck großer Ketten, aber gerade deshalb bedürfen sie der Förderung durch Kreditgewährung und Reduktion der Umsatzsteuer (ebd. 370f).

Ein Viertel der im Kultursektor Beschäftigten waren selbständig – im Vergleich zu nur 10% in der Gesamtwirtschaft. Im Kernbereich waren es sogar 50% (ebd.: 338). Die Zahl der Unternehmen stieg 2004 auf 200 000 und damit 4,2% (ebd.: 339). Erfolgsträchtig erscheint auch die Sektion über die Intensivierung der Bildung. Der kulturelle Bezug wurde z.T. durch die Beleuchtung der Sprache hergestellt. Deutsch als Sprache war nach dem Abflauen undifferenzierter Multi-Kulti-Hoffnungen ohnehin vielfach diskutiert. Eine kostspielige Forderung war die Übersetzung aller EU-Dokumente in die deutsche Sprache, die mit 18 % die meist gesprochene Muttersprache der EU war. Mit Stolz wurde vermerkt, das Deutsch als zweite Fremdsprache mit 14% der Europäer mit Französisch gleichgezogen habe, was nach neuesten EU-Statistiken noch eine Untertreibung zu sein scheint (ebd.: 408; vgl. EU: Cultural Statistics 2011: 50; vgl. Kap. 10). Bei den Empfehlungen dominierten Forderungen wie: Deutsch bei Beschilderungen, in

Werbekampagnen („*denglisch*" in der Werbung wurde nicht explizit aufs Korn genommen, war aber wohl gemeint) und die Forderung nach Gleichberechtigung als internationale Amtssprache (ebd.: 410). Hier sind Erfolge vor allem in der EU nicht sehr groß, weil die Deutschen selbst weniger sprach-patriotisch als die Franzosen auftreten.

Bei der *Europäischen Kulturagenda und auf der UNESCO-Ebene* scheint die geringste Wirkungsmöglichkeit des Berichts zu liegen, da deutsche Akteure hier nicht allein entscheiden können. Es kam meist zu vagen Formelkompromissen von „offener Koordinierung" unter Wahrung des Subsidiaritätsprinzips. (ebd.: 414). Gewichtiger waren die Fragen, die aufgeworfen wurden, ob die öffentliche Kultursubventionierung prinzipiell mit dem europäischen Recht vereinbar ist. Art. 87, Abs. 1 EGV spricht dagegen (ebd.: 418). Bei Privatisierungen wurde gefordert darauf zu achten, dass es nicht zu einer rein wirtschaftlichen Betrachtung der Kultureinrichtungen kommt (ebd.: 419). Das Instrument der „*Kulturhauptstädte*" sollte weiter entwickelt werden. Die *Welterbestätten* der UNESCO sollten um „Lieux de mémoire" von europäischer Bedeutung ergänzt werden (ebd.: 424). Zugleich wurde vorsichtig vor Angeboten im Kultur- und Medienbereich bei GATS-Verhandlungen gewarnt (ebd.: 431).

4) Nimmt man das *Medienecho* auf den Bericht als Kriterium, ist die Ausbeute dieser Enquetekommission nicht günstig. Jedes Statement eines Kulturstaatsministers wurde stärker kommentiert, wie die Streitfälle, die Michael Naumann seinem Nachfolger Julian Nida-Rümelin hinterließ (Kronsbein/Saltzwedel 2000: 318ff). Zu diesen Streitfällen um die Kultur gehörten das Holocaust-Mahnmal, der Kampf für die Buchpreisbindung, und der Konflikt zwischen Bund und Ländern um die Berliner „Leuchttürme". Medienwirksamkeit garantierte ein kleiner Ausrutscher, wie Michael Naumanns herablassende Bemerkung über die „Verfassungsfolklore" der Länder. Vorschläge wie die Förderung lebender Künstler durch die Toten, etwa durch einen Mozart- oder Gauguin-Pfennig sind poppig genug, um in der Presse breit diskutiert zu werden. Initiativen herausragender Exekutivvertreter sind immer medienwirksamer als die Fleißarbeit eines parlamentarischen Gremiums ohne Ecken und Kanten. Die Schwierigkeit, die Öffentlichkeit zu erfassen, ist einer der Gründe, warum gerade immer mehr „Eventismus" entsteht. Selbst wenn dieser auch private Sponsoren einbinden kann, ist die Gefahr, dass auch öffentliche Gelder für einige wenige Events heraus geworfen werden. Hans Magnus Enzensberger (2006: 33), Vizekanzler des Ordens „Pour le mérite", hat bei einer Einladung von Kulturstaatsminister Neumanns für die Ordensmitglieder geäußert: „Für das, was ein solches Großereignis kostet, könnte man Dutzende von Übersetzern ins Brot setzen, angehende Filmemacher mit Kameras und Schneidetechnik ausrüsten und ganze Bibliotheken gründen".

5) Daraus folgt, dass ein solcher Bericht eines Anwalts im Regierungszentrum bedarf. Dafür ist das Amt des *Kulturstaatsministers* von unschätzbarer Bedeutung. Aber es gab auch andere Empfehlungen, um Kultur- und Kreativwirtschaft als Querschnittsaufgabe

im politisch-administrativen System zu verankern, z B. ein Koordinator als Leiter einer interministeriellen Arbeitsgruppe.

Ein wichtiges Echo auf die Kulturenquete war das Streitgespräch über den *„Politikbegriff des Enquete-Berichts"* von zwei verdienten Akteuren in der Kulturpolitik wie Oliver Scheytt und Max Fuchs. Max Fuchs hatte geäußert, dem „bekloppten Gerede vom Kulturstaat und auch noch aktivierenden Kulturstaat müsse doch mal Einhalt geboten werden". Scheytt (Drews 2009: 87ff) erinnerte vor allem an Verfassungsrechtslage von Artikel 35 des Einigungsvertrages und an die Bayerische Verfassung, die den Kulturstaat aufgenommen hat. Diskussionsbedürftig schien die Frage, ob der Staat Moderator, Initiator, Koordinator, Kontrolleur, Evaluator, Multiplikator, Planer, Ermöglicher, Infrastrukturbereitsteller" sein solle. Alle diese Begriffe kamen in rechtlichen relevanten Texten vor. Mit der Übernahme des Begriffes *„governance"* aus den Sozialwissenschaften sind vielfältige Beziehungen des Staates umfasst, die keinen hierarchisch-autoritären Staatsbegriff mehr befürchten lassen. Fuchs (ebd.: 95) trat für das Staatsziel „Kultur" ein, und blieb trotzdem ein Gegner des Geredes über den „Kulturstaat". Einig war man auf der Konferenz, dass der Enquete-Bericht geholfen hat, die Kulturpolitik zu konsolidieren.

Literatur

v. Beyme, Klaus: Der Gesetzgeber. Der Bundestag als Entscheidungszentrum. Wiesbaden, Westdeutscher Verlag, 1997.

v. Beyme, Klaus: Das Zeitalter der Avantgarden. Kunst und Gesellschaft. 1905-1955. München, Beck, 2005.

Cornel, Hajo: Gespensterdebatten. Wider die Verrechtlichung der Kulturpolitik. Kulturpolitische Mitteilungen, 106, III/2004: 29-31.

Drews, Albert (Hrsg.): Kultur in Deutschland. Was ist geschehen – wie geht es weiter? Rehburg-Loccum,54. Loccumer Kulturpolitischen Kolloquium, 2010.

Enzensberger, Hans Magnus: Kulturpolitik. Eine Tischrede. FAZ, 31. Aug. 2006: 33.

Kronsbein, Joachim/Saltzwedel, Johannes: Ein 'Mozart-Pfennig' für die Kunst. Interview mit Nida-Rümelin. Der Spiegel 48/2000: 318-321.

Müller, E.: Zur Verwendung wissenschaftlicher Ergebnisse in der Umweltpolitik. In: Axel Murswieck (Hrsg.): Regieren und Politikberatung. Opladen, Leske + Budrich, 1994: 49-57.

Opielka, Michael: Kunst und Kultur im Wohlfahrtsstaat. Aus Politik und Zeitgeschichte. B 12/2003: 28-34. und: Kulturpolitische Mitteilungen 100, I/2003: 45-49.

Rose, H. Peter: Vorsicht Windmühlen! Zur Diskussion um die kulturelle Grundversorgung. Kulturpolitische Mitteilungen 104, I, 2004: 22-23.

Schlussbericht der Enquete-Kommission „Kultur in Deutschland". Deutscher Bundestag, Drs. 16/7000, 11. 12. 2007.

Steiner, Udo: Kulturauftrag im staatlichen Gemeinwesen. Veröffentlichungen der Vereinigung der Deutschen Staatsrechtslehrer, Heft 42, 1984: 7-45.

IV. Handlungsfelder der Kulturpolitik

10 Auswärtige Kulturpolitik

1 Zuständigkeiten und Bereiche

Die Pathosformel „deutsche Kultur" wird in der auswärtigen Kulturpolitik immer weniger benutzt. „Kultur aus Deutschland" tritt als Werbeslogan an ihre Stelle (Hoffmann/Schneider 2002: 65). In der EU mehren sich die Stimmen, dass nationale Kulturhäuser überholt sind. Aber die Finanzkrise muss wohl noch wachsen, bis die Nationalstaaten wenigstens außerhalb Europas gemeinsame Sache in „Europa-Kulturhäusern" machen.

Kultursoziologen (Bühl 1987: 172) haben im Zeitalter der Globalisierung schon früh von einer *Weltkulturkrise* gesprochen, da die Lebensgewohnheiten weltweit umgeformt und angeglichen werden, aber die Menschen immer weniger in der Lage seien, die weltweiten Interdependenzen kognitiv und moralisch anzunehmen und zu beherrschen. Gleichwohl kamen solche allgemeinen Aussagen nicht über die Vorworte der kulturpolitischen Publikationen hinaus. Kulturpolitik kommt in der Praxis überwiegend pragmatisch daher, die theoretischen Höhenflüge der Kulturtheorie müssen praktisch umgesetzt werden (Fuchs 2003: 16). Das gilt für die auswärtige Kulturpolitik noch stärker als für die Kulturpolitik als Innenpolitik. Vor der Wiedervereinigung Deutschlands wurde die Beschwörungsformel „deutsche Kultur" häufiger benutzt als nachher. Ab 1990 konnte man sich mit der bescheideneren Formel *„Kultur aus Deutschland"* zufrieden geben (Hoffmann 2002:65).

Die auswärtige Kulturpolitik fällt in die *Zuständigkeit des Bundes* (GG 32/1). Neben dem Auswärtigen Amt sind nach der Darstellung der wissenschaftlichen Dienste des Bundestages von 2003 und des Berichts der Enquete-Kommision Auswärtige Kulturpolitik von 1975 noch das Innenministerium, das Ministerium für Familie, Senioren, Frauen und Jugend (das immer wieder umbenannt wurde), das Ministerium für Zusammenarbeit und Entwicklung, das Ministerium für Bildung und Forschung, sowie das Bundeskanzleramt beteiligt. Das Justizministerium schien bei Fragen des Urheberrechts und in einigen Fragen sogar das Landwirtschaftsministerium zuständig (Bericht: Drs. 7/4121: 27). Kein Wunder, dass 1975 und später immer wieder die unzureichende Koordination durch as Auswärtige Amt beklagt wurde (ebd.: 28). Dieses Dilemma sollte durch Erweiterung der Kompetenzen des bestehenden Ausschusses für „Bildung Wissenschaft und Technologie" behoben werden.

Neun Mittlerorganisationen sind eingeschaltet:

- Das Goethe Institut, fusioniert mit Inter Nationes.
- Der Deutsche Akademische Auslandsdienst (DAAD).
- Die Carl Duisberg Gesellschaft.
- Das Institut für Auslandsbeziehungen.
- Der Deutsche Entwicklungsdienst.
- Die Alexander von Humboldt-Stiftung.
- Die Deutsche Stiftung für Internationale Entwicklung.
- Das Haus der Kultur der Welt.
- Die Deutsche Welle.

Es wurde immer wieder die Frage aufgeworfen, ob eine effiziente Auswärtige Kulturpolitik bei so vielen zuständigen Institutionen und Gremien überhaupt möglich ist. Die Auswärtige Kulturpolitik wurde mit einem Feldzug verglichen, der von einem Regiment von Generälen mit umfangreichen Finanzmitteln geführt wird, für den aber ein Feldzugsplan fehlt (Mumme 2006: 140). Vielfach wird die Auswärtige Kulturpolitik auf den Auftrag reduziert, die deutschen Schulen im Ausland zu unterstützen, die in der Regel von lokalen Fördervereinen betrieben werden, die nicht immer mit den Vorstellungen der Bundesregierung übereinstimmen. Der Einfluß von Kulturinstitutionen im Ausland verläuft meist lautlos und tritt in der Tagespolitik kaum in Erscheinung (ebd. 147).

Am 7. Oktober 1975 legte die Enquete-Kommision Auswärtige Kulturpolitik gemäß eines Bundestagsbeschlusses des Bundestages vom 23. Februar 1973 einen Bericht zur Auswärtigen Kulturpolitik vor, der die umfassendste Darstellung des Bereiches bis zu diesem Zeitpunkt in der Geschichte der Bundesrepublik darstellte.

- Damals spielte vor allem noch das *Verhältnis zur DDR* eine Rolle. Es sollten Gemeinsamkeiten berücksichtigt werden, aber ein vordergründiges Konkurrenzverhältnis zu Einrichtungen der DDR sollte vermieden werden (Drs.7/4121: 15).
- Neu schien auch die Förderung der *Sprachkenntnisse von ausländischen Arbeitern in Deutschland.* Es wurde beklagt, dass 40% keine deutschen Sprachkenntnisse und weitere 35% nur unzureichende Grundkenntnisse besäßen (Drs. 7/4121: 70).

Seit 1998/99 wurde ein Beauftragter der Bundesregierung für Angelegenheiten der Kultur und der Medien im Bundeskanzleramt geschaffen. Im Februar 1999 wurde das Amt in den Rang eines *„Staatsministers beim Bundeskanzler für Angelegenheiten der Kultur und der Medien"* umgewandelt. Auswärtige Kulturpolitik ist an den Zielen der Außenpolitik orientiert und hat sich im Zeitalter der Europäisierung mehr und mehr von der alten Konzeption eines Kulturexports von Sprache, Wissenschaft, Kultur und Kunst entfernt (Klein 2005: 111). Im Gegensatz zu Frankreich oder Großbritannien ist die Auslandskulturarbeit kaum vom Auswärtigen Amt, sondern von privatrechtlich organisierten *Mittlerorganisationen* getragen. Die Zweigstellen des Goethe-Instituts – Internationes – beide Organisationen wurden 2001 fusioniert – und der Deutsche Akademische Austauschdienst (DAAD) sind nicht Teil der diplomatischen Vertretungen in den Gastländern und genießen keine diplomatischen Vorrechte, was bei Verlängerungen von Aufenthaltsgenehmigungen gelegentlich zu Schwierigkeiten führt. (ebd.: 113, 115).

Etwa ein Viertel aller Bundesausgaben für die Kultur fließen in die auswärtige Kulturpolitik. Diese setzt sich für mehrere Ziele ein:

1. Förderung der deutschen kultur- und bildungspolitischen Interessen.
2. Vermittlung eines zeitgemäßen Deutschlandbildes.
3. Weltweite Konfliktprävention durch Wertedialog.
4. Förderung des Europäischen Integrationsprozesses.

Ziele wie Förderung von Frieden und Demokratie, Aufbau zivilgesellschaftlicher Strukturen und Verbreitung der Menschenrechte spielten im dritten Jahrtausend eine wachsende Rolle (Kulturfinanzbericht 2008: 59). Der auswärtigen Kulturpolitik wird einerseits eine friedensstiftende Präventivfunktion gegenüber dem Einsatz von Gewalt zugeschrieben. Andererseits hatte sie es lange schwer, sich vom Odium einer imperialistischen Stimmungsmache zu befreien und den Nebengeschmack der bloßen Propaganda zu verlieren. Mit der Kritik am Nationalismus schien die Propagierung der eigenen Zivilisationsidee durch Expansion der eigenen Sprache mit einem Bewusstsein der Superiorität des Eigenen gegenüber dem Fremden behaftet. Kulturpolitik in demokratischen Staaten versuchte ihre Ausstrahlung auf das Prinzip der Gegenseitigkeit zu gründen – im Gegensatz zur kulturellen Expansion, zum Imperialismus und zur Kulturpropaganda in Entwicklungsländern (Düwell 2007: 63, 76ff).

Parallel zu den allgemeinen Phasen der Kulturpolitik durchlief die Auswärtige Kulturpolitik mehrere Phasen:

- 1950-70 sollte die Auswärtige Kulturpolitik vor allem Deutschland als Kulturnation in der Welt darstellen.
- Ab 1970 wurde die Darstellung der gesamten Lebenswelt verlangt. Der in Deutschland eingebürgerte Unterschied zwischen Kultur und Zivilisation schien sich damit zu verwischen. Die Bundesregierung vollzog mit diesem Wandel einen Trend, der in der Werbung von Industrie und Handel längst eingebürgert war. Das Modell eines Fernsehers war damit nicht weniger Kultur als ein Text von Günter Grass (Mumm 2006: 147).
- Nach 1998 kam zu den allgemeinen Aufgaben der Kampf um Menschenrechte und Demokratie hinzu.

Schien einst der Kulturbegriff als Sondergebiet neben politischer Diplomatie und Wirtschaftspolitik gleichsam „kalt angeschweißt" kam es in der Regierung Brandt zu einem *erweiterten Kulturbegriff*, der auch Bildung, Wissenschaft, Massenmedien, Bildungshilfe in Entwicklungsländern und die internationale Zusammenarbeit mit gesellschaftlichen Gruppen umfassen sollte (Witte 2003: 247). Eine gewisse Planungseuphorie erfasste auch die auswärtige Kulturpolitik. Eine Kommission unter Berthold Martin, dem kulturpolitischen Sprecher der CDU-CSU-Fraktion, legte 1975 einen Bericht vor, der vor allem im Bereich der Förderung der deutschen Sprache zur Vermittlung eines wirklichkeitsnahen Deutschlandbildes stark von den Leitsätzen abwich, die Dahrendorf einst formuliert hatte (Enquete-Kommission 1975: 63; Düwell 2007: 98). Die Enquete-Kommision 1975 (Vorschlag 180) empfahl, den formell noch bestehenden Kulturpolitischen Beirat des Auswärtigen Amtes nicht mehr einzuberufen und einen beratenden Ausschuss zu bilden, in denen Personen aus den Mittlerorganisationen, aus Kultur und Politik und aus den Bundesländern berufen werden sollten. Das Rotationsprinzip sollte zugunsten stärkerer personeller Kontinuität aufgegeben werden (Vorschlag 181). 1975 gewann die Auswärtige Kulturpolitik durch die KSZE-Schlusskonferenz in Helsinki an Bedeutung (Delbrück 1977). Die Bundesregierung akzeptierte die meisten Anregungen der Enquete-Kommission, mit Ausnahme des Vorschlags, die meisten Zuständigkeiten beim Auswärtigen Amt zusammenzufassen (Düwell/Link 1981: 314ff). Im Jahr 2000 kam es noch einmal zu einer Stellungnahme der Bundesregierung, in der die enge Verbindung von Kultur- und Entwicklungspolitik betont wurde. Nach den Terroranschlägen vom 11. September 2001 beschloß das Auswärtige Amt ein Sonderprogramm zur Verstärkung des Dialogs mit der islamischen Welt. Die auswärtige Kulturpolitik hat sich nach Maastricht verstärkt multilateralen Möglichkeiten innerhalb der EU zugewandt.

Im Schlussbericht der Enquete-Kommission „Kultur in Deutschland" vom Dezember 2007 war das letzte Kapitel der „Kultur in Europa – Kultur im Kontext der Globalisierung" gewidmet. Der Bericht begann mit der Sorge darüber, dass vier von zehn Deutschen ihre nationale Eigenart durch Europa beeinträchtigt sehen. 2005 haben lediglich 53% der Deutschen Europa für eine gute Sache gehalten (Eurostat, http:Europa. eu/abc/key figures). Der Schlussbericht (2007: 411f) beschwor das *Subsidiaritätsprinzip* und sah zwei Möglichkeiten in der Kulturpolitik dem Europäisierungsprozess und der Globalisierung Rechnung zu tragen: durch die Ausgestaltung der kommunalen, regionalen, Landes- und Bundespolitik und durch Beiträge zur Entwicklung europäischer Kulturpolitik. Der erweiterte Kulturbegriff, der im Europarat und in der UNESCO bereits verwandt wurde, hat sich auch in der EG und später in der EU durchgesetzt. 1976 hat die erste Kulturministerkonferenz in Oslo „Prinzipien der Kulturpolitik" beschlossen (ebd. 413):

- Die Gesellschaftspolitik als Ganzes sollte eine kulturelle Dimension beinhalten, die sich an der Entwicklung menschlicher Werte, an der Gleichheit, Demokratie und der Verbesserung der Lebensbedingungen der Menschen orientiert.
- Die Kulturpolitik sollte als unerlässlicher Bestandteil der Regierungsverantwortung angesehen werden.

- Die Kulturpolitik kann sich nicht mehr auf die Künste beschränken...erforderlich ist nun ein weitere Dimension: die Anerkennung der Pluralität unserer Gesellschaft".

Die Enquete-Kommission hat für Bund und Länder einige Handlungsempfehlungen abgegeben:

- Die zivilgesellschaftlichen Akteure sollten aktiv in einer Europäischen Kulturagenda einbezogen werden.
- Erneut wurde das Subsidiaritätsprinzip betont.
- Es wurde mehr europäischer Kulturaustausch und ein angemessener Budgetanteil von mindestens einem Prozent gefordert.
- Kreative Partnerschaften zwischen dem Kultursektor und anderen Sektoren waren anzustreben.
- Erinnerungsarbeit und Menschenrechtsbildung sollten einen größeren Stellenwert erhalten.
- Die beabsichtigte Einrichtung eines Kulturfonds der Europäischen Union und der Gruppe der afrikanischen, karibischen und pazifischen Staaten (EU-AKP-Kulturfonds) sollte unterstützt werden.

Der erste Vorschlag zu einer kohärenten Kulturpolitik auf europäischer Ebene war der Vorschlag der Europäischen Kommission für eine Kulturagenda von Mai 2007 (ebd.: 417). Als besonderes Problem ergab sich die Rechtsfrage, ob die öffentliche Kultursubventionierung mit dem Beihilferecht im europäischen Recht vereinbar ist. Nach Artikel 87, Abs. 1 EGV waren staatliche Beihilfen mit dem gemeinsamen Markt als unzulässig erklärt worden, soweit sie den Handel zwischen den Mitgliedstaaten beinträchtigen. Die Enquete-Kommission empfahl daher Bund, Ländern und Kommunen dafür Sorge zu tragen, dass Privatisierungen im Kulturbereich nicht zu rein wirtschaftlicher Betrachtung der Kultureinrichtung führten.

Als erfolgreichstes europäisches Kulturprojekt wurden die *Kulturhauptstädte Europas* gewürdigt, während viele Publizisten und Kulturakteure Vorbehalte gegenüber der entstehenden vielfach überteuerten „*Eventkultur*" hatten. Die EU hat 1999 auf die Kritik durch Aufnahme des Kriteriums „*Nachhaltigkeit*" in den Evaluierungskatalog reagiert. Alle 18 Städte, die sich in Deutschland um den Titel für 2010 beworben hatten, haben ihre Konzepte als nachhaltig und partipatorisch ausgewiesen (ebd.: 423). Die Kommission empfahl, sich für die Auszeichnung europäischer Kulturstätten einzusetzen. Sie sind nicht als Konkurrenz zu den UNESCO-Welterbestätten gedacht, sondern als Hervorhebung besonders bedeutsamer Orte in Geschichte und Kultur Europas. Ferner wurden eine Europäische Akademie der Künste, eine Europäische Kulturstiftung und eine EU-Jugendprogramm „Jugend in Aktion" gefordert (ebd.: 424). In Reaktion auf die Globalisierung empfahl die Enquete-Kommission der Bundesregierung, dass von der

EU *keine Liberalisierungsangebote* für den Kultur- und Medienbereich gemacht werden sollten (ebd. 431) Der Bundesregierung wurde ferner empfohlen, eine *bundeseinheitliche Kulturstatistik* zu entwickeln (ebd. 435).

2 Mittlerorganisationen der auswärtigen Kulturpolitik

Zu den wichtigsten Mittlerorganisationen gehören die Goethe-Institute und der Deutsche Akademische Austauschdienst (DAAD). In den 50er Jahren hat die Regierung den *Goethe-Instituten* – damals noch weitgehend kommerzielle Sprach-Schulen, die ähnlich wie Berlitz-Schools operierten – die Gestaltung der auswärtigen Kulturpolitik vielfach überlassen. Bei der Einstellung der Mitarbeiter wurde darauf geachtet, dass sie zu allerlei Nebentätigkeiten auch an Feiertagen bereit waren und keine hohen Ansprüche stellten. Obwohl sie in der Regel mehrsprachig ausgebildet waren und auf die geistigen Trends des Gastlandes sinnvoll reagieren konnten, blieb ihre Lage prekär, zumal sie oft – nach dem Vorbild der Kulturattachés im auswärtigen Dienst – bei Versetzungen einem kulturellen Umfeld durch bürokratische Regeln entrissen wurden. „Goethe" galt nicht als Programm. Ein Autor (Mumme 2006: 155) kam zu dem harten Urteil, das ein Goethe-Institut mit Goethe soviel oder so wenig zu tun habe, wie ein Restaurant, das sich Goethe-Stuben nannte. Die wichtigste Aufgabe blieb, ausländischen Schülern Deutsch-Unterricht zu erteilen. In der vergleichenden Serie „Cultures and Globalization" von Anheier/Raj Isar (Bd. 2, 2008: 550) schnitt Deutschland nach den USA und Großbritannien an dritter Stelle vor Frankreich und allen anderen Ländern mit 260 314 Studierenden hervorragend ab.

Das Goethe-Institut ist nach dem Bericht der Bundesregierung für 2009-2010 (Drs. 17/4413: 4) mit 136 Instituten und 11 Verbindungsbüros in 92 Ländern repräsentiert. 2009 erhielt das Institut ca. 229 Millionen Euro. Seit 2008 ist der Haushalt budgetiert. An 140 Deutschen Auslandsschulen lernen knapp 80 000 Schüler, in vielen Fällen bis zum Abitur. Weitere ca. 275 000 Schüler kommen an 870 Sprachdiplomschulen in Kontakt mit der deutschen Sprache. Nach 1989 lag der Schwerpunkt der Arbeit in Osteuropa. Inzwischen hat sich der Schwerpunkt eher nach Afrika und Asien verlagert. Die Nachfrage nach den Angeboten der Goethe-Institute gilt als hoch. Talentierte Manager, gewiefte Diplomaten, kluge Pädagogen, Herzblutkünstler und nur gelegentlich „größenwahnsinnige Intendanten" als Leiter von Goethe-Instituten haben die Profile der Institute vor Ort geprägt (Schmidt 2011: 53). Die Goethe-Institute wurden im Kulturausschuss des Deutschen Bundestages von den Sparzwängen bisher weniger erfasst als andere Einrichtungen. Gleichwohl meldete der Deutsche Kulturrat (Newsletter 7. 9. 2011: 1) vorsorglich Besorgnis an über den die Entwicklung des Kulturhaushalts des Auswärtigen Amtes und die Finanzierung des Goethe-Instituts.

Eine Sonderinitiative wurde die *„Deutschwagentour in Polen"*. Deutsch erwies sich in Polen als die zweitstärkste Fremdsprache und wurde vom Auswärtigen Amt mit einer dreijährigen Werbekampagne 2009-2011 gefördert. Junge Sprachlektoren fahren mit fünf Wagen auf Einladung von Schulen und Universitäten durch das Land und werben für das Erlernen der deutschen Sprache (BT. 13. 1.2011, Drs. 17/4413: 18).

Der *Deutsche Akademische Austauschdienst (DAAD)* stellt weltweit die größte Förderorganisation für die internationale Zusammenarbeit von Hochschulen dar. Der Gesamthaushalt betrug 2010 347, 9 Millionen Euro. 2009 wurden 66 953 Stipendien vergeben, 41 689 ausländische Studierende wurden gefördert. Zusätzlich wurde im Hochschuljahr 2008/09 im Rahmen europäischer Programme *„Erasmus"* und *„Leonardo da Vinci"* mit 27894 Studierenden und über 5000 Dozenten aus Deutschland bei einem Auslandsaufenthalt alimentiert (ebd.: 47)

Das *Institut für Auslandsbeziehungen (ifa)* fördert Ausstellungen und Symposien deutscher Künstler. Jährlich werden ca. 1 Millionen Besucher an über 80 Orten mobilisiert.

Das *Haus der Kulturen der Welt* in Berlin präsentiert vor allem Ausstellungen, Theater- und Musikgastspiele aus Ländern der Dritten Welt und die Deutsche *UNESCO-Kommission* berät die Bundesregierung und die Länder und koordiniert die Umsetzung des UNESCO-Programms in Deutschland (Klein 2005: 116).

Die *Deutsche Welle* wurde 1953 als mediales Schaufenster der Bundesrepublik eingerichtet. Sie bekam laut „Beschlussempfehlung und Bericht des Ausschusses für Kultur und Medien im Deutschen Bundestag vom 24. März 2011 (17. BT, Drs. 17/4413: 21; Drs. 17/5260: 3) einen Bundeszuschuss von 273 Millionen Euro jährlich. Hinzu kommen Projektmittel von rund 10 Millionen Euro. Die Deutsche Welle beschäftigte rund 1500 festangestellte und 1500 freie Mitarbeiterinnen und Mitarbeiter. Auf verschiedenen Übertragungswegen erreicht sie wöchentlich weltweit 86 Millionen Menschen. Via Satellit wird weltweit ein 24stündiges TV-Programm auf Deutsch und Englisch, in Amerika auch zwei Stunden auf Spanisch und in einigen Regionen Arabisch verbreitet. Einst waren nur der BBC und der CNN im Fernsehbereich wichtige Mitbewerber. Heute sieht sich die Deutsche Welle 24 mehrsprachlichen Auslandsfernsehsendern gegenüber, die inzwischen nicht nur aus Europa und Nordeuropa stammen, sondern auch aus Russland, China und aus dem arabischen Raum. Der Bundestagsausschuss (Drs. 17/1289: 14) war sich darüber im Klaren, dass nur mit profilierten Angeboten die Deutsche Welle eine Chance habe auf den wettbewerbsintensiven Märkten noch zu bestehen und schlug eine „Multiplattformstrategie" vor. Der Deutsche Kulturrat (Newsletter, 29. Juni 2011: 1; 25. Okt. 2011: 1) problematisierte 2011 die Politik der Deutschen Welle, im Rahmen der Multiplattformstrategie der Kurzwelle eine deutlich geringere Bedeutung beizumessen und protestierte gegen die Einstellung der Kurzwelle im Herbst 2011. Der Kulturrat unterstrich, dass es gerade in Krisenregionen wichtig sei, Informationen leicht zugänglich zu machen und würdigte den Beitrag von Radio und Kurzwelle für den Aufbau neuer Demokratien.

In einem Entwurf zur Aufgabenplanung 2010-2013 (Drs. 17/1289, 24. 3. 2011: 15) beklagte die Deutsche Welle, dass sie in den Jahren 1998 bis 2005 etwa 16 % ihres

Haushaltsansatzes abbauen musste. 2005 wurde dieser Abwärtstrend gestoppt. 2008 wurde der Etat um 4 Millionen aufgestockt. Die Lage entspannte sich, löste aber nicht das Grundproblem. Durch Kostensteigerungen wurde bis zum Jahr 2013 ein Mehrbedarf von 16,4 Millionen Euro errechnet. Der Bundestagsausschuss für Kultur und Medien musste sich in dieser prekären Lage der Deutschen Welle mit der Sicherung dieser angesehenen und wichtigen Auslandsarbeit auseinandersetzen. Eine Aufgabenplanung 2010 bis 2013 sollte eine strukturelle Neuorientierung bringen. Die Arbeit der *Deutsche Welle Akademie* sollte ausgebaut werden. Sie gibt durch Training und Beratung einen Anstoß zur Öffnung auch verschlossener und stark reglementierter Mediensysteme, z. B. in Myanmar (ebd.: 21). Die Zusammenarbeit mit den Ländern der Dritten Welt soll intensiviert werden. „Schlankere und effektivere Strukturen" und strukturelle Neuausrichtung auf Kernregionen wurden empfohlen (ebd.: 7).

Auf der Grundlage des Haushaltsbeschlusses des Deutschen Bundestages wurde 2009 im Rahmen der *„Initiative Außenwissenschaftspolitik"* die internationale Vernetzung der deutschen Wissenschaft mit zusätzlichen Mitteln in Höhe von ca. 43 Millionen Euro ausgebaut. *Forschungsorganisationen,* wie die Helmholtz-Gemeinschaft, die Max-Planck-Gesellschaft, die Fraunhofer-Gesellschaft, die Leibniz-Gesellschaft und die Deutsche Forschungsgemeinschaft, erhalten ab 2011 um 5 Prozent gesteigerte Zuwendungen. Im Gegenzug verpflichten sich die Wissenschaftsorganisationen, Qualität, Effizienz und Leistungsfähigkeit durch neue Strategien internationaler Zusammenarbeit zu steigern (31. Januar 2011, Drs. 17/4413: 4). Die Kulturarbeit sollte durch Strategien wie den Dialogansatz, eine Wertebindung, stärkere Zielgruppenorientierung, Netzwerkbindungen und öffentlich-private Partnerschaften gestärkt werden (ebd.: 5f).

Zu den Strukturen der deutschen Kultur- und Bildungsarbeit im Ausland gehörten Anfang 2011:

- 229 Auslandsvertretungen,
- 136 Goethe-Institute und 11 Verbindungsbüros. Die Arbeit wird ergänzt durch 168 deutsch-ausländische Kulturgesellschaften, davon 30 Goethe-Zentren, 87 Lern- und Informationszentren, Deutsche Lesesäle und Dialogpunkte, 181 Lehrmittelzentren, 54 Sprachlernzentren und 307 lizensierte Prüfungszentren. Damit bestehen in 128 Ländern 954 Anlaufstellen. 2009 nahmen 186 000 Menschen an Deutschkursen teil (ebd.: 46). Es entstanden:
- Ca. 15000 Partnerschulen, davon 140 Deutsche Auslandsschulen und 870 Sprachdiplom-Schulen,
- 14 Außenstellen des Deutschen Akademischen Austauschdiensten, 50 DAAD-Informationszentren im Ausland und 494 DAAD-Lektorate,
- 58 entsandte Fachberaterinnen und -berater der Zentralstelle für das Auslandsschulwesen,
- 10 deutsche geisteswissenschaftliche Institute im Ausland,

- 11 Abteilungen und Außenstellen des Deutschen Archäologischen Instituts (31. Januar 2011, Drs. 17/4413: 6, 46 f).

Die Ressourcen für Maßnahmen der Außenkulturpolitik beliefen sich 2010 auf 1, 513 Milliarden Euro, das macht etwa ein halbes Prozent des Bundeshaushalts aus. 726 Millionen Euro davon standen für den Kulturhaushalt des Auswärtigen Amtes (Kap. 0504) zur Verfügung. Die Kompetenzzersplitterung auch im Bereich Auswärtiger Kulturpolitik zeigte sich darin, dass weitere Mittel beim Beauftragten für Kultur und Medien, beim Ministerium für Bildung und Forschung, beim Ministerium für Familie, Senioren, Frauen und Jugend, beim Innenministerium und bei Bundesministerium für wirtschaftliche Zusammenarbeit und Entwicklung etatisiert sind (ebd.:7).

3 Die Europäische Union

Im Bereich des Rechtsvergleichs wurde moniert, dass weder auf der nationalen, noch auf der Gemeinschaftsebene ein fest konturierter Rechtsbegriff von Kultur und Kulturpolitik existiere. Auf der nationalen Ebene überwiegen daher die Aufzählungen der Sachbereiche, auf der EU-Ebene die Aneinanderreihung konkreter kulturpolitischer Vorhaben. Das Weißbuch der Kommission zur Vollendung des Binnenmarktes verwendete nicht einmal den Begriff „Kulturpolitik". Für Deutschland erweist es sich als negativ, dass die EU „länderblind" ist. Gemeinschaftsrechtliche Maßnahmen können somit Gesetzgebungsbefugnisse der deutschen Länder betreffen (Ress 1991: 259, 261, 264). Die Politik der Europäischen Union wird geprägt von der kulturellen Leitidee der europäischen Polykultur, die zunehmend die ökonomische Leitidee des Binnenmarktes ergänzt (Frenzel 1999). Die EU spielt zunehmend eine Rolle in der Finanzierung von Kulturprojekten. Viele Deklarationen sind bekannt (Quellen in: Schwencke 2001), aber die faktische europäische Kulturförderung ist unbefriedigend dokumentiert (Kulturfinanzbericht 2008: 85). Laut Art. 151 des EG-Vertrages kann die EU unterstützend und ergänzend zur Kulturpolitik der Mitgliedstaaten tätig werden. Dabei gilt die Auflage, dass die nationale und regionale Vielfalt zu erhalten ist. Die Kulturförderung wurde im Artikel 167 des Vertrags von Lissabon gesetzlich geregelt. Im Jahr 2000 wurde in Straßburg ein Beschluss von Parlament und Rat der EU über das „Programm Kultur 2000" verabschiedet. Schon in Artikel 2 wurden Kunst und Kultur als Wirtschaftsfaktor neben der Wichtigkeit für die soziale und staatsbürgerliche Integration hervorgehoben. Ein einheitlicher Ausrichtungs- und Planungsrahmen für die Jahre 2000 bis 2004 wurde vorgeschlagen (Schwencke 2001: 277ff).

Ein spezielles kulturwirtschaftliches Förderinstrument der EU ist das *Programm Media 2007*. Bei dieser Förderung geht es um die Vielfalt und Verbreitung im kinematografischen und audiovisuellen Sektor. Die ersten Media-Programme 1 (1991-95) und II (1996-2000) führten bereits zu einer gewissen Zentralisierung des Programms – vor allem in den Bereichen Projektentwicklung und Vertrieb (Frenzel 1999: 131).

Seit 1985 verfolgte die EU die Initiative *„Kulturhauptstadt Europas"*. 2007 wurde der Titel an Luxemburg und die Euroregion vergeben, eine multinationale Region, bestehend aus Luxemburg, Lothringen, Wallonien, Saarland und Rheinland-Pfalz ausgewählt, die 4, 7 Millionen Menschen umfasst. Mit Essen stellte Deutschland 2010 nach Berlin (1988) und Weimar (1999) zum dritten Mal die Kulturhauptstadt Europas. Wieder wurde eine ganze Region, das Ruhrgebiet, einbezogen. Kulturpolitisch bedeutend sind auch der Europäische Fonds für Regionale Entwicklung (EFRE) und der Europäische Sozialfonds (ESF). Diese Förderungen haben jedoch nur in zweiter Linie ein kulturelles Ziel (Kulturfinanzbericht 2008: 77; 2010: 72).

Die EU-Fördermaßnahmen wurden zunehmend wichtiger, wie *„Kultur 2000"* – für den Zeitraum 2000-2004, im Artikel 3 mit 167 Mio. Euro dotiert (Schwencke 2001: 271). Deutschland war an 81 von 224 geförderten Kulturprojekten beteiligt und bei 16 sogar federführend. Die EU-Kommission (2002: 23, 20) dekretierte: „Ein Europa der Völker bauen. Die EU und die Kultur". Das Dokument enthielt interessante Akzente:

- Kulturpolitik wird der gleiche Stellenwert wie anderen Bereichen zuerkannt. Sozial- und regionalpolitische werden Projekte koordiniert.
- *Kultur wird als Beruf anerkannt.* In der EU ist sie mit Millionen zu fördern. Unterrichtssoftware soll entwickelt werden. Seit 1995 kam es zum Austausch von 400000 Jugendlichen, vor allem durch das Erasmus-Programm. Seit 1996 wurden 800 Bücher in andere Sprachen übersetzt – von Enzensberger bis Pessoa.
- *Kleine Sprachräume* wie Katalanen, Bretonen und Walliser erhalten verstärkten Schutz der Urheberrechte.
- Selbst die *Förderung „tingelnder" Tanztheater* von Rejkiawik bis Prag wurde nicht vergessen.
- Die *Erhaltung des archäologischen Erbes* in einem armen Land wie Griechenland wurde mit 605 Mio. Euro bis 2006 unterstützt.
- Die Förderung des kulturellen Wirtschaftssektors durch Verbesserung der *Freizügigkeit* wurde empfohlen.
- Kulturvertrieb im Internet wurde empfohlen
- Die *Preisbindung* für Bücher auf nationaler Ebene wurde noch erlaubt, um Vielfalt zu erhalten.

Die EU kann und will die Kulturpolitik nicht vereinheitlichen. Selbst bei der Sozialpolitik geht es nur um die Prinzipien der Transfers, nie um ihr Ausmaß. Im Maastricht-Vertrag klingt die Kulturklausel 151 rein formal und wurde nicht inhaltlich ausformuliert. Es werden die Wichtigkeit der Regionen und die Wünschbarkeit von Soziokultur betont (Text in: Schwencke 2001: 230). Art. 151 (früher 128) der Maastricht-Akte nannte als Ziele in der Kulturpolitik:

- Förderung nationaler Kulturen, Respektierung regionaler Besonderheiten,
- kulturelle Schöpfungen fördern,
- Kooperation zwischen Mitgliedstaaten mit anderen Ländern via internationale Organisationen. Als Ziele gelten: Schützen, Kenntnisse verbessern, kulturellen Austausch stärken.

Dafür wurden drei Programme entwickelt:

1. *Kaleidoskop* 1996-99 sollte die Kunstproduktion fördern.
2. *Ariane* (1997-1999) war dazu ausersehen, die Bücherproduktion und Übersetzungen fördern. 1999 umfasste sie: 291 Projekte, mit 1, 3 Mio. Euro, 31 Projekte mit 1.3 Mio., und 14 mit 637000 Euro dotiert. Das sind eher bescheidene Fördersummen.
3. *Raphael* (1997-1999) mit dem Ziel nationale Förderprogramme zu unterstützen. 58 Projekte von 438 eingereichten erhielten 6.4 Mio. Euro. Diese bescheidenen Summen mussten sich die EU-Länder noch mit Osteuropa und den Nicht-EU-Ländern aus der EEA (Norwegen, Island, Lichtenstein) teilen.
4. Seit 2000 gab es ein weiteres Programm: *Kultur 2000 bis 2004*. Dabei geht es um die gemeinsamen europäischen kulturellen Werte, den interkulturellen Dialog, um die Verbesserung der Kenntnisse von Geschichte und Kultur. Ein wichtiger Aspekt war auch die Förderung des Europäischen Kulturhauptstädte-Programm.

Kleine Sprachen werden gefördert. Katalonisch war die erste Sprache, die in Europa als nicht-offizielle EU-Sprache bevorzugt behandelt worden ist.

Evaluierung und Überwachung für das Programm „Kultur 2000 bis 2004" sind garantiert. Als Richtlinien galten:

- Jugendliche sind bevorzugt zu fördern,
- Multimedia und neue Ausdrucksformen sollen gestärkt werden,
- neue Technologien sollen zur Anwendung im Kulturbetrieb kommen.
- Koproduktion von kulturellen Erzeugnissen und Ausstellungen,
- Mobilität der Künstler und Kulturschaffenden ist zu erhöhen,
- Die Fortbildung der professionellen Akteure des Kulturbereichs genießt Vorrang.
- Der Kulturtourismus wird unterstützt,
- die Ausfuhr von Kulturgütern wird geregelt und liberalisiert (Amtsblatt der EU 10. 3. 2000).

Grundlage der Förderung ist die Maxime: Hilfe zur Selbsthilfe im Geist des *Subsidiaritätsprinzips*: die Gemeinschaftsunterstützung darf 60% der spezifischen Maßnahme nicht überschreiten. Das setzt eine Grenze von 50 000 bis 150 000 Euro pro Projekt.

Die EU fördert *Vielfalt und Regionalisierung*. Aber sie vereinheitlicht auch durch das Kulturrecht, etwa durch Rahmenrichtlinien wie in der Buchpreisbindung. Nach amerikanischem Vorbild soll diese fallen. Die Folgen sind bekannt: Großketten wie Hugendubel und Thalia triumphieren, Kleinhändler überleben nur noch in Wohngebieten und spezialisieren sich dort auf Kinder- Jugend- und Frauenliteratur. Sport und Esoterik schießen ins Kraut – die gehobene Literatur kommt zu kurz. Kein Wunder, dass in vielen Ländern, vor allem in den deutschsprachigen und in Frankreich, noch Widerstände zu überwinden sind. Man ist nicht einmal sicher, dass die Liberalisierung dem Konsumenten dient. Im deutschen Sprachraum sind die meisten Bücher billiger als im amerikanischen Marktsystem. Dieses ist so marktgerecht nun auch wieder nicht und enthält noch verdeckte Förderungen:

- etwa die Steuerfreiheit in vielen kulturellen Bereichen und bei den Sponsoren.
- Europa strebt – wie in der Parteienfinanzierung – nach der besten aller Welten: Staatssubventionen neben der Begünstigung von privaten Zuwendungen.

Der Versuch sozialstaatliche Subventionen mit dem Ausbau steuerbegünstigter Kulturförderung zu verbinden, ist im Leitbild nicht in sich konsequent. Das Resultat könnte sehr wohl die schlechteste aller Welten sein.

Alle Traktate zur EU betonen, dass zwei Bereiche die letzten sind, die vereinheitlicht werden können: die soziale Leistungspolitik und die Kulturpolitik. Dennoch gibt es Ansätze zu einer europäischen Kulturpolitik. Viele Maßnahmen sind prima vista nicht im Bereich der Kulturpolitik angesiedelt. Vereinheitlichung von Curricula und Qualifikationen sind ein Beitrag zur Kulturpolitik – nicht weniger als Sprachenpolitik in Grenzregionen.

Zunehmend werden *Grenzen der Liberalisierung* gefordert. Die andere Seite der Medaille suggeriert: Liberalisierung und Symbiose mit der Wirtschaft darf nicht zu weit getrieben werden. Die Gatt-Verhandlungen über kommerzielle Liberalisierung waren Anlass für Präsident Chirac in Frankreich auf die *„exception culturelle"* zu pochen – zur Erhaltung der Vielfalt der Kunst. Kultur sei kein kommerzielles Gut wie andere. In vielen Ländern von Frankreich und Kanada bis Australien, Neuseeland, Korea, Mexiko oder Argentinien wurden von allen Kultursparten neue Koalitionen gegen die kommerzielle Nivellierung gebildet. Dies liegt umso näher in multinationalen Staaten wie Kanada oder in Ländern, wie Neuseeland, die aus einem schlechten postkolonialen Gewissen ihre autochthone Bevölkerung, die Maori, inzwischen privilegiert behandeln.

Chirac forderte am Anfang des Jahrtausends: bis 2005 sollte ein internationales Abkommen zur Sicherung der kulturellen Vielfalt erarbeitet werden, gleichsam als Gegengift gegen die Globalisierung. Sollte man die UNESCO damit beauftragen? Warum wurde das magische Datum 2005 anvisiert? Weil die WTO für das Jahr weitere Marktliberalisierungen beschlossen hat? Die USA kämpften seit langem gegen marktverzerrende europäische Kulturförderungsprogramme und fordern völlige Liberalisierung des Kulturmarktes. Sie setzen ihren Einfluss in den Weltorganisationen ein, um den „alteuropäischen Sonderweg" einer protektionistischen Politik auch in diesem

Bereich abzuschaffen. Im Oktober 2005 kam es schließlich nach endlosen amerikanischen Amendements zur Abstimmung über die UNESCO-Konvention zur kulturellen Vielfalt. Die USA und Israel standen allein gegen den Rest der Welt, der in Artikel 20 die kulturelle Vielfalt nicht der Marktliberalisierung unterordnen wollte und Mindestquoten und Subventionen für die Erhaltung der Vielfalt in einzelnen Staaten für akzeptabel hielt. Der Fall wurde zum weiteren Beleg für die Divergenz der Konzeptionen von Menschenrechten in der Welt. Amerika berief sich auf die allgemeinen Menschenrechte – die meisten anderen Länder subsumierten auch den Schutz der kleinen ethnischen und sprachlichen Gemeinschaften unter den Menschenrechtsschutz, zu dem die Unterorganisationen der Vereinten Nationen sich verpflichtet fühlen. Wie immer bei internationalen Konflikten bietet sich ein Kompromiss an:

- Quoten und Zuschüsse für die alten Kulturträger,
- Marktfreiheit für alle neuen Medien (Hanimann 2003: 33).
- Doppelte Staatsbürgerschaften werden als flankierende Mittel angesehen, um die multikulturelle Verständigung zu fördern.

Eine wichtige Dimension in Europa wurde durch den *Bologna-Prozess* initiiert, der die Hochschulen in Europa vernetzt. Mobilität soll durch internationalisierte Studienabschlüsse wie Bachelor und Master gefördert werden und die gegenseitige Anerkennung von Hochschulabschlüssen in den EU-Ländern fördern. Das im April 2009 auf einer Ministerkonferenz in Leuven (Belgien) angepeilte Mobilitätsziel von 20 % der Graduierten ist angeblich in Deutschland bereits erreicht. Die Steigerung der Attraktivität des Hochschulstandort Deutschland zeigte sich darin, dass knapp 240 000 ausländische Studierende an deutschen Hochschulen immatrikuliert waren und 26 000 geförderte Wissenschaftler aus aller Welt an deutschen Hochschulen und Forschungseinrichtungen arbeiteten. Mit mehr als 4000 ausländischen Einrichtungen in über 140 Ländern haben deutsche Hochschulen Partnerschaften aufgebaut (BT 13. Jan. 2011, Drs 17/ 4413: 9). Deutsche Hochschulen haben vor allem von amerikanischen Einrichtungen gelernt, dass ein einmaliger Kontakt nicht ausreicht, und dass die Hochschulen die früheren Alumni weiter betreuen und mit ihnen Kontakt halten müssen. Ab 1999 hat ein DAAD-Programm „Integrierte Internationale Studiengänge mit Doppelabschluss" gefördert. Die Zahl binationaler Studiengänge wächst, 92 Studiengänge gab es im Hochschuljahr 2009/10 (ebd.: 14).

Im November 2008 beschloss der Rat der Kulturminister, stärker für den Schutz des europäischen Kulturerbes einzutreten und dafür ein *Europäisches Kulturerbe-Siegel* zu schaffen. Im März 2010 legte die Kommission einen ersten Beschlussentwurf vor. Das Jahr 2009 stand unter dem Motto „Europäisches Jahr der Kreativität und Innovation". Im Mai 2010 wurde beschlossen, die Verbindungen zwischen Kultur- und Kreativsektor und anderen Politikbereichen auszubauen.

Im April 2010 erschien das *Grünbuch der EU zur Erschließung des Potenzials der Kultur- und Kreativ-Industrien* (Dt. BT 13. 1. 2011, Drs. 4413: 28). Die Bundesregierung hat sich gemeinsam mit der Kultusministerkonferenz und dem Deutschen Städtetag an der Grünbuch-Konsultation beteiligt. Ein Beitrag zur Strategie „*Europa 2020*" wurde angemahnt. Wachstum und Beschäftigung sollten als Katalysator für Kreativität und Innovation genutzt werden. Das Grünbuch (2010: 5) basiert auf Empfehlungen und *Good-Practice*-Beispielen, die zwei Arbeitsgruppen nationaler Experten und zwei zur Umsetzung der europäischen Kulturagenda eingerichteten zivilgesellschaftlichen Plattformen erarbeitet haben. Nicht alle Themen sollten im Grünbuch abgehandelt werden, sondern es wurden Prioritäten für Aktionen auf europäischer Ebene vorgestellt. 8 Bereiche von der Denkmalpflege bis zu den Medien und 6 Funktionen (Erhaltung, Schaffung, Produktion, Verbreitung, Handel und Bildung) wurden als konstitutiv für den „Kultursektor" herausgegriffen.

- „*Kulturindustrie*" bezeichnete dabei jene Branchen, die Produkte herstellen und vertreiben oder Dienstleistungen erbringen.
- „*Kreativindustrie*" bezeichnete Branchen mit einer kulturellen Dimension, die Kultur als Input verwenden, obwohl ihr Output überwiegend funktional ist. Dazu zählen Architektur und Design, die kreative Elemente in größere Prozesse integrieren, sowie die Unterbereiche Grafikdesign, Modedesign oder Werbung (Grünbuch 2010: 6).

Wichtig für die Standortbestimmung der einzelnen EU-Mitglieder wurde die Publikation „*Cultural Statistics*" (2011) der Europäischen Kommission. Der Datenvergleich ist ein sinnvolles Gegengewicht gegen die deutsche Selbstdarstellung als kulturelles Spitzenland.

- In der *Proportion der Migrantenbevölkerung* lag Deutschland mit 8, 8% nur an zehnter Stelle, aber unter den Flächenstaaten immer noch vor Großbritannien, Italien (6,5%) und Frankreich (5, 8%). Lediglich Spanien hatte eine höhere Proportion an Migranten im Land (12,3%) (Cultural Statistics 2011: 18).
- In der Statistik der Zahl von *ausländischen Sprachen*, die in der Sekundarstufe von Schülern gelernt werden, lag Deutschland mit 1,4 exakt nur auf dem EU-Durchschnitt, nach Frankreich (2.0, was nicht dem Augenschein entspricht), aber vor Großbritannien (0, 9) oder Italien (1,3). Die kleinen Länder, vor allem in Skandinavien, lagen an der Spitze (ebd.: 49). Beim *Ranking der Fremdsprachen*, die in Europa gelernt werden stand Englisch mit 80-90% in ganz Europa an der Spitze. Deutsch nahm jedoch einen zweiten Platz ein, vor allem Dank der Raten in Skandinavien und Osteuropa. Es folgen Französisch, Spanisch und Russisch (ebd. 50).
- In der *Proportion von Studenten im Ausland* (3,1% der Studierenden) steht Deutschland unter den großen Ländern günstig da (Frankreich 2, 5%), Großbritannien

(0,7). Der *„inflow" ausländischer Studierender* aus den EU-Ländern liegt in Deutschland bei 5,4%, erstaunlicher Weise vor Frankreich (2,3%), (das bei den Erasmus-Studenten etwas besser als Deutschland abschneidet), aber hinter Österreich (13%) und erwartungsgemäß Großbritannien (9,0%) (ebd. 51f).

- Beim *Anteil der Beschäftigten in kulturellen Sektoren als Teil der Gesamtbeschäftigung* lag Deutschland nach 6 kleinen meist skandinavischen Staaten mit 2,5 % an der Spitze vor anderen größeren Staaten wie Großbritannien (2,1%), Niederlande (2.0%), Frankreich (1,7%) und über dem EU-Durchschnitt von 1,7%. Schlusslicht bildete die Türkei (0.4%) (ebd.: 67). In der ersten Dekade des dritten Jahrtausend ist die Zahl einiger kultureller Beschäftigungen noch stark gestiegen. Bei den *Schriftstellern und creative artists* von 235000 (2004) auf 327 000 (2009) (ebd.: 77). Deutschland rangierte mit einem Anteil von 43,6% vor Frankreich (40,0%) und Großbritannien (30, 0%) in diesem Bereich. Deutschland ist mit 412 000 *Angestellten im Verlagswesen* vergleichbaren Kulturstaaten haushoch überlegen (UK 186000, Frankreich 186 000, Italien 89000, Spanien 71 000). (ebd.: 68). Im Bibliothekswesen steht Großbritannien mit 112 000 vor Deutschland (77000) an erster Stelle (ebd.: 69). Was *„creative arts and entertainment"* genannt wird, weist Deutschland mit 223000 vor Großbritannien (154000) und Frankreich (148000) als quantitativ führend aus (ebd.: 69). In den drei größten Ländern haben von dieser Gruppe etwa 3,4% (Frankreich) bis 3,9% (UK) einen zweiten Job. Deutschland liegt mit 3,7% in der Mitte (ebd.: 83). Deutschland ist nach den Niederlanden, der Schweiz und Dänemark bei den *„Teilzeitbeschäftigten"* (über 30%) führend, was die hohen Zahlen in bestimmten Kultursektoren angestellten Personen erklären helfen könnte (ebd. 74). Die fünf größten Kulturnationen in Europa liegen am Ende der Statistik über Berufstätige, die auf mehr als einen Job angewiesen sind, wobei die Zahlen für Italien und Spanien dem Augenschein widersprechen (ebd.: 76).

4 UNESCO

Die UNESCO ist die einzige Organisation im System der Vereinten Nationen mit einem expliziten Mandat im Kulturbereich. In Stockholm wurde 1998 ein *„Aktionsplan über Kulturpolitik und Entwicklung"* verabschiedet, der alles „Gute, Schöne und Wahre" beschwor, ohne Ansätze für die Implementation (Dok. in: Schwencke 2001; 258ff). Das bekannteste konkrete Programm dient dem *„Erhalt des Kultur- und Naturerbes der Welt"*. 890 Welterbestätten in 148 Ländern, darunter 33 in Deutschland wurden im Bericht der Bundesregierung zur Auswärtigen Kulturpolitik (Drs. 17/4413: 30; Liste in EU Cultural Statistics 2011: 36ff) aufgezählt. Als Mitglied des zwischenstaatlichen Ausschusses des Abkommens (2007-2011) trägt Deutschland zur Ausarbeit der operativen Richtlinien des Übereinkommens bei.

Im Zuge der Globalisierung hat sich das *Handelsvolumen mit Kulturerzeugnissen* im weiten Sinne 1994-2002 verdoppelt. Seit 2002 wurde China nach Großbritannien (Exportwert 7,1 Mrd. Euro) und den USA (6,3 Mrd. Euro) mit 4.4 Mrd. Euro zum drittgrößten Exporteur in diesem Bereich. Als problematisch wird bereits die asymmetrische Handelsbilanz zwischen der EU und den USA angesehen. Mit einem UNESCO-Übereinkommen wurde die Basis für eine neue *„cultural governance"* gelegt, nach der eine Kooperation von Staat und Markt im Sinne kultureller Vielfalt gefördert wird (Scheytt 2008: 47-49).

Der Kulturbegriff hat sich international erweitert. Kultur wurde generell nicht mehr als *ästhetisches* sondern als *kommunikatives Gefüge* aufgefasst. Aber der theoretische und methodische Fortschritt in den Kulturdebatten, schlug sich nicht in großen Fortschritten von internationalen Entscheidungen nieder. In den 80er Jahren gab es kaum große Kulturtexte. Ausnahme war die *„Europäische Kulturdeklaration"* (Berlin 1984) und die *„Stuttgart-Erklärung des EG-Rates"* (1983). Das *KSZE-Kulturforum* (1986) in Budapest endete sogar ohne ein Schlußdokument. Neu war die ökologische Fortentwicklung des Kulturbegriffs, der ökologisch verantwortungsvolle Lebenspraxis neben der Propagierung der multikulturellen Gesellschaft in den „Bausteinen für eine kommunikativ und ökologisch orientierte Kulturpolitik" aufnahm (Schwencke u. a. 1993: 189). Im „Kulturreport" (2007: 77) wurden vier Punkte angemahnt:

- Intensivierung des Dialogs mit allen am Kulturbetrieb Beteiligten,
- klare Prioritätensetzung bei Kulturfördermaßnahmen,
- Überprüfung der kulturellen Aktivitäten der EU auf die gesetzten Ziele,
- Zusammenarbeit mit Drittländern sowie die Entwicklung einer gemeinsamen Kulturaußenpolitik.

Die gemeinsame Devise wurde: „Raus aus dem Huntington-Szenario" (Kulturreport 2007: 97). Mit der Finanzkrise seit 2008 und 2010 haben sich leider die Akzente wieder überwiegend auf vordergründig ökonomische Probleme verschoben (vgl. Kap. 8).

Literatur

Andrei, Verena: Die auswärtige Sprachpolitik der Bundesrepublik Deutschland gegenüber den Staaten Mittel- und Osteuropas und in der europäischen Integration. Wiesbaden, VS Verlag, 2008.

Anheier, Helmut/Rai Isar, Y. (Hrsg.): The Cultural Economy, Bd. 2 der „Cultures and Globalization Series), London, Sage, 2008.

Bericht der Enquete-Kommission Auswärtige Kulturpolitik gemäß Beschluss des Deutschen Bundestages vom 23. Februar 1973, Drs. 7/4121, 7. Okt. 1975.

Bühl, Walter L.: Kulturwandel. Darmstadt, Wissenschaftliche Buchgesellschaft, 1987.

Cultural Statistics: Luxemburg Publications Office of the EU. 2011.

Delbrück, Jost (Hrsg.): Grünbuch zu den Folgewirkungen der KSZE. Köln, Verlag, Wissenschaft und Politik, 1977.

Düwell, Kurt/Link, Werner (Hrsg.): Deutsche Auswärtige Kulturpolitik seit 1871. Köln, Böhlau, 1981.

Düwell, Kurt: Zwischen Propaganda und Friedensarbeit. 100 Jahre der deutschen Auswärtigen Kulturpolitik. In. Maaß, Kurt-Jürgen (Hrsg.): Kultur und Außenpolitik. Handbuch für Studium und Praxis. Baden-Baden, Nomos, 2009, 2. Aufl.: 61-111.

Enquete-Kommission: Schlussbericht der Enquete-Kommission Auswärtige Kulturpolitik des Deutschen Bundestages vom 23. Februar 1975, BT-Drs.7/4121.

Frenzel, Dirk: Kulturelle Eye-dentity. Die Kulturpolitik der EU am Beispiel der Filmförderung. Frankfurt, Lang, 1999.

Fuchs, Max: Kulturpolitik in Zeiten der Globalisierung. Aus Politik und Zeitgeschichte B 12/2003: 15-27.

Grolig, Wilfried u. a.:Auswärtige Kultur- und Bildungspolitik und Public Diplomacy. In: Jäger, Thomas u. a. (Hrsg.): Deutsche Außenpolitik. Wiesbaden, VS-Verlag, 2007: 547-568.

Grünbuch. Erschließung des Potentials der Kultur- und Kreativindustrien. Brüssel. Europäische Kommission, 2010.

Handbook of Cultural Affairs in Europe (Hrsg.: Council of Europe). Baden-Baden, Nomos, 1994/95.

Harnischfeger, Horst: Auswärtige Kulturpolitik. In: Schmidt, Siegmar u.a. (Hrsg.): Handbuch zur deutschen Außenpolitik. Wiesbaden, VS-Verlag, 2007: 713-723.

Hoffmann, Hilmar/Schneider, Wolfgang (Hrsg.): Kulturpolitik in der Berliner Republik. Köln, DuMont, 2002.

Jodjahn, Daniel Patrick: Die Auswärtige Kulturpolitik in der Bundesrepublik Deutschland. Heidelberg, Magisterarbeit, 2011.

Kahn-Ackermann: Die auswärtigen Kulturbeziehungen der Bundesrepublik. Europa-Archiv, Nr. 23, 1973: 854-862.

Klein, Armin: Kulturpolitik. Eine Einführung. Wiesbaden, Verlag für Sozialwissenschaften, 2005, 2. Aufl.

KSZE Kulturforum Budapest. Bonn, Auswärtiges Amt, 1986.

Kulturreport. Fortschritte Europa. Hrsg.: Institut für Auslandsbeziehungen und Robert Bosch Stiftung in Zusammenarbeit mit dem British Council, der Schweizer Kulturstiftung Pro Helvetia und der Stiftung für Deutsch-Polnische Zusammenarbeit. Red. Körber, Sebastian/Roth, Jenni. Stuttgart o. J. (2007).

Mumme, Martin: Strategien auswärtiger Bewußtseinspolitik. Würzburg, Königshausen & Neumann, 2007.

Maß, Kurt-Jürgen (Hrsg.): Kultur und Außenpolitik. Handbuch für Studium und Praxis. Baden-Baden, Nomos, 2005.

Peisert, Hansgert: Die auswärtige Kulturpolitik der Bundesrepublik Deutschland. Stuttgart, Kohlhammer, 1978.

Ress, Georg: Kultur und Europäischer Binnenmarkt. Rechtliche Auswirkungen des Europäischen Binnenmarktes auf die Kulturpolitik der Bundesrepublik Deutschland. (Gutachten, Schriftenreihe des Bundesministeriums des Innern 2), Stuttgart, Kohlhammer, 1991.

Sattler, Julia: Nationalkultur oder europäische Werte? Britische, deutsche und französische Auswärtige Kulturpolitik zwischen 1989 und 2003. Wiesbaden, VS, 2007.

Scheytt, Oliver: Kulturstaat Deutschland. Bielefeld, Transcript, 2008.

Schlussbericht der Enquete-Kommission „Kultur in Deutschland". Deutscher Bundestag, 16. WP. Drs. 16/7000, Dez. 2007.

Schmidt, Thomas E.: Seit 60 Jahren gibt es Goethe-Institute im Ausland, das Leben wird groß gefeiert. Aber was tun sie? Die Zeit, 14. Juli 2011: 53.

Schwencke, Olaf u.a. (Hrsg.): Kulturelle Modernisierung in Europa. Dokumentation 45. Hagen, Kulturpolitische Gesellschaft, 1993.

Schwencke, Olaf: Das Europa der Kulturen – Kulturpolitik in Europa. Dokumente, Analysen und Perspektiven – von den Anfängen bis zur Grundrechtecharta. Essen, Klartext Verlag, 2001.

So fördert der Bund Kunst und Kultur. Bonn, Presse- und Informationsamt der Bundesregierung, 1996.

Witte, Barthold: Für die Freiheit eine Gasse- Stuttgart, Hohenheim-Verlag, 2003.

Znined-Brand, Victoria: Deutsche und französische auswärtige Kulturpolitik. Das Beispiel der Goethe-Institute in Frankreich sowie der Instituts und Centres Culturels Français in Deutschland seit 1945. Frankfurt, Peter Lang, 1999.

11 Museen und Ausstellungen im Kräftefeld von Kunst, Wirtschaft und Politik

1 Deregulierung des Kunstmarkts

Museen entstanden aus fürstlichen Kunstkammern als die Herrscher sich dem Publikum öffneten und ihre Kunstschätze nicht nur zur privaten Befriedigung ihrer Gelüste als Connaisseurs, sondern auch zur *Legitimation* ihrer Herrschaft benutzten, in dem sie „dem Volk", oder anfangs eher ausgewählten Teilen des Volkes, Zugang zu ihren Sammlungen verschafften. In der klassischen Moderne wurde das Museum eine Art Religionsersatz. Kunst verlangte gleichsam Anbetung. In der Postmoderne wurde seit dem Aufkommen der Pop Art das Gewöhnliche Gegenstand der Kunst. Ins Museum zogen Darstellungen von Gebrauchsgegenständen und sogar verfremdet komponierte Gebrauchsgegenstände selbst ein. Das Museum verlor seinen sakralen Charakter. Es lebte weniger vom Besuch der Sammlungen als von speziell arrangierten Events. Die Museumsnacht wurde wichtiger als das Museum. So alt wie die Museen war die Kritik an ihnen durch einzelne Intellektuelle. Langbehn hat in einem Bestseller über „Rembrandt als Erzieher" (1874) Museen als „Grabmäler lebloser Kunst" bezeichnet, und schon 1842 hatte Friedrich Theodor Vischer von „schönen Gräbern" gesprochen, bei denen „nicht Schöpfer, sondern Sammler" im Vordergrund stünden. Zweifel an der Geschmacksbildungsfähigkeit für das Bürgertum wurden laut und der Kunstreformer Hermann Muthesius betrachtete die Museen als „gigantische Lagerhäuser voller unzusammenhängender Gegenstände" (Sheehan 2002: 214f).

Anfangs war diese Kritik historisch-schöngeistig. Erst später stieß sie zu einer Kritik des „Kunstkapitalismus" vor. Die Abhängigkeit der Künstler vom Mäzenatentum, von Fürsten, Aristokraten und Klerikern wurde im 19. Jahrhundert überwunden. Aber eine neue Abhängigkeit hat die Künstler, die meist nicht sehr ökonomisch dachten, betroffen: die Entstehung des Kunstmarktes. Die Beziehung *Patron – Künstler*, die frühere Jahrhunderte geprägt hatte, wurde von einer neuen Beziehung abgelöst: *Künstler – Art Dealer*. Kunsthändler waren sehr unterschiedlich. Die Rolle des Kunsthändlers war anfangs noch wenig festgelegt. Einige empfanden sich als „Dealer" und vertrieben am liebsten nicht mehr lebende Künstler. Andere gefielen sich in der Rolle der alten Mäzene, die ein persönliches Verhältnis zu wenigen sorgfältig ausgewählten lebenden Künstlern aufbauten wie Kahnweiler.

Zwei politische Faktoren hatten langfristig Einfluss auf die Entwicklung moderner Kunstmärkte:

1. Die Deregulierung der Ausstellungspolitik.
2. Der Wandel des politischen Klimas nach der Dreyfus-Affäre.

Die Dreyfus-Affäre hatte in Frankreich zu einer beispiellosen Politisierung geführt. Als die Partizipationswelle im Kampf um eine laizistische und ideologisch „solidaristische" Republik nach der Theorie von Léon Bourgeois abflaute, hat die politische Militanz sich stärker in eine ästhetische Militanz umgesetzt (Cottington 1998: 31). Mit Maurice Barrès' nationalistischer Agitation, die zeitweilig zur Kooperation mit Maurras' „Action française" führte, verschmolz der republikanische Gedanke der Linken mit den Werten der extremen Rechten. Die eher anarchoid-links gestimmte Künstlerschaft der Avantgarde zog sich aus dem direkten politischen Engagement zurück und konzentrierte alle Kräfte auf die „ästhetische Revolution".

Entscheidender noch war der *Deregulierungsprozess*. Die Staatskontrolle über die Salons wurde 1881 abgeschafft und der Kunstmarkt damit ein Stück „privatisiert". 1887 wurde jedoch der „Commission des Monuments historiques", welche dem Ministerium unterstand, Kontrolle über die Anschaffungspolitik der Museen gegeben. Der zuständige Minister Bérard sprach sich 1912 gegen staatliche Kontrolle aus, um den Zugang zu den Herbstsalons zu regeln (Journal officiel, 3. Dez. 1912: 2928). Diese Liberalisierung führte zur Diversifikation der Märkte. Der Markt teilte sich. In den Salons dominierten die etablierten Kubisten unter den Franzosen.

Die Salons büßten schrittweise ihre alte Vormachtstellung ein. Um 1900 verloren die Franzosen ihre Monopolstellung in der modernen Kunst. Private Galerien vertrieben vornehmlich die Produktion der ausländischen Migranten. 1910 schienen Galerien wie Durand-Ruel (der als spekulativer Horter von Kunst galt), Bernheim-Jeune und Petit eine Art oligopolistische Kontrolle über den Markt auszuüben. Ab 1890 kamen amerikanische Sammler wie die Morgans, Rockefellers oder Whitneys und sammelten Post-Impressionisten. Die Preise stiegen. Ein neuer Typ des Sammlers kam auf: der *„dénicheur"*, der connaisseur, wie Uhde (1938: 229ff) oder Gertrude und Leo Stein, die eine Weile vor Ort in Paris lebten, und „Schnäppchen" jagten. Sie hatten kaum Beratungsbedarf, sondern entfalteten bei ihren Entdeckungen Eigeninitiative mit beträchtlicher Sachkenntnis. Noch konservierten sie überwiegend einen halb-traditionellen Geschmack, der an Solidität und Ordnung orientiert war. Diese Haltung immunisierte sie gegen den Expressionismus aus dem Osten. Im 19. Jahrhundert war ein Kunstmarkt entstanden, aber er blieb regional, sektoral und war wenig transparent. Der Markt erlebte jedoch im 20. Jahrhundert mehrere Einbrüche. Je nach Stadt war die Lage unterschiedlich. Am günstigsten schien sie in Paris – die Stadt in welche die Mäzene aus allen Ländern, selbst aus Amerika und Russland anreisten. Die „gatekeepers" begannen Netzwerke zu bilden, die aus Galeristen, Impressarios und Kuratoren der Museen bestanden. Aber auch in Paris gab es um 1907 – als Kahnweiler (1961: 23, 32) sich dort niederließ – noch kaum Galerien, die auch moderne Kunst vertrieben.

Klar war allen Beteiligten, dass die *Preisbildung auf dem Kunstmarkt* nicht nach der marxistischen Arbeitswertlehre vor sich ging. Die psychologisierende Grenznutzentheorie des österreichischen Ökonomen Böhm-Bawerk schien mehr Erklärungskraft zu besitzen. Sie hat häufig ihre Beispiele aus dem Kunstmarkt gewählt, um die Marxisten zu widerlegen. Aber auch diese Lehre hatte ihre Schwächen. Der Grenznutzen von Kunsteinkäufen hätte nur bei kompletter Übersicht über den Markt festgestellt werden können. Mag sein, dass er kalkulierbar war, wenn man den Markt mit Paris identifizierte, was vielfach getan wurde. Aber der Markt internationalisierte sich. Die Käufer hatten keinen transnationalen Durchblick. Der Markt war zudem nur partiell ein freier Markt. Er war vielfach noch von quasi-politischen Kräften reguliert – von den Akademien bis zum offiziellen Ausstellungswesen.

Unter den Mäzenen verkauften einige ihre Bilder nie und strebten auf ein Museum ihres Namens zu (wie Ludwig). Andere bedienten den entstehenden *Sekundärmarkt,* verstärkt durch die *Kunstmessen* in der zweiten Hälfte des 20. Jahrhunderts, und förderten eine unübersehbare Zahl von Kleinsammlern. Der Mythos von Kunst als wirtschaftliche Geldanlage wurde vielfach geglaubt. Kunstökonomische Studien zeigten freilich, dass die Rendite 1635-1949 1.4% kaum überschritt (Frey/Pommerehne 1989; Moulin 1992: 27).

Zu den *„oligopoleurs"* traten zunehmend die *Museumsdirektoren* hinzu. Allein in den USA sind von 1950 bis 1980 123 *neue Museen,* überwiegend für moderne Kunst, entstanden (Moulin 1992: 63). Die staatliche Anschaffungspolitik schuf einen Markt für *„Museumskunst"* zu billigeren Einkaufspreisen, zumal die Zunahme von „Assemblagen" und „Installationen" keinen allgemeinen Markt mehr bedienen konnte.

2 Die Internationalisierung des Ausstellungswesens

Der *„Ausstellungskünstler"* ist keine Errungenschaft der klassischen Moderne. Schon in der zweiten Hälfte des 18. Jahrhunderts hat dieser neue Typ den „Hofkünstler" abgelöst. Ausstellungen wurden von jährlichen Festtagsveranstaltungen zum ausschließlichen – oder wenigstens überwiegenden – Medium der Kunstrepräsentation (Bätschmann 1997: 9). Der Künstler musste nicht mehr einem fürstlichen oder kirchlichen Auftraggeber gefallen, sondern dem Publikum. Dafür bedurfte er des Vermittlers in der Kunstkritik und in den Medien. Der Vorwurf der Anbiederung beim Publikum stand anfangs auf schwachen Füßen, da das Publikum die neue Kunst überwiegend ablehnte.

Die Avantgardekünstler hatten mehrere Möglichkeiten, ihr Werk auf den Markt zu bringen:

1. Die *Salons,* die weniger Chancen der individuellen Profilierung boten. Selbst die „Salons des indépendants" erstarrten nach dem Verpuffen der innovativen Initialzündung, wie schon Breton (I 1988: 287ff) in „Les pas perdus" bemerkte.

2. Die Ausstellung einzelner Künstler durch eine *Galerie*, ein Verfahren, das Picasso und Braque vorzogen.
3. *Gruppenausstellungen* von Künstlern, die vom Blauen Reiter bis zum Surrealismus von den Gruppierungen bevorzugt wurden, die eine gewisse Kohäsion besaßen. Die Entwicklung ging vom Salon zur internationalen Ausstellung

Die Beteiligung der Avantgardekünstler an wichtigen internationalen Ausstellungen (1903-1929), von den „Salons des Indépendants" über die „Neue Künstlervereinigung", Sonderbundsausstellungen, Blauer Reiter, Erster Deutscher Herbstsalon und Armory Show in New York, ist quantitativ erfasst worden. Es ist eine Minderheit der Spitzenkünstler wie Delaunay, Matisse oder Kandinsky, die in den Listen auftauchten. Es überwogen die Künstler im zweiten Glied wie van Dongen, Dufy, Friesz, Le Fauconnier, Metzinger, Villon oder Vlaminck. Die Ausstellungshäufigkeit korrelierte also nicht mit der künstlerischen Bedeutung des Ausstellers.

Die Unvollkommenheit des Kunstmarktes zu Beginn der Avantgarde erwies sich als Bremse für die *Einkommensentwicklung* der Künstler. Erst durch das *Internet* entstand ein annähernd qualitativ übersehbarer – wenn auch quantitativ unübersehbarer – Weltmarkt der Kunst. Die Internationalisierung des Ausstellungswesens war eine wichtige Vorbedingung zur Entstehung weltweiter Kunstmärkte. Anfangs aber war vor allem die Kunstmetropole Paris noch sehr lokal gesonnen. Noch 1932 hat Kahnweiler an den britischen Avantgardisten Ben Nicholson geschrieben, dass kein Pariser Dealer ihn ausstellen würde, wenn er nicht nach Paris zöge (zit. Checkland/Nicholson 2000: 109). Die Internationalisierung wurde vor allem durch Einzelinitiativen der Künstler selbst vorangetrieben. Noch nannte man es nicht „Globalisierung" – mit Recht. Es handelte sich nur um eine „Europäisierung". Allenfalls die USA gewannen Einfluss auf den europäischen Markt. Manche Künstler hatten anfangs auch Vorbehalte gegen das Ausstellungswesen. Aber die handwerkliche Enge des Künstlerateliers, welches Käufer vor Ort anlockte, ließ sich auf die Dauer nicht halten. Die Kunstausstellung erwies sich auch für die selbsternannten „fortschrittlichen Künstler" als unverzichtbar, weil das individuelle Mäzenatentum nicht weniger ausgedünnt wurde als die Galerie-Verkäufe.

Ausstellungen innovativer Kunst wurden häufig zum Politikum. Entweder, weil der Staat von oben eingriff (vgl. Schneede in: Stationen der Moderne 1989: 34ff), oder – wo er neutral beiseite stand – konservative Gruppen die ausgestellte Kunst politisierten und den Staat zur Hilfe riefen. Die Künstler haben auch aus ökonomischen Gründen zur Gruppenbildung gegriffen. Kein Wunder, dass sie versuchten, auch als Gruppe wahrgenommen zu werden. Eine syndikalistische Revolution ist bei den Künstlern in einer Selbstorganisation in der Gruppe von Albert Gleizes bis Günter Grass meist gescheitert. Aber eine „Revolte" in der Ausstellungspolitik hatte Erfolg. Sie begann mit den „*Salons des refusés*" als Maßnahme gegen die einseitige Hängungspolitik der Ausstellungskomitees. Nach dem „Salon d'Automne" 1910 haben die Kubisten Gleizes, Le

Fauconnier, Metzinger, Delaunay und Léger sich in der Closerie des Lilas getroffen und ihren Coup gegen das Hängungskomitee im Salon des Indépendants geplant. Die Neo-Impressionisten um Paul Signac – einst selbst unterdrückt – dominierten den Ausstellungsbetrieb. Die Rebellen waren mit Ausnahme von Picasso und Gleizes durch eine neoimpressionistische Phase hindurch gegangen. Sie hatten sich jedoch weiter entwickelt. Signac und seine Freunde verließen angesichts der Opposition den Raum. Der Sieg war jedoch recht bescheiden. Die Rebellen benutzten Henri Rousseau als Galionsfigur und bekamen den berühmten „Raum 41". Gleizes (1980: 13; v. Beyme 2005: 192ff.) geriet im Rückblick ins Schwärmen über die „Männer des ersten Aufbruchs" und ihren „uneigennützigen Mut ... in jenen heroischen Tagen unter meinen Kampfgenossen". Aber die Einheit hielt nicht an. Gleizes neigte ohnehin immer wieder zum syndikalistischen Überschwang.

Auch die „Brücke" in Deutschland drängte auf *Solidarität in einer gemeinsamen Ausstellungspolitik.* Wer dagegen verstieß, wie Pechstein, hatte mit Sanktionen zu rechnen. Selbst der „Blaue Reiter", der damit kokettierte, keine Gruppe zu sein, war empört, dass Walden im „Ersten deutschen Herbstsalon" die Gruppe nicht geschlossen aufhängte. Hier zeigten sich widerstreitende Interessen von Ausstellungsmachern und Künstlergruppen, die immer wieder zu Konflikten führen sollten. Gruppensolidarität setzte sich vorübergehend in Organisation um. Heckel schrieb um 1912 an Marc: „Im Sonderbund bin ich nicht Mitglied. Werde ich dort eingeladen, so stelle ich da nicht allein, sondern mit anderen Brückenmitgliedern zusammen aus, genau wie in der Sezession, so dass gerade die Existenznotwendigkeit der ‚Brücke' sich zeigt." Die Gruppenausstellung schien Heckel erfolgversprechender als auf den Kunsthandel zu vertrauen, wie ihn Walden repräsentierte. Kirchner zeigte sich noch 1930 von Davos aus in einem Brief an den Kritiker Will Grohmann (Dok. in: Gutbrod 1968: 44) betroffen, dass die Franzosen mit Sammelbezeichnungen wie „Les fauves allemands" sich die künftige „Konkurrenz auf dem Weltmarkt" vom Halse zu halten versuchten. Kirchner warb für „unsere Propagandaarbeit in Deutschland", um die deutsche Kunst international besser zu etablieren.

Der Blaue Reiter hat für seine Ausstellungen noch bei der Konkurrenz der Brücke um Beteiligung geworben, obwohl die Künstler manche Meinungsverschiedenheiten hatten. Marc meinte freilich, dass auch „ausgesprochene Eroticas" dabei seien, die er nicht für die Ausstellung mitnahm „sondern nur für andere Zwecke" – welche blieb unausgesprochen. Manchmal konnte sich die Konkurrenz auch in Häme umsetzen. Als Pechstein mit einer futuristischen Zeichnung hereinfiel, die er empfohlen hatte und die sich als Fälschung erwies, wurde dieses Missgeschick genüsslich ausgeschlachtet. Die Werbung des Blauen Reiters beschränkte sich nicht auf deutsche Künstler. Kandinsky lud Delaunay ein. Seine Gegnerschaft zum „Primat der Linie" bei den Kubisten machte Delaunay für die deutschen Kollegen interessant. Franz Marcs Bericht über die Pariser Szene zeigte, dass der Osten sich von der Paris-Hörigkeit im Ausstellungsbetrieb zu lösen begann. Braque fand er „totlangweilig". Nur Picasso und Matisse wurden durchgängig gelobt. Die differenzierte Beurteilung des Ausstellungsmarktes hob sich wohltuend von deutschtümelnden Einschätzungen à la Nolde ab, der die Internationalisierung des Propagandagetöses übel vermerkte, vor allem bei den Futuristen. Da ließ er nur die gelten, die ihn auch gelobt hatten.

Gruppen erreichten gelegentlich durch internationale Ausstellungen einen Erfolg, der ihnen auf dem heimischen unterentwickelten Markt verwehrt war. Das galt für die Futuristen, die Sackville in London oder Walden in Berlin bekannt machte. Der Erfolg war freilich oft schwer messbar. Meist wurde das Presse-Echo als Maßstab gewählt, wie bei der Pariser Futuristen-Ausstellung. Gewichtiger aber war ja für den Künstler die Frage, wieviel verkauft werden konnte. Ein notabler Käufer für ein Bild von Carrà war für den Künstler gewichtiger als der Presse-Rummel ohne finanzielle Folgen. Nell Walden vermutete beim ersten deutschen Herbstsalon 1913 einen „künstlerisch durchschlagenden Erfolg". Wieder war das Kriterium das Presse-Echo und die Tatsache, dass 75 internationale Künstler in Kontakt getreten waren. Der finanzielle Misserfolg wurde verschwiegen, aber langfristig gesehen ist Walden zuzustimmen: die Initiative war der Beginn eines Erfolges, der sich auf die Dauer auch finanziell auszahlen sollte.

Ausstellungen wie die „Armory Show" 1913 in New York – so genannt, weil sie in einem ehemaligen Militärarsenal stattfand – oder die Sonderbundsausstellung von 1912 in Köln hatten eine wichtige Funktion zur Durchsetzung der Avantgardekunst. Die Armory Show zog nicht nur Massen von Zuschauern in New York, Chicago und Boston an, sondern hat auch nahezu ein Fünftel der 1500 ausgestellten Bilder verkauft. Ein gutes Resultat, wenn man bedenkt, dass auf vielen der frühen Ausstellungen von Avantgardekunst viel gelobt und wenig abgesetzt wurde. Über die Gründe dieses raschen Durchbruchs der Moderne in Amerika ist viel gerätselt worden. Gerade die mangelnde Tradition des Landes, in dem keine Akademien und staatlichen Museen den Dammbau gegen die Moderne betrieben, hat rasche Erfolge ermöglicht. Die amerikanische Avantgarde schien in ihren Manifesten und Organisationsformen, verglichen mit Europa, relativ gemäßigt. Anfangs wurde akzeptiert, dass man zu einer neuen amerikanischen Kunst erst kommen konnte, wenn man Europa gleichsam „abgearbeitet" hatte. Die Widerstände gegen die Moderne hatten in Amerika andere Kriegsschauplätze, z.B. in der Politik. Auch die Armory Show wurde von einem Politiker wie Ex-Präsident Theodore Roosevelt viel beschimpft.

Die *Internationalisierung* vollzog sich derart rasch, dass sie selbst einer Inkarnation des Internationalismus wie Hans Hofmann, der in München, Paris und New York die avantgardistische Kunst in Werk und Lehre vertreten hatte, schon zu rasch vor sich ging. Amerika hatte so den Vorteil, dass Avantgardekünstler nicht nur von Liebhabern sondern auch von Museen früher als in Europa gekauft wurden. Europa hieß freilich vor allem Paris, wo der Louvre sich bis zum zweiten Weltkrieg als relativ resistent erwies – verglichen mit Deutschland, wo die vielen Provinzmuseen von Hamburg bis München moderne Kunst ankauften. Hätten sie es nicht getan, wo hätten die Nazis ihre Bilder entarteter Kunst herbekommen, außer von enteigneten jüdischen Privatleuten?

Die Internationalisierung im Ausstellungswesen wurde in New York von der deutschstämmigen Katharina Dreier 1917 vorangetrieben. Das Experiment nannte sich echt amerikanisch „société anonyme", wohl auf Anregung Man Rays. Das Unternehmen endete in einer Dauer-Ausstellung, die – gegen die ursprünglichen Intentionen der Avantgardisten wie Duchamp – in die Yale University Art Gallery integriert wurde. Auch dies war eine typisch amerikanisch-pragmatische Lösung, um den Schnellschüssen der ad hoc-Initiativen zu entgehen. Es schien anfangs keine andere Alternative zu geben als „Flop oder museale Institutionalisierung".

Mit der Internationalisierung des Ausstellungswesens wanderten auch die Kunstzentren in der westlichen Welt. New York hat laut Guilbaut Paris einst die Moderne gestohlen. Herzlos hieß es unlängst: „Paris scheiterte als Metropole der Avantgarde, weil irgendwann jeder, der einen Pinsel halten konnte, unbedingt dort leben wollte, aber nicht mehr jene Leute, die sich Großes zutrauten. Heute ist Paris nur noch Künstlerstadt-Kulisse". Berlin wäre inzwischen gern New York und Berlin gilt als Lieblingsstadt der internationalen Künstlerschar – nicht zuletzt, weil man dort billiger leben konnte als in New York. Inzwischen muss man beim Wechsel des Schaffens- und Ausstellungsortes nicht mehr die Sprache wechseln. Die Kunstszene redet ihre eigene Sprache – am liebsten Englisch. Künstler als Kreative wurde als moderne Gastarbeiter gewertet, die gern in Parallelgesellschaften leben und sich heimisch fühlen dürfen aber nicht müssen (Knöfel 2011: 108).

Die Internationalisierung des Ausstellungswesens ging so rasant vor sich, dass sie Misstrauen erregte. Auch Förderer der Moderne wie Alfred Lichtwark (1917/18: 13) haben im Rückblick diese Entwicklung kritisch eingeschätzt. Die große Berliner Kunstausstellung von 1886 schien ihm als ein erster Sündenfall. Die „Drachenbrut der Kunstausstellungen" hat seiner Ansicht nach verheerend auf Künstler und Konsumenten gewirkt. Die Ausstellungen sollten den Mittelstand an den Kunstmarkt heranführen, aber das Ziel schien nicht erreicht.

Es kam auch für den Ausstellungsbereich zu *syndikalistischen Vorschlägen*: Gewinnbeteiligung der Künstler bei steigenden Preisen und Steuererleichterungen für den Kunsthandel wurden gefordert. Das war recht deutsch gedacht. Experten des Kunstmarktes (Szkolny 1917/18) haben daher zu Recht vor dem Ruf nach dem Staat gewarnt. Gewinnbeteiligungen würden die arrivierten Modekünstler fördern, lautete eine Befürchtung. Marktgerechter schien die Forderung nach Steuererleichterung, um die Kunst von dem Odium der Luxussteuern zu befreien (Szkolny 1918/19: 116f).

3 Markterfolg und Eventisierung der Kunst

Der Markterfolg hat den *„Erlösungsaspekt"* der klassischen Avantgarden obsolet werden lassen (vgl. Groys 1999: 136, 73). Die *„authentische Kunst"* wird nicht mehr dem *„profanen Markt"* ideologisch entgegengesetzt. Das instinktive Gefühl war noch der klassischen Moderne verpflichtet: es kann nur ein so zugespitztes Kunstwerk geben, jede Nachahmung muss läppisch werden. Die Postmoderne hat auch diese Bedenken überwunden. Die ästhetische Theorie (Dickie 1974: 51) versuchte nicht mehr, zwischen Objekt und Kunstwerk zu differenzieren. *Das Kunstwerk wurde autopoetisch und selbstreferentiell.* Objekte weisen sich als Kunst aus, wenn ihr Künstler sie zu Kunst erklärt. Solcher Art Gelassenheit bedeutet nicht, dass der Kunstmarkt zum fröhlichen Nebeneinander humorvoller Dilettanten geworden ist.

Das Publikum nahm ein zunehmendes Interesse, sich eine Schneise durch den Dschungel der neuen künstlerischen Unübersichtlichkeit zu bahnen. *„Festivalisierung"* und *„Eventisierung"* der Kunst machten es möglich, jene postmoderne Gelassenheit des Publikums zu erzeugen, die einem glühenden Avantgardisten, der das „kalte Herz" beklagte, fremd bleiben musste. Ad Reinhardt (1998: 190) hat in einem Monolog von 1970 einen richtigen Trend erkannt, den der „abstrakte Expressionismus" förderte, der sich aber mit der Pop Art zuspitzte. Kunst entstand zum Teil in Galerien: der Sammler und Dealer wurde nicht weniger berühmt als der Künstler. Mit der totalen Akzeptanz der Moderne wurde das *„Guggenheim-Prinzip"* einer Schaffung internationaler Netzwerke von Museen zum Vehikel einer boomenden Kulturökonomie (Hoffmann 1999). Für Reinhardt war die Entwicklung von Cage zu Rauschenberg vor allem Happening und „Fluxus", ebenso die Strömungen der 60er Jahre, die er am stärksten bekämpfte. In einer kommerzialisierten Gesellschaft haben die Dealer und die Medien häufiger über das Schicksal einer Künstlerkarriere entschieden als in jeder früheren Epoche der Kunstgeschichte. Die Kommerzialisierung der Kunst wird in Wellen bejammert. Aber neue Formen des *„Art Consulting"* setzten sich durch. Die Vorstellung, dass man an Kunst nichts verdienen dürfe gehört inzwischen zu den Lehren „in den Klöstern der deutschen Kunstreligion, die freilich säkularisierungsbedroht sind" (Grasskamp in: Pues 2002: 65). In Museumsnächten kommen häufig mehr Zuschauer als im Normalbetrieb eines Museums im ganzen Monat (Zweite 2009: 131). Die Eventisierung hat sich derart überschlagen, dass inzwischen vor allem die Kunstmesse in Basel und die Biennale in Venedig durch Überhitzung des Markt- und Reklamegeschehens in die Krise geraden sind (Timm 2011: 57). Eine empirische Studie (Göschel u.a. 1995: 252ff) über vier deutsche Großstädte in Ost (Leipzig, Cottbus) und West (Bremen, Dortmund) hat die Differenzen von bildungs- und verteilungsorientierten Kulturpolitiken und die zugehörigen Sozialstrukturen untersucht. Es zeigten sich angesichts der starken Differenziertheit der Soziokulturen unter den Besuchern von Kultureinrichtungen ersstaunliche Regelmäßigkeiten:

- Je ausgeprägter die künstlerisch-programmatische Programmatik einer Einrichtung oder Veranstaltung war, umso mehr dominierten jüngere Besucher mit höheren Bildungsabschlüssen. Die Motive der Besucher sind auf das Ereignis, auf das Genre und die Qualität gerichtet.

- Je stärker offene Treffpunktsituationen oder Beratungsleistungen das Programm bestimmten, umso mehr herrschten Besucher mit niedrigen Bildungsabschlüssen vor. Die Motive der Besucher sind vor allem von Werten wie Vertrautheit und kommunikativen Ansprüchen geleitet.
- Bei Theatern überwiegt ein Publikum mittleren und höheren Alters aus traditionellen Bildungsschichten.
- Der künstlerisch-ästhetische Pol der Soziokultur wird von einem jüngeren Publikum besetzt, das aus den „neuen Mittelschichten" – als Ergebnis der Bildungsreformen – stammt.
- Bei gemeinswesenorientierten Einrichtungen der Soziokultur waren ältere Besuchergruppen mit niedrigen Schulabschlüssen dominant.

Mit dem Boomen der Kulturökonomie boomen auch die Theorien über ein ganz neues *Verhältnis von Künstler und Bürgertum.* Übertreibungen boten sich an: Künstler ersetzen das einstige Bürgertum. Die Künstler – eine Wachstumsbranche – sind inzwischen als *„creative class"* in der Kunstökonomie eingestuft worden, die keine Außenseiterrolle mehr spielt, und in Amerika schon 30% der Erwerbstätigen ausmacht (Florida 2002, 2004). Großbritannien gilt als Musterland der *„creative industries"* (vgl. Kap. 8). Die Wachstumsbranche hat die Regierungsorganisation erreicht. Dem Kabinettsmitglied für Kultur, Medien und Sport unterstehen ein „Kulturminister" und ein „Minister für Kreativwirtschaft und Tourismus" (Wiesand 2006: 15). Mit weitgefassten Indikatoren wird eine kulturelle Klasse konstruiert, die eine ausdifferenzierte Kulturwirtschaftsstatistik ermöglicht, aber die qualitativen Probleme im Konflikt zwischen Kunst und Bürgertum, Kunst und Staat oder Kunst und Wirtschaft nicht gerade erhellt. Faktum bleibt, dass die Erwerbstätigen im Kultursektor viereinhalb Mal so schnell gewachsen sind wie die gesamte Erwerbsbevölkerung. Das Durchschnittsalter sank, das Bildungsniveau ist überdurchschnittlich hoch. Es besteht ein *Trend zur Feminisierung.* Die soziale Ungleichheit unter den Künstlern ist extrem. Ein Fünftel der Berufskünstler erwirtschaftet 80% aller Gewinne (Menger 2009, Alper/Wassall 2006).

Zur *Provokation durch Kunst* gehört ein gewisser bourgeoiser Puritanismus der Gesellschaft. Schon Karl Krauss hat gesagt: „Die wahre Boheme macht den Philistern nicht mehr das Zugeständnis sie zu ärgern" (zit. Enquetekommission 2007: 230, sp. 2). Periodisch tun Künstler dem Bürgertum gleichwohl noch diesen Gefallen. Die Provokation blieb nicht bei Duchamps „Pissoir" stehen. Skandale mussten spektakulärer auftreten, wie 1987 in Andres Serranos „Piss Christ", als der Gekreuzigte in einem Urinbad gezeigt wurde (Mèredieu 2004: 615). Die Provokation wurde vom Markt entschärft: Mit der Akzeptanz der Werke der Avantgarde der Moderne kam die Musealisierung und damit die Unschädlichmachung von sozialen Veränderungsansprüchen der Avantgarde.

Die Altmeisterin der Performance-Kunst, Marina Abramovič, hat die flüchtige Performance in eine „museale Ewigkeit" zu heben versucht, als sie im MoMa durch eine

Ausstellung Aufmerksamkeit erregte. Sie hatte sich einst als Protest gegen den Kommunismus im Heimatland Jugoslawien einen roten Stern in den Körper geritzt, sie peitschte sich und ließ sich von Zuschauern quälen. Die Grenzen von Ausstellung und Museum wurden fließend. *Das Museum ging ins Theater über* (Mejias 2010: 31). Die Museen haben vor allem seit den 80er Jahren die „Eventisierung" durch gut inszenierte Ausstellungen vorangetrieben. Angesichts der Publikumserfolge des selektiv Ausgestellten, schienen die Museen vor der „Fülle des Heterogenen" im täglichen Betrieb zu kapitulieren (Demand 2010: 53).

Ein Bollwerk der Kunstlandschaften waren vor allem in Deutschland die *Kunstvereine*. Sie erhielten zunehmend staatliche Subventionen und sorgten für die Vielfalt im Museums- und Ausstellungswesen. Inzwischen sind die Kunstvereine von drastischen Kürzungen bedroht und diese führte nicht nur zur Kommerzialisierung, sondern auch zur *Oligopolisierung*. Die Kunstvereine sind gezwungen von kommerziell orientierten Galerien zusammengeschnürte Ausstellungspakete zu übernehmen, um in ihrer Aktivität zu überleben (Karich 2010: 31).

Die Demokratie generell geriet unter *Postulate des Finanzierungszwanges*. Die Moderne wird Teil einer populistischen Bereicherung des Produktionsstandorts der jeweiligen Länder (Grasskamp 1989: 140). Selbst ein so sperriger abstrakter Künstler wie Ben Nicholson, der bis in den zweiten Weltkrieg hinein immer wieder gehungert hat, weil er sich dem Druck zur gefälligen Gebrauchskunst nicht beugte, wurde vom Kommerz mit einem unerwarteten Erfolg überrannt. Ein Pullover-Produzent brachte Mondrian- und Nicholson-Motive auf Skipullovern heraus und schuf einen Mode-Trend. Am 3. Februar 2010 erzielte die Skulptur Giacomettis „L'homme qui marche" mit 65 Millionen Pfund den höchsten Preis, den je eine Kunstwerk auf einer Auktion erzielte (Wyss 2010: 41). Die Kunst der klassischen Moderne – die sich einst schwer durchsetzen konnte – hat in Spitzenerzeugnissen mit der Klassik gleich gezogen. Entsetzt fragte die Kunstpublizistik (Illies 2010: 53), wie es möglich ist, dass ein Gerhard Richter soviel kostet wie ein Botticelli?

Dramatische Wandlungen haben die Museen erfasst:

- Seit Anfang der 80er Jahre kam es zu einem *Museumsbauboom*. Die Anzahl der Museen für moderne Kunst hat sich seit 1990 verdoppelt. 2011 kam der Rückschlag nach der Finanzkrise. Dennoch wurden die Museen zu Selbstbewusstsein aufgerufen. 107 Millionen Menschen haben 4790 Museen besucht, die sich an einer Interview-Studie beteiligten. 1988 waren es noch 66,3 Millionen. Aber die Unterschiede sind gewaltig: 96% der deutschen Museen haben unter 100 000 Besucher, was immerhin noch pro Öffnungstag etwa 200 sind. Der Museumsboom wird mit Veränderungen der öffentlichen Meinung erklärt: Die Gesellschaft fühlt sich nicht mehr durch Politik und Medien repräsentiert und sucht nach Ersatz in den Künsten (Karich 2011: Z1-2). Besucher- und Nutzerzahlen werden immer wieder zur

Legitimation angeführt. Ob mit bloßem Besucherandrang auch gesellschaftliche Wirkung erzielt wird, lässt sich solchen Zahlen nicht beweisen (Scheytt 2008: 57).

- Die *Medialisierung des Kunstbesuches* schreitet fort. 80% der Besucher der Pinakoteken benutzen bereits den Audioguide. Multimediaguides wurden getestet, um mit Videos, Fotos und Interviews die Werke besser zu verstehen. Diese Zusatzangebote werden aber nicht von der öffentlichen Hand finanziert und wurden zum Teil wieder eingestellt. Museen verstehen sich als außerschulische Bildungseinrichtungen und nicht als „Archivierungsanstalten". Die Beteiligung am Museumsleben wird zunehmend im *Internet* mobilisiert, über Twitter und auf der Internetplattform Facebook. Jugendliche verbringen bereits mehr Zeit auf Social Media-Seiten als vor dem Fernseher. Besucher tauschen sich über Ausstellungen aus.
- In der Krise drohen *Schließungen von Kultureinrichtungen* – vor allem in Hamburg, oder die *Aussetzung von Neubauten*. Als die Galerie der Gegenwart in der Hamburger Kunsthalle wegen Geldmangels geschlossen werden musste, schien das Museum in die „Griechenland-Falle" geraten. Dinosaurische Prestigeobjekte wie die Elbphilharmonie mit einer halben Milliarde und mehr wurden unfinanzierbar (Maak 2010: 33). Das Altonaer Museum, vor kurzem für 3 Millionen Euro saniert, sollte liquidiert werde (Timm 2010: 66; Finger 2019: 58). Öffentlicher Protest hat selbst in Hamburg in einem Spitzengespräch zur Kulturfinanzierung erste Erfolge gezeitigt. Aber der Staat entwickelt die Tendenz sich zurück zu ziehen, private Investoren gewinnen Oberwasser. Angesichts der Finanzkrise und der kulturellen Bauruinen von der Hamburger Philharmonie bis zum Heidelberger Stadttheater häuften sich die Stimmen, welche die Leere des Berliner Schlossplatzes gar nicht mehr museal aufrüsten wollten, sondern an eine Art „Central Park" oder eine Bibliothek dachten (Rapp/Sontheimer 2010). Das Humboldt-Forum wurde als „Mogelpackung" denunziert – oder als Kuhhandel: „Hohenzollernschloss gegen Multikulti-Nutzung" (Fuhr 2010:6). Dabei könnte der preußisch-deutsche Erinnerungsraum durchaus sinnvoll dem kulturellen Austausch mit der Welt zugeführt werden. Der staatlich finanzierte Museumsbau geht auch in der Krise weiter. Im September 2010 war das Richtfest für das Kompetenzzentrum Archäologie in Berlin, für das der Bund 40 Millionen Euro bewilligte. Es steht in Richtung Monbijou-Brücke und Bode-Museum und wird Werkstätten und Depotflächen aufnehmen, die bisher im Pergamon-Museum untergebracht waren, das saniert werden muss (Bisky 2010: 11).

In Zeiten der Krise erschien es wie ein Wunder, wenn Kulturstaatsminister Neumann 2010 noch eine Zulage zu seinem Budget von 2,4% bekam. In einigen Ländern bröckelte die Abwehrfront gegen Kürzungen und schlug sich in Schlagzeilen nieder wie: „Müssen Städte wie Flensburg ein Opernhaus haben?" (K. Richter 2010: 19-21). Jedes siebte Opernhaus in der Welt ist ein deutsches – als Folge der Kleinstaaterei im Deutschen Reich und im Deutschen Bund. Es mehren sich daher die Stimmen, dass in der hochtechnisierten Postmoderne diese Zersplitterung langsam überwunden werden müsste. Im transnationalen Vergleich geht es der Bundesrepublik noch ziemlich gut. In den Niederlanden hat die Regierung Rutte die Kürzung des staatlichen Kulturbudgets um ein Viertel verkündet und damit auch der immer offeneren Kulturfeindlichkeit der Populisten nachgegeben (Schümer 2011: 30). In Großbritannien klagen die Kulturschaffenden über den „neuen Geiz der Tories", da das Budget des „Arts Council" in den kommenden vier Jahren um 30% schrumpfen soll. Meist lässt sich eine lineare Kürzung der Dotierungen einzelner Kultureinrichtungen nicht durchsetzen. Daher kommt es zunehmend zur Begünstigung einzelner Einrichtungen und damit zu vielen Verlierern, aber einigen wenigen Gewinnern (Thomas 2011: 31). Angesichts der Überalterung der Bevölkerung muß damit gerechnet werden, dass es in der politischen Arena zunehmend zum Verdrängungswettbewerb zwischen Altersvorsorge und Kulturausgaben kommt. Im Zweifel kann man für Sozialausgaben immer mehr Menschen mobilisieren als für Kunst und Kultur.

Während in einigen Städten zuwenig Neues entstand, schien es in anderen Städten einen Überfluss zu geben. Mit dem Bau des fünften Münchner Kunstmuseums Brandhorst näherte sich die *Dominanz privater Sponsoren* im maroden Museumsbau einem neuen Höhepunkt. Der bayerische Steuerzahler subventionierte einen reichen Sammler bei der Mehrung seines Besitzes mit Bildern, die sich bei Zusammenschluss mit der „Pinakothek der Moderne" sich gut ergänzt hätten und so ohne bauliche Kommunikation mit den benachbarten Museumsbauten isoliert wirken (Knapp 2009). Bei den Hamburger Kürzungen des Kulturetats vertraute man offenbar darauf, dass das private „Bucerius-Kunst-Forum" in die entstandene Bresche springen werde und attraktive Ausstellungen organisiert (Corsten 2010: 33). Viele der heute auf dem Aussterbeetat stehenden Kultureinrichtungen und Museen in Hamburg sind einst durch bürgerliches Engagement zustande gekommen. Wo bleibt der bürgerliche Protest? Hamburg ist nicht Stuttgart, heißt die resignative Antwort. Sie ist nicht ganz korrekt, denn bei Streichungen im Kulturbereich würde auch in Stuttgart keine Massenbewegung wie beim Bahnhofsprojekt zustande kommen, gegen das man jeden Kulturbanausen unter den Pendlern mobilisieren kann. Die Stuttgart-Parallele ist nur insofern interessant, als in Hamburg nicht einmal die Betroffenen und die Kulturbehörden eine sinnvolle Kommunikation pflegen: „die einen schweigen, die anderen schreien" (Corsten 2010: 33), was bei asymmetrischen Beziehungen zwischen Verwaltung und Bürgern anfangs meistens so zu sein scheint. Noch fehlen in allen Städten und auf den meisten Politikfeldern die Mechanismen einer Versöhnung von plebiszitärer Mobilisierung und planender Obrigkeit. Heiner Geissler prägte die Vorstellung, dass beide Seiten künftig in gleicher Augenhöhe verhandeln müssen. Das lässt sich sicher auch auf die Kulturpolitik übertragen, zumal hier die Sprecher der Protestler meist stärkeren Sachverstand mitbringen als emotionalisierte Populisten. Der Kulturbereich eignet sich gottlob nicht zum Tummelplatz für Populisten. Die Schweiz zeigte jedoch, dass auch wenigstens als

Vetogruppe gegen größere Finanzierungsprojekte der Populismus in die Kulturpolitik Einzug hält.

In Berlin hat Oberbürgermeister Klaus Wowereit für ähnliche Unruhe gesorgt, wie sie in Hamburg entstand, als er als Vorsitzender im Lotto-Stiftungsrat eine Million beantragte. Sie soll für eine neue Kunsthalle auf der Brache am Humboldthafen entstehen, wo doch schon die NGBK, die Berlinische Galerie und andere Ausstellungseinrichtungen chronisch unterfinanziert sind. Kein Wunder, dass auf den hinteren Bänken der Berliner Lokalpolitik ein Aufschrei zu hören war (Maak 2010: 29).

Wer entscheidet über die Ausgaben der öffentlichen Hände? Über den Bau von Museen und die Erstellung von Kunstwerken im öffentlichen Raum entscheiden meist Gemeinderäte nach den Empfehlungen von Expertengremien. Was für das Theater das Bühnenbild darstellt, ist für die Kunstpräsentation die Ausstellungs- und *Museumsarchitektur*. Dabei können vorrangig städtebauliche Lösungen wie das Wallraf-Richartz-Museum und das Museum Ludwig in Köln, oder das Thermenmuseum in Trier die Architektur oder museumstechnische Erwägungen (wie die Lichtführung) den Bau bestimmen (Busmann/Haberer und Cladders in: Preiß u. a. 1990: 370, 391). In den Zeiten des Booms kam es dabei häufig zur Übersinszenierung. In Zeiten der Rezession dient die Mobilisierung des Volkes eher restriktiven Gesichtspunkten im Museumsbau.

Populistische Gruppen und Parteien versuchten vor allem in Ländern mit ausdifferenzierten plebiszitären Möglicheiten wie der Schweiz mit *Abstimmungen des Volkes* Projekte zu verhindern, wie im Fall des Nagelhauses von Demand in Zürich. Eine Toilette, die mit dem Haus verbunden sein sollte, wurde als *pars pro toto* in die Agitation eingeführt: *„5,9 Mio für e Schiissi!"* verkündete das Plakat der SVP gegen das Projekt (Geimer 23. 9. 2010: 31). Mit dem postmodernen Wandel der Demokratiekonzeptionen auch bei uns stellt sich die Frage, ob man in der Demokratie zulassen muss, dass ein Volksentscheid Kunst verhindert? Bei der Zulassung von Volksabstimmungen über die Kunst wären vermutlich keine moderne Architektur und sehr vieles von der Kunst der Avantgarde in unseren Museen nicht zustande gekommen.

Die *Wirtschaftskrise von 2009* hat den Niedergang der öffentlichen Ausgaben für die Museen beschleunigt. Mehrere Entwicklungen boten sich an:

- *Mittelkürzungen.* Sie wurden nicht mehr überall ohne politische Folgen hingenommen. Gelegentlich nehmen sie die Form von herkömmlichen Arbeitskämpfen an. Sie führten etwa zu *Streiks* wie im Centre Pompidou. Aber Frankreich hat es in diesem Punkt besser: in Frankreich ist der Streik das erste Mittel einer Opposition – in Deutschland das letzte, wie ein Vergleich der politischen Kulturen unter Nachbarn zeigt. Die Mittelkürzungen wurden in Frankreich zum Teil kompensiert (Bopp 2011 Z 3):
  - durch Steuermäßigungen für Mäzene,
  - durch den Ausbau von Museumsshops,

- durch Überlassung von Werbeflächen für Firmen
- durch Vermietung von Museumsräumen für Partys und „soirées privées".

Mittelkürzungen sind gelegentlich mit *Auflagen hinsichtlich der Besucherpolitik* verbunden, wie sie die Bundeskunsthalle in Bonn 2011 erlebte. Drohungen von Mittelkürzungen wurden subtil mit Hinweisen auf rückläufige Besucherzahlen verknüpft. Zur Steigerung der Besucherzahlen haben sich Ausstellungsmacher bei *Blockbustershows* etwas einfallen lassen: die Verweildauer in gefragten Aussstellungen wurde begrenzt. Der Fetisch „Original" wird durch ein hysterisches Marketing zum Event stilisiert. Museumsdirektoren werden zu „Rausschmeißern", wie bei der Leonardo-Ausstellung in der National Gallery in London, bei der höchsten eine halbe Stunde zulässig war (Voss 12. 5. 2011: 27). Die Gegner dieses Trends sprechen von *„Spektakel-Effekten"* und *„Quotenlogik"* (Voss 29. 3. 2011: 32). Ganz sicher aber engt ein solcher Erwartungsdruck die Spielräume für innovative Experimente in der Ausstellungspolitik stark ein.

- An anderen Orten wurde erwogen, ob man *museale Kunst verkaufen* darf, um zu überleben (Kimmelmann 2010: 6). Am 9. November 2010 sollte bei Sotheby Gerhard Richters Bild „Matrosen" für sechs bis acht Millionen Dollar versteigert werden. Dies war nur ein Anfang. 52 weitere Kunstwerke sollten verkauft werden, um den Einbau einer Klimaanlage zu finanzieren, da es in den Ausstellungsräumen an der richtigen Luft für die Erhaltung der Kunstwerke mangelt (Timm 2010: 59). Deutschland hat hinsichtlich der Veräußerungsmöglichkeiten erst vorgeträumt. In Großbritannien wurden vor allem wenig gezeigte Objekte aus den Depots zur Versteigerung angeboten (Thomas 2011: Z 4).
- Die mildere Form der Nutzung von musealen Kunstwerken besteht in der *Vernetzung der Museen bis hin zu Dauerleihgaben* zur Arrondierung der eigenen Bestände (Preiß 1990: 57)
- *Mobilisierung privater Sponsoren.* Das Spendenaufkommen betrug nach einer Emnid-Studie von 2000 ingesamt 5 Milliarden Euro, aber nur etwa 1 % davon floß in die Kultur. Im Gegensatz zur einmaligen Spende bieten *Stiftungen* langfristige Vorteile. Von ca. 14 000 Stiftungen legt nur jede vierte ihren Schwerpunkt auf die Kulturförderung (Singer 2003: 24f). *Kultursponsoring* ist im Gegensatz zum Mäzenatentum ein Geschäft, bei dem gegenseitige Nutzenerwartungen bestehen. Es besteht jedoch immer die Gefahr, dass das Engagement eines Mäzens aufgepropft und so dominant wird, dass das Engagement in die Nähe des Sponsorship gerät. (Christians in: Preiß u. a. 1990: 95). Sponsorengelder sind in der Regel vorenthaltene Steuermittel. Besonders begünstigt sollten dabei nur die Formen werden, in denen Sponsorengelder an Pools oder Stiftungen gebunden sind, in denen unabhängige, mit Sachverstand ausgestattete Gremien entscheiden und planen. Mitwirkung von Sponsoren sollte keine Sperrminorität und kein Vetorecht für den Sponsor bei Entscheidungen über Kulturförderung akzeptieren und private Mittel dürfen keinen

Einfluss auf die inhaltliche und ästhetische Substanz der Kunstwerke haben (Hoffmann 1990;: 111f).

Bei Großprojekten ist die Kooperation zwischen Stiftungen und öffentlicher Hand üblich geworden. In den USA wurde seit langem der private Sponsor mindestens so wichtig wie die staatliche Alimentierung. Mit abnehmender Staatsfinanzierung kam es zunehmend zu Konflikten zwischen privaten Stiftern und der Museumsverwaltung, wie beim Beuys-Museum Schloss Moyland (Lorch 2010: 11). Das Modell staatlicher Museen bietet sich weiterhin für die Kunst der Vergangenheit an, die musealisiert wurde. Aber selbst der Routinebetrieb musste „eventisiert" werden. Die Kunstsammlung Nordrhein-Westfalen im Ständehaus versuchte es mit innovativen Präsentationen. Die Konfrontation von alten und neuen Werken wird als „Zwiegespräch", als „Zankduett" oder auch nur als „Small talk" angepriesen, um Besuchermassen zu mobilisieren. Anlässlich des politisch erzwungenen Abschieds eines verdienten Präsidenten der Weimarer Klassik-Stiftung, wie Hellmut Seemann, begann die Kunstpublizistik ein neues Prinzip zu wittern: „Die Einführung der Befristung in diesem sensiblen Bereich diente der Umsetzung einer eventorientierten Ex- und Hopp-Mentalität, in deren letzter Konsequenz für Museumsdirektoren, Denkmalpfleger, Generaldirektoren die Rente mit fünfzig...eingeführt werden müsse, da sie dann keine ‚neuen Impulse' mehr produzieren" (Ebert-Schifferer 2010: 25). Museumsdirektoren werden immer findiger. Neuerdings suchen einige *Paten für die Restauration bekannter Bilder.*

- Eine neue Form des privaten Fundraising ist das *Crowd Funding*. Auch kleine Spenden werden eingesammelt und die Masse macht es nach Aufrufen über das Internet. Selbst ein New Yorker Museum suchte eine Million Dollar, um die erforderlichen vier Millionen zum Ankauf eines Bildes von Cranach aufzubringen. Häufiger kommt Crowd Funding bei gewagten und unorthodoxen Unternehmungen wie in der Filmproduktion vor, wenn der Regisseur die stille Kontrolle von Fernsehstationen und staatlichen oder privaten Großsponsoren umschiffen will. Eine Variante dieser Methode der Geldbeschaffung durch mehr als einen Sponsor ist wohl die *Benefizparty* zum Fundrainsing für die Anschaffung eines Gemäldes. Eine originelle Form ereignete sich 2010 bei der Münchener Pinakathok der Moderne. Eine Benefiz-Auktion von 60 Kunstwerken während der Pinakothek-Party erbrachte 400 000 Euro. Spontan erklärte sich Neo Rauch bereit, sein Bild „Kalimuna" billiger zu verkaufen, um dem Museum die Anschaffung des Bildes zu ermöglichen (Große Geste: Für die Pinakathok FAZ 27. 11. 2010: 39).
- Museen erschließen sich zusätzlich über die staatliche Alimentation hinaus durch kreative Arbeit neue Finanzquellen. Sie beginnen zu *forschen und lukrative Events* sichern den Unterhalt (Doktorarbeit im Museum 4. 2. 2010: 27). Die Eventisierung der Museumslandschaft zieht die Kunsttempel in aktuelle Debatten hinein. „Die Brücke" und der Umgang vor allem Kirchners mit zwei Minderjährigen Mädchen

wie Fränzi und Marcella auf seinen Bildern zogen Starobjekte unserer Museen in die Niederungen der aktuellen Pädophilen-Debatte. Nach Jahrzehnten der Vertuschung in der öffentlichen – nicht in der wissenschaftlichen – Wahrnehmung wurde die bloße Ausstellung gewisser Bilder nun politisiert. Die Museen bekamen seit der umstrittenen klassischen Moderne eine neue Funktion: die Bilder vor dem ideologischen Zugriff der Bilderstürmer in wechselnden moralisch-politischen Moden zu entziehen (vgl. Richter 2010: 26). Diese Funktion ist auch heute noch wichtig.

- Zunehmend kommt eine neue Art der öffentlichen Aufmerksamkeit in die Museumslandschaft im *Kampf um die Fälschungen.* Ein Paradoxon tut sich auf: die Zahl der Fälschungsskandale wächst, obwohl die Forschung mit zerstörungsfreien Techniken die Echtheit von Kunstwerken immer besser nachweisen kann (Anheuser 2011: 33). Eine originelle Form der Selbstkritik eines Museums wurde in der National Gallery in London gewählt. Sie stellte ihre historischen Irrtümer aus. Sie schuf damit ein Event, und leistete zugleich einen wichtigen Beitrag zur *wissenschaftlichen Aufarbeitung von Museumstätigkeit* (Vahland 2010: 11). Im Fälschungsskandal Beltracchi wurde sogar der Ankauf der entlarvten Bilder durch die Berliner Nationalgalerie angeregt (Rauterberg, 2011, Nr. 41: 55). Neu war auch die reuevolle kritische Sichtung der eigenen Bestände im Hinblick auf Fälschungen. „Jährlich zwei Milliarden Euro Umsatz mit Fälschungen" lautete eine Schreckensmeldung. Kriminalhauptkommissar Ernst Schöller im Landeskriminalamt Baden-Württemberg sprach von 30% Fälschungen auf dem Kunstmarkt – eine Äußerung, gegen die der Galerienverband Sturm lief (Raab 2010: 13). Eine Sammlung „Jägers" wurde erfunden, um Bildern auf dem Markt und angekauften Werken in Museen einen honorigen Stammbaum früherer Besitzverhältnisse vorzutäuschen. Bilder, die ein nachweislich gefälschtes Label auf der Rückseite enthielten, müssen nach Meinung einiger Experten wie Werner Spies, deshalb noch nicht gefälscht sein. Der große Max Ernst-Experte Spies kam jedoch in die Kritik, als er eine Provision für die Vermittlung von Bildern kassierte, die er gutachtlich für echt erklärt hatte und damit seine moralische Autorität „schwer lädiert" hatte (Meinhof 2010: 3; Rauterberg 2011: 49). In Hausdurchsuchungen bei Verdächtigen wurden Projektoren, Malutensilien und eine gutsortierte Bibliothek gefunden, die den Fälschern wohl die Vorlagen lieferte (Koldehoff/Timm 2011: 59). Den Fälschern unterliefen schwerwiegende Fehler. Sie benutzt das gleiche Holz als Grundlage für Fälschungen von Campendonck und Max Ernst bis zu André Derain. Der Kunstmarkt für die klassische Moderne erwies sich als Hochrisikogeschäft und trotz oder wegen boomender Preise nicht als sichere Geldanlage. Zunehmend wurden Museen betroffen. Das Duisburger Lehmbruck-Museum musste bei einer ihrer Ausstellungen erleben, dass der Stolz auf ein Portrait des Kunsthändlers Alfred Flechtheim vom Kubisten Louis Marcoussis, das der „Telefonica" gehört, als Fälschung entlarvt worden ist (Maak 2010: 25f). Kunstfälschungen gelten nach dem Drogenhandel als die einträglichste Form illegaler Geschäfte (Maak 19. 9. 2010: 27).

Eine neue Aufgabe wartet also auf die Museumsdirektoren: Schutz vor Fälschungen durch quasi-kriminalistische Investigation bei Ankäufen. Die Pariser Giacometti-Stiftung unternahm einen ersten Schritt und lobte einen mit Zehntausend Euro dotierten Preis aus, der an Personen oder Institutionen gehen soll, die sich dem Kampf gegen Fälscher widmen (Senke 2011: 33). Neu war auch die Entwicklung, dass das Landeskriminalamt Berlin die Fälschungssammlung Jägers zum Prozessauftakt öffentlich zeigte. Das war schon sinnvoll wegen des Kampfes gegen die Fälschungen. Es zeigte sich, dass die professionellen Fälscher gute Psychologen waren, und sich vor allem an Künstler heranwagten, der Werk stilistisch starken Schwankungen unterlag, das Werk unübersichtlich und zum Teil flüchtig hingemalt erschien von Kees van Dongen bis Campendonck. Solche Aussstellungen wurden Mode: „Schwindlers Liste" (Schulz 2011: 126f) erwies sich in der Archäologie erschreckend lang. Betrüger hatten leichtes Spiel, vor allem wenn sie mit ihren Falsifikaten nationale Träume bedienten.

Was soll auf die Dauer mit den Werken geschehen? Es wurden drei Optionen diskutiert: Sie werden vernichtet, sie bleiben beschlagnahmt, oder sie werden nach deutlichen Eingriffen in die Signatur den letzten Eigentümern zurückgegeben. Ein neues Verhältnis zu Fälschungen bahnt sich an. Es wurde die Losung ausgegeben: „Fälschungen gehören ins Museum" (Maak 1. 9. 2011: 31). Das erste Kunstbuch meines Lebens von Wilhelm Müseler hatte bereits Anfang der 50er Jahre im Fall des Vermeerfälschers van Meegeren sein bekanntestes Bild schlicht unter Spätexpressionismus eingereiht.

Eine besonders kniffelige Sonderaufgabe erwächst einigen archäologischen Museen. Angesichts von *Rückgabeforderungen gegenüber Kunstwerken an ihr Ursprungsland.* Der Präsident der Stiftung Preußischer Kulturbesitz, Hermann Parzinger (2011: 11), wehrte sich unlängst gegen die türkische Drohung, keine deutschen Ausgrabungen in der Türkei mehr zu zulassen, falls die „Sphinx von Hattuscha" nicht herausgegeben werde. Sie befindet sich seit 1915 in Berlin, wo sie aus Dutzenden von Splittern zusammengefügt wurde. „Bisher war Kulturpolitik keine Kanonenbootdiplomatie" argumentierte Parzinger, und warb für konstruktive Dialoge. Ägypten hat noch weitreichendere Rückgabeforderungen an mehrere europäische Länder, welche die Museumsleitungen überfordern und die Außenpolitik der Länder zur Suche nach Lösungen herausfordern.

Trotz aller Unkenrufe über den Niedergang der staatlichen Ausgaben für Museen wird laut Kulturfinanzbericht 2010 (:15) für die Finanzierung der Museen noch 18,6 % der Kulturausgaben von Bund, Ländern und Gemeinden aufgewendet. An der Spitze stehen Theater und Musik mit 36,7%, an dritter Stelle rangieren die Bibliotheken mit 14,6%. Bei den Bundesausgaben lagen die Museen mit 32,9% sogar an erster Stelle, gefolgt von den Ausgaben für kulturelle Angelegenheiten im Ausland (27,1%) – ein Ausgabeposten, bei dem Länder und Gemeinden kaum eine Rolle spielen. Die öffentlichen Ausgaben pro Kopf stiegen von 1995 bis 2005 laut Kulturfinanzbericht 2010: 54) von 13,8 auf 19, 15 Euro. Die Ausgaben sanken jedoch. An der Spitze lagen das Saarland und Hamburg mit je 29, 80 Euro, Berlin mit 26,37 Euro und Sachsen mit 23,08 Euro pro Einwohner (Kulturfinanzbericht 2010: 55). Im transnationalen Vergleich rangierte Deutschland nicht unter den 10 Ländern mit den am meisten besuchten Museen, wie der Louvre, das British Museum, die National Gallery of Art in Washington und das Vatikanische Museum in Rom. Aber in der Breite der Museumslandschaft lag Deutschland 2006 mit 6175 Museen vor dem UK mit 1850 Museen und Frankreich mit 1173 Museen an der Spitze. Bei den Wandersaustellungen hielt Deutschland den Rekord an Besuchern mit Gunther von Hagens' „Körperwelten" (Anheier/Raj Isar, Bd. 4, 2011: 310f, 313).

Eine *neue rein marktorientierte Vision* taucht für die Kunst der Zukunft auf, die auf die Dauer Ausstellungen und Museen überflüssig zu machen droht. Die wachsende Zahl der *Amateurkünstler* kümmert sich nicht mehr um vermittelnde Instanzen wie die Museen. „Liebe zur Kunst" bedarf nur noch einer *Computer-Ausrüstung* und kann ihre Produkte ins *Internet* stellen (Menger 2000: 366). Ein Traum der klassischen Avantgarden könnte wahr werden: Kunst bedarf des kapitalistischen Marktes nicht mehr – es sei denn, sie strebt zur Sicherung ihrer Dauerhaftigkeit ins Museum (Zweite 2009: 174f). Globalisierung, verschärfte ökonomische Zwänge, Konkurrenzdruck, Beschleunigung des Lebens in allen Bereichen haben die historisch gewachsene Sonderstellung von Museen und Ausstellungshäusern unterminiert und den Abstand zu kommerziellen Einrichtungen verringert.

Literatur

Alper, N./Wassall, G.: Artist's careers and their labor markets. In: V. Ginsburgh/D. Throsby Hrsg.): Handbook of the Economics of Art and Culture. Amsterdam, Elsevier, Bd. 1, 2007: 813-864.

Anheier, Helmut/Raj Isar, Y. (Hrsg.): Heritage, Memory and Identity. Bd. 4 der „Cultures and Globalization Series", London, Sage, 2011.

Anheuser, Kilian: Bildunguntersuchung bedeutet nicht Zerstörung. FAZ. 23. Juli 2011: 33.

Assheuer,Thomas: Als die Kunst ins Leben trat. Warum die Postmoderne mausetot ist – und nie lebendiger war als heute. Die Zeit, Nr. 38, 15. 9. 2011: 75.

v. Beyme, Klaus: Das Zeitalter der Avantgarden. Kunst und Gesellschaft 1905-1955. München, Beck, 2005.

v. Beyme, Klaus: Die Faszination des Exotischen. Exotismus, Rassismus und Sexismus in der Kunst. München, Fink, 2008.

Bisky, J.: Baustelle Museumsinsel. SZ 23. 9.2010: 11

Boehm, G./Bredekamp, Horst (Hrsg.): Ikonologie der Gegenwart. München, Fink, 2009.

Bourdieu, Pierre/Darbel, Alain: L'amour de l'art. Les musées d'art européens et leur public. Paris, Editions de Minuit,1969.

Bopp, L.: Aufstand gegen das Ancien Régime der Kunst. FAZ. 2. 4. 2011 Z 3.

Checkland, S. J.: Ben Nicholson. The Vicious Circles of his Life and Art. London, John Murray, 2000.

Corsten, V.: Dem Hamburger Kulturbürgertum bleibt ja noch Berlin. FAZ, 12. Okt. 2010: 33.
Demand, Ch.: Der Riese erwacht. Das Germanische Nationalmuseum in Nürnberg. Die Zeit, Nr. 12/2010: 53.
Dickie, G.: Art and Aesthetics. Ithaca/Ill., Cornell University Press, 1974.
Doktorarbeit im Museum. Die Welt, 4. 2. 2010: 27.
Dossi, P.: Hype! Kunst und Geld. München, DTV, 2007.
Ebert-Schifferer, S.: Die Fratze hinter der Maske. Der politisch erzwungene Abschied von Hellmut Seemann als Präsident der Stiftung Weimarer Klassik ist ein Fanal für die deutsche Museums- und Archivlandschaft. FAZ, 21. 10. 2010: 25.
Enquete-Kommission „Kultur in Deutschland". Berlin, Deutscher Bundestag, Drucksache 16/7000.
Enwezor, O.: Großausstellungen und die Antinomien einer transnationalen globalen Form. In: Boehm/Bredekamp 2009: 41-66.
Finger, E.: Spar dich reich! Hamburgs Kulturbehörde hat brutale Maßnahmen beschlossen. Die Zeit, 30. Sept. 2010: 58.
Florida, Richard L.: The Rise of the Creative Class. New York, Basic Books, 2002, 2004.
Fohrbeck, Karla/Wiesand, A. J.: Der Künstlerreport. München, Hanser, 1975.
Fuhr, E.: Das Humboldt-Forum ist keine Mogelpackung. Die Welt, 8. Juli 2010: 6,
Geimer, P.: Darf ein Volksentscheid Kunst verhindern? FAZ. 23. 9. 1010: 31.
Göschel, Albrecht/Mittag, Klaus/Strittmatter, Thomas: Die befragte Reform. Neue Kulturpolitik in Ost und West. Berlin, Deutsches Institut für Urbanistik, 1995.
Große Geste: Für die Pinakothek. FAZ. 27. 11. 2010: 39.
Groys, Boris: Über das Neue. Versuch einer Kulturökonomie. München, Hanser, 1992; Frankfurt, S. Fischer, 1999.
Guilbaut, Serge: Wie New York die Idee der modernen Kunst gestohlen hat. Dresden, Verlag der Kunst, 1997.
Hoffmann, Hilmar: Mäzenatentum – eine Quelle der Freiheit. In: Achim Preiß u. a. (Hrsg.): Das Museum. Die Entwicklung in den 8oer Jahren. München, Klinkhardt & Biermann, 1990: 99-113.
Hoffmann, Hilmar (Hrsg.): Das Guggenheim Prinzip. Köln, DuMont, 1999.
Illies, Florian: Die zehn Lehren von Maastricht. Wie kann es sein, dass ein Gerhard Richter so viel kostet wie ein Botticelli?). Die Zeit, Nr. 12, 2010: 53.
Karich, S.: Die Augenschule der Nation. Kunstvereine sind der Nährboden der deutschen Kunstlandschaft. FAZ 27. März 2010: 11.
Karich, S.: Holt die Bilder ans Licht! FAZ. 2. 4. 2011: Z 1-2.
Kimmelmann, M.: A Debate over who pays for culture: public or private? New York Times in SZ. 1. 2. 2010: 6.
Knapp, G.: Das Museum Brandhorst in München. In: BDA Informationen, Landesverband Bayern, 3, 2009: 17- 21.
Knöfel, Ulrich: Wowi-Center. Berlin gilt als Lieblingsstadt der internationalen Künstlerschar. Der Spiegel, 23, 2011: 108-111.
Koldehoff , St./Timm, T.: Auflösung eines Bilderrätsels. Die Zeit; Nr. 12, 17. 3. 2011: 59.
Kulturfinanzbericht 2008. Statistische Ämter des Bundes und der Länder. Wiesbaden, Statistisches Bundesamt, Sept. 2008.
Lorch, C.: Stunde Null in der Bastelstube. Streit um das Erbe von Joseph Beuys: Das Museum Schloss Moyland attackiert das Land Nordrhein-Westfalen. SZ, 18. März 1010: 11.

Maak, Niklas: Alles wirklich schön – aber leider nicht echt. Zwei monumentale Fälschungsskandale beuteln die Kunstwelt. FAS, 12. 9. 2010: 25-26.

Maak, Niklas: Das Schweigen der Fälscher. FAS 19. 9. 2010: 27.

Maak, Niklas: Ein Gewinn für die Kunst der Zukunft. Klaus Wowereit genehmigt sich eine Lottomillion – um ein Kulturprojekt zu realisieren, das dieses Geld verdient. FAZ. 8. Dez. 2010: 29.

Maak, Niklas: Fälschungen gehören ins Museum. Das Landeskriminalamt Berlin zeigt die „Sammlung Jägers" zum Prozessauftakt. FAZ. 1. 9. 2011: 31.

Mejias, J.: Ewiges Leben für die Vergänglichkeit. Das Museum spielt Theater: Marina Abramovič im MoMA in New York. FAZ, 16. 3. 2010: 31.

Meinhof, R.: Beute Kunst. Der Skandal um die Bilder aus der ominösen ‚Sammlung Werner Jägers' hat einen Millionenmarkt verändert. Süddeutsche Zeitung, 16./17. Okt. 2010: 3.

Menger, P. M.: Les professions artistiques et leurs inégalités. In: D. Demazière/Ch. Gadéa (Hrsg.): Sociologie des groupes professionnels. Paris, La Découverte, 2009: 355-366.

de Mèredieu, F.: Histoire matérielle et immatérielle de l' art moderne. Paris, Larousse, 2004, 2. Aufl.

Mill, John Stuart: A System of Logic. London, Longman, Neuaufl. 1959.

Moulin, R.: L'artiste, l'institution et le marché. Paris, Flammarion, 1992.

Parzinger, H.: Es muss eine gerechte Lösung geben. FAZ, 1. 3. 2011: 31.

Preiß, Achim u. a. (Hrsg.): Das Museum. Die Entwicklung in den 8oer Jahren. München, Klinkhardt & Biermann, 1990

Pues, Luis u.a. (Hrsg.): Art-Investor. Handbuch für Kunst & Investment. München, Finanzbuch Verlag, 2002.

Raab, H.: Der Handel mit gefälschter Kunst boomt. Rhein-Neckar-Zeitung 14. Sept. 2010: 13.

Rapp, T./Sontheimer, Michael: Leerstand. Die Pläne für den Wiederaufbau des Berliner Schlosses scheinen endgültig gescheitert zu sein. Und nun? Der Spiegel, 24, 2010: 142-143.

Rauterberg, Hanno: Schwer lädiert. Gibt es eine Lehre aus dem großen Kunstfälscherskandal. Die Zeit, Nr. 26, 2011: 49.

Rauterberg, Hanno: Wer glaubt noch ans Original? Die Zeit, Nr. 41, 2011: 55.

Richter, K.: Der Kulturkampf. Müssen Städte wie Flensburg ein Opernhaus haben? Die Zeit, 11. Nov. 2010: Dossier 19.

Richter, P.: Die Maler und die Mädchen. Wie „Die Brücke" von der Pädophilie-Debatte eingeholt wurde. FAS, 12. Sept. 2010: 25-26.

Schulz, M.: Schwindlers Liste. Der Spiegel, 35, 2011: 126-127.

Schümer, D.: Oranien sinnt nichts Gutes. FAZ. 8. 3. 2011: 30.

Seldes, L.: The Legacy of Mark Rothko. New York, Da Capo Press, 1974, 1976, 1996.

Senke am Kunstmarkt. FAZ 4. 2. 2011: 33.

Sheehan, J. J.: Geschichte der deutschen Kunstmueen. München, Beck, 2002.

Singer, O.: Die Förderung von Kunst und Kultur. Wissenschaftliche Dienste des Deutschen Bundestages, 2003 (WF X-060/03).

Thomas, G.: Mit Gießkanne und Hackebeil. Viele Verlierer und einige Gewinner: Die britischen Kulturschaffenden stöhnen über den neuen Geiz der Tories. FAZ. 31. 3. 2011: 31.

Thomas, G.: Tausche Heizung gegen Altmeistergemälde. FAZ 2. 4. 2011 Z 4-5.

Timm, T.: Tausche Kunst gegen gute Luft. Das Bremer Museum Weserburg will seine Sammlung verkaufen. Ein Skandal? Die Zeit 23. 9. 2010: 59.

Timm, T.: Bald für immer zu? Das großartige Altonaer Museum für Kunst und Kulturgeschichte. Die Zeit, 30. Sept. 2010: 66.

Timm, T.: Drängelnde Millionäre. Auf der Kunstmesse Art Basel überraschte dieses Jahr die nicht allzu frische Kunst. Die Zeit Nr. 26, 2011: 57.

Vahland, K.: Liste der Peinlichkeiten. Die National Gallery in London stellt ihre Irrtümer aus und leistet damit wissenschaftliche Pionierarbeit. SZ, 3./4. Juli 2010: 11.

Vitali, Christoph: Kunsttourismus oder Schule des Sehens? Ein Plädoyer für die Kunstausstellung. In: Braun, Günter u. Waltraut (Hrsg.): Zu Kunst und Kunstpolitik. Berlin, Gebr. Mann, 1995, 1996 2. Aufl.: 59-83.

Voss, J.: Suche nach Gegenwart. Wie geht es mit der Bundeskunsthalle Bonn weiter? FAZ 29. 3. 2011: 32.

Voss, J.: 4 Minuten, 17 Sekunden. FAZ 12. 5. 2011: 27

Weir, D.: Anarchy and Culture: The Aesthetics of Modernism. Amherst, University of Massachussets Press, 1997.

Wetterleuchten! Künstler-Manifeste des 20. Jahrhundert. Hamburg, Nautilus, 2000.

Wiesand, A.: Kultur- oder Kreativwirtschaft: was ist das eigentlich? Aus Politik und Zeitgeschichte, 34/35, 2006: 8-16.

Wyss, Beat: Geld für den Hungerkünstler. Die Zeit, Nr. 7, 11. 2. 2010: 41.

Zweite, Armin: Strategien gegen die Indifferenz. Vier Beispiele heutiger ästhetischer Produktion. In: Böhm/Bredekamp 2009: 129-175

12 Gedächtnispolitik und Denkmalpflege

1 Was ist schützenswert? Der Kampf um die Klassifikation der Denkmäler

Denkmalpflege wird gelegentlich abschätzig als „selektierende Verwaltungseinrichtung von materialen Kulturgütern“ eingestuft. Dabei wurde bis zu Schinkel zurück eine Tradition der „bereiningenden Stilrückführung“ wie in der Marienburg in Deutschland ausgemacht. Bei Eingriffen in die Bausubstanz des Erfurter Doms wurde sogar eine „autoritäre und staatsmonopolistische Vorgehensweise als beamteter ‚Denkmalpfleger‘“ festgestellt (Falser 2008: 11, 298). Angesichts der staatlichen Zersplitterung von Kompetenzen in diesem Bereich wird man die Vorwürfe gegen Schinkel nicht auf alle frühen Denkmalpfleger ausdehnen können. Diese Zersplitterung hörte in Deutschland auch nicht auf, als alle Bundesländer von Schleswig-Holstein (1958) bis Nordrhein-Westfalen (1980) hauptsächlich in den 70er Jahren sich ein *Denkmalschutzgesetz* gaben.

Seit das „*kollektive Gedächtnis*“ als Modefragestellung des Postmodernismus in aller Munde ist, ließ sich Denkmalpflege als die Institution definieren, die das „kollektive Gedächtnis der Nationen mit Inventarisierung, Katalogisierung, selektiver Auswahl, Erhaltung und damit Speicherung des materialen Erbes...mitschreibt“ (Assmann 1992: 159). Wenn man Denkmalpflege nicht eng als ein eher technisches Gebiet zur Erhaltung von Bauten ansieht, sondern sie weit im sozialen „Spannungsfeld zwischen der Konstruktion nationaler Identität und den Wahrnehmungs-, Bewertungs- und Umgangsstrategien mit kulturellem Erbe“ ansiedelt, ließen sich sieben Schlüsselbegriffe herausarbeiten: wie nationale Identität, Nationalismus, Gedächtnis und Erinnerung, Geschichtsbewusstsein, Authentizität, Tradition und Mythosbildung“ (Falser 2008: 11).

Die Wissenschaft ist Bundesgenosse aller Denkmalpfleger, die möglichst viele Denkmale schützen, möglichst umfassend inventarisieren, aber, wenn möglich, der Klassifikation von Denkmalen entgehen wollen. Die weniger wissenschaftlich motivierte Gegengruppe gerät leicht in den Verdacht, von der Politik funktionalisiert zu werden. Politik – so wird in einem Gemeinplatz souffliert – muss auf das Machbare achten. Selbst ein Schöngeist unter den Politikern, wie Kulturminister Hans Maier (1976: 11) in Bayern, machte in seiner Kritik vor den denkmalpflegerischen Mitarbeitern nicht halt: „Ich denke aber auch an die Denkmalpfleger selbst und appelliere an sie, dass sie nicht durch kleinliches Festhalten an jedem Steinchen vertretbare Lösungen unmöglich machen mögen“. Politik als Kunst des Machbaren innerhalb des Befristeten scheint die Denkmalpflege in Richtung auf Prioritätensetzung und Klassifizierung zu drängen. Die soziale Erweiterung des Schützenswerten ist eine weitere Tendenz, die zur Differenzierung Anlass gibt, aber klassifikationsverhindernd insofern wirkt, als zwischen dem schönsten Zechenhaus und der lieblichsten Wallfahrtskirche eine wissenschaftliche Entscheidung nicht möglich ist.

Die Frontstellung scheint klar: Wissenschaft, möglichst positivistisch und historistisch verstandene Wissenschaft, auf der einen Seite ist „das Gute". Politik – in Deutschland ohnehin noch vielfach als Reservat des unabwendbaren, aber eigentlich nicht ganz sauberen verstanden – hingegen droht Denkmale zu vernichten und Denkmalpfleger zu korrumpieren. Von der Genesis der Denkmalpflege her ist die Stellungnahme für die Wissenschaft gegen die Politik kaum zu halten. Der Schöpfer einer ersten zentralstaatlichen Denkmalpflege war François Guizot als Regierungschef unter Louis Philippe in Frankreich, Wissenschaftler und Politiker zugleich, der erste Leiter des Amtes, Luodovic Vitet, war Politiker (Metternich, 1944: 7). Politisch-patriotische Motive und wissenschaftliche Orientierungsmuster flossen zusammen. Denkmäler wurden analog zur historischen Urkunde behandelt, die archiviert werden müssen und daher nur konserviert aber nicht restauriert werden dürfen (Sauerländer 1975: 122). Die Archivierungskonzeption in der Denkmalpflege kam schon immer in Schwierigkeiten hinsichtlich der Entscheidung, welche historische Epoche anleitend für die Restaurierung eines Denkmals werden soll. Den Speyerer Dom hat man bei der Restaurierung 1957-63 zum größten Teil seiner prächtigen Ausmalung aus den Jahren 1846-53 beraubt. Erst in der Charta von Venedig (1964) stand lapidar: „Die Beiträge aller Epochen zu einem Denkmal müssen respektiert werden: Stileinheit ist kein Restaurierungsziel". Aber die Charta wurde in einer Zeit modernistischer Euphorie von der Öffentlichkeit kaum zur Kenntnis genommen. Ein „steinsichtiger" Innenraum enttäuschte in seiner simulierten reinen Romanik im Dom zu Speyer sowohl einen Teil des Publikums wie der Kunsthistoriker (Hubel 2011: 142, 148). Bei der äußeren Gestalt des Schlosses von Saarbrücken gab es sogar einen erbitterten Streit um die Frage, ob eine frühere Ansicht der zuletzt vor dem Bombardement überlieferten nicht wünschenswerter sei.

Denkmalpflege war immer in Gefahr, Handlanger der Politik zu werden. Der positivistische Schutzmantel der Idee vom Archivieren der Kulturdenkmäler war nicht gegen politische Nebenzwecke gefeit, wie die Kaiser-Elogen in Dehios Denkmalreden zeigten. Gerade die Anwälte einer modernen Öffnung zu neuen Anliegen öffentlichen Interesses haben neue Politisierungsgefahren eröffnet. Einige Sirenenklänge von links wollten den Denkmalpfleger zum plebiszitären Sozialanwalt vom „ästhetisch Schönen" auf das Feld des „sozial Guten" locken. Ein Zitat statt vieler: „Der Denkmalpfleger muß zu einer Art Ombudsmann für gewachsene Sozialstrukturen werden" (Günter/Bruno 1974: 33). Gegen diese Verlockungen ist der Denkmalpfleger weitgehend immun, wenn man die Schilderungen des Tageslaufs eines Beschäftigten in diesem Traumberuf ernst nimmt (Beseler 1973: 41f). Die verständnisvolle Zusammenarbeit mit anderen Teilen der Verwaltung, die im Städtebauförderungsgesetz immerhin verbal angelegt ist, würde bei der Anmaßung einer generellen Ombudsmannrolle die Rolle des Denkmalpflegers überfrachten und würde ihn in Kompetenzrealitäten verstricken, die seinem Amt nicht gut täten. Weder die Frage „Wissenschaft oder Politik?" noch die Frage „Klassifikation oder nicht?" lohnen einen Glaubenskrieg unter Denkmalpflegern. „Die Probleme werden von der Menschheit nicht gelöst, sondern liegen gelassen" sagte Tucholsky, und das wird vermutlich auch das Los dieser Debatte sein. Vielleicht lässt sich ein Minimalkonsens auf folgender Basis erzielen: im Prinzip sollte keine Klassifizierung der Denkmäler gefördert werden. Sie könnte aber nach Bedarf gelegentlich zum Guten eingesetzt werden. Auch in der Kunstwissenschaft stecken latente Anreize zur Klassifizierung:

(1) Bekanntlich hat selbst das Dehio-Handbuch die alte historistische Auffassung aufgegeben, dass jedes Kulturdenkmal „gleich nah zu Gott" sei. Mit der Ausdehnung des Schützenswürdigen, drängt Klassifikation sich als „Reduktion von Komplexität" auf. Der Druck von Baedecker-Sternen macht auch vor wissenschaftlichen Inventarisierungen nicht halt. Wo Denkmallisten noch nicht komplett sind, oder auf juristische Bedenken stoßen, gilt subsidiär ohnehin „der Dehio" (Beseler/Ellger 1971: 151).

(2) Ein wenig beachtetes Einfallstor der Klassifikation liegt im wissenschaftlichen Teil der Arbeit des Denkmalpflegers selbst. Trotz aller verbalen Ablehnung gibt es unterschiedliche Bewertungskriterien der Bundesländer, wie ein flüchtiger Blick auf die Denkmalziffern ergibt, wenn man sie in Deutschland auf die Bevölkerung und Fläche umrechnet. Aber es gibt auch Differenzen in den Ländern selbst. Denkmalpfleger, die in marginalen Gebieten ihres Landes inventarisiert haben, geben gelegentlich zu, dass sich angesichts überwiegend bescheidener Baulichkeiten im Fichtelgebirge die Maßstäbe verschieben und halten es für möglich, dass spätere Prioritätensetzung auf Landesebene sie wieder zurechtrücken muß. Selbst taktische Gesichtspunkte angesichts möglichen Widerstandes seitens der Denkmalsbesitzer sind gelegentlich einkalkuliert worden (Brix 1976: 121f). Umgekehrt, kann es zur Unterbewertung von Denkmälern im Windschatten spektakulärer Denkmale kommen, wie der Kunsthistoriker Riedl am Fall des 19. Jahrhunderts in Heidelberg zeigte (Riedl 1976: 57).

(3) Der Denkmalpfleger bedient sich solcher Wertungen und Neubewertungen mit Erfolg, wenn er damit Gefährdetes retten kann. In einem Beitrag über „Abbbruchkandidaten der Zukunft" im Nachrichtenblatt des Landesdenkmalamtes in Baden-Württemberg, wurde den politischen Entscheidungsgremien, die auch bereit waren, einen unter falschen Voraussetzungen gefassten Entschluß zu revidieren, hohes Lob gezollt (Abbruchkandidaten mit Zukunft. Regierungsbezirk Freiburg. Denkmalpflege in Baden-Württemberg, 1978: 136). Haben nicht auch denkmalpflegerische Instanzen häufig ihr Urteil revidieren müssen? Georg Mörsch (1978: 188) lehnte einst die komparative Einstufung von Denkmalen ab, um andere Exemplare der gleichen Gattung nicht zu gefährden. Klassifikation heißt immer vergleichen. Mit Recht aber unterscheidet die Komparatistik seit der Logik von John Stuart Mill immer zwei mögliche Vorgänge: die

Differenzmethode und die Übereinstimmungsmethode. Zur Rettung eines Bauwerks wird vielfach die Differenzmethode angewandt. Das einmalige dieses Objekts wird hervorgehoben, ohne andere abzuwerten. Klassifizierende Bewertung wird so zum Mittel der individuellen Heraufstufung, so erbittert auch die kollektive Deklassierung ganzer Objektgruppen abgelehnt wird. Im Normativen ist hier die Bewertungsarbeit des Denkmalpflegers der des Sozialwissenschaftlers nicht so unähnlich: Mobilität als Mittel des individuellen Aufstiegs wird propagiert, die kollektive Deklassierung ganzer sozialer Gruppen jedoch entschieden abgelehnt.

Das sind die latenten von der mehr wissenschaftlichen Seite der Tätigkeit des Denkmalpflegers herrührenden Schlupflöcher der Klassifikation. Es gibt aber auch manifeste Einfallstore, die eher von der politischen Seite der Denkmalpflege herrühren. Sie sind bedingt durch das Streben nach Schutz im Krisenfall und zusätzlichem Schutz über die laufende Arbeit hinaus.

(4) Der Katalog der konsensfähigen Argumente gegen eine Klassifizierung, die Regine Dölling (1974: 18) zusammenstellte, leitete bruchlos dazu über, dass Schutzlisten im Rahmen der Haager Konvention besondere Probleme bereiteten. Dass sie notwendig seien, wurde nicht bezweifelt, zumal die nach 1945 geführten Stellvertreterkriege noch keinen Beleg dafür bieten, dass „Baedecker-Angriffe" gegen die kulturelle Existenz von Völkern künftig unterbleiben werden, man denke nur an Pakistan.

(5) Die Struktur des Föderalismus in der Kulturpolitik drängt in Deutschland auf Prioritätensetzung, was den Tendenzen zur Klassifikation Vorschub leistet. Der Bund ist nur finanziell zuständig für die „Erhaltung und zum Wiederaufbau von Baudenkmälern mit besonderer nationaler kultureller Bedeutung". Nur in Baden-Württemberg (§§ 2 und 12) und in Schleswig-Holstein (§ 1 und 5) ist auch gesetzlich einer solchen Tendenz das Tor geöffnet worden, was die Präsidenten der Landesdenkmalämter der beiden Länder in den 80er Jahren nicht etwa einiger gemacht hat.

(6) Die Beschaffung von Zusatzmitteln macht gegenüber der Prioritätensetzung und damit impliziter Klassifikation anfällig. Bayern und die DDR hatten in der Denkmalpflege weniger gemein, als Preußen und Bayern je in der Geschichte gehabt haben. Aber wenn es um ein Schwerpunktprogramm ging, trugen von Hans Maier bis zum regionalen Denkmalpfleger alle den 2. Bayerischen Fünfjahresplan für Denkmalpflege im Herzen (2. Fünfjahresplan, 1972). Da war es jedoch nicht Lenin, sondern der spätabsolutistische Staatsmann Montgelas, der fortlebte (vgl. Siebertz 1977: 24ff). Beide waren zentralistisch und und damit dem Geist der Klassifikation zugeneigt. Bürokratie ist hierarchisch strukturiert und kann sich auch die Denkmalswelt nur hierarchisch vorstellen.

Ist der Denkmalpfleger zu tadeln, der hier Konzessionen macht? Mitnichten. Die Landesregierung von Baden-Württemberg hat im Mai 1979 ein mittelfristiges Schwerpunktprogramm für die Denkmalpflege beschlossen. Die 120 Objekte, die 1980-1985 gefördert werden sollten, zeigten, dass man die Klassifikation auch gegen sich selbst benutzen kann. Da ist, nur durch eifersüchtigen Proporz der Landesteile – der auch zu den politischen Ritualen anderer Flächenstaaten gehört – beeinträchtigt, eine gutsortierte, ausgewogene, keineswegs nur auf erhabene Denkmälern orientierte Liste herausgekommen, In ihr förderte man aber hauptsächlich – wie der Titel schon verriet – die Kleinodien als die spektakulären Prunkstücke der Landeskultur. Damit ist sicher die „List der schützenden Vernunft" zum Wohl von manchem Kleinod eingesetzt worden.

2 Der Denkmalpfleger – Ombudsmann des öffentlichen Interesses im plebiszitären Aufwind?

Wissenschaft und Politik wirken im Guten wie im Bösen bei einigen Trends in der Denkmalpflege zusammen. Gleichwohl bleibt das Bemühen, sie säuberlich zu trennen, wie es ein Wort von Gebeßler (1980: 7) suggerierte, prekär. Er definierte das öffentliche Interesse – eine politische Dimension – rein negativ: „Dieser Anspruch wird dann nicht umfassend erfüllt, wenn nicht wissenschaftlich fundierte, sondern subjektive, politisierte oder in demokratischer Geschmacksabstimmung erwirkte Momentanwertungen bestimmend werden für das Geschick des Denkmals". Dabei sollte nicht vergessen werden, dass Denkmäler immer subjektiv gesetzt werden, wie schon Aloys Riegl (1929: 148) lapidar feststellte. Daher wird der Vorwurf manchmal auf die plebiszitäre Denkmalsetzung zugespitzt (Breuer 1980: 24). Der Denkmalpfleger wird gewiß nicht grundsätzlich gegen neue Experimente der Bürgerbeteiligung bei Planungsprozessen sein. Was aber geschieht, wenn die Planung sich auf einen denkmalträchtigen Grund wie dem des Kölner Rathausplatzes bewegt? (Dienel 1979, 2002). Im Konfliktfall kann der Denkmalpfleger sich an den wohlmeinenden Volksbeschluß der Bürgerplaner so wenig gebunden fühlen wie an die Vorentscheidung professioneller Stadtplaner. Der Denkmalpfleger als Anwalt dessen, was zurzeit keine Lobby hat, muß vielfach bereit sein, sich unbeliebt zu machen – bei Bürgern und Profis. Dies geschieht auf zweierlei Weise: einmal durch seine Ausstattung mit einer Vetomacht, die in einer aufgebrachten Öffentlichkeit gelegentlich sogar als Einschränkungen von Grundrechten bewertet, wie in einem Artikel der Frankfurter Allgemeinen Zeitung zum Entwurf eines Denkmalgesetzes in Nordrhein-Westfalen: „Vertreter von Denkmalbehörden sollen künftig Grundstücke und Wohnungen betreten und durchstöbern könne. Sie sind allmächtiger als die Strafverfolgungsbehörden, die dazu immerhin noch eines richterlichen Durchsuchungsbefehls bedürfen" (Bewerunge 1979: 21). Der totale Denkmalschutz der Utopie wurde hier schon als Realität unterstellt. Die rechtlichen Behinderungsmöglichkeiten der protektiven Funktion von Denkmalpflege werden dabei übersehen. Es gibt keine justizfreien Hoheitsakte in der Bundesrepublik wie in anderen Rechtsstaaten und in Deutschlands

Vergangenheit. Verwaltungsgerichte sind mehr auf Kompromissfindung angelegt als auf Setzung autoritativer Entscheidungen von oben und zwingen die Exponenten jeder Kulturbehörde zu Kompromissen, die sie nicht als optimal empfinden. Hier gibt es Parallelen zu anderen Bereichen der Wissenschaft: kaum ein Land kennt so starke Anfechtungswellen bei Prüfungsentsheidungen wie die Bundesrepublik. Der skrupulöse Professor, bei dem sich ein Kandidat wegen Formfehlern der „Behörde Universität" durchklagt, kann sich trösten, dass die Bewährung meist erst nach der Prüfung im Leben kommt. Entscheidungen in der Denkmalpflege sind gewichtiger. Sie können über Leben und Tod eines Denkmals entscheiden. Hier liegt ein brisantes Problem im Verhältnis von Politik und Denkmalpflege. Man wird gelegentlich den Eindruck nicht los, als ob die Politiker weniger den Geldmangel fürchten – den sie als Argument stets parat haben – als die Prozesslawine, die Wählerstimmen kosten kann. Die Denkmalpflege muss hier durch Aktivierung ihrer kommunikativen und konsultativen Fähigkeiten gegensteuern, um dem Bürger klarzumachen, dass die Aufnahme seines Häuschens in eine Denkmalliste nicht die „kalte Enteignung" bedeutet. Es kam in neuerer Zeit zunehmend zu Prozessen. Ein Urteil des Verwaltungsgerichts Köln, das die Baugenehmigung der Stadt für ein Wohngebäude neben der romanischen Kirche St. Gereon aufgehoben hatte, führte sogar zur Versetzung der Stadtkonservatorin Renate Kaymer (FAZ. 25. 8. 2011; Notbremse, FAZ. 1. 9. 2011: 29; Kölner Stadtanzeiger, 28. 8. 2011).

Ein zweiter Punkt, an dem sich der Sozialanwalt in Sachen des Kulturerbes gelegentlich unbeliebt machen muss, ist, dass er seine Bewertungskriterien nicht Volksabstimmungen unterwerfen kann, die manchmal von wohlmeinenden Presseorganen veranstaltet werden. Mit plebiszitärem Rückenwind kann ein Denkmalpfleger die Stadt von oben nach unten schrittweise zu erhalten versuchen. Am leichtesten gibt es den Rückenwind bei Türmen, schwerer bei Sälen im Inneren repräsentativer Bauen und am schwersten bei marginalen Kleinbürgerhäuschen. Ärgerlich ist, dass jedoch der gleiche Denkmalpfleger, der die Äußerungen des Volkswillens gelegentlich dankbar aufgreift, bei anderen Fragen den Volkswillen ignorieren muß. Die Entsheidung, ob im Weißen Saal des Charlottenburger Schlosses eine Kopie nach Antoine Pesne oder eine moderne Paraphrase des modernen Malers Hann Trier das Sinnvolle ist, konnte dem Denkmalpfleger nicht durch Umfragen in Berliner Zeitungen abgenommen werden, die bis zu 90% der Stimmen für die schlichte Restaurierung des Alten waren (Börsch-Supan 1980: 94).

Andererseits wird der Denkmalpfleger als Ombudsmann öffentlicher Interessen dankbar sein, wenn sich der Volkszorn äußert, weil die Denkmalpflege noch nicht oder nicht mehr zuständig ist. Die spektakulärsten Atrozitäten der Verunstaltung von Ensembles, die überregionale Denkmalswehmut mobilisierten, sind zum Teil entstanden, weil man die Denkmalpflege noch nicht für zuständig hielt, da gar kein Denkmal direkt angetastet werden sollte, sondern nur die Stadtsilhouette verschandelt wurde, von Bad Wimpfen bis Erbach im Odenwald. Es gab aber auch Sündenfälle der Denkmalpflege, wo sie nicht mehr zuständig erschien, weil sie ihr Plazet zu einem Abbruch gegeben hatte, wie im Fall einiger Teile des Grahamschlößchens in Heidelberg-Handschuhsheim (Regierungspräsidium: Kein Bürgerbegehren. Rhein-Neckar-Zeitung, 11. 5. 1985: 5). Der Denkmalpfleger, der eine frühere partielle Abbruchentscheidung bedauert, konnte für die Bürgerinitative nur noch beten. Öffentliche Identifizierung mit der Bürgerinitiative ist in solchen Fällen angesichts des Kompetenzgeflechts kaum noch möglich. Regierungspräsidenten sind als Zwischeninstanz auch nicht in allen Fällen die geborenen Feinde der Denkmalpflege. Im Gegenteil, in den Ländern, in denen sie existieren, sind sie im ständigen Profilierungsdrang zwischen Landes- und Kommunalebene sogar die Instanz, die sich noch am ehesten einen Kampf für die „Zukunft der Vergangenheit" aufzuladen bereit ist. Denkmalpfleger werden, ohne es zu merken, gelegentlich selbst eine Art Politiker. Sie sind nicht bereit, sich an einem Ort für eine Orangerie zu verkämpfen, wo sie an anderer Stelle mit Hilfe der gleichen Mittelinstanz ein ganzes Schloss retten konnten. Denkmalpfleger sind in solchen Konflikten vermutlich eher Zentralisten, weil die Gefahr im Kampf mt lokalen Lobbyisten zerrieben zu werden, um so größer erscheint, je mehr autonome Entscheidungsbefugnisse an lokale Instanzen delegiert worden sind. Regierungsbezirke erscheinen so noch immer als die beste Kompromisseinrichtung zwischen Basisnähe und Entrücktheit von lokalen Pressure Groups.

Ein neues Gespenst geht um: die Sanierungswelle könnte gegenüber dem gerade erst geweckten Interesse der Massen an der Denkmalpflege in die Vorderhand geraten. Die plötzlich entdeckte Lücke im Wohnungsbau kommt der Denkmalpflege sicher nicht zu gute, so sehr uns auch die Politiker versichern, dass nicht an eine Umverteilung der Mittel gedacht sei, was sich angesichts der Größenordnungen bei Sanierungsvorhaben ohnehin nicht befürchten lässt. Der Konflikt ist weniger in der Mittelvergabe als in der Setzung von Prioritäten angelegt. Angesichts von Unmut der Bürger kann es den Denkmalpfleger nicht freuen, gelegentlich zum Komplizen von Sanierungsinteressen zu werden, die keineswegs den bedürftigsten Quartieren einen Vorrang einräumt (Nelles/Oppermann 1979: 20). Der Denkmalpfleger ist in der Regel nicht vom Wert der Bausubstanz in den bedürftigsten Quartieren einer Gemeinde zu überzeugen. Der Denkmalpfleger kann seine Unterstützung von Stadtteilsanierungen nicht in erster Linie unter sozialen Aspekten sehen. Er kann auch die ihm gelegentlich angediente Rolle des Ombudsmanns für „gewachsene Sozialstrukturen" (Günter/Bruno 1974: 33) nicht noch zusätzlich übernehmen, ohne den vielzitierten „Kernauftrag" zu verletzen. Das gilt selbst dort, wo Denkmalpfleger die natürlichen Bundesgenossen der Interessen der Bürgermehrheit zu sein scheinen, wenn auch mit unterschiedlicher Begründung als die der Bürgerinitiativen. Der Kölner Skandal um die Versetzung der Stadtkonservatorin Renate Kaymer entzündete sich nicht nur an deren Eigenwilligkeiten in der Personalpolitik, sondern vor allem an dem Vorwurf, sich nicht genug für den Denkmalschutz einzusetzen, wie bei der Sanierung des Gerling-Quartiers, beim Abbruch der Kaserne Arnoldshöhe und beim Melatenfriedhof (Berger 2011). Gelegentlich ist ein Gebäude geschützt – nicht aber seine Anbauten und das Ensemble, wie im Falle des raren Exemplars eines Mietshauses aus der Biedermeier-Zeit in Frankfurt. Man kann so ein Gebäude – seiner Umgebung beraubt – auch optisch funktionslos werden lassen. Architekturtheoretiker, die keineswegs die Moderne verachten, resignieren: „das Neue genießt absoluten Vorrang, die Relikte der Vergangenheit werden entweder dokumentiert und dann beseitigt oder wie Nippes an den Rand geschoben" (Bartetzko 2011: 33).

Bei der Diskussion um Standorte für Kaufhäuser konnte der Denkmalpfleger, gerade, wenn er auch soziale Gesichtspunkte als künftige Gefährdungsquellen für Denkmäler antizipierte, nicht grundsätzlich seinem gefühlmäßigen Impetus zu einem klaren „Nein" nachgeben. Der Exodus der Massenkaufkraft in Supermärkte auf freiem Feld kann auf die Dauer eine Altstadt auf andere Weise stark veröden, wie der von Fußgängerzonen geförderte „Basareffekt", der den Charakter denkmalgeschützter Zonen verunstaltet (vgl. Knöpfli 1975: 24ff). Alle Kaufhaussünden in Altstädten, die nicht als flaue Kompromisse hingenommen worden sind, wie in Wolfenbüttel, Freiburg, Lübeck, München, Würzburg und in anderen Fällen, sind ja nicht durch bloße Inaktivität der Denkmalbehörden zustande gekommen, sondern erwiesen sich als Kompromisse, die auch sozialstrukturelle Langzeiterwägungen einschlossen. Der Denkmalpfleger kann gelegentlich im Interesse der Erhaltung von Baudenkmälern sogar zur Gewissenlosigkeit gegenüber Nutzern gezwungen werden. Anders wäre die verdienstvolle Initiative des Regierungspräsidiums Stuttgart, Denkmalpfleger für „verkäufliche Baudenkmale" einzusetzen, nicht durchführbar (Regierungspräsidium Stuttgart 1980). Die subsidiäre Einschaltung des Marktes für jene Objekte, die kein staatlicher Prioritätenplan mehr vor dem Ruin bewahren wird, kann nicht auch noch angestammte Bevölkerungsgruppen bei den Objekten zu halten versuchen, wie Bürgerinitiativen oft verlangen. Bei Schlössern würde diese Forderung auch linken Kritikern des Marktprinzips kaum einleuchten. Aber der „Markt zur Aufstockung des Plans" in der Denkmalpflege wird damit leben müssen, dass ein Dorfpfarrhaus von einem städtischen Intellektuellen zu höchst weltlichen Zwecken umfunktioniert wird. Ein Rest „elitärer Verstocktheit" gegenüber dem demokratischen Willensbildungsprozess wird nicht auszulöschen sein, gerade, wenn man Denkmalpflege im modernen Sinne als eine spezielle Art von *Umweltschutz* ansieht (Tamms/Wortmann 1973: 234).

Umweltschutz und Denkmalpflege versuchen präventiv Zerstörungen zu verhindern. Wenn sie jedoch einmal geschehen sind, kann man die Folgen in der natürlichen Umwelt noch weniger umkehren als bei Kulturdenkmälern. Flüsse werden mit großen Investitionen saniert. Fauna und Flora wird mit Umsicht zum Teil wiederhergestellt – meist in gebändigter und geschönter Form. Aber die an Hexenhausmalerei grenzenden IG-Farbenpracht sanierter Städte von Lübeck bis Freiburg sind ja auch nicht immer wieder hergestellter Urzustand. Materialgerechtigkeit bei Bau und Werkstoffen hat Grenzen, sonst müsste man am Ende die alte Fähigkeit von Bauten nach zwei Jahren wieder Patina anzusetzen, noch reproduzieren, die so manche Restaurierung im früheren Ostblock nach kurzer Zeit wieder so authentisch aussehen ließ. Der Umweltschützer kann jedoch trotz mancher Parallele zum Denkmalschutz eher Schadstoff-

Toleranzgrenzen ausrechnen als der Denkmalpfleger, der nicht auf die Reproduzierbarkeit organischer Wesen hoffen kann.

3 Denkmalpolitik und Stadtbildpflege im Wiederaufbau deutscher Städte

John Ruskin (1849) hatte bereits seine Theorie auf „historische Nachhaltigkeit" gebaut, die wichtig für die Denkmalpflege im 19. Jahrhundert werden sollte. Der Wert der Baudenkmäler bestand für ihn nicht in den kostbaren Materialien und dem originellen Design sondern im Alter und der Qualität des historischen Lebens. Identitätsstiftende Imitation zur Bewahrung der Tradition hat schon Gombrich (1978) kritisch gegen den Avantgardismus eingewandt. Architekten wie Aldo Rossi (1973) vertraten eher nicht das Prinzip der Bewahrung, sondern die *„convertible city"* mit einer dynamischen Konzeption vom Wandel in den Städten. Odo Marquard hat hingegen eine Dualität betont: den *„homo faber"*, der Neues schafft und den *„homo conservator"*. Beide wirken nicht immer harmonisch zusammen (zit. Assmann 2007: 98). Auf historischem Grund konnte jede Baumaßnahme als Akt der Zerstörung angesehen werden (Lübbe 1982: 14f). Homo faber und homo conservator waren im Wiederaufbau nach 1945 in verschiedenen Mischungsverhältnissen am Werk. Architektur ist die am stärksten sozial gebundene unter den Künsten. Daher spielt das kollektive Gedächtnis hier ein besondere Rolle (Siegel/Klein 2006: 7). Es lassen sich drei Phasen im Wiederaufbau deutscher und ausländischer Städte feststellen (Gutschow 1985: 11; Göderitz 1947: 1f; v. Beyme, 1987: 175f):

1) In der ersten Phase bis 1955-1960 konkurrierten *„rekonstruktiver Wiederaufbau" und traditionaler Anpassungsneubau* mit dem Neubau im Geist des Neuen Bauens. Selbst in Polen kam es nicht zur Rekonstruktion ganzer Städte. In Danzig und Breslau, die als Starbeispiele gelten, kam es gelegentlich zu Zutaten im Geist der „polnischen Bautradtion", um diese Städte auch optisch als „wiedergewonnen" auszuweisen. In Deutschland wurde der Prinzipalmarkt in Münster und gelegentlich auch das Zentrum von Freiburg und Freudenstadt dem rekonstruktiven Wiederaufbau zugerechnet. Aber auch dort fand er nur in Denkmalsinseln statt und es ging um Erhaltung des lokalen Symbolwertes – nicht um exakte Rekonstruktion (Gutschow/Stiemer 19 1982: 16). Nur wenige Stadtbaumeister haben sich zur „ehrlichen Kopie" bekannt – als Alternative zum „totalen Verlust" und die Rekonstruktion mit „Demut und Sinn für Maßhalten" gerechtfertigt, wie der Freiburger Stadtbaumeister Schlippe (1959:218). Goethe wurde beschworen „Vernunft ist grausam – Herz ist besser" Denkmalpfleger blieben meist so skeptisch wie die Architekten, die naturgemäß Neues Bauen möchten.

2) In einer zweiten Phase 1960-1975 dominierte das *moderne Bauen*. Ruinen von Baudenkmälern hatten in ihr die geringsten Überlebenschancen. Das Städtebauförderungsgesetz 1971, das erst nach langen Kämpfen um die Zuständigkeit der Ressorts

zustande kam – als eine SPD-geführte Regierung bereit war, auch in die Eigentumsfragen stärker einzugreifen – war noch auf Flächensanierung geeicht (v. Beyme 1997: 141, 389).

3) Seit dem Denkmalschutzjahr 1975 und dem Wandel zum Paradigma der Postmoderne entwickelten sich auffällige *selektive Impulse des Nachbaus und der Rekonstruktion.* Mit der Novelle zum Städtebauförderungsgesetz von 1976 wurden Erhaltungsziele neben den Modernisierungszielen als gleichranging anerkannt. Selbst Architekten begannen im Zeichen der Postmodernismus mehr Interesse an der Geschichte zu zeigen. Wer dieses Interesse nicht besaß, war angesichts der Flaute in der Baukonjunktur vielfach zu Konzessionen an seinem modernistischen Leitbild bereit. Selbst die Denkmalpflege wurde einem neuen Meinungsdruck ausgesetzt. Berühmt wurde der Fall Mainz. Beim Fassadenwechsel für eine dem Mainzer Karneval angemessen „altartige Kulisse" an der Nordseite des Marktes ließ das Landesamt für Denkmalpflege 1979 wissen, dass es hinter den Bestrebungen stehe, den Markt zu restaurieren (Mainzer Allgemeine Zeitung 20. 7. 1979). Als dann freilich berechtigte Zweifel an der Handwerksgerechtigkeit dieses „Babbedeckelbarocks" aufkamen, konnte die Denkmalpflege ihre Hände in Unschuld waschen. Es handelte sich ja nicht um eine denkmalpflegische Maßnahme im eigentlichen Sinn. Es wurden keine historischen Baudenkmäler, sondern Neubauten der Nachkriegszeit „altartig neu" verkleidet (Arbeitsplatz Stadtplanung und Denkmalpflege 1984: 101). Der Weg zum serienproduzierten Schwarzwald-Fertighaus, das landschaftlich gebunden zu sein vorgibt, aber in jede Baulücke springen kann, schien nicht mehr weit (Glatz 1984: 52). *Stadtbildpflege* wurde zum Euphemismus, der verwässerte, was die Denkmalpflege erarbeitet hatte. Die Differenz von Denkmal, Kopie und zitierender Variation wurde im Postmodernismus immer fließender. Die Bedürfnisse des Tourismus rechtfertigten Rekonstruktionen, wie die des Kornhauses in Freiburg (Paul 1974: 12). Im Denkmaljahr 1975, in dem Bundespräsident Scheel die These vertrat, dass nach dem Krieg mehr historische Bausubstanz zerstört worden sei als in den Bombennächten, kam es zur Sensibilisierung der Bevölkerung. 1976 waren 38% in einer Umfrage der Meinung, dass zu wenig für die Erhaltung von Baudenkmälern getan werde, 1976 sank die Zahl schon wieder auf 32% (Siegel, 1985: 77). Solche Stimmen muß man freilich wägen und nicht zählen. Das interessierte Drittel enthält einflussreichere Gruppen als die desinteressierten Zweidrittel der Bevölkerung. Öffentlichkeitsarbeit und Anerkennung der sozialen Rolle des Denkmalpflegers nahmen im Licht dieser Erfahrungen zu (Kiesow 1982: 182ff). Einerseits führte diese Paradigmawandel zur Steigerung der sozialen Rolle der Denkmalpfleger, andererseits führte sie angesichts begrenzter Personalausstattung zur Überforderung. Damals rangierte die Zahl der Denkmalpfleger pro Denkmal von 666 (Berlin) bis 3000 (Hessen), 2690 (Rheinlandpfalz) (vgl. Tabelle in v. Beyme 1987: 239).

Wie sollen sich Denkmalpfleger bei Rekonstruktionen verhalten? Beispiele zeigen, dass rigide Grundsätze sich wandeln. So etwa bei der Rekonstruktion des Hauses Saaleck in Köln 1955/56. Der Kulturdezernent weigerte sich damals, in das „gotische Märchen" einzuziehen. Die Presse schimpfte. Der Landeskonservator verweigerte jede Stellungnahme. 20 Jahre später haben die Verantwortlichen sich mit einigen Bedenken entschlossen, die Rekonstruktion als Kopie 1:1 schon unter Denkmalschutz zu stellen (Kier 1984: 66). Der Kulturdezernent hatte sich an das Gebäude gewöhnt, die Presse hatte es vergessen. Ihre Aufgabe ist das Neue. Beim Haus Saaleck waren die alten Steine sorgfältig nummeriert, aber beim Wiederaufbau nicht verwendet worden. In den Dombauhütten mag es gewissenhafter zugehen. Aber wird das historische Endresultat anders aussehen? Bei fortschreitender Steinzerstörung wird der Kölner Dom bald nicht einen authentischen Stein mehr haben, genau wie Haus Saaleck. Wird der Dom dann „Modell 1: 1" oder bleibt er „Denkmal", nur weil die Steinauswechselung nach und nach und nicht mit einem Mal geschah?

Die Welle der *abstrahierenden Rekonstruktion* in der dritten Aufbauphase hat es mit drei Sachverhalten zu tun, die sich jeweils an einem berühmten Fall demonstrieren lassen:

- *Wiederaufbau an der alten Stelle,* die als Baulücke freigehalten wurde: Goethehaus in Frankfurt.
- Wiederaufbau an anderer Stelle: Leibnizhaus, Hannover.
- *Wiederaufbau an der alten Stelle unter Abriß eines Nachkriegsbaus,* das seine Stelle eingenommen hatte: Hildesheim, Knochenhauer Amtshaus, Frankfurt am Römerplatz gegenüber dem Rathaus.

Der Architekt Kleihues (1987: 15) schlug drei sich ergänzende Strategien vor:

- wörtliche Wiederherstellung,
- Vergangenheit verfremdend durch Überlagerung mit einer Gegenwartsabsicht,
- *die bewusste Kontradiktion,* wie sie Martin Warnke (1996) im Begriff „Gegenbau" skizziert hatte.

Kleihues' Palais Liebermann neben dem Brandenburger Tor, ist stark angegriffen worden, aber die „kritische Rekonstruktionsweise", die nicht jedes Detail rekonstruierte, wurde letztlich als „richtige Strategie" gewürdigt (v. Buttlar 2011: 183). Konsequente Urteile fielen auch vielen Experten schwer. Der Hamburger Denkmalpfleger Günter Grundmann war gegen die Rekonstruktion in Hildesheim, obwohl er für den Wiederaufbau des Goethe-Hauses in Frankfurt votiert hatte. Er traf eine spitzfindige Unterscheidung:

- Wiederaufbau billigte er nur bei *„Kulturdenkmälern"*
- nicht bei reinen *„Kunstdenkmälern"* (Grundmann, 1960; Paul 1980: 76).

Das Goethehaus wurde weitgehend als „Kulturdenkmal" in diesem nicht-materiellen Sinne angesehen. Auch die Paulskirche in Frankfurt ließ sich als „bedeutendste nachkriegsmoderne Aneignung" rechtfertigen, die nicht als Rekonstruktion eingestuft wurde (Falser 2008: 302). In Hildesheim tobte der Glaubenskampf 40 Jahre lang. Das Volk hat sich in der Nachkriegszeit nicht gegen die Experten durchsetzen können. Ein Preisgericht hatte einst dem Stadtrat die Empfehlung gegeben, keine Kopie des „schönsten Fachwerkhauses der Welt" (Viollet le Duc) zu schaffen. Die Zeitschrift „Merian" veranstaltete eine Umfrage unter Architekten. Selbst die Traditionalisten wie Richard Riemerschmidt und Paul Schmitthenner waren gegen die Rekonstruktion. 1952 wurde die Marktplatzerweiterung mit knapper Mehrheit durch Bürgerentscheid beschlossen. Der „Volkswille" wandelte sich. In den 80er Jahren erklärte die Mehrheit diesen Marktplatz so „ungemütlich wie einen Wartesaal". 82% waren für Wiederherstellung des ursprünglichen Marktplatzes, 92% für die Rekonstruktion der Fassade des Knochenhauer Amtshauses (Hinrichs 1986: 27). Ähnlich verlief die Entwicklung beim Wiederaufbau der Dresdener Frauenkirche. Das fertige Produkt avancierte inzwischen nach dem Kölner Dom und dem Brandenburger Tor zum drittbeliebtesten Bauwerk der Deutschen.

In der Politik der Rekonstruktionen entwickelten sich verschiedene Koalitionen:

- In der frühen Phase standen die Unionsparteien und die SPD meist gegeneinander.
- In einer mittleren Phase hat sich vielfach einer *Dreierkoalition gegen die Grünen* entwickelt. Die Grünen votierten von Hildesheim bis Mannheim meist für Grünflächen, ohne Rücksicht auf historische Stadtbilder.
- In einer drittten Phase sind selbst die Grünen bei konkreten Entscheidungen wie in Dresden nicht einer Meinung. Ja- und Nein-Sager bei Rekonstruktionsprojekten sind meist *quer durch die vier wichtigsten Parteien verteilt.*

4 Restaurierung zwischen Wissenschaft und Politik

Gewisse Annäherungen zwischen Umwelt- und Denkmalschutz wurden schon angedeutet. Sie haben vielleicht zum stärksten Paradigmawandel der Denkmalpflege in den letzten Jahrzehnten geführt. Der alte Schlachtruf: „Nicht restaurieren, wohl aber konservieren" (Dehio 1914: 275), für den Dehio noch eine Einigkeit der Kunstwissenschaftler unterstellte, die eigentlich erst später eintrat, als nach 1945 weniger zu konservieren als zu restaurieren übrig geblieben war, verlor einiges von seinem apodiktischen Charakter. Länder, die Jahrhundert zwischen den Großmächten zerrieben worden sind, bis in Versuche, ihre nationale Identität auszulöschen wie in Polen oder in Korea, waren im Restaurieren von Anfang an nicht prüde. Vielleich ist es ein Zeichen für ein leidlich Davongekommensein, dass wir uns überwiegend nach dem Krieg den Dehioschen Purismus weiter zu pflegen. Abweichungen gab es nur, wo nicht konservative Stadtväter und Mütter wie in Freiburg oder Münster alle Antiquiertheitsschelte auch sich nahmen, weil der Konsens in einer relativ homogenen Bürgerschaft sie trug (Gutschow 1980: 41ff, Schmitts 1980; Paul, 1974: 11ff). In der Debatte um Wiederaufbauprojekte wurde gelegentlich vergessen, dass vielfach schlicht das Kostenargument in den Wiederaufbaujahren durchschlug, wie 1976 gegen eine Aufzählung der Sünden des Wiederaufbaus in Köln durch Hiltrud Kier eingewandt worden ist (Baecker 1976: 249).

Die Restauration hat viele Varianten wie Rekonstruktion, analytische Denkmalpflege, Sanierung, Instandsetzung, Rennovation, Revitalisierung (Mielke 1975: 39). Die Akzeptanz zu diesen Varianten ist unterschiedlich, und hat sich im Laufe der Jahre gewandelt. Hätten die Terroristen ihren mutmaßlichen Plan, das Heidelberger Schloß in die Luft zu sprechen, realisiert, die Grundsätze Dehios, die an eben diesem Kunstwerk pointiert entwickelt wurden, wären vermutlich in der Gesellschaft der Bundesrepublik unterlegen. Auch in der Haltung zur Restauration – oder richtiger Imitation – verschob sich die alte Simplifizierung: „Wissenschaft = verantwortungsvolle Denkmalpflege" und „Politik = der Versuch, die Denkmalpflege in Dienst zu nehmen, für Zwecke, die nichts mehr mit ihr zutun haben". Auch in Teilen der Wissenschaft vollzog sich ein Gesinnungswandel. Kunsthistoriker und Denkmalpfleger sahen nach dem Krieg die Notwendigkeit, sich an den Zeitgeist anzupassen. Nur wenige wagten, gegen die Prinzipien Dehios zu verstoßen, die sie im Studium internalisiert hatten. Dem funktionalistischen Neugestaltungsdenken entgegen zu treten, und Restaurierungen zu verlangen, wurde fast wie Parteinahme für protofaschistische Heimatschutzarchitektur gegen die als „entartet" verfemte Moderne angesehen. Deshalb war es ein Segen, wenn Ideen wie der Wiederaufbau des Leibniz-Hauses in Hannover zuerst von denen geäußert wurde, die als Initiatoren eines modernen Städtebaus wie Rudolf Hillebrecht, unverdächtig schienen. Sie durften ihr „Damaskus" in Warschau haben und schon 1958 darüber nachdenken, das Leibniz-Haus notfalls an einem anderen Standort aufzubauen, weil sein alter Platz besetzt war (Masuch 1980: 83). In der Gegnerschaft gegen Rekonstruktionen sind auch Modernisten gelegentlich inkonsequent. Sie sind gegen den Wiederaufbau des Berliner Schlosses, nicht aber gegen die Wiedererstellung von Schinkels Bauakademie. Sie hatten selbstverständlich nichts gegen Rekonstruktionen an den Kleinodien moderner Architektur von der Weißenhofsiedlung in Stuttgart bis zum Bauhaus in Dessau. Adrian von Buttlar (2011: 172) fragte süffisant: „Was würde Schinkel wohl sagen, wenn er – vielleicht im Jahre 2007 – zur Wiedereröffnung seines Bauakademie-Neubaus eingeladen wäre? Auf den ersten Blick würde er sich sicherlich freuen, dass der ‚rote Kasten' wieder an seinem Ort steht, genauso wie wir alle, insbesondere die Architekturhistoriker, die die lange verkannte Schönheit und vergessene Bedeutung des Bauwerks wieder entdeckt und hymnisch verbreitet haben. Als Städtebauer würde er sich freuen, einen Orientierungspunkt seines alten Berlins wiederzuerkennen, aber dennoch würde er, wenn ich nicht irre, sofort seinen Spazierstock im Sand malend nachweisen, dass der Würfel jetzt, wo sich das Umfeld so stark verändert habe, ein klein wenig anders stehen müsste, so oder vielleicht so...?"

Heute würde kaum ein Kunsthistoriker oder Denkmalpfleger die Opfer der modernistischen Verunstaltung des Peller-Hauses in Nürnberg noch einmal auf dem Altar der Prinzipien Dehios erbringen. Der Makel ist bisher nicht getilgt worden, aber, dass auch die Frauenkirche in Dresden keine Chance der Wiedererstehung habe, wie dieser Autor noch 1987 (: 239) behauptete, wurde zum Glück falsifiziert. In Paderborn wurde einem Kongress der Denkmalpfleger gezeigt, wie man Ergänzungen von Bestehengebliebenen so absetzen kann, dass kein falscher Anspruch auf „altartige" Ganzheit erhoben wird. Für die Öffnung von Wissenschaft und Politik gegenüber dem Paradigmenwandel, gibt es kein besseres Beispiel als den Vergleich zweier Fassungen eines Aufsatzes von Jürgen Paul (Dresden) zum Knochenhaueramtshaus in Hildesheim. Die erste Fassung klang versöhnlich: „Wenn man damals für den Wiederaufbau des Knochenhaueramtshauses gewesen wäre, hätte man sich aber identifizieren müssen, mit allem, was dahinter steckte: kulturtheoretisch, ideologisch, politisch". In der zweiten Fassung bekamen die Denkmalpfleger mehr ab: „Der Streit um das Hildesheimer Knochenhaueramtshauses ist nicht nur ein kleines Lehrstück deutscher Nachkriegsgeschichte und – kultur, sondern er gibt auch nachzudenken auf die Gefahr der Arroganz in unserer intellektuellen Kultur und über die Grenzen der Zuständigkeiten ihrer ethischen Prinzipien (Paul 1979: 148; Paul 1980: 76). Kein Wunder, dass Pauls unliebenswürdige Nebensätze gegenüber der modernistischen Nachkriegsgesinnung, die er einfließen ließ, kritisch gezaust wurden (Falser 2008: 309).

Gerade die Kunstwissenschaft findet heute vielfach Möglichkeiten, die Restauration von *Bedeutungsträgern* oder *Erinnerungsarchitektur* – im Gegensatz zum Denkmal – zu befürworten, wo die ältere Generation von Denkmalpflegern gegen alles hätte verstoßen müssen, was von ihr von der gleichen Wissenschaft einst beigebracht wurde. *„Fassadierung"* (Falser 2011: 93) ist noch die harmloseste Variante. Schwieriger für den Denkmalpfleger ist die Wiedererstellung von Interieurs vom Warschauer Schloß bis zum Rathaus in Augsburg. Dann muß man entweder wie beim Goldenen Saale im Rathaus zu Augsburg mit Heinrich Kreisel argumentieren, dass *das eigentliche Kunstwerk sich in Plänen und Rissen manifestiere* (Baur 1980: 59), und damit der Dehio-Maxime grobsinnliche Verdinglichung bloßer Konkretisierung von Kunst in Materie vorwerfen. Die Konsequenzen dieser Doktrin bei Zerstörung der Nachkriegsarchitektur für unsere archivierfreudige Zeit wage ich kaum anzudeuten. Oder man beruft sich auf die Notwendigkeit freier Variation alter Straßenführungen, Grundrißaufteilungen und Reproduktion von Ambiente im äußeren wie im inneren Bild der Stadt – zur Wiederherstellung von Sinn und Geborgenheit in der Unwirtlichkeit unserer Städte.

Ist das *Berliner Schloß* ein „Bedeutungsträger" in dem oben zitierten Sinn, um die Rekonstruktion zu rechtfertigen? Drei Werte wurden mit ihm verbunden:

- der *ästhetische Wert* des größten Barockbaus nördlich der Alpen,
- der lokale und nationale Identitätswert,
- der *kulturelle Traditionswert* (A. Assmann 2007: 129).
- Ein *politischer Identitätswert* existiert hingegen weder im positiven noch im negativen Sinne. Das Schloss ist selbst für Monarchisten kaum als Identifikationsobjekt zu brauchen, weil nur wenige Preußenherrscher dort kontinuierlich gelebt haben. Wilhelm I nahm die Wachparade lieber von seinem Arbeitszimmer im Palais unter den Linden als im Schloß ab. Herausragende Ereignisse – außer in der Revolution von 1848 – lassen sich mit dem Bau kaum verbinden. Auch im negativen Sinn konnte sich dieses Schloss als „preußische Zwingburg" daher kaum profilieren. Wenn schon die Hohenzollern „den Kasten" nicht mochten, warum sollte man das „Denkmal der Nutzlosigkeit" als „monumentale Gelegenheits-Absteige" den Berlinern zugunsten der „Nostalgier" zumuten, fragte der Kabarettist Dieter Hildebrandt (2011). Wenn der kulturelle Traditionswert aus der preußischen Aufklärung und dem Humanismus gesehen wird (A. Assmann 2007: 129), so erscheint dieser sich eher mit anderen Berliner Bauten zu verbinden.

Ärgerlich an der Rekonstruktionsinitiative ist der *Abriß des Kulturpalastes der DDR*. „Erichs Lampenladen" war Bedeutungsträger für die DDR, wenn er auch nur kurz Zeit hatte, populär zu werden. An der Ostseite, wo eine Rekonstruktion der alten Vielteiligkeit auch in den rigorosesten Wiederaufbauplänen nicht in Frage kam, hätte man den Palast durchaus „eingemauert" stehen lassen können, nur verkürzt um einen Teil der alten Volkskammer, der über die historische Fluchtlinie hinausragte. Dummerweise war der Palast nie in die Denkmalliste eingetragen, was bei einem unlängst erst geschaffenen Bauwerk nicht verwunderlich war. 1993 hatte sich eine „Arbeitsgruppe Palast der Republik" unter dem ehemaligen Chefarchitekten Heinz Graffunder gebildet. Graffunders Plan die Erhaltung des Palastes mit einem Schlossanbau „unter einem gemeinsamen Dach...das die „Vergangenheit zusammenklammern" sollte, war durchaus akzeptabel, zumal 71% der Berliner den Bau erhalten wollten (Forsa-Umfrage, Berliner Morgenpost 15. 4. 1993). Als sich die „Gesellschaft zum Wiederaufbau des Berliner Stadtschlosses e.V." unter dem Hamburger Landmaschinenhändler Wilhelm von Boddien (1992) 1991 etablierte, änderte sich die Stimmung in der Öffentlichkeit dank rühriger Propaganda und mit Hilfe des Einsatzes einiger Wissenschaftler. Dies führte schließlich zu einem Bundestagsbeschluß zum Wiederaufbau (2002, 2007). Kritiker erhofften sich Änderungen aufgrund des Moratoriums der Bundesregierung von 2010. „Das Ende der Wundpflege", schon 2002 von der damaligen Vizepräsidentin des Bundestages Antje Vollmer angemahnt, ist nicht in Sicht.

Die Bundesregierung hatte beschlossen, bis zum Jahr 2014 keine Haushaltsmittel für das Projekt bereit zu stellen und den Baubeginn auf 2014 zu verschieben. Die Grünen haben am 17. 9. 2010 (Drs. 17/2760: 1-4) eine *Kleine Anfrage* in den Bundestag eingebracht. Es wurde behauptet, laut Forsa-Umfrage seien 80% der Berliner gegen den

Wiederaufbau. Da auch ein moderner Bau viel Geld kosten würde und Alternativen nicht abgefragt worden sind, ist diese Volksmeinung relativ wenig wert. Staatsminister Neumann hat im Kulturausschuss am 9. Juni 2010 erklärt, dass er an dem Projekt festhalten wolle. Die mit der Ausgestaltung des Humboldtforums beauftragte Stiftung Preußischer Kulturbesitz liegt im Zuständigkeitsbereich des Kulturstaatsministers. Bundesbauminister Peter Ramsauer stellte sogar den Baubeginn für 2013 in Aussicht. Die Fraktion der Grünen wollte in ihrer Anfrage wissen, wie hoch die Mehrkosten durch die Bauverzögerung sein würden und was die Sanierung der Dahlemer Museen kosten werde. Es wurde die stärkere Einbeziehung der Bevölkerung angemahnt, um die Akzeptanz des Projekts zu erhöhen. Mit dieser Frage gaben die Grünen implizit zu, dass sie nicht mit einer Aufgabe des Wiederaufbau-Projekts rechneten.

Kein Rekonstruktionsversuch hat soviele Emotionen aufgerührt, wie die „preußische Schloßfassaden-Simulation" in Berlin, die als paradigmatisch für einen Richtungswechsel der „Denkmalpflege" zu „emotionalisierter Bewegtheit und ästhetisierter Anschauung" in einer „neo-mythischen Kehre" angesehen wurde (Falser 2008: XV, 319). 2001 wurde die Ausstellung „Historische Mitte Berlin – Schlossplatz, Ideen und Entwürfe" gezeigt. Die Entwürfe waren an Vorgaben wie die Wiedererstehung der „Schloßkubatur", und „Abriß des Kulturpalastes" gebunden. Mit dem Plan der Schaffung eines Humboldtforums und die Behausung wichtiger kultureller Einrichtungen, schien die Nutzungsfrage gelöst, war aber zu vage, um Inspiration für den künstlerischen Transformationsakt zu bieten. Die Nutzung des restaurierten Schlosses hätte sich wenigstens an den multifunktionalen Ideen eines kulturellen Zentrums für das Volk inspirieren können (vgl. Krenzlin 1996: 78), aber auch dies geschah nicht. „Der schwächelnde Preisentwurf" des italienischen Architekten Franco Stella erfüllte weder die Hoffnungen der Rekonstruktionisten, noch die Möglichkeit eines beispielhaften Dialogs zwischen der vielschichtigen Historie dieses zentralen deutschen Geschichtsortes und einer global orientierten Zukunftsvision" (v. Buttlar 2011: 186). Die Kritik war – neben Pflichtbekenntnissen involvierter Akteure und Hans Stimmann (2008), der dem Architekten nahestand – ziemlich einhellig.

Soziologen wie Erika Spiegel haben die Theorie des *kollektiven Gedächtnisses* des französischen Soziologen Maurice Halbwachs (1941: 178ff, 180f; 1967: 127), der in einem deutschen KZ umkam, schon früh wieder entdeckt, um den sozialen Trägern solcher kollektiven Rückerinnerung nachzuspüren. Halbwachs vertrat die These, dass im Heiligen Land immer Altes reproduziert wurde, selbst wenn man vorgab, Neues zu schaffen. Nehme ich jedoch einen Anwendungsfall der Halbwachsschen Theorie auf die Kreuzzüge und die Architektur im Heiligen Land hinzu, so kommen mir wieder Zweifel. Dort wurde gezeigt, wie Christen in Palästina sich ihre Gedenkstätten schufen nach ihren höchst subjektiven kollektiven Bedürfnissen und nicht so sehr nach empirischen Anhaltspunkten aus den Überlieferungen der Heiligen Schrift, eine Eigenschaft, die moderne Gruppenbildungsprozesse vielleicht ebenfalls noch nicht ganz verloren haben. Die Gefahr bleibt, dass das kollektive Gedächtnis hinsichtlich von Bauten sich im Vagen verliert. Spätestens nach einer Generation tritt dieser Fall ein, weil dann Rekonstruktionen für die neue Generation Denkmalcharakter gewonnen haben (Mecksеper 1983: 152). Die Horrorvision, dass sich ein „totaler Monumentalismus" in unseren Städten austoben könnte, vor dem Kunsthistoriker wie Willibald Sauerländer (1975: 118) einst warnten, ist durch die populistische Erweiterung des Denkmalbegriffes meist nicht eingetreten. „Das Volk" hat in der Regel enge Vorlieben für Symbolträchtiges. Der Schutz ganzer Vorstadtsiedlungen hingegen pflegt allenfalls aus sozialen, nicht aber aus denkmalpflegerischen Gründen Menschen zu mobilisieren. Auch die Bauten der 60er und 70er Jahre, die langsam ins Denkmalalter kommen, und deren Restauration einige Politiker als Investitionshemmnis ansehen, werden nur selten – wie die „Kongresshalle" in Berlin, unter dem Spitznamen ‚schwangere Auster' populär – im Fall der Beschädigung wieder aufgebaut und erhalten dafür Unterstützung der öffentlichen Meinung. Schleswig-Holstein arbeitete 2011 an einem neuen Denkmalschutzgesetz, bei der die Denkmalpflegebehörde künftig Einspruch erheben kann, wenn Bauten nach 1950 unter Schutz gestellt werden sollen. Eine Novellierung des Sächsischen Hochschulgesetzes begrenzte den Einfluss der Denkmalpfleger auf Bauten „von internationaler Bedeutung" (Pergande 2011: 7).

Stadtbildpflege hat jedoch seit den 80er Jahren zunehmend Bürger mobilisiert. Am Kölner Rathausviertel wurde gezeigt, dass die Beteiligung von Bürgerinitiativen möglich ist, auch wenn nicht alle Blütenträume des Wuppertaler Soziologen Peter Dienel (1979, 2002) über die *Planungszelle* reiften, weil die Experimente sich als zu teuer erwiesen und die Ausdauer der Laienplaner begrenzt blieb (Bongardt 1985: 23ff). Gleichwohl war diese Idee außerordentlich fruchtbar und wurde in einige deutsche und ausländische Städte exportiert.

Die Denkmalpflege hilft sich gelegentlich, in dem sie rekonstruktive Architekturzitate als Beispiele für Postmodernismus nach einigen Jahrzehnten in die Denkmalliste aufnehmen. Wenn das Restaurationsverbot weiterhin allzu lax gehandhabt wird, muß man sich fragen, ob man auch den Fälscher Malskat mit seinen freien Inventionen angeblich mittelalterliche Dekorationen im Dom zu Schleswig und in der Lübecker Marienkirche rehabilitieren müsste. Die Frage, ob eine Rekonstruktion eine Fälschung darstellt, lässt sich fast immer mit den Rechtfertigungen der Rekonstrukteure analysieren. Die Gefahr der Fälschung ist für die Öffentlichkeit vermutlich ein geringeres Übel als der schöne Schein der restaurierten Gebäude, mit denen verglichen die authentischen Denkmäler angesichts der rasanten Strapazierung durch Umweltschäden „ziemlich alt aussehen" (vgl. Hubel 2011: 326).

Die völlige Aushöhlung kunstwissenschaftlicher Denkmalbegriffe kann auch der Sozialwissenschaftler letztlich nicht wünschen. Aber die Zeiten sind vorbei, da Günther Grundmann (1960: 17) noch Naserümpfen mit der These hervorrief, dass die Prinzipien der Denkmalpflege zu dogmatisch seien, und „von der Zeitschrift für Denkmalpflege fast apodiktisch festgelegt" würden. Auch moderne Architekten wie Rem Koolhaas (2005: 83) sind zum Teil der alten essentialistische Gegenüberstellungen überdrüssig geworden, und plädieren für die „Überwindung der Kluft von Erhaltung und Moderne". In dieser Allgmeinheit werden solche Kompromissvorschläge toleriert, nicht aber, wenn sie pointiert formuliert worden sind wie bei Winfried Nerdinger (2010: 14): „Rekonstruktionen haben genauso Daseinsrecht in der Gegenwartsarchitektur wie schöpferische Neubauten". Die Meinung der Bürger war Nerdinger durchaus ein wichtiger Faktor. Anstößig schien einem Kritiker (Falser 2011: 207), dass es in der ganzen Architekturgeschichte neben der Geschichte der Veränderungen immer auch eine der Kontinuität gab, die erst im 19. Jahrhundert als „unehrlich" abgelehnt wurde. „Mit der geschickt eingestreuten Behauptung, dass Rekonstruktion ‚seit der Antike' gängige Praxis der Baukultur sei, handelt es sich sogar um den platten, jedoch gefährlichen Versuch der ‚Erfindung einer Tradition" unter dem Namen „Rekonstruktion". In der unnötig polemischen Attacke wurde Nerdinger Apodiktik vorgeworfen, weil sich Sätze finden wie „Eine Kopie ist kein Betrug, ein Faksimile keine Fälschung". Vorschlag zur Güte durch Falser (2011: 209): „Eine Kopie kann (muß aber nicht) ein Betrug sein", was Nerdinger vermutlich akzeptieren könnte. Selbst Niels Gutschows Beitrag über asiatische Rekonstruktionen wurde von Falser hat kritisiert, weil er japanische rein religiös motivierte Rekonstruktionsriten für Asien verallgemeinere. Nähere Beschäftigung mit asiatischen Beispielen würde aber vermutich zur Entlastung führen. Asiatische Baumeister im Kontext ihrer Religionen werden schwerlich den Kriterien moderner Architekturgesinnung und historistischer Denkmalpflege genügen, können aber auch nicht zur Rechtfertigung von Rekonstruktionen in der westlichen Moderne dienen. Längst haben sich ehrliche Kompromisse durchgesetzt wie David Chipperfields Wiederaufbau des Neuen Museums in Berlin, das die einzelnen Denkmalsschichten und Ergänzungen vorbildlich wiedergibt, und Touristen, die nach einem ganzheitlichen Eindruck streben, gelegentlich befremdet.

Bis zu welchem Umfang soll der Wille der Bürger bei Rekonstruktionen berücksichtigt werden? Es zeigt sich, dass die modernen Träger kollektiver Erinnerung nicht immer jene Bewohner der Städte sind, denen auch rigide Denkmalpfleger nach 1945 allenfalls gestatteten, zu rekonstruieren, wenn sie sich ohne Säumen ans Werk machten. Es spielen auch Gruppen eine Rolle, die meist „zugereist" sind und erst in einem intellektuellen Sinnfindungsprozeß sich mit dem untergegangenen oder bedrohten Stadtteile identifizieren und nach authentischen Bundesgenossen im Quartier fahnden (Spiegel 1975: 294ff). Das kollektive Gedächtnis, das sich des neuen Denkmalkults bemächtigt, ist vielfach nicht „naiv", sondern „sentimentalisch", über intellektuelle Zwischenschritte vermittelte Identifikation mit den Objekten der Stadt, in der man beschloss, Identität zu finden. Bei mancher Bürgerinitiative, bei der das Interesse durch Alteingesessenheit der Mehrheit der Anwohner noch „naiv" und urständig legitim erscheint, spielt Denkmalpflege als Begründung in den öffentlichen Verlautbarungen eine erstaunlich geringe Rolle (Handbuch 1978: 87). Wo eine Allianz zwischen Bürgerinitiative und Denkmalpflege sich gleichwohl anbahnt, wird die Denkmalpflege spätestens dort auf ihren Ressortgeist zurückgeworfen, wo sie sich vor den Karren von Instandbesetzern gespannt fühlt, denen die Denkmalwerte der Gebäude allenfalls ein Vorwand für die Erhaltung einer Experimentierwiese für alternative Lebensformen sind.

5 Süd-Nord-Gefälle der Denkmaldichte in Deutschland?

Die Fronten und die Allianzen zwischen Wissenschaft und Politik einerseits und Denkmalpflege andererseits sind heute differenzierter zu sehen als nach dem Zweiten Weltkrieg. Eines kann der Außenstehende, der nicht dem Verdacht des Selbstlobs unterliegt, der kleinen Crew der Denkmalpfleger von wenigen hundert Personen bescheinigen: es ist ihm kein Bereich moderner Staatsintervention bekannt, wo eine so kleine Gruppe eine für die äußere Gestalt unserer Gesellschaft so entscheidende Rolle spielt. Diese Rolle gilt es auszuweiten, über die bloße Verpflichtung von Präsidenten der Landesdenkmalämter als Honorarprofessoren an den Universitäten hinaus. Dazu wird die Sensibilisierung der Politik gebraucht. Peinlich für den progressiven Deuter der Rolle von Denkmalpflege ist es, dass es in Deutschland ein Süd-Nord-Gefälle im Denkmalbewußtsein zu geben scheint, wie Georg Mörsch (1980: 126) einst andeutete. Messen lässt sich dieses Bewusstsein an den Ausgaben für die Denkmalpflege im ganzen und pro Kopf der Bevölkerung, oder pro Denkmal. Schleswig-Holstein meldete die bescheiden-ste Zahl an Denkmalen unter den Flächenstaaten an, mit Ausnahme des Saarlandes, Bayern und Baden-Württemberg verzeichneten die größte Zahl von Denkmälern, für die sich durchaus Entsprechungen in der Wirklichkeit finden lassen. Bei den Ausgaben der Denkmalpflege pro Kopf der Bevölkerung ist das Verhältnis der Bundesländer ähnlich. Die „bayerische Schule" stritt für Ausweitung der Listen und gegen Prioritätensetzung. Baden-Württemberg schien dem Nachbarland zu folgen und im Denkmalbereich kann man die „Bavarisierung der Kulturpolitik" in diesem Lande sicher positiver einschätzen als in anderen Kulturbereichen. Diese Befunde aus der alten Bundesrepublik wurden durch die deutsche Einigung überholt.

Im Denkmalschutzjahr 1975 betrugen die Ausgaben pro Einwohner noch weniger als einen Euro (umgerechnet), 2001 schon fast 5 Euro, 2003 nur noch 4.2 Euro pro Kopf der Bevölkerung. Der Niedergang korrelierte nicht mit dem Sanierungsgrad der Denkmäler – im Gegenteil: auch in den alten Bundesländern wuchsen die Schäden durch Umwelteinwirkungen und Verkehr. 2007 stellten die öffentlichen Haushalte für den Aufgabenbereich Denkmalschutz 476,9 Millionen Euro zu Verfügung. 65,3 % wurden durch die Länder, 25,5% durch die Gemeinden und 9,2% durch den Bund finanziert. Die höchsten Ausgaben fanden sich 2007 in Sachsen 22, 69 Euro pro Kopf) und Sachsen-Anhalt (10,96 Euro je Einwohner) (Kulturfinanzbericht 2010: 57). Das sind die Länder – mit Thüringen, auf 8,50 Euro zurück gefallen – die Länder mit der größten Denkmalsdichte in der ehemaligen DDR. Viele der Gebäude werden von öffentlichen Einrichtungen genutzt. Insofern sind die geringen Ausgaben für Denkmalschutz irreführend, weil Erhaltungsmaßnahmen auch über andere Etats laufen. Das gilt natürlich vor allem auch bei kirchlichen Einrichtungen. Bei den alten Bundesländern als Flächenstaaten waren die Aufwendungen traditionell am höchsten in Bayern (5,0 Euro pro Einwohner), Baden-Württemberg (4,30 Euro pro Einwohner) – Bayern war häufig Spitzenreiter, 2005 war es Rheinland-Pfalz (6.0, 2007: 7,41) (Kulturfinanzbericht 2010: 57). Die norddeutschen Flächenstaaten hatten traditionell weniger Denkmale zu erhalten als die süddeutschen Länder. Aber in diesem Bereich spielte auch eine kulturelle Konstante eine Rolle: Süddeutschland (mit Ausnahme des Saarlandes, 1.98 Euro pro Einwohner) hatte eine höhere Neigung, die Liste der schützenswerten Gebäude und Denkmale zu verlängern, während die norddeutschen Denkmalpfleger weniger flächendeckend als exemplarisch vorgingen (v. Beyme 1998: 115ff). Aber in vielen Bereichen sind die Ausgaben für Denkmalpflege gesunken – auch in Bayern. 1990 wurden dort noch umgerechnet 23 Millionen Euro für die Sanierung von Baudenkmälern an die Bauherren ausgeschüttet. 2007 waren es nur noch 3 Millionen Euro (Hubel 2011: 156).

Diese anfechtbaren Zahlengerippe, die durch fehlende Daten über private und kirchliche Denkmalpflege ergänzt werden müsste, zeigen jedoch gerade, dass Denkmalpflege und Politik in einem anderen Bereich zusammenhängen als unsere Fragestellung suggeriert. Politikanalysen in anderen Bereichen weisen Schwerpunkte der beiden großen Parteien in bevorzugten Politikbereichen nach. Länderbudgetanalysen zeigen, dass parteipolitisch neutral allenfalls die Verkehrspolitik erscheint. Wenn SPD-geführte Länderregierungen einen Vorsprung in Sozial- und Bildungspolitik hatten (Schmidt 1980: 130), so haben in anderen Bereichen eher in den Flächenstaaten unionsgeführte Regierungen die Prioritäten gesetzt. Zu diesen Gebieten gehören die Denkmalpflege und die behutsame Rekonstruktion der Innenstädte (v. Beyme 1987: 213-245). Wenn man Berlin als atypischen Fall ausklammert (vgl. Kap. 13), hat Niedersachsen in den 70 und 80er Jahren hohe Zuwächse an Mitteln für Denkmalpflege aufgebracht – der einzige Flächenstaat, der in jener Epoche die Regierungspartei wechselte. Ausgeglichener ist die Bilanz der Länder, wenn man das hauptamtliche wissenschaftliche Personal mit den Denkmalzahlen in Relation setzt. Hier ist die Variable „armes oder reiches Land" offenbar entscheidender als die politische Zusammensetzung der Regierung. Eine erklärungsbedürftige Ausnahme von der Regel stellte Hessen dar, wo das Verhältnis der beiden Indikatoren besonders ungünstig erschien. Klammert man Berlin wieder als Sonderfall aus, so sind die größten vier Flächenstaaten vergleichsweise am besten ausgestattet, kein sehr politisierbarer Befund. Großflächige Staaten brauchen ausdifferenzierte Behörden und haben größere Distanzen durch Personal im Außendienst zu überwinden. Es wäre jedenfalls vorschnell, aus temporären Daten einen Trend für alle Ewigkeit abzuleiten. Teil des erwähnten Paradigmawandels ist die Tatsäche, dass – wie beim Nationalbewusstsein erstmals keine Gleichung „starke Betonung = konservative Gesinnung" mehr aufzustellen ist. Der Wertkonservatismus und das Wachstum der Grünen haben sich in den Bereichen von Nationalgefühl, Heimatliebe, Schutz von Kulturgütern und Identität in kleinen Gemeinschaften vom traditionellen Strukturkonservatismus längst gelöst.

Literatur

Abbruchkandidaten mit Zukunft. Regierungsbezirk Freiburg. Denkmalpflege in Baden-Württemberg, 1978, Nr. 3: 136-143.

Arbeitsplatz Stadtplanung und Denkmalpflege. Mainz bleibt Mainz? Mainz, Backoffen-Verlag, 1984, 2. Aufl.

Assmann, Aleida. Erinnerungsräume. Formen und Wandlungen des kulturellen Gedächtnisses. München, Beck, 1999, 2003.

Assmann, Aleida: Geschichte im Gedächtnis. Von der individuellen Erfahrung zur öffentlichen Inszenierung. München, Beck, 2007.

Assmann, Jan: Das kulturelle Gedächtnis. München, Beck, 1992.

Baecker, Werner: Die Kunst unsere Städte zu erhalten, dargestellt am Beispiel Köln. In: Kier 1976: 249- 263.

Bartetzko, Dieter: Was schützt der Denkmalschutz überhaupt noch? FAZ. 3. 9. 2011: 33.

Berger, Peter: Kein Denkmalschutz für Kaymer. Kölner Stadtanzeiger, 18. 8. 2011

Beseler, Hartwig/Ellger, Dietrich: Das Denkmal zwischen Inventar und Liste. Bestandsaufnahme einer Bestandsaufnahme. DKD 1971: 150-155.

Beseler, Hartwig: Städtebauförderungsgesetz und Denkmalpflege. Stadtbauwelt, 1973, H. 37: 41-42.

Bewerunge, Lothar: Rechtslos vor totalem Denkmalschutz. FAZ., 11. Sept. 1979: 21.

v. Beyme, Klaus: Der Wiederaufbau. Architektur und Städtebaupolitik in beiden deutschen Staaten. München, Piper, 1987.

v. Beyme, Klaus: Der Gesetzgeber. Der Bundestag als Entscheidungszentrum. Opladen, Westdeutscher Verlag, 1997.

v. Boddien, Wilhelm: Die Bedeutung des Berliner Stadtschlosses für die Mitte Berlins. Eine Dokumentation. Berlin, Förderverein für die Ausstellung, 1992.

Bongardt, H. u. a.: Bürger planen das Rathausviertel. Frankfurt, Lang, 1985.

Börsch-Supan, Helmut: Kopie und Paraphrase als Ersatz zerstörter Deckenmalereien im Schloß Charlottenburg. DKD, 1980: 90-95.

Breuer, Tilmann: In: Geheßler, August/Eberl, Wolfgang (Hrsg.): Schutz und Pflege von Baudenkmälern in der Bundesrepublik Deutschland. Stuttgart, Klett, 1980.

Brix, Michael: Bemerkungen zu den Bayrischen Denkmälerlisten. In: Institut für Bau- und Kunstgeschichte an der TU Hannover. Kokkelink, Günter/Theen, Heinz-Detlef (Hrsg.): Hannover, 1976: 121-129.

v. Buttlar, Adrian u. a.: Denkmalpflege statt Attrappenkult. Basel, Birkhäuser, 2011.

Dehio, Georg: Denkmalschutz und Denkmalpflege. In: Ders.: Kunsthistorische Aufsätze. München, Oldenbourg, 1914: 261-282.

Dienel, Peter C.: Die Planungszelle. Der Bürger als Chance. Opladen, Westdeutscher Verlag, 2002, 5. Aufl.

DKD Abkürzung von „Deutsche Kunst und Denkmalpflege".

Dölling, Regine: Denkmalschutz und Denkmalpflege in der Bundesrepublik Deutschland. In: Denkmalpflege in der Bundesrepublik Deutschland.. Geschichte, Organisation, Aufgaben, Beispiele. München, Heinz Moos Verlag, 1974: 9-23.

Falser, Michael S.: Zwischen Identität und Authentizität. Zur politischen Geschichte der Denkmalpflege in Deutschland. Dresden, Thelem, 2008.

Falser, Michael S.: Die Erfindung einer Tradition namens Rekonstruktion oder Die Polemik der Zwischenzeilen. In: v. Buttlar u. a. 2011: 205-218.

Glatz, J.: Das Haus zum Fuchs am Main – ein Baudenkmal und die Folgen. DKD, 1984: 41-54.

Göderitz, J.: Gestaltungsfragen beim Wiederaufbau zerstörter Altstadtgebiete. Wiederaufbau-Mitteilungen H. 7, 1947: 1-2.

Gombrich, Ernst H.: Kunst und Fortschritt. Wirkung und Wandlung einer Idee. Köln, DuMont, 1978.

Grundmann, Günther: Großstadt und Denkmalpflege. Hamburg 1945-1959. Hamburg, Christians, 1960.

Günter, Roland/Bruno, Eugen: Von der Denkmalpflege zum Schutz der Stadt. Archithese, 1974, H. 11: 30-37.

Gutschow, Niels: Der Wiederaufbau des Prinzipalmarktes in Münster 1945-1961. DKD 1980, H.1-2: 41-49.

Gutschow, Niels/Stiemer, R.: Dokumentation Wiederaufbau der Stadt Münster. Münster, Coppenrath, 1982.

Gutschow, Niels: Rekonsstruktion im Kontext von Städtebau, Wiederherstellung - Kopie - Rekonstruktion. Wiederaufbauüberlegungen in Kassel, Rostock, Münster, Freudenstadt und Neubrandenburg 1944-1955. In: Deutsches Nationalkomitee für Denkmalschutz (Hrsg.): Rekonstruktion in der Denkmalpflege, Überlegungen - Definitionen - Erfahrungsberichte. Schriftenreihe Bd. 57, 1997: 30-37.

Halbwachs, Maurice: La topographie légendaire des Evangiles en Terre Sainte. Étude de mémoire collective. Paris, PUF, 1941.

Halbwachs, Maurice: Das kollektive Gedächtnis. Stuttgart, Enke, 1967.

Handbuch Bürgerinitiativen in Frankfurt. Für Leben in der City. Frankfurt, Verlag im Leseladen, 1978.

Hildebrandt, Dieter: „Das Berliner Schloß". Deutschlands leere Mitte. München, Hanser, 2011.

Hinrichs, H.: Erbe und Entscheidung am Marktplatz zu Hildesheim. Hildesheim, hektographiert, 1986.

Hubel, Achim: Denkmalpflege. Stuttgart, Reclam, 2011, 2. Aufl.

Kier, Hiltrud (Hrsg.) Die Kunst unsere Städte zu erhalten. Stuttgart, Forum Verlag, 1976.

Kier, Hiltrud: Konservieren nicht restaurieren. Denkmalpflege in Köln zwischen Theorie und Praxis, DKD, 1984: 55-72.

Kiesow, Gottfried: Einführung in die Denkmalpflege. Darmstadt, Wissenschaftliche Buchgesellschaft, 1982.

Kiesow, Gottfried: Die Neubebauung des Dom-Römerberg-Bereiches in Frankfurt am Main. DKD, 1984: 2-10.

Kleihues, Josef Paul: Südliche Friedrichstadt. Rudimente der Geschichte, Orte des Widerspruchs. Kritische Rekonstruktion. In. International Bauausstellung, Berlin 1984, 1987 Teil 3. Stuttgart 1987.

Klein, Bruno/Sigel, Paul (Hrsg.): Konstruktionen urbaner Identität. Zitat und Rekonstruktion in Architektur und Städtebau der Gegenwart. Berlin, Lukas Verlag, 2006.

Kleinodien in Baden-Württemberg. Denkmalpflege heute. Stuttgart, Innenministerium Baden-Württemberg, Juli 1980.

Knöpfli, Albert: Altstadt und Denkmalpflege. Ein Mahn- und Notizbuch. Sigmaringen, Thorbecke, 1975.

Kohlhaas, Rem: Das Versäumnis der Moderne. Arch + 175, Dez. 2005: 83.

Krenzlin, Ulrike: Das Schloß – inmitten von Berlin? Versuch eines Resümees. In: Herlemann, Falko/Kade, Michael (Hrsg.): Kunst in der Öffentlichkeit. Ästhetisierung, Historisierung, Medialisierung. Frankfurt, Lang, 1996: 71-83.

Lübbe, Hermann: Der Fortschritt und das Museum. Über den Grund unseres Vergnügens an historischen Gegenständen. London, Institute of Germanic Studies, 1982.

Maier, Hans (Hrsg.): Denkmalschutz. Zürich, Interfrom AG, 1976.

Masuch, Anna: Das Leibnizhaus in Hannover. Problematik der Rekonstruktion in Hinblick auf Stadtstruktur, Bauwerk und Detail. DKD 1980: H 1-2: 77-89.

Meckseper, C.: Das Leibnizhaus in Hannover. Die Geschichte eines Denkmals. Hannover, Schlütersche Verlagsanstalt, 1983.

Metternich, Franz Graf Wolff Metternich: Die Denkmalpflege in Frankreich. Berlin, Deutscher Kunstverlag, 1944.

Mielke, Friedrich: Die Zukunft der Vergangenheit. Grundsätze, Probleme und Möglichkeiten der Denkmalpflege. Stuttgart, DVA, 1975.

Mörsch, Georg: Zur Wertskala des aktuellen Denkmalbegriffs. DKD, 1978, H. 2: 188-192.

Mörsch, Georg: Wer bestimmt das öffentliche Interesse an der Erhaltung von Baudenkmalen? Mechanismen und Problematik der Auswahl. DKD, 1980 H.1-2: 126-129.

Nelles, Winfried/Oppermann, Reinhard: Stadtsanierung und Bürgerbeteiligung. Göttingen, Schwartz, 1979.

Nerdinger, Winfried (Hrsg.): Geschichte der Rekonstruktion – Konstruktion der Geschichte. München, Prestel, 2010. Darin: Zur Einführung – Konstruktion und Rekonstruktion historischer Kontinuität: 10-14.

Notbremse. Interim für Kölner Denkmalamt. FAZ. 1. 9. 2011: 29.

Paul, Jürgen: Der Wiederaufbau des Kornhauses in Freiburg i. Br. und einige Betrachtungen über Architektur und Geschichtsverständnis. Archithese, 1974, Nr. 11: 11-19.

Paul, Jürgen: Das Knochenhaueramtshaus in Hildesheim. Post mortem. Vom Nachleben einer Architektur als Bedeutungsträger. Niederdeutsche Beiträge zur Kunstgeschichte, 1979: 129-148.

Paul, Jürgen: Der Streit um das Knochenhaueramtshaus in Hildesheim. DKD, 1980, H.1-2: 64-76.

Pehnt, Wolfgang: Das Ende der Wundpflege. FAZ, 19. 22. 2008.

Pergande, Frank: Das Schloss ist keins. Gebäude aus den sechziger und siebziger Jahren kommen in das Denkmalschutzalter. Ein Stück Geschichte oder nur hässlich? FAS, 11. 9. 2011: 7.

Regierungspräsidium Stuttgart:Verkäufliche Baudenkmale. Erhaltungswürdige Baudenkmale suchen erhaltungswillige Käufer. Prospekt 1980, Stuttgart, 1980.

Riedl, Peter Anselm: Heidelberger Altstadt. In: Krier, Hiltrud (Hrsg.): Die Kunst unsere Städte zu erhalten. Stuttgart, Forum Verlag, 1976: 44-61.

Rossi, Aldo: Die Architektur der Stadt. Skizze einer grundlegenden Theorie des Urbanen. Düsseldorf, DuMont, 1973.

Ruskin, John: The Seven Lamps of Architecture. London, Smith, Elder & Co., 1849.

Sauerländer, Willibald: Erweiterung des Denkmalbegriffs? Deutsche Kunst und Denkmalpflege (DKD), 1975, H. 1/2: 117-130.

Schlippe, J.: Freiburg einst und heute. Badische Heimat, 1959: 215-271.
Schmidt, Manfred: CDU und SPD an der Regierung. Ein Vergleich ihrer Politik in den Ländern. Frankfurt, Campus, 1980.
Schmitz, Karl: Gerettet vor dem Zeitgeist. Für einen Moment zurück nach Freiburg. FAZ, 17. 5. 1980 (Bilder und Zeiten).
Siebertz, Paul: Denkmalschutz in Bayern. Diss. München, 1977.
Siegel, M.:Denkmalpflege als öffentliche Aufgabe. Göttingen, Vandenhoeck & Ruprecht, 1985.
Spiegel, Erika: Über Wert und Unwert des Alten für die Bewohner historischer Städte. Zeitschrift für Stadtgeschichte. Stadtssoziologie und Denkmalpflege, 1975: 285-306.
Stimmann, Hans: Herausragend! Die Zeit, Nr. 52, 17. 12. 2008: 57.
Tamms, Friedrich/Wortmann, Wilhelm: Städtebau. Darmstadt, Habel, 1973.
Warnke, Martin: Bau und Gegenbau. In: Hipp, Hermann/Seidl, Ernst (Hrsg.). Architektur als politische Kultur. Berlin 1996: 11-18.
Zweiter Fünfjahresplan für Denkmalpflege. Bayerisches Staatsministerium für Unterricht und Kultur. München, 1972.

13 Stadtplanungspolitik und politische Symbolik. Hauptstadtgestaltung von Bonn bis Berlin.

1 Staatsrepräsentation mit den Mitteln der Architektur

In der frühen Neuzeit, vor allem in der italienischen Renaissance kam es mit dem Zerfall der alten societas civilis zur Ausdifferenzierung von Politik und Kunst. Die beiden funktionalen Teilsysteme haben einander geholfen, ihre jeweilige Akzeptanz zu steigern. In der Regel dienten die Architekten und Künstler der „Kunst der Macht". Nur gelegentlich demonstrierten sie eine Gegenmacht der Kunst. Dies geschah aber meist in den darstellenden Künsten. Von Hogarth bis Goya darf der rebellische Charakter dieser Kunst freilich nicht überschätzt werden. Der spanische Hof oder die englische Gentry hätte sonst diese Kunst nicht so willig akzeptiert.

Das Verhältnis von Kunst und Politik ist seit der Renaissance keine Einbahnstraße mehr. Zunehmend haben Künstler eigene Vorstellungen gegen die Machthaber in der Mäzenatenrolle durchsetzen können. In der Demokratie muss idealiter das Verhältnis von Macht und Kunst von herrschaftsfreier Kommunikation gekennzeichnet sein. Experten und Jurys dürfen allenfalls Konflikte zwischen Kunst und Macht entscheiden. Obwohl die Demokratie von allen Staatsformen am wenigsten Repression durch die Macht ausübt, hat sie am stärksten Gegenmacht der Kunst hervorgebracht, vor allem in der ersten Hälfte des 20. Jahrhunderts. Erst mit dem Sieg der nichtgegenständlichen Kunst wurden die Möglichkeiten, oppositionelle Inhalte in die Politik zu transportieren, stark beschränkt. Die meisten Künstler waren zu allen Zeiten unpolitisch. Im Zeitalter, da die Politik ihre Aura verlor und von dem alten Anspruch, die Gesellschaft zu steuern, kaum noch etwas glaubhaft übrigblieb, ist Politik den Künstlern noch ferner gerückt. Sie werden auch kaum je durch Aufträge zur Staatsrepräsentation provoziert – am ehesten die Architekten.

Durch die Diskussion um „pro oder contra kritische Neusicht auf Bauten der Staatsrepräsentation" droht das Heer der Indifferenten zu wachsen. Hat der Staat sich mit den Medien für die kommerziellen Interessen eines Künstlers einspannen lassen, ohne dass sich aus dem Ereignis eine klare Botschaft für den Umgang mit der optischen Staatsrepräsentation gewinnen ließe? Regierende werden noch immer abgebildet. Ihre Darstellung ist, wie die Portraits im Bundeskanzleramt zeigen, dem beliebigen persönlichen Geschmack überlassen. Heuss, Brandt und Erhard modern, die meisten anderen konventionell. Nur in Monarchien ist die politische Ikonologie des Monarchenbildes noch genormter, von den Darstellungen Elisabeth II von Pietro Annigoni (1954) bis zu den Bildern des spanischen Königspaars in der Eingangshalle der Sammlung Thyssen in Madrid.

Noch größer ist der Wandel von Staatsrepräsentation in der Kunst, die Herrschaft darstellen soll. Vier Formen wurden gemeinhin gewählt:

(1) Historien- und Ereignismalerei. Mit dem New Deal in Amerika, mit dem revolutionären Populismus des mexikanischen Regimes und mit dem Untergang des realen Sozialismus verlor diese Form der künstlerischen Staatsrepräsentation ihre Basis. Demokratien haben dieses Mittel kaum je einzusetzen gewagt.

(2) Architektur. Das Barockschloss war in seiner Art für den absolutistischen Staat voll funktionsgerecht. Da der Fürst selbst beim Ankleiden Audienzen gab und Privatleben nicht zu seiner Amtskonzeption gehörte, waren selbst seine ungemütlichen demonstrativen Schaustellungsseiten funktional. Demokratische Architektur klammerte sich in Parlamenten und Gerichten noch lange an die alte Schlossform. Aber angesichts der Ausdifferenzierung der Funktionen: parlamentarische Diskussion oder gerichtliche Arbeit war diese Form dysfunktional geworden. Die alte Schlosstreppe hatte im Absolutismus einen. Sinn. Eine feinstufige Hierarchie war ablesbar von dem Umstand, wie weit ein Fürst dem Besucher auf dieser Schautreppe entgegenkam. In schlossähnlichen Justizpalästen ist die Treppe funktionslos. Niemand kommt dem Beklagten dort entgegen, allenfalls ist die Treppe geeignet, sich mit seinem Anwalt zu treffen.

Demokratie ist überwiegend Übereinkunft über die Regeln der Diskussion, die gelten sollen. Der Inhalt der Diskussion muss umstritten bleiben. Daher ist der Konsens über demokratische Architektur auch so schwer. Meist werden einige sehr allgemeine Prinzipien genannt:

- möglichst pluralistische Baukörper,
- nicht achsial angelegt,
- mit viel Transparenz und
- wenig Elementen von Einschüchterungsarchitektur.
- Wo eine Hauptstadt die Bauten der Staatsrepräsentation neu schafft, kann sie die Gewaltenteilung in einem Areal visualisieren, wie in Washington – oder noch egalitärer in Brasilia. In Berlin bleibt diese Visualisierung unvollkommen. Der territoriale Pluralismus in Deutschland macht das unmöglich, denn die dritte Gewalt, die Verfassungsgerichtsbarkeit, bleibt in Karlsruhe.

(3) Denkmäler. Vordemokratische Systeme bevorzugten Herrscherskulpturen, am hoheitsvollsten waren die Darstellungen zu Pferde. Sie waren gegen den Bürgersinn nicht leicht durchzusetzen. Es ist kein Zufall, dass die ersten Reiterstandbilder den schützenden Haag von Schlosshöfen oder Kirchennischen kaum verließen. Je demokratischer die politischen Systeme wurden, umso weniger personalisiert wurden die Denk-

mäler konzipiert, jedenfalls die im politischen Raum. Der Totenkult – vom Faschismus heroisch überhöht – wandte sich in stillerem Gedenken dem Denkmal zu. Nur wenig andere Funktionen der Staatsrepräsentation wurden in Demokratien den Denkmälern noch eingeräumt, die mit genuin politischen Ereignissen zusammenhingen.

(4) Künstlerisch gestaltete Staatssymbole und Embleme. Demokratien waren in diesem Bereich wenig einfallsreich. Noch immer überwiegen Adler und andere Wappenraubtiere. Die Debatte um den Bundesadler im, Bonner Plenarsaal war scharf. Gänzlich neue Ideen kamen nicht auf. Der amerikanische Seeadler über einem Pfeilbündel mit der Inschrift „e pluribus unum" als Symbol für die multikulturelle Basis des amerikanischen Staatsvolkes ist wohl das älteste der noch gebräuchlichen Symbole. Es hat daher bessere Gründe sich an die vordemokratische Ikonographie zu halten als traditionslose Demokratien, die nach dem zweiten Weltkrieg entstanden.

Staatsrepräsentation kann sich heute nicht mehr auf ein Prinzip gründen, wie einst in der Herrschaft von Fürsten, die sich als von Gottes Gnaden empfanden. Seit der konstitutionellen Monarchie entstanden vier Legitimationsprinzipien:

(1) Der Rechtsstaat: Seinen künstlerischen Ausdruck fand er vor allem in Justizpalästen und in Emblemen mit blinder Justitia und Waage. Als das früheste Legitimationsprinzip, das die religiöse Begründung von Herrschaft ablöste, war sie am stärksten der alten Staatsrepräsentation im Schlossbau verpflichtet. Der Rechtsstaat, vom Brüsseler Justizpalast bis zum Leipziger Reichsgericht, hatte die geringsten Bedenken, die Schlosstradition in der Moderne fortzusetzen.

(2) Der Nationalstaat setzte die Idee der Egalität von Bürgern einer Sprache, einer Kultur und einer Nation fort. Sein Ausdrucksmittel waren vor allem Historienbilder und Denkmäler. Die weibliche Inkarnation der Nation – z.B. Marianne in Frankreich oder die „Germania" – oder eine als Vorläufer angesehene historische Figur – z.B. Armin der Cherusker – konnte als Anlass dienen. Deutschland bevorzugte luftige Waldeshöhen. Romanische Länder in ihrer Urbanität hatten keine Bedenken das Zentrum der Stadt mit Nationaldenkmälern zu verschandeln, die jeden Maßstab sprengten, wie das Denkmal für Vittorio Emanuele in Rom.

Soweit der Nationalstaat noch keine Realität war, musste er sich auf eine gedachte Einheit stützen, die Kulturnation, definiert durch Herkunft, Geschichte und Sprache. Der Staat, der erst sein soll, schuf sich in vordemokratischer Zeit vielfach seine Gedenkstätte der Großen der Nation, wie die Walhalla bei Regensburg. Später, als der Nationalstaat realisiert worden war, und mit Drohgebärden von Denkmälern symbolisch herabwies, wurde die Idee des Kulturstaates wiederbelebt, um das Martialische der Nationaldenkmäler zu verdrängen, das selbst vor Totendenkmälern nicht halt machte.

(3) Der demokratische Staat wurde meist spät realisiert. In vielen Ländern erst 1918. Auch England hat vorher kein allgemeines Wahlrecht gehabt. Revolutionshistorien- und Ereignisbilder – vom „Schwur der Horatier" (David, 1784) bis zur „Freiheit,

die das Volk führt" (Delacroix, 1831) konnten als Sinnbild der Demokratiewerdung akzeptiert werden. Aber die demokratische Routine hat wenig zur ikonographischen Darstellung gereizt. Menzels Bild über die beiden Urwähler (1849) ist kaum bekannt. Sein Bild über die Märzgefallenen blieb unvollendet – Omen für fehlende demokratische Tradition. Menzel selbst hatte die bürgerliche Revolution, die er erst begrüßte, in ihrer Ablaufform zunehmend abstoßend gefunden. Der Mangel an demokratischer Tradition in Deutschland schlägt sich auch im Fehlen von großer Kunst als Sinnbild der Demokratieverwirklichung nieder. Als realistische Malerei nur noch in satirischer Form erträglich war, wie bei Johannes Grützke in der Paulskirche, ging man zu abstrakten Symboliken über, vom handgewebten Teppich in Stockholm, wo das Parlament sich bereits der Aura entledigte, als es in eine ehemalige Bank zog – bis zu halbabstrakten Mosaiken in Brasilia.

(4) Als sich zeigte, dass die Gleichheit demokratischer Rechte noch kein integriertes Staatswesen ausmacht, wenn die Gleichheit der sozialen Existenz zu wenig realisiert ist, musste dar Wohlfahrtsstaat als Legitimationsprinzip hinzutreten. Die Deutschen in der Bundesrepublik haben sich ganz überwiegend über den Staat, der ihnen wirtschaftliche Prosperität und soziale Sicherheit garantiert, mit ihrem Gemeinwesen identifiziert. Am Anfang hat selbst der Sozialstaat auf die große Geste der Schlossarchitektur nicht verzichten mögen, von der Römersiedlung in Frankfurt bis nach Britz in Berlin, wo nur die Kleingärten die Parkstruktur in der Hufeisen-Schlossanlage kaschierten – bis zu den Wohnkathedralen, die in den 20er Jahren vor allem im „Roten Wien" errichtet wurden. Der sowjetische Hang zum Turmbau zu Babel selbst im Wohnungsbau unter Stalin wurde die schärfste Ausprägung der einseitigen Legitimation einer Diktatur, welche die rechtsstaatliche, die nationale und demokratische Komponente unterbewertete. Vorläufer einer Wohlfahrtsikonographie hatte es im Spätabsolutismus und in frühen Diktaturen gegeben. Ob Napoleon die Pestkranken in Jaffa besucht (Antoine Jean Gros, 1804) oder ein preußischer Prinz einen Ertrinkenden persönlich rettet (Chodowiecki 1785) – immer ging es um die Fürsorge des Spitzenpolitikers. Damals war sie Ausfluss der Großmut des Fürsten – später wurde sie eine abstrakte Idee. Aber sie war kaum noch darstellbar. „Die Speisung der Fünftausend" konnte säkularisiert als Wohlfahrtssymbol verwendet werden. Die „Dynamisierung der Rente" als Jahrhunderttat des Sozialstaats in Deutschland ließ sich ikonographisch nicht mehr repräsentieren.

In der Geschichte der politischen Theorien wurde Walter Bagehots Unterscheidung von *„efficient parts"* und *„dignified parts"* der Verfassung bemüht. Die symbolischen dignified parts galten als wenig effizient. Die Wiedervereinigungspräambel hätte mancher gern aus dem Grundgesetz gestrichen. Sie erwies sich aber als effizienter als viele angeblich effiziente Teile der Verfassung, die pausenlos geändert werden mussten. Staatsrepräsentation in der Demokratie war daher in einer Zwickmühle. Welche der vier Legitimationsideen sollte sie betonen? Je mehr die nichtgegenständliche Kunst sich durchsetzte, umso verpönter war die konkrete Darstellung von Ereignissen überhaupt. Erst der Postmodernismus in der Architektur konnte es sich wieder leisten, spielerische Zitate älterer ikonographischer Elemente der Staatsrepräsentation wieder zu benutzen, um der nüchternen Zweckarchitektur zu entgehen. Der Schmuck am Plenarsaal von Parlamenten zeigt es am deutlichsten: Symbole der Schönheit des Landes herrschen vor, von Brasilia bis Stockholm. Der gewebte Wandteppich, der die Details im schöpferischen Halbdunkel lässt und doch eine beruhigend-feierliche Wirkung vermittelt, wurde gerade für die künstlerische Staatsrepräsentation an optisch herausragenden Stellen der Staatsarchitektur wieder belebt. Schlimmstenfalls endete das im handgewebten Ikea-Look wie in Schweden. Aber was ist daran verwerflich, wenn man den neuen Plenarsaal nur noch in einem umgebauten Bankgebäude unterbrachte?

Politik ist in der Demokratie arm an visualisierter Staatsrepräsentation. Fürsten im Absolutismus bauten Staatsrepräsentation „für die Ewigkeit". Demokratische Staatsrepräsentation ist schnelllebiger geworden. Die Mediengesellschaft zwingt zur Inszenierung von Staatsrepräsentation. Sie muss keineswegs erhaben sein. Kanzler Kohl ist auch deswegen unterschätzt worden, weil man ihn an der „grandeur" vergangener Zeiten maß. Es wurde übersehen, dass Kohls Sauerkraut- und Saumagendiplomatie in einem Dorfgasthaus in der Pfalz mit Mitterand effektiver sein konnte als früher ein Staatsbankett bei Ludwig XIV. Angela Merkel hatte Mühe auf Bushs Farm in Texas trotz ihres gewohnt schlichten Looks nicht overdressed zu erscheinen. Der frühere Pomp mochte einen ausländischen Fürsten erfreuen, aber der baldige Wechsel von Allianzen war im System der fünf Großmächte trotzdem vorprogrammiert. Das ländliche Essen in der Pfalz weckt keine erhabenen Gefühle mehr, aber vertieft nachhaltige Freundschaften von Staatsmännern, deren Völker bildlich auf diese Freundschaft eingeschworen werden.

2 Hauptstadtplanung in Bonn 1949-1991: von der Frugalität zum Brutalo-Monumentalismus

„*Rien ne dure que le provisoire*" (nichts hat solche Dauer wie das Provisorium) wurde als Slogan in der dritten französischen Republik im Hinblick auf die provisorischen Verfassungsgesetze dieser Republik geprägt. Das französische Provisorium sollte 65 Jahre dauern (1875-1940). Im geteilten Deutschland wurde der Satz immer wieder voller unheimlicher Ahnungen zitiert. Dennoch hat das Provisorium nur 40 Jahre gedauert, ohne dass die Deutschen zur Aufhebung des Provisoriums – in den Termini von Machiavelli – mehr beisteuern konnten als einen Kanzler,

- der mit machiavellistischer Unbekümmertheit *virtù* entwickelte,
- als *fortuna* (Gorbatschow) die Möglichkeit dazu bot,
- und *necessità* (dass die Deutschen ihre Einheit auch allein bezahlen sollten, wenn sie schon unvermeidlich schien) die Bedenken der Alliierten zerstreute.

Warum wurde Bonn Hauptstadt? Der Volkswitz behauptete: „weil Adenauer 1949 noch nicht mächtig genug war, um seinen Wohnort Rhöndorf durchzusetzen." Der Volkswitz ist auf eine weit verbreitete Verschwörungstheorie geeicht: Adenauer erschien in ihr als einziger Akteur. Tatsächlich gab es mehrere Akteure: Karlsruhe und Koblenz waren als Tagungsort des Parlamentarischen Rates im Gespräch. Militärgouverneur Clay aber ließ die Ministerpräsidenten wissen, dass kein Ort in der französischen Zone, wie Koblenz, und kein Ort nahe dieser Zone, wie Karlsruhe, in Frage käme. Aber auch die Besatzungsmächte waren kein einheitlicher Akteur. Die Amerikaner favorisierten Frankfurt. Die Briten standen hinter Niedersachsens Vorschlag für Celle. Nordrhein-Westfalen als größtes Land konnte am ehesten versuchen, britische und amerikanische Vorstellungen zu versöhnen.

Ministerialdirektor Hermann Wandersleb, der heimliche Schöpfer Bonner Hauptstadtreden, sondierte zunächst in Düsseldorf, Köln und Bonn. Bonn bot die besten Voraussetzungen. Damit war die Schlacht um Deutschlands Hauptstadt für Bonn noch nicht gewonnen. Noch ehe die erste Sitzung des Parlamentarischen Rates stattgefunden hatte, preschte der hessische Ministerpräsident Stock für Frankfurt vor. Die Stadt gab sich zu siegesgewiss und pochte auf ihre Vorleistungen bei der Unterbringung des Parlaments. Die Bonner Lobby mobilisierte indessen andere – eher emotionale – faits accomplis für sich: monatelang tagten alle wichtigen Entscheidungsträger in Bonn, so dass sich die Waage zu Ungunsten der Wirtschaftshauptstadt von Trizonesien, Frankfurt, zu neigen begann. Der Kampf wurde im Jubiläumsjahr fortgesetzt: Das Frankfurter Stadtarchiv legte 1989 noch einmal den Finger in die Wunde, als Bonn sich siegesgewohnt in einer Ausstellung feiern ließ. Wanderslebs Tricks der Zerpflückung der Frankfurter Denkschriften, die bessere ökonomische Eckdaten für die Hauptstadtfunktion anführen konnte als Bonn, wurden entlarvt (Bonn 1989: 25). Für Bonn siegte schließlich eine Koalition der Anti-Zentralisten und Befürworter der Westintegration: Preußenfern, antiprotestantisch und gegen die „rote" Hochburg Frankfurt gerichtet waren die politischen Motive einer Entscheidung, die im Parlamentarischen Rat mit knappen vier Stimmen schließlich fiel.

Die Entscheidung war überschattet durch die Tatsache, dass der erste Untersuchungssausschuss des deutschen Parlaments sich mit Bestechungsvorwürfen zu befassen hatte. Die Pro-Bonner Gedenkschrift ging davon aus, dass es keine gegeben hatte, weil der Ausschuss sie nicht feststellte (Der Bundesminister 1989: 20). In Wirklichkeit begründete der Bundestag nur die Tradition des angeblich nicht Nachweisbaren, welche die Republik bis hin zum Lockheed-Skandal, zur HS-Schützenpanzer- oder Starfighter-Affaire begleiten sollte. Der Bundestagsbeschluss war ein Freispruch mangels Beweisen, kein Freispruch wegen erwiesener Unschuld. „So konnte ein Zusammenhang der Zahlungen mit der Abstimmung über die Hauptstadtfrage nicht festgestellt werden." (Dt. BT, 1 WP, Drs. 3274: 23; 7. 6. 1951: 5849 C) Historiker lehren: Es gibt keine historische Gerechtigkeit. Dann ist es wohl ein Zufall, der Raum für Schadenfreude lässt: Die Anhänger einer westdeutschen Hauptstadt und die Berlin-Gegner haben mit

Bonn einen Pyrrhus-Sieg errungen. Frankfurt wäre nach 1989 gesamtdeutsche Hauptstadt geblieben. Milde Herablassung breitet sich bei den Berlin-Fans gegenüber Bonn aus. Auch Ingeborg Flagge, die einen der kritischsten Beiträge zum Thema „Provisorium als Schicksal" verfasst hat, fand Häme gegenüber Bonn nicht mehr angebracht (Flagge 1992: 225).

Wenn ich Bonn als provisorische Hauptstadt würdigen sollte, würde „der Bock zum Gärtner gemacht", weil ich mich auch publizistisch allzu vehement für Berlin eingesetzt habe (v. Beyme 1991). Ein Argument war für mich, dass ich Bonn als Stadt durchaus gern habe. Der Ausbau zur endgültigen Hauptstadt wäre meiner alten Studienidylle sicher schlecht bekommen, wenn ich nur an die Schubladenpläne zur Verlegung der Bahn unter die Erde und zur Errichtung einer monumentalen Achse denke, die das Idyll noch brutaler zerschnitten hätte als die ewig geschlossenen Bahnschranken. In der Bundestagsdebatte zur Frage des Regierungs- und Parlamentssitz haben solche Argumente keine Rolle gespielt. Allenfalls Kostenfragen auf beiden Seiten wurden erörtert, etwa von Wolfgang Thierse (Die Bundestagsdebatte 1991: 10ff). Das Metropolen-Argument fiel häufig. Städtebaulich hat nicht einmal Peter Conradi argumentiert, obwohl er vermutlich von allen Abgeordneten am meisten davon verstand.

Bonn hatte seit 1991 mehr Chancen zu einem Rückbau auf humane Dimensionen als Berlin, wo er nicht einmal in der Leipziger Straße realisiert zu werden scheint. Am Anfang begann die Gestaltung der Hauptstadt Bonn durchaus stadtverträglich. Das hinderte viele Bonner nicht, sich in Fronleichnamsprozessionen gegen die drohende Zwangsrequirierung von Wohnungen zu wehren.

1991 gab es Parallelen dazu nur in Berlin. Das Innenministerium zog in die Landespolizeischule, das Finanzministerium in den Rohbau einer Kaserne, das Parlament in die Pädagogische Akademie. Die Hauptstadtgestaltung hielt sich recht eng an die sonstige Periodisierung der Geschichte der Republik. 1955, rechtzeitig zur Entlassung in die Halbsouveränität, wurde das Außenministerium fertig gestellt, der damals größte Verwaltungsneubau der Bundesrepublik. Der Bundestag versuchte den Anfangen zu wehren und verbot weitere Großbauten, um für Berlins Hauptstadtanspruch glaubhaft zu bleiben ein Verbot, das der Bundestag erst 1965 aufhob.

Die angemessene architektonische Repräsentation der Demokratie scheiterte anfangs an der allgemeinen Frugalität und an der Lebenslüge der Wiedervereinigung, die zwar von vielen Politikern als solche empfunden wurde, aber die – wie alle „dignified parts" der Verfassung – eine besondere Schubkraft entwickeln. Man denke an den erfolgreichsten Artikel des alten Grundgesetzes: die Präambel. Selbst für den institutionellen Sitz der anfangs noch nicht einmal wiedererlangten Souveränität rückte man vom Frugalitätsprinzip einer ansonsten ganz un-rousseauschen Demokratiekonzeption nicht ab. Aber noch die Schlichtheit von Schwipperts Plenarsaal wurde gelegentlich als „Luxus" gebrandmarkt. Der Karnevalsschlager „wer soll das bezahlen" wurde damals gern auf den Rheinbooten gesungen, welche die Bonner Baustelle passierten. Forderungen nach mehr Repräsentativität hat Hans Schwippert (1951: 70) brüsk zurückgewiesen: „Wir werden sie erbauen, wenn die Politik wieder einmal erhabene Erfolge haben wird. Hans Schwippert schien genau der richtige Mann der Stunde Null, der dem Geist der provisorischen Hauptstadt gerecht wurde. Er war der erste Stadtbaumeister des untergehenden Reiches, der ernsthaft über den Aufbau nachdenken konnte, als er Ende 1944 von den Amerikanern in Aachen beauftragt wurde. Er forderte: „Und brauchen Aufräumtrupps und Baukolonnen auf allen drei Ruinenfeldern: in den Trümmern der Stadt, den Trümmern der Seele und den Trümmern des Geistes (Schwippert 1947: 18). Er bekämpfte die heillose Praxis, die durch „Wiederaufbau" den „Aufbau" verhinderte.

Demokratie und Architektur werden gemeinhin durch das Wort „Transparenz" verbunden. Transparenz sollte demokratische Repräsentativität mildern. Zur „Transparenz" hatte ein Ausschreibungsverfahren gehört. Wandersleb hat Schwippert vermittelt. Diese Wahl war besser als das Verfahren. Aber unter dem Druck der Spaltungstendenzen in Ost-Berlin schien Eile geboten. Der Bau wurde ohne gültige Baugenehmigung begonnen. Sie traf erst zum Richtfest ein. Die Konkurrenz mit Frankfurt setzte einen weiteren Sachzwang, denn Frankfurt baute bereits an einem Plenarsaal (heute Hessischer Rundfunk). Konkurrenz verdarb auch sonst die Entstehung eines einheitlichen Planungskonzepts. Das Land Nordrhein-Westfalen hatte beim Ausbau der provisorischen Hauptstadt ein gewichtiges Mitspracherecht (Flagge 1984: 29).

Manche ausgelagerte Staatsfunktion – etwa das Verfassungsgericht in Karlsruhe – hatte größere Chancen, Demokratie als Bauherrn sinnvoll zu visualisieren. Der neue Bescheidenheitsdrang der ersten Phase führte zum Verzicht auf neue Bauten für das Bundespräsidialamt und das Bundeskanzleramt, die in alten Palais untergebracht wurden.

Selbst die Innenausstattung des Plenarsaals des Deutschen Bundestages war heftig umstritten. Schwippert hätte gern die symbolische Einheit von Exekutive und Legislative in einer runden Sitzordnung verwirklicht. Das stieß beim Ratsvorsitzenden Adenauer auf kein Verständnis, ebenso wie der Versuch, durch eine breite Fensterfront die Offenheit des demokratischen Parlaments zu symbolisieren, Adenauer schrieb unwirsch an Schwippert, dass es nichts Unerträglicheres gebe „als einen Aufenthalt in einem solchen Glaskasten" (Mending 1985: 46). Erfolgreicher war Schwippert bei der Möblierung des hohen Hauses. Egalitär war der Anspruch, der vom Präsidenten bis zum Sekretär allen den gleichen Stuhl und Schreibtisch zuwies. Schwippert schrieb: „nichts von repräsentativen Leihgaben der Vergangenheit, sondern leichte Geräte, die nichts verbergen" (Schwippert 1951: 70). Nur den Verzicht auf ein Rednerpult konnte er nicht durchsetzen. Die Fachpresse urteilte überwiegend positiv. Will Grohmann nannte den Deutschen Bundestag das modernste und gleichzeitig bescheidenste Parlamentsgebäude der Welt.

Kein Bau in Bonn war so kennzeichnend für den guten Willen zu einem demokratischen Neuanfang wie der Deutsche Bundestag. Zwei Jahre ehe das Ende des Provisoriums absehbar wurde (1987) beschloss der Bundestag, den Plenarsaal durch einen

Neubau zu ersetzen. Mit knapper Mehrheit (178:174) setzte sich dabei die kreisförmige Sitzungsordnung durch. Schon vor diesem Beschluss war man mit dem Gesamtkunstwerk, das Schwippert vorschwebte, nicht eben pfleglich umgegangen. Adolf Arndt (1961: 28) nannte die Um- und Anbauten des Bundestags in seinem bekannten Vortrag „Demokratie als Bauherr" „das Elendste, was man sich nach 1945 leistete". Er konnte 1961 noch nicht wissen, dass man sich weit elenderes noch leisten würde.

Manche Leistung im Wohnungs-, Schul- und Kirchenneubau, als Folgeproblem der Bonner Hauptstadtgestaltung, wurde gelobt. Die Amtsratsarchitektur der öffentlichen Bauten wurde unisono scharf kritisiert. Schwipperts Ausscheiden aus der Hauptstadtplanung 1950 sollte zu einem Rechtsstreit zwischen der Bundesbaudirektion und dem BDA führen, der 1951 zugunsten Schwipperts entschieden wurde. Das war kein gutes Omen für die weitere Zusammenarbeit zwischen dem Bund und den freien Architekten (Durth in: Hauptstadt 1989: 414). Bauten von Behörden durch Behörden waren das Ergebnis der Hauptstadtplanung der deutschen Demokratie.

Der Ausbau Bonns hatte in der ersten Phase nur 368 Millionen gekostet. Berlin kann von solchen Zahlen nur träumen. Berlin war auch damals noch im Rennen. Der Reichstag musste auf Öffentlichen Druck für den Wiederaufbau vorbereitet werden. Adenauer sagte mit seinem klassischen Desinteresse bei Entscheidungen, die er für sinnlos aber aus Rücksichten auf die öffentliche Meinung für unvermeidlich hielt: „Dann machen'Se mal einen Bauzaun drum". 84 Millionen wurden für den Wiederaufbau des Reichstages bis 1958 nach Berlin transferiert. Mit dem Bau der Berliner Mauer wurde das Bonner Provisorium selbstbewusster. Die Planungen wurden dennoch möglichst geheim gehalten. Die Bundesbaudirektion berief eine Gutachterkommission aus den Professoren Baumgarten, Eiermann, Ruf und den Städtebauern Hillebrecht und Guther. Aus der Kommissionsarbeit gingen Vorüberlegungen für das Abgeordnetenhaus „Langer Eugen" und die kreuzförmigen Ministeriumsbauten, von denen nur zwei gebaut worden sind, hervor. Eiermann wurde mit dem Langen Eugen 1966 beauftragt. Ein zweiter Bau, der wenigstens als Solitär – und im Vergleich zum Langen Eugen auch durch die Einpassung in die Rheinlandschaft – einen guten Ruf genoss, war Sepp Rufs Kanzlerbungalow (1963/64). In der Frühphase hatten nur Heuss und Erhard Sinn für modernes Kunstschaffen. Die beiden Kokoschka-Portraits zeigen es, wo ansonsten öde Gebrauchsportraits überwogen (mit Ausnahme von Meistermanns Brandt-Portrait und des vergoldeten Schröder-Portraits von Immendorff im BKA in Berlin). Erhards Nachfolger war über den Kanzlerbungalow keineswegs beglückt. Bebenhausen bei Tübingen wurde Deutschlands heimliche Hauptstadt. Ausgerechnet Willy Brandt, ein Freund Berlins, wurde zum größten Anreger der Hauptstadtgestaltung in Bonn. Mit der De-facto-Anerkennung der DDR verfestigte sich das Provisorium. Die Bonner Planungen konnten den schützenden Haag der Geheimhaltung bei einem Kanzler verlassen, der versprochen hatte, „mehr Demokratie zu wagen". Trotz einiger Neubauten, die das Provisorium untergruben, war der Bund noch immer der größte Mieter, der 7,5 Millionen DM jährlich für Mieten ausgab.

1971 wurde ein städtebaulicher Ideenwettbewerb ausgeschrieben. 1971 wurde den Architekten Legge und Legge der erste Preis zuerkannt. Helmut Schmidt sprach bereits offen vom „Ausbau der Bundeshauptstadt Bonn". 1975 wurde ein Vertrag mit dem Land Nordrhein-Westfalen dafür geschlossen. Die erste SPD-Regierung ergriff neue Initiativen. Kanzleramtsminister Ehmke schrieb ziemlich im Alleingang einen Wettbewerb für das Bundeskanzleramt (gebaut 1973-76) aus. Das Ergebnis – im Volksmund „Sparkasse" genannt – wurde von den Experten nicht gut aufgenommen. Die Pseudoarkaden waren irreführend. Sie luden zum Flanieren ein, wo gerade dies aus Sicherheitsgründen streng verboten war (Klotz 1984: 401). In der Ära Schmidt wurde erneut ein Beratergremium mit Hillebrecht, Laage und Rossow berufen, das sich von den früheren Konzeptionen löste. 1981 wurde der Wille zu mehr Bescheidenheit im Zeitalter eines pfleglichen Städtebauförderungsgedankens seit 1975 in den Beschluss umgesetzt, auf einen Neubau des Bundestages zu verzichten. Man rang sich zum „Provisorium im Provisorium" durch, und benutzte das Wasserwerk als Sitzungssaal für die Zeit des Umbaus des Plenarsaals. In den 80er Jahren haben die Neubauten des Post- und Verkehrsministeriums in Bonn die Gelöbnisse zur Schaffung einer humaneren Architektur mit ihrem „Gefängnislook" nicht eingelöst (Flagge 1992: 240).

Im Bauwettbewerb von 1973 für ein neues Parlament und Abgeordnetenbüros erhielten Behnisch & Partner den ersten Preis. Behnisch's schwingender Plenarsaal gemahnte an die Münchner Olympiabauten. Sie wurden als Vorbild eines neuen entkrampften „swinging Germany" empfunden. Ganz so luftig freilich konnte der institutionelle Sitz der Souveränität nicht gestaltet werden. Die Heiterkeit der Architektur kann die Härte der Politik entgegen Behnischs (1992) Hoffnungen nur zum Teil auflösen. Behnisch selbst hat das Münchner Beispiel eingeschränkt: Die politischen Programme gehen der Architektur voraus. Kein Zweifel. Aber moderne Staatsarchitektur wird nicht mehr vom aufgeklärten Potentaten in Auftrag gegeben, die sich dem „Bauwurmb" verschrieben haben, wie weiland die Schönborns, und dabei einen beträchtlichen Sachverstand entwickelten. Bundeskanzler Kohl dürfte ohne Expertisen auch bei der Auswahl zwischen zwei Varianten des Bundeskanzleramtes im Spreebogen, gelinde gesagt, überfordert sein.

> Das Gute – dieser Satz steht fest,
> ist stets das Böse, das man lässt. (W. Busch)

Es war bereits ein Fortschritt, dass die megalomanen Planungen der 70er Jahre nicht ausgeführt worden sind. Faits accomplis, wie der Lange Eugen, – und von der Hauptstadt nicht zu verantworten, das Bonner Rathaus – wirken ja nur deshalb verheerend, weil eine an sich akzeptable Architektur isoliert in eine unangepasste Umwelt gestellt wurde. Beim Abgeordnetenhochhaus war besonders schmerzlich die Zerreißung einer schönen Vorstadt mit Gartenvillen. Diese Hochbauten waren in einem Ensemble mit größerer Verdichtung und Übergangs-Akzentuierung geplant, das nicht zustande kam. Nun forderten die Solitäre zur Nachbesserung heraus. Der Lange Eugen musste nachträglich in ein pflegliches Konzept der Rheinauen-Stadt-Landschaft eingebettet werden (Deutscher Bundestag: Bauten 1989).

Am Ende der Ära Schmidt kam es zu Reuetaten des Bundestages. 1981 wurde beschlossen, Altbauten zu erhalten und Neubauten nur im unbedingt notwendigen Umfang vorzusehen. 1984 beschloss der Ältestenrat, Joachim Schürmann mit der weiteren Planung zu beauftragen. Eine Minderheit des Gutachtergremiums hatte den Entwurf von Behnisch favorisiert. Der Bundestag versuchte, seine siebzig zum Teil angemieteten Liegenschaften zusammenzufassen und den Abgeordneten endlich Arbeitsbedingungen zu verschaffen, wie sie von der kleinen Parlamentsreform schon vor einer Dekade in Aussicht genommen worden waren. Angesichts des Mangels an Mut zur repräsentativen Architektur hätten manche Kritiker es für besser gehalten, wenn der Bund Großmieter geblieben wäre (Flagge 1992: 240). Ein solches Urteil bleibt freilich im Ästhetischen stecken und denkt nicht an die Funktions- und Arbeitsbedingungen eines Parlaments. Diese werden – man muss es zynischer Weise sagen – nicht schlecht, wenn die Außenansicht der Architektur schlecht ist, und umgekehrt: In Frankreich wird parlamentarisch nicht besser gearbeitet, weil die Arbeit unter Delacroix-Fresken stattfindet. Der Schürmann-Bau war mit vielen Vorschlusslorbeeren bedacht worden, als das größte, modernste und schönste Abgeordnetenhaus der deutschen Geschichte. Es wurde zum letzten traurigen Kapitel der Hauptstadtgeschichte, die Bonn schwerlich verdient hatte, als eine Hochwasserkatastrophe die teuerste und größte Nasszelle der Welt hinterließ. Die Bauruine wurde zum Politikum. Die Bonn-Lobby witterte Verrat an der Verantwortung des Bundes, Bonn zu entschädigen. Die Berlin-Lobby witterte eine Art Gottesurteil über die schändliche Bonner Sabotage-Politik, die angeblich darauf abzielte, den Umzug durch Weiterbau von Großprojekten in Bonn zu verzögern. Peter Conradi – er hatte schweren Herzens für Berlin gestimmt – zeigte späte Reue: „Vielleicht hätte ich frühzeitig nicht mit anderen Kollegen für den Weiterbau stimmen sollen" (RNZ 21.1.1994: 10).

Das war eine noble Geste des Willens zum blame-sharing, der im Bonner Kompetenzwirrwarr gerade in der Baupolitik immer mehr abhanden kam. Irmgard Schwaetzer, damals Bauministerin, suchte die Schuld nach der parlamentarisch korrekten Formel „zuständig, aber nicht schuld" bei anderen: bei der Bundesbaudirektion (die Präsidentin Barbara Jakubeit trat zurück und wurde Professorin, „who can does, who can't teaches" lautet eine englische Volksweisheit), bei den Firmen, und sogar bei einem Vorgänger im Amt, Oscar Schneider. Dennoch wurde das Debakel der Anfang vom Ende der eigenen Ministerkarriere. Schade! Die Skandalschelte verdeckte frühere Verdienste „der Dame", wie sie nicht eben ohne Sexismus nun erbarmungslos von ihren Gegnern tituliert wurde. Fest stand nur, dass sie das Bauministerium lustlos wie eine Strafkompanie geleitet hatte und dies nicht schnell genug zum Abbau des eigenen Kompetenzdefizits in diesem Bereich geführt hatte – ein normales – nicht nur ein Frauenschicksal – im Ministerkarussell eines parlamentarischen Systems. Joachim Schürmann, der Architekt der seinen Namen schuldlos in einen Skandalfall verstrickt fand, hielt den Bau für zu retten (FAZ 8.2.1994: 5). Der neue Bauminister ab Ende 1994, Klaus Töpfer, schien gewillt, die Fundamente sanieren zu lassen.

Über dem Ärgernis, das eine Naturkatastrophe auslöste, wurde vergessen, dass Bonns Abgang in der Hauptstadtarchitektur durchaus beachtlich war. Kaum war Bonn nicht mehr Hauptstadt, wurden gute Bauwerke fertig gestellt, wie die Bundeskunsthalle und das „Haus der Geschichte". Nur die Selbstinszenierung der Solitäre forderte noch Mäkler heraus. Die Architektur wurde im Ganzen akzeptiert (Der Tagesspiegel 16. 6. 1994: 17).

3 Die Stadt die immer wird und niemals ist: Berlin seit 1991

Berlin hat seine Hauptstadtplanung nicht voraussetzungslos betrieben. Die Stadt hat sich durch Studien in anderen Hauptstädten kundig gemacht. Der Vergleich zeigt, dass es keine völlige Harmonie zwischen dem nationalen und dem lokalen Zentrum einer Hauptstadt gibt, es sei denn als künstliche Idylle, wie in Canberra/Australien. Föderalistische Länder sind geeigneter zum Vergleich. Aber es zeigt sich, dass die Ausdifferenzierung eines Hauptstadtbezirks, wie des „District of Columbia", aus der Länderstruktur, in Washington keineswegs dazu beitrug, dass ein eigenständiges kommunales Zentrum an Bedeutung gewann (United States Capital: 1983). Nun könnte diese Entwicklung in der amerikanischen Hauptstadt vielleicht noch als ein Nebenprodukt der gigantischen Planungen von L'Enfant interpretiert werden. Außerdem: was sich nicht optisch in besonderen kommunalen Bauten niederschlägt, muss deshalb inexistent sein. Dennoch entwickelt sich in Washington das Gegenteil eines urbanen Zentrums. Nördlich des Weißen Hauses verslumen sogar ehemalige elegante Botschaftsviertel. Südlich der „Mall entwickelte sich ein wenig durchmischtes Ministerienviertel, dem auch einige Hotdog-Stände kein urbanes Leben einhauchen können.

Im Vergleich mit Washington hat Berlin optisch mit dem Roten Rathaus gute Aussichten, als politische Gemeinde sichtbar zu bleiben. Die künftige Entwicklung enthält jedoch eine Unbekannte: wir wissen nicht, wie sich Berlin als zentrale Kommune innerhalb eines Landes Berlin-Brandenburg entwickeln wird. Jedenfalls ist mit der Verlagerung der Hauptstadt des Landes nach Potsdam kein Anreiz zur starken Sichtbarkeit Berliner Einrichtungen mehr gegeben.

Bei der Suche nach dem lokalen Zentrum geht es jedoch nicht in erster Linie um Sichtbarkeit von Architektur, sondern um lebendige Strukturen der lokalen Gesellschaft und eine leidlich harmonische Koexistenz von lokalen und nationalen Einrichtungen in der Stadt. Diese Koexistenz ist in Washington gar nicht, in London wenig und in Paris gut gelungen? Berlins Zentrum mit seinen zugigen Schneisen und mit den zu geringen Resten alter Bausubstanz ist in einer ganz anderen Lage als die Hauptstädte anderer Demokratien.

In Paris ist im 6. und 7. Arrondissement ein aristokratisch-großbürgerliches Viertel mit seinen Palais in die Hauptstadtfunktion hineingewachsen, ohne seine traditionelle Durchmischung mit Kulturbauten und Wohnungen zu verlieren. In London ist „Whitehall" als Machtzentrum des britischen Staates der Berliner Situation vergleichsweise am ähnlichsten. Das Regierungsviertel ist ein hochverdichtetes Durchzugsgebiet und wenig durchmischt mit anderen Funktionen. Dennoch wirkt es relativ lebendig, weil touristische Attraktionen an beiden Enden des Regierungszentrums einen lebhaften Durchgangsverkehr herausfordern. Hier wird die Lage mit Berlin unvergleichbar. Westminster als Anziehungspunkt westlich der Regierungsbauten ist in Fußgängernähe. Westlich des Reichstags aber lädt in Berlin der Tiergarten die Einheimischen zum Picknick ein. Für auswärtige Touristen aber bildet er eine Barriere, denn die touristischen Ziele in Charlottenburg sind nicht mehr in Fußgängernähe.

Im Osten der Regierungsmeile liegt in London die alte City mit zahlreichen Attraktionen. In Berlin liegt dort eine Altstadt, die ausradiert worden ist. Zwei mittelalterliche Kirchen und ein altartiges Quartier aus der Postmoderne-Zeit des Spätsozialismus schaffen noch keine Altstadt. Die zügige Parkbrache bis zum Alexanderplatz harrt noch der Gestaltung. Die Attraktion für Ferntouristen endet weitgehend an den Kulturbauten auf der Spreeinsel, wo die Altstadt eigentlich erst beginnt. Es hat in London auch immer eine Konkurrenz von Westminster und Londoner City gegeben. Sie wurde durch Differenzierung der Funktionen entschärft. In Berlin hingegen ist die Konkurrenz von Berlin und Cölln nur noch historisch rekonstruierbar, kann aber architektonisch kaum noch visualisiert werden.

In Berlin hatte sich eine westliche Gegencity konstituiert, längst ehe es zur Teilung der Stadt gekommen war. Die Einigung Deutschlands hat den Vorsprung der westlichen City nicht abgebaut. Eine Östliche City am Alexanderplatz kann als lokale Trotzreaktion der Ostberliner vielleicht Wachstumschancen bekommen, falls der Rückbau des Alexanderplatzes nicht erneut Einschüchterungsarchitektur à la Kollhoff hinterlässt. Es ist jedoch schon sichtbar, dass Ostberliner, wenn sie ihr Befindlichkeitstrauma einen Abend überwinden und das Geld aufbringen, zum Amüsement eher nach Westberlin überwechseln. Das lokale Zentrum Berlins hat somit schlechte Aussichten, eine Einheit zu werden. Die Tendenz zur Herausbildung suburbaner regionaler Zentren der Stadtteile, wie in Steglitz, Zehlendorf, Spandau und anderwärts, ist weiter fortgeschritten als in Hauptstädten anderer Länder von vergleichbarer Größe. In Berlin wird diese Suburbanisierung von der Stadtplanungskonzeption zudem planmäßig gefördert (Tendenzen 1994: 81). Zwischen den suburbanen lokalen Zentren kann das nationale Zentrum in Berlin zu einer reinen Tagesurbanität von 10-17 Uhr gebremst werden, was nicht Sinn der Planung sein kann. In den ersten Diskussionen um die Planungskonzeption für die Hauptstadt wurde die Alternative aufgeworfen: Bürgerstadt oder Regierungszentrale? Es war zu erwarten, dass die Antwort pragmatisch ausfallen würde: „sowohl als auch" (Lütke Daldrup 1994: 422). Die Harmonisierung beider Leitbilder wurde jedoch im Zentrum von Friedrichs- und Dorotheenstadt noch keineswegs gesichert. Eine Bürgerstadt ist nicht im Entstehen. Die Verantwortlichen, wie Hans Stimmann (in: Süß, Bd. 2: 405), erklärten, dass es in Berlin nicht wie bei „La defense" in Paris oder „Canary Wharf" in London um die Errichtung einer zweiten City neben den Innenstädten gehe. Das ist glaubhaft, denn die Nebencities sind in Berlins Suburbia längst entstanden. Die wichtigste Strukturfrage bei dem anstehenden Bauvolumen von 4 Millionen m^2 ist die Harmonisierung der Hauptstadt – und der Dienstleistungsfunktionen. Der Vergleich mit „la defense" hinkt ohnehin. Der Paris-Besucher kann den Stadtteil meiden, ob er ihm gefällt oder nicht. Der Berlin-Besucher hat diese Möglichkeit nicht. Gleich hinter den „Linden" stößt er auf relativ unstrukturierte Areale des radikalsten Umbaus einer Altstadt in der Geschichte.

Neu an der Lage Berlins ist die Notwendigkeit, ein Verkehrsnetz für die harmonische Verbindung von drei wichtigen Funktionen in der Innenstadt bereitzustellen. Wo wird schon ein neuer Hauptbahnhof in einer alten Stadt geplant? Das Quartier am künftigen Hauptbahnhof lässt eine gewisse unorthodoxe Urbanität in der Nähe der Herrschaftszentren erhoffen, während andere ein Rotlichtviertel und Sündenbabel befürchten. Die unorthodoxe Urbanität aber ist am wenigsten planbar. Die austeren Blöcke des Bahnhofsprojekts von Meinhard von Gerkan suggerieren noch optisch: „alles unter Kontrolle", im Bahnhofsgebäude unter Kontrolle einiger Hauptverwaltungen, die man auf dem Bahnhofsgelände anlocken möchte.

Die Verkehrsbauten wurden zum größten Streitpunkt im Konzept der ökologischen Stadterneuerung. Irmgard Schwaetzers Plan für eine Untertunnelung des Brandenburger Tors fiel mit der Ministerin. Der Tunnel im Spreebogen ist hingegen realisiert worden. Ende 1996 ist dafür ein spektakuläres Experiment, wie die Umleitung der Spree, angesetzt mit noch umstrittenen Ökologischen Folgen. Man versprach grundwasserschonend zu bauen. 2500 Bäume fielen dem Projekt zum Opfer (Kurpjuweit 1995: 7).

Im Widerstreit des optimal Wünschbaren und des politisch und wirtschaftlich Machbaren sind starke Hypotheken der bisherigen Stadtplanungen in Ost und West übernommen worden. Ost- und West-Berlin haben seit langem eine Entmischung der Funktionen vorangetrieben. Der Respekt vor der überkommenen Struktur der Parzellen war keineswegs nur im Osten gering. Eine auf den PKW konzentrierte Verkehrsplanung schob sich auf beiden Seiten des Eisernen Vorhangs in den Vordergrund.

Die Schaffung der Verkehrsverbindungen zwischen Ost und West wurde zu einem ersten Schwerpunkt des Städtebaus erklärt. Aber bei der Nordumfahrung der Altstadt und der Anbindung der Invalidenstraße kam es zu solchen Verzögerungen bei einem winzigen Brückenbau, dass kein Vertrauen entstand, künftige Infrastrukturmaßnahmen – vor allem die neue U-Bahnlinie vom Alexanderplatz zum Lehrter Bahnhof – konnten fristgerecht durchgeführt werden.

a) Das neue Leitbild der ökologischen Stadterneuerung

Die Diskussion um die Erneuerung der Hauptstadt wirkt insofern „postmodern", als sie sich überwiegend auf die baukünstlerische Seite des Baugeschehens konzentrierte. Das neue Zentrum der Metropole sollen Dorotheen- und Friedrichstadt sein. Sie sind im Flächennutzungsplan von 1994 als „Kerngebiet" ausgewiesen. In diesem Kerngebiet sind vor allem zulässig: Geschäfts-, Büro-, Verwaltungsgebäude, Einzelhandelsbetriebe und Hotels. Ausnahmsweise werden auch Wohnungen zugelassen (Stimmann in: Süß, Bd. 2: 403-405). Der Anteil der Wohnungen wurde nicht genau festgelegt. Die Daumenregel besagt: 20% des Volumens.

Ein weiteres gemeinsames Erbe der beiden deutschen Staaten ist die Absage an das Leitbild der Stadtlandschaft das mit Scharoun als Stadtbaurat besonders bizarre Blüten in der Berliner Nachkriegsdiskussion getrieben hatte. Scharouns Vision ging weit über den Grundkonsens der Zeit zugunsten der „gegliederten und aufgelockerten Stadt" hinaus. Scharoun wollte das Urstromtal der Spree optisch wieder sichtbar machen. Wolf Jobst Siedler hat schon früh die Stimme der Opposition artikuliert: „Wer das eiszeitliche Urstromtal zum Leitbild des Wiederaufbaus einer zerstörten Stadt machte, erhebt den Neandertaler zum Generalbaumeister (zit. Kampffmeyer 1985: 1897).

In der Ära Hans Stimmann schienen die alten Fronten wieder aufzubrechen. Die Ausstellung „Das Berlin von morgen", die vom Deutschen Architekturmuseum in Frankfurt mit starker Beachtung der Medien lanciert wurde, schien ähnlich genial wie einige Nachkriegsplanungen mit dem Stift über gewachsene Stadtstrukturen hinwegzugehen. Dennoch hatten die Fronten sich verschoben. Alle planungsrelevanten Beiträge haben die Scharounsche Position nicht wieder aufgegriffen.

Die Vorstellung einer kritischen Stadtrekonstruktion, wie sie die IBA bereits in den 80er Jahren entwickelt hat, schien Ende der 80er Jahre in Ost- und West-Berlin konsensfähig zu sein. Allerdings hat sich dieser Konsens in den 80er Jahren marktwirtschaftlich verengt: „Die aktuelle Erneuerungspolitik ist pragmatisch, sie zielt auf eine Unterstützung bzw. Bremsung vorhandener marktvermittelter Entwicklungsprozesse". „Verdichtung" war an die Stelle der „Auflockerung" getreten (Tendenzen: 85), so sehr auch schon früh einzelne kritische Stimmen vor den „Verdichtern und Urbanitätern" gewarnt hatten (Hillebrecht).

Wie die „Verdichtung" mit dem Zusatz „ökologisch" harmonisiert werden kann, blieb unklar Der Zusatz „behutsam" sollte sich auf gewachsene Sozialstrukturen beziehen, aber er kann sich kaum auf das „Kerngebiet" der Hauptstadt beziehen, da hier der Wohnungsanteil sehr klein geplant ist. Der verbleibende Anteil an Wohnungen im Kerngebiet wird schwerlich sozial verträglich „abgewickelt" werden. Die Preisentwicklung der Metropolen deutet bereits auf die übliche „Gentrification" hin.

Postmodern erschien das neue Leitbild auch darin, dass es sich zur „ungleichzeitigen Stadt" bekannte. Ihr liegt kein einfaches und vereinheitlichendes Leitbild mehr zugrunde. Wieder gilt das im Maßstab der Gesamtstadt. Für den Kernbereich ist die

Dienstleistungsmetropole die Leitvorstellung, die sich mit den anderen genannten Prinzipien nicht widerspruchsfrei verbinden lässt (Tendenzen: 131).

Der stille Leitbild-Konsens in Ost und West vor der Vereinigung blieb in der Durchführung auf den Westen beschränkt: der Osten hatte längst nicht mehr die Mittel zu bezahlen, was er erkannt hatte. Inzwischen ist der Westen in eine ähnliche Lage geraten. Seine bauliche Hauptaktivität erstreckt sich auf ein Gebiet, das einst zum Osten gehörte. Dieser Stadtteil ist trotz der Propaganda um die „Hauptstadt der DDR" wegen seiner exponierten Lage ziemlich vernachlässigt worden. Selbst an Staatsbauten wurde wenig von dem Projektierten gebaut. Im Wohnungsbau wurde aus Demonstrationszwecken dafür gesorgt, dass die Grotewohlstraße zwar in Wilhelmstraße rückbenannt werden konnte. Aber die alte Konzentration staatlicher Ämter mit ihrer Einschüchterungsarchitektur ließ sich nicht restaurieren, da die Plattenwohnbauten diesen Bauplatz besetzt hatten.

Der Westen musste nach 1990 erkennen, dass die kritische Stadterneuerung der 90er Jahre nicht mehr zu den vergleichsweise günstigen Konditionen der IBA-Zeit wie bei der Modernisierung des Altbaubestandes von Kreuzberg zu haben war. Privatisierung wurde das Schlagwort der neuen Ära. Selbst die Mobilisierung wurde wieder entdeckt. Man griff auf Erfahrungen in Wien und in der DDR zurück, dass bei den Mietern Bereitschaft vorhanden ist, sich für private Investitionen mobilisieren zu lassen, wenn Eigentumsansprüche dafür rechtlich abgesichert werden (Tendenzen: 134).

Erneut kam es zur Diskussion von Bürgerbeteiligung an der Planung. Peter Dienels Versuch, seine Idee der „Planungszelle" im Städtebau in Köln direkt wirksam werden zu lassen, war von den Technokraten längst als zu aufwendig zu den Akten gelegt worden. Ein Experiment der Bürgerbeteiligung in Köln-Chorweiler wurde als erfolglos eingestuft. Bessere Modelle fand man in Hamburg-Kirchdorf-Süd. In Berlin war die Lage jedoch wesentlich ungünstiger als in Köln oder Hamburg. Für Ost-Berlin ging man von einem Entwicklungsrückstand von 30 Jahren aus. Der Wohnungsbedarf wurde für Berlin auf 200 000 Wohnungen geschätzt. Nach den Daten zum Bundesdurchschnitt hätten in den letzten Jahren 23000 Wohnungen fertig gestellt werden müssen. 1993 wurden aber nur knapp 10 000 und 1994 etwa 15 000 Wohnungen in Berlin gebaut (Banghard 1995: 450).

Die Aussichten für einen sozialvertraglichen Wohnungsbau in der City sind nicht günstig. Die Wohnungskontingente der Dienstleistungsbauten sind von Anfang an gentrifiziert. Die Reste des „Wohnens im Kiez" sind von der Mietpreisentwicklung bedroht. Wenn 1997 die Sonderabschreibung nach § 4 des Fördergebietsgesetzes entfällt, werden private Investoren im Wohnungsbau kaum noch ermuntert. Die Wohnungsbaulobby läuft bereits Sturm gegen die Netze der Sozialverträglichkeit, die gespannt wurden. Der Gesamtverband der Wohnungswirtschaft (GdW) hat die für den 1. Juli 1995 vorgesehene Anhebung der Bestandsmieten um maximal 20% bei kommunalen und genossenschaftlichen Wohnungen in Ostdeutschland als unzureichend bezeichnet und fordert bis zu 30% (Der Umzug: 1) Die FDP-Fraktion in Bonn wollte bei

Neuvermietungen nur noch schwache Begrenzungen der Mieten nach dem Wirtschaftsstrafgesetz zulassen, wie sie auch im Westen gelten. Bauminister Töpfer hat 15% höhere Mieten befürwortet. Die Länderbauminister wollen nur 10% mehr Miete zulassen (Was wird aus den Ostsmieten? 1995: 9). Aber auch hier war der Trend preistreibend und nicht eben sozialverträglich.

Drei Funktionen mussten von den Planern gestärkt werden:

a. Die Service- und Verkehrsfunktion, die durch die Teilung der Stadt praktisch 30 Jahre dem möglichen technischen Stand hinterher hinkte.
b. Die politischen Funktionen einer Hauptstadt.
c. Die Funktionen eines deutschen Kulturzentrums.

b) Hauptstadtfunktionen

Das erste Paradoxon, das sich auftat, war dass Bonn – in Abgeltung seiner Hauptstadtverluste – mehr Geld aus dem Bundeshaushalt bekam als Berlin. Bonn wurde mit 2,9 Milliarden DM abgefunden – mehr als es in 40 Jahren an Subsidien erhalten hatte (Krüger 2006: 259). West-Berlin war hingegen reichlich als Schaufenster der westlichen Demokratie gefördert worden, solange es noch nicht Hauptstadt war. In den 80er Jahren wurden mehr als die Hälfte des Berliner Budgets vom Bund finanziert. Kohl hat als Kanzler in eine mögliche Hauptstadt Berlin bereits investiert, als er die Restauration des Reichstages und ein Museum für deutsche Geschichte im Zeughaus unterstützte. Bonn hat geschickt eine „beggar-thy-neighbour-Politik" verfolgt, als es mit seiner drohenden Verarmung kokettierte. Das Gegenteil des Erwarteten tat ein: Bonn zog neue Institutionen und Firmensitze an, während Berlin – nahe der Ostgrenze zu Polen – zum Bettler gegenüber dem Bundeshaushalt wurde. Klaus Wowereit spielte geschickt auf dem Image-Klavier „arm aber sexy" und beides musste die Notwendigkeit staatlicher Subsidien erklären. Hauptstadtfinanzierung sollte Verfassungsrang erhalten und immer wieder tauchte die Idee auf, Berlin in einen „federal district" zu verwandeln, wie ihn Washington genoss. Berlin als Hauptstadt wurde jedoch proportional nicht so üppig gefördert wie Bonn, das 10% seines Stadthaushalts vom Bund bekam. Die Zeiten hatten sich geändert:

- Öffentliches Geld war knapper geworden,
- Berlin bedurfte angeblich weniger der Architekturförderung, weil genügend eindrucksvolle Gebäude überlebt hatten oder restauriert worden waren.
- Außerdem war Berlin – mit drei Opern und vielen Museen – schon immer ein Kulturzentrum, dass man in Bonn mühsam aufzubauen versuchte.

Offen bleibt, wie sich bei einer Fusion von Berlin und Brandenburg das lokale Zentrum entwickelt, wenn die Hauptstadt des neuen Gebildes nach Potsdam ziehen muss. Berlin aber bietet auch mit Schloss Charlottenburg nicht die Attraktionen von Westminster, westlich der Londoner City, und das östliche Zentrum am Alexander Platz hat bisher nur Pläne von Kollhoffs Gestaltung hervorgebracht, die als Einschüchterungsarchitektur diskriminiert worden sind.

Ost und West Berlin haben beide die anfängliche Nachkriegsideologie der „gegliederten und aufgelockerten Stadt" aufgegeben. Als Hans Scharoun in den späten 40er Jahren die Idee lancierte, das Urstromtal der Spree wieder sichtbar zu machen, haben Kritiker wie Jobst Siedler gekontert, dass dies der Ernennung des Neandertalers zum Stadtbaumeister bedeuten würde (zit. Kampffmeyer 1985: 1897). Das Paradigma – das einige Architekten ab 1944 sogar über die Auflockerung von „Zille sein Milljöh" durch Bomben frohlocken ließ – hat sich rasch gewandelt. Das britische Paradigma *„low rise – high density"* wurde in Deutschland nie wörtlich genommen, aber man kam ihm näher. Stimmann wurde hart für seinen Preußischen Klassizismus kritisiert, der Häuser über 30 Meter kaum erlaubte und die traditionelle Dachstruktur und die kleinen individuellen Fassaden bevorzugte. Das führte zu allerlei Mogelei: tiefe Keller und Großstrukturen hinter mehreren Fassaden, die zu Blendwerk degradiert wurden (Spiegel-Streitgespräch 1994: 50). Berlin hatte zudem das Problem, dass es den Teufel der geplanten Bauwirtschaft der DDR mit dem Beelzebub der zentralen Supereinrichtung „Treuhand" austreiben wollte, die für die Verteilung vieler Bauplätze verantwortlich war und naturgemäß an großen Grundstücken interessiert war, um Großinvestoren anzulocken.

In den 90er Jahren tobte in ideologischer Kampf zwischen „den Internationalisten der Moderne" und der „Berliner Steinfraktion". Die Kommentare ausländischer Architekten fielen entsprechend negativ aus. Der Erbauer der französischen Nationalbibliothek, Dominique Perrault, sprach von steriler lokalistischer Architektur (Interview 1995: 62). Es wurde eine lokale Mafia in Berlin am Werk gewittert, bei der sich örtliche Berühmtheiten wie Josef Paul Kleihues, Jürgen Sawade oder Hans Kollhoff verschworen hatten, und angeblich Ausländern keine Chancen gäben. Das Gegenteil ist der Fall. Über 150 ausländische Architekten haben in Berlin gebaut. Das hat kleinliches Objektzählen nicht verhindert: Helmut Jahn bekam nur 8 Projekte, Kleihues als Lokalmatador hingegen 13 (Heimatkunde: 53). Wenn man die Prestige-Projekte wägt und nicht nur zählt, sind wichtige Architekturen von einer internationalen Elite gebaut worden. Einige mussten grollend die Restriktionen der Stadt akzeptieren, wie Philip Johnson, obwohl sie lieber Wolkenkratzer gebaut hätten (Schwilk 1995: 61). Die Behauptung einer Konfrontation zwischen deutschen und ausländischen Architekten führte in die Irre. Die Fronten haben auch die deutschen Architekten getrennt, wie Stimmann (1995: 405) glaubhaft belegen konnte. Kritiker übersahen auch, dass in vergleichbaren Hauptstädten die Wolkenkratzer auch in Paris und London nicht erlaubt waren, und der Bahnhof Montparnasse genügend Konflikte heraufbeschwor. Berlin war zudem in der Planung flexibel: am Potsdamer Platz gab es Höhenbeschränkungen, am Alexanderplatz wurden die Höhen großzügiger geplant. Da Berlin – im Gegensatz zu anderen Hauptstädten – ohnehin ein Konglomerat von auffälligen Solitär-Bauten bestand, sahen auch frühere linke Kritiker wie Hoffmann-Axthelm (1994: 13) keine rechte Alternative zu Stimmanns Kurs. Das Linke an dieser Konzession bestand darin, dass befürchtet wurde, „Marketing" würde bei einem moderneren Konzept über „städtische Kommunikation" siegen.

Die heftigsten Diskussionen löste das Kanzleramt aus. Axel Schultes war nur mit einem bedeutenderen Gebäude in Bonn hervorgetreten und bekam im Wettbewerb für viele überraschend den ersten Preis. Der SPD-Schattenbauminister Peter Conradi (1995: 9) nannte das Modell eine „finsteres Mausoleum". Den zweiten Preis bekam Oswald Mathias Ungers – mit Berliner Bauten ausgewiesen. Auch sein Modell wurde als „pseudo-klassizistisches Design mit Distanz schaffenden imperialen Gesten" kritisiert. Bernd Niebuhrs Stadthaus auf der Spreeinsel wurde gar „Zentralgefängnis von Atlanta" betitelt. Das Kanzleramt ist nicht so schlecht wie sein Ruf. Sicherheitsvorkehrungen haben manches nicht einleuchtende an dem Wechsel von offenen und verborgenen Teilen diktiert. Selbst das große Bullauge, das dem Bau im Volksmund den Spitznamen „Waschmaschine" einbrachte, ist mit Panzerglas von 8 cm. Dicke bewehrt. Das Verdikt „zu groß" ist freilich ungerecht, denn längst nicht alle Angestellten konnten im Hauptbau untergebracht werden. Die einen kritisieren zuviel Monumentalität. Mich stört eher der postmoderne Schnickschnack am Rande des Architekturkitsches, wenn Bäumchen aus funktionslosen Säulen im Eingangsbereich herauswachsen. Stefan Braunfels, der einst als Kritiker Megalomanie der bayrischen Staatskanzlei in München geglänzt hatte, schuf im Alsen-Block für die Abgeordneten ein Dokument monumentaler Monotonie (Bartetzko 1995: 27).

Wenig planerische Möglichkeiten boten die Parteizentren, Ländervertretungen und Botschaften. Die Zentralen der beiden größten Parteien liegen in respektvollem Abstand vom Zentrum des Geschehens und voneinander – nicht gerade in Stimmung einer „Großen Koalition". Russland erbte seine sowjetische Botschaft unter den Linden, Japan und Italien mussten ihre Gebäude im faschistischen Stil am Tiergarten modernisieren. Die USA waren verschnupft, dass man ihnen am Pariser Platz kein freistehendes Gebäude konzedierte und bei den Botschaften von Großbritannien und Frankreich muss man seinen Hut nicht abnehmen, wenn von großer Architektur die Rede ist.

c) Kulturelle Funktionen

Politische Repräsentation schafft keine Aura mehr. Deutsche Berlin-Planer träumten von Canberra, einer kleinen Hauptstadt eines riesigen Landes mit wenig Abwechslung, in der das Parlament eine Kultur- und Tourismuszentrum mit Cafés und Ausstellungen wurde. In Berlin hat die Kuppel des Reichstages ähnliche Funktionen übernommen und wurde zum spektakulären demokratischen Gegenmonument zu Speers Plan für einen megalomanen Dom bei der von den Nazis geplanten Hauptstadt „Germania". Als Christo den Reichstag einwickelte waren die Politiker geteilt, nur eine kleine Mehrheit gab den Ausschlag. Der Erfolg war enorm: Millionen Bürger gerieten in Karnevalsstimmung. Als wir Christos Rede in der Humboldt-Universität als Dank für die Ehrendoktorwürde beiwohnten, wurden die letzten Bedenken zerstreut, dass die „emballage" ein Dokument zur revolutionären Kritik an geheiligten Institutionen sein könnte. Diese Reichstagsverhüllung war ein weiterer Beleg dafür, dass die Kunst die Politik eingeholt hat mit Gestaltungs- und Bedeutungswitz, unerwarteten Ideen und Wirkungen, heitere Verblüffung und Nachdenklichkeit, die krampflösend wirkte (Klein u. a. 1995: 377).

Wenn Aura gesucht wird, geschieht das auch bei Politikern eher in kulturellen Gebäuden. Nur verstreute Monumente internationaler Berühmtheiten existierten vor der Wiedervereinigung wie Mies van der Rohes Nationalgalerie, Hans Scharouns Philharmonie oder James Stirlings Wissenschaftszentrum. Rolf Gutbrods „Kunstgewerbe-Museum" und die Gemäldegalerie bekamen weniger gute Noten. Sie waren einst gebaut worden, obwohl man von einem Transfer aller wichtigen Museen auf die Museumsinsel träumte, wie es bisher nur dem Bode-Museum für die Skulpturen gelang. Das „Neue Museum" – inzwischen eine Touristenattraktion – hat bewusst seinen Ruinenlook bewahrt. Als Kleihues (2000) seinen Sammelband zur Berliner Architektur des 20. Jahrhunderts auf der eindrucksvollen Treppe vorstellte, hat er mit Lob für den Trümmerlook seinen Ruf als Traditionalist gemildert. Das Volk findet diese Lösung hingegen weniger schön (Jürgens 2008: 18). Die Wiedererstellung des Baus wie er war, lehnte Hermann Parzinger, der Chef der Stiftung Preußischer Kulturbesitz ab: „Man kann im 21. Jahrhundert nicht Kaulbach-Fresken des 19. Jahrhunderts nachmalen, das wäre absurd. Chipperfields Umbau ist keine plumpe Nachahmung, sondern eine hochintellektuelle Aneignung" (Rauterberg/Wefing 2008: 49). In der Boulevardpresse hingegen war von Skandal ist die Rede. Nur selten fand ein moderner Bau, wie die Glass-Konstruktion am Zeughaus des chinesisch-amerikanischen Architekten Ieoh Ming Pei überwiegend Zustimmung – auch bei den Nichtprofis. Die Trennung zweier Kultur-Areale in der Nähe des Potsdamer Platzes und auf der Museumsinsel wurde vielfach als unbefriedigend dargestellt (Heikamp 1994: 305). Aber selbst, wenn das Humboldt-Forum im wieder aufgebauten Schloss weitere Museen aufnimmt, würde kein Louvre entstehen. Man fragt sich, ob dieses auch nötig wäre, wo selbst London das British Museum und die National Gallery nur in walking distance untergebracht haben. Das Chaos eines dezentralen Entscheidungsprozesses in Deutschland ließ überzeugendere Lösungen nicht erwarten.

„Was wird aus der Museumsinsel?" ist die Frage, die an der Berliner Stadtplanung die Gemüter seit Jahren erhitzte. Es gab mehrere Bundestagsbeschlüsse über die Restauration Fassade des Berliner Schlosses. Am Gesamtkonzept will die Stiftung Preußischer Kulturbesitz wenig ändern. Architekten sind naturgemäß nicht begeistert über

Rekonstruktionen. Beim Schloss schauten sie in ihrer Mehrheit zähneknirschend zu. Sie haben aber nichts gegen die Rekonstruktion von Schinkels Bauakademie von 1836, im Krieg zerstört, von der DDR wieder aufgebaut, 1961 erneut gesprengt. Die organisierte Architektenschaft hat Aussicht, das Gebäude in Besitz zu nehmen, dass der Werbeunternehmer Hans Wall mit 20 Millionen Stiftungsgeld wieder aufbauen lässt (Illies 2008: 18; vgl. Kap. 12, 4).

Rekonstruktion wird für Architekten erträglich, wenn die Nutzung akzeptabel ist. Die außereuropäischen Sammlungen und Teile der Wissenschaftssammlung der Humboldt-Universität, sowie die Berliner Landes- und Zentralbibliothek sollen in einem multifunktionalen Bau untergebracht werden- „Das Humboldt-Forum soll ja ein Ort der Weltläufigkeit werden, hier geht es nicht um deutsche Selbstdarstellung" (a.a.O: 49). Kleine Fensterverschiebungen und Manipulationen der Geschosshöhen sind nicht ganz auszuschließen, wenn man Riesenobjekte, wie Boote aus der Südsee im Schloss unterbringen will (Kilb/Maak 2008: 33). Kritisiert wurde, dass die Gemäldesammlung an die Peripherie, an einen Brückenkopf hinter der Museumsinsel verlegt werden soll. Es wurde auch überlegt, den Eindruck des Gemischtwarenladens zu verwischen, indem man Gemälde und Skulpturen aus der gleichen Periode im Bode-Museum und im geplanten Galerie-Bau gemeinsam ausstellt. Selbst das Museum Hamburger Bahnhof steht zur Disposition und nach einem Transfer könnte es sich ganz auf aktuelle Kunst konzentrieren. Nicolas Berggruen plante am Humboldthafen sein Museum für zeitgenössische Kunst. Eine Vision tauchte auf: „mit dem IC direkt in die moderne Kunst!" (ebd.: 33, 35).

Die Debatte um die Museen wurde seit 1993, als Wilhelm von Boddien die Fassade des zerstörten Schlosses als riesige Plastikfolie aufspannte, mit diesem ungeliebten Rekonstruktionsversuch gekoppelt. Anhänger neuer Architektur lassen den Erfolg der Dresdner Frauenkirche nicht gelten, weil diese ihrem alten Zweck gewidmet blieb. Sie ist laut Umfrage nach dem Kölner Dom und dem Brandenburger Tor der Deutschen liebstes Baudenkmal. Niemand schlug je vor, die Hohenzollern je wieder in ihr Schloss einziehen zu lassen, in dem ohnehin nur wenige Preußenkönige wirklich gewohnt haben. Die Mischnutzung von Museen, Bibliotheken, Sammlungen der Humboldt-Universität und Cafeterias hat als „Kopfgeburt" nicht immer überzeugt. Der übliche Deadlock dominierte. Die Preußenstiftung wollte sich in die Einrichtung des Humboldt-Forums nicht hineinreden lassen, und hat kein neues verbessertes Konzept vorgelegt. Ein verstaubtes Völkerkundemuseum sollte das Schloss nicht werden, ein Schatzhaus der Künste mit Gemäldegalerie, Kupferstichkabinett und Kunstgewerbemuseum soll es nach dem Willen der Hüter dieser Einrichtungen auch nicht sein (Kilb 2010: 29). Das Sparpaket von 2010 hat die vom Bundestag 2002 beschlossene Rekonstruktion auf 2014-2019 verschoben. Es mehren sich die Stimmen, erneut in Debatten einzutreten. Florian Illies (2010: 45) hielt das Konzept, das 1993 faszinierte, zwei Dezennien später nicht mehr für tragfähig und empfahl zu dem Entwurf Kuehn Malvezzi zurück zu kehren, der als Ziegelbau regionale Tradition als Stimmungsbild und Zukunftsorientierung im Design für ihn verkörperte. Es werden weitere Vorschläge folgen – einer der weitreichendsten ist bereits, den Leerstand im Zentrum durch eine Art Mini-Central Park zu begrünen (Rapp/Sontheimer 2010). Je näher der Baubeginn rückte, umso milder wurden die Urteile der Medien. Eine „retro-nationale Schlagseite" wurde bei der problematischen Kombination von „außen Preußen, innen Kosmopolitismus" nicht mehr befürchtet. Man tröstete sich mit der Erfahrung: „Geschichte ist auch immer eine charmant-unordentliche Gerümpelkammer, die kein Innenarchitekt je einheitlich getrimmt hat (Mangold 2011: 52). Eine Kongruenz von außen und innen gibt es bei den meisten wichtigen Museen der Welt nicht – weder beim Louvre in Paris, noch beim National Museum in London.

Das kulturelle Gedächtnis umfasst jedoch nicht nur Museen. Mit den Monumenten haben sich nicht nur die Architekten schwer getan. Käthe Kollwitzens trauernde Mutter an der Neuen Wache unter den Linden ist in ihrer Unmaßstäblichkeit eher problematisch. Kein Konsens konnte bei der Jüdischen Gedenkstätte erzielt werden. Das Gelände am Brandenburger Tor war nicht „sauber". Goebbels hatte darunter einen Bunker. Die Vergangenheit wollte nicht vergehen: Degussa lieferte den Anti-Spray-Schutz, ein Unternehmen, dass in der NS-Zeit Cyclon B für die Gaskammern von Auschwitz hergestellt hatte (Naumann 2005: 46; Leggewie/Mayer 2005). Andere verfolgte Gruppen wurden ausgeschlossen und die Verbalattacken zwischen Lea Rosh und dem Architekten Eisenman zeigten, dass nicht einmal die Juden sich einig war. Kanzler Kohl war gegen die Massivität des Monuments, so wie er einst gegen den Einsatz von Beton am Kanzleramt gewettert hatte (Wefing 2001: 156).

Nicht einmal die Embleme des Staates sind in Deutschland unumstritten, wie der Bundesadler im Reichstag zeigte, den viele als zu schematisch oder zu raubtierhaft ansahen. Solange diese Gebrochenheit im Verhältnis zum Nationalgefühl bleibt, müssen wir uns um Inkonsistenzen nicht sorgen. Vielleicht sollten wir aufhören, Nationalgefühl in der Identifikation mit Bauten, Hymnen und Emblemen zusuchen, da uns der amerikanische Flaggeklamauk eher fremd ist. Es gibt einen Trost: die gleiche Jugend die Null Bock auf die Nation zu haben vorgibt, wird hysterisch, wenn eine fremde Nationalmannschaft das deutsche Tor stürmt.

3 Fazit

Das neue Zentrum Berlins wird kein Neu-Teutonia. Es droht weit eher zu zerfasern. Die Verdichtung der Blöcke in der City ist noch keine Garantie für Urbanität. Die Wohnungsdichte in der City, welche tote Zonen in Regierungs- und Kulturvierteln am Abend vermeiden hilft, ist weit geringer als in London oder gar in Paris. Manches spricht dafür, dass eine unwirtliche „Mall" (minus Park) wie in Washington entsteht. Andererseits muss die Lebensqualität an der Spree nicht – wie am Potomac – durch fliegende Hotdog-Stände zwischen ministeriellen und kulturellen Großbauten sichergestellt werden. Nicht teutonische Megalomanie ist die Hauptgefahr, sondern die Verstreuung einzelner Inseln der Kultur und der Lebensqualität in weite Ödlandschaften, die ab 17.00 Uhr verwaist sind. Die lokale Bevölkerung wohnt zu weit weg, um dieses Zentrum mit Leben zu füllen. Die ferngesteuerten Besucherströme der Kulturstadt werden bei immer kürzeren Öffnungszeiten der Museen nicht zur Belebung der neuen City beitragen können. Lokale Zentren weichen in vielen Metropolen in die Suburbia aus. Aber die Bevölkerung der City – gentrifiziert oder nicht – füllt die Zentren von Paris oder London weit besser aus als dies in Berlin zu hoffen ist.

Es ist in Berlin zu befürchten, dass das nationale und das lokale Zentrum nicht kongruent werden. Drei verschiedene Planungslogiken lassen kein einheitliches Konzept entstehen. Drei Planungslogiken prallen im Zentrum Berlins aufeinander.

(1) Die *staatliche Planung* von Regierungsbauten und die staatliche Grundstückspolitik, da Land und Bund stattliche Anteile auch der innerstädtischen Grundstücke besitzen.

(2) Die *para-staatliche Planung* im Kulturbereich. In Berlin lag sie weitgehend in den Händen der Stiftung Preußischer Kulturbesitz, in Washington in den Händen des Smithsonian Institutes. In beiden Fällen kam es nicht immer zur harmonischen Ergänzung staatlicher und para-staatlicher Steuerung.

(3) Die *privaten Investoren.* Ohne sie geht es nicht. Staatliche Planungen geben ihnen Richtlinien vor. Aber die 20% Wohnungsanteil werden keineswegs immer eingehalten. Die Wohnungen, die entstehen, sind teuer und dienen zum Teil nur als Absteige. Mancher westdeutsche Neuberliner hat kaum mehr als „einen Koffer in Berlin". Er trägt an Wochenenden kaum zur Belebung eines urbanen Stadtzentrums Mitte bei. Selbst die Forcierung des sozialen Wohnungsbaus – aus Kostengründen kaum denkbar – könnte zur Belebung kaum verhelfen. Nur, wo gewachsene Quartiere noch existieren, wie in München um die Auerdult, beleben sie citynahe Bereiche. Die wohlmeinende sozialdemokratische Nachkriegsidee, durch sozialen Wohnungsbau die City „volksnah" zu gestalten, wie in Frankfurt südlich des Doms oder in Hannover rund um die Kreuzkirche, haben schönen Wohnraum in Citynähe geschaffen, aber kaum zur Urbanität der Stadt beigesteuert. Man wird sich vermutlich von der Idee verabschieden müssen, die Einheit des Wohnens, Arbeitens und Amüsierens in Kiezqualität für metropolitane Zentren zu retten. Berlins Innenstadt ist vor allem durch die alte Konkurrenz eines östlichen und westlichen Zentrums in seiner abendlichen Lebensqualität bedroht. Selbst Hotelbauten sind im Westteil seit der Wende in nicht geringerer Zahl entstanden als im Osten. Touristen müssen das Zentrum beleben. Sie neigen aber in Berlin zur Arbeitsteilung: bis 17.00 Uhr im Zentrum, und danach im Westen. Eine Hauptstadtplanung aus einem Guss hat es in keiner historischen Stadt je gegeben. Wo es sie gegeben hat, wie in Madrid oder St. Petersburg hat es hundert Jahre gebraucht, bis die Innenstadt hinreichend mit Leben gefüllt schien. Brasilia hat dies bis heute nicht erreicht.

Berlin ist nur noch eine zur Hälfte gewachsene Stadt. Die andere Hälfte ist mit dem Odium belastet, das Karl Scheffler beschrieb: „die Stadt, die immer wird und niemals ist". Berlin hat nur eine Hoffnung: in den Nischen der drei Planungen und in den Nischen der Unordnung trotz Planung gedeiht urbanes Leben am schnellsten. Eine Planung ohne Brüche wäre ein Traum, und nicht einmal ein schöner.

Was ist demokratische Architektur? Es hat sich nach der Lockerung antifaschistischer Verkrampfungen herumgesprochen, dass Säulen nicht undemokratisch und faschistoid sein müssen. Die angelsächsischen Demokratien hätten sonst schwerlich den „Greek Revival Stil" schon früh zur Selbstdarstellung freiheitlicher Gemeinwesen einsetzen können. Die groben Berliner Säulen reihen sich zudem in eine osteuropäische Tradition ein, die vom Palais Czernin in Prag über Warschau bis St. Petersburg weit verbreitet ist. Die Aufklärung hat in ihrer ästhetischen Theorie Ikonographien für die jeweiligen Staatsformen entwickelt. Bei Diderot (1968, Bd. 1: 661) hatten Republikaner ernst, streng und stolz zu erscheinen. Monarchen hingegen sollten Ehre, Gnade, Milde und Galanterie zur Selbstdarstellung zu wählen (vgl. Kap. 3.1). Die Ikonographie solcher Stimmungswerte hat sich inzwischen längst gewandelt. Die Republiken wollen jetzt heiter und jovial erscheinen. Die politische Klasse im spätmodernen Parteienstaat ist gezwungen, sich selbstreferentiell zu verhalten, da es ihr nicht mehr gelingt, die Massen zu mobilisieren. Umso mehr muss sie nach außen versuchen „responsive" zu erscheinen. Daher übernimmt sie gerade jene Gemütswerte als Transportmittel der künstlerischen Selbstdarstellung, die einst den Monarchen zugeschrieben wurden. Was ist demokratisch? Am häufigsten wird für die Staatsarchitektur die Transparenz genannt. Aber sie hat ihre Grenzen. Der Abgeordnete braucht auch Ruhe für die Büroarbeit. Der Bürger stellt ihn sich allzu sehr als Mitglied einer bloß öffentlich diskutierenden Klasse vor. Demokratische Bauten sollten pluralistisch und dezentralisiert scheinen, ohne Schwere. Das erlaubt Staatsarchitektur eigentlich nur noch als Pavillon-System. Der Kanzlerbungalow in Bonn war somit „ein Schritt in die richtige Richtung" wie das im Hauptstadt-Deutsch gern genannt wurde. Aber diese Lösung war nur in einem Provisorium denkbar, nicht als stadtplanerisches Konzept für die Hauptstadt einer Mittelmacht.

Architektur und Städtebau sind Kunst. Kunst in der Demokratie ist von politischen Repräsentationspflichten im Gegensatz zur Architektur des monarchischen Zeitalters entlastet. Der Bauherr in der Demokratie trifft auf eine Künstler- und Architektenschaft, die gewohnt ist, vom Politischen entlastet zu sein. *„Entpflichtete Repräsentation"* nannte der Philosoph Odo Marquard (1994) die Kunst. Deshalb tut sich die Baukunst schwer, sich für einige Staatsbauten wieder in Pflicht nehmen zu lassen. Demokratie als Bauherr hat zudem in einer pluralistischen Gesellschaft kein einheitliches Konzept von einer demokratiegemäßen Darstellung ihrer Werte, man denke nur an den Streit um die Neue Wache in Berlin. Demokratische Herrschaftsarchitektur hat ihre Aura verloren. Nur bei Kulturbauten hat die öffentliche Hand noch ohne schlechtes Gewissen die Aura eingeplant. Deutsche Museumsbauten – vielfach von ausländischen

Architekten geschaffen – wurden wegweisend für ganz Europa. In der Postmoderne kann die Politik keine Einheitsstiftenden Symbole mehr vorzeigen. Der Konflikt um die Gestaltung des Bundesadlers im neuen Berliner Plenarsaal hat das Dilemma erneut vor Augen geführt. Noch immer neigt Politik zur Selbstinszenierung. Aber im Zeitalter der Informationsgesellschaft geschieht diese über die Medien. Sie bedarf kaum noch dessen, was alle hier Versammelten besonders lieben, der Architektur.

Dem Politikwissenschaftler, der sich für das Verhältnis von Kunst und Politik interessiert, fallt in diesem Streit eine seltsame Verkehrung von Macht und Kunst auf: früher hat der staatliche Mäzen das Programm bestimmt und das Geld bereitgestellt. Der Künstler konnte nur begrenzt seine Vorstellungen von dem Sujet einbringen. Christo hat das klassische Verhältnis auf den Kopf gestellt: der Künstler liefert die Idee und sogar das Geld. Der Mäzen ist eher passives Objekt von Pressure-group-Politik und Medienkampagne. Sein Beitrag ist gering: er darf nur die Genehmigung für das Kunstspektakel erteilen. Im Zweifel geben kommerzielle Erwägungen des politischen Umfeldes den Ausschlag bei der Umstimmung der „Bedenkenträger", die den institutionellen Sitz der Volkssouveränität nicht gern einem Aktionskunst-Ereignis mit Ungewissen Folgen aussetzen.

Wenn kein geringerer als Johannes Rau als Bundespräsident einmal anmahnte, die Architekten müssten auf das Volksempfinden Rücksicht nehmen, so darf man einwenden, dass laut Umfrage, welche der bayerische BDA 2007 (:17) zitierte, die große Mehrheit der Deutschen am schönsten die Schlumpf-Architektur von Hundertwasser findet. Es darf also auch weiterhin in der Stadtplanung und in der Architektur etwas elitär zugehen. Auch die Berliner Architekten werden mir in diesem Punkt nicht widersprechen.

Literatur

Arndt, Adolf: Demokratie als Bauherr. Berlin, Akademie der Künste, 1961.
Banghard, Axel: Berlin – Transformation einer Metropole. Bautätigkeit als Beschleunigungsfaktor. In: Süss a. a. O. 1995: 441-460.
Bartetzko, Dieter: Ende der Bunkerängste. Frankfurter Allgemeine Zeitung, 23. 1. 1995: 27.
BDA Informationen, Landesverband Bayern, 4, 2007.
Behnisch, Günther: Bauen für die Demkratie. In: Flagge/Stock 1992: 66-75
v. Beyme, Klaus: Hauptstadtsuche. Frankfurt, Suhrkamp, 1991.
v. Beyme, Klaus: Architecture and Democracy in the Federal Republic of Germany. International Political Science Review, 1991, vol. 12, No 2: 137-147.
v. Beyme, Klaus: Kulturpolitik und nationale Identität. Wiesbaden, Westdeutscher Verlag, 1997.
Bonn oder Frankfurt. Der Streit um die Bundeshauptstadt. Frankfurt, Stadtarchiv, 1989.
Bundesministerium für innerdeutsche Beziehungen/BDA: Ideen, Orte, Entwürfe. Architektur und Städtebau in der Bundesrepublik Deutschland. Berlin, Ernst & Sohn, 1990.
Conradi, Peter: Berlinische Architektur für Bundesbauen. Der Tagesspiegel, 2. 2. 1995: 9.

Der Bundesminister für Raumordnung, Bauwesen und Städtebau. Vierzig Jahre Bundeshauptstadt Bonn. 1949-1989 Karlsruhe. C. F. Müller, 1989.
Der Umzug von Bonn nach Berlin nimmt Formen an. Der Tagesspiegel, 10. 4. 1995: 9.
Deutscher Bundestag. Bonn: Bauten an der Kurt-Schumacher-Straße. Bonn, Die Präsidentin des Deutschen Bundestages, der Bundesminister für Raumordnung, Bauwesen und Städtebau. 1989.
Diderot, Denis: Ästhetische Schriften. Frankfurt, Klostermann, 1968, Bd. 1.
Die Bundestagsdebatte zu Parlaments- und Regierungssitz. Bonn, Bouvier, 1991.
Dienel, Peter: Pilotstudie „Bürgergutachten Rathausplatz Köln". Universität Wuppertal. o. J.
Die Reue des Peter Conradi kommt zu spät. Rhein-Neckar-Zeitung, 12. 1. 1994: 10.
Durth, Werner: Hauptstadtplanungen. In: Hauptstadt, 404-415.
Fischer, Friedhelm/Bodenschatz, Harald: Hauptstadt Berlin, Berlin, Senatsverwaltung für Bau- und Wohnungswesen, 1992.
Flagge, Ingeborg: Architektur in Bonn nach 1945. Bonn, Röhrscheid, 1984.
Flagge, Ingeborg/Stock, Jean (Hrsg.): Architektur und Demokratie. Stuttgart, Hatje, 1992.
Hauptstadt. Zentren, Residenzen, Metropolen in der deutschen Geschichte. Köln, DuMont, 1989.
Hauptstädte im Vergleich. Berlin, Senatsverwaltung für Bau und Wohnungswesen. Bericht 31, 1992.
Heikamp, Detlef: Aus der Nachkriegschronik der Berliner Museen. In: Zentralinstitut für Kunstgeschichte (ed.): Berlins Museen. München, Deutscher Kunstverlag, 1994: 293-306.
Hoffmann-Axthelm: Dieter: Die Stadt braucht Regel, die Architektur Phantasie. Arch plus, No. 122, 1994: 12-13.
Illies, Florian: Berlin wird schöner: Die Baukademie kommt. Die Zeit, 27. 3.2008: 18.
Illies, Florian: Rasen betreten verboten. In den neunziger Jahren war es richtig, das Berliner Stadtschloss wieder aufbauen zu wollen. 2010 ist es richtig, es nicht zu tun. Eine Meinungsänderung. Die Zeit, 10. 6. 2010: 45.
Imhof, Michael/Krempel, León: Berlin. Architektur 2000. Petersberg, Imhof Verlag, 2001.
Interview: Das wird hausbacken und steril. Focus, Nr. 8, 1995: 62.
Jahrbuch Preußischer Kulturbesitz 1991.
Jürgens, Isabell: Neues Museum löst Entsetzen aus. Berliner Morgenpost, 18.1.2008: 18.
Kampffmeyer, H. M. u. a.: Zu Beginn der 60er Jahre hatten wir das Gefühl: jetzt müssen wir von Grund auf neu anfangen. Stadtbauwelt 88, 1985: 1892-1903.
Kilb, Andreas/Maak, Niklas: Vielleicht kommt der Historiker in mir durch. Ein Gespräch mit Hermann Parzinger über die zukünftigen Projekte der Stiftung Preußischer Kulturbesitz. FAZ, 28. 2. 2008: 33
Kilp, Andreas: Lesehilfe für ein Ding ohne Namen. Das Berliner Schloss in der Krise. FAZ., 4. 5.2010: 29).
Kleihues, Josef Paul u. a. (Hrsg.): Stadt der Architektur der Stadt Berlin 1900-2000. Berlin, Nicolai, 2000.
Klein, Ansgar u.a. (Hrsg.) Kunst, Symbolik und Politik. Die Reichstagsverhüllung als Denkanstoß. Opladen, Leske & Budrich, 1995.
Klotz, Heinrich: Ikonologie einer Hauptstadt. Bonner Staatsarchitektur. In: Warnke, Martin (Hrsg): Politische Architektur in Europa. Köln, DuMont, 1984: 399-416.
Knapp, Gottfried: Der Kanzler im Laufstall. Süddeutsche Zeitung, 15. 3. 1995: 10.
Krüger, Jens: Die Finanzierung der Bundeshauptstadt Bonn. Berlin, de Gruyter, 2006.

Kurpjuweit, Klaus: Die Spree verlässt ihr angestammtes Bett. Okay aus Bonn für Tunnelbauten unter dem Tiergarten. Der Tagesspiegel, 10. 2. 1995: 7.

Leggewie, Claus/Meyer, Erik: Ein Ort, an den man gerne geht. München, 2005.

Lessen, Christian van: Botschaften statt Handelszentrum? Der Tagesspiegel, 25. 1. 1995: 9.

Lütke Daldrup, Engelbert: Vier Jhre Berliner Hauptstadtplanung. In: Süß, a. a. O. Bd. 2, 419-440.

Mangold, Ijoma: Seid begeistert! Das geplante Humboldt-Forum in Berlin wird viel besser, als die meisten glauben. Die Zeit Nr. 26, 2011: 52.

Marquard, Odo: Entpflichtete Repräsentation und entpolitisierte Revolution. In: Heidenreich, Bernd (ed.): Kunst und Politik. Wiesbaden, Hessische Landeszentrale für politische Bildung, 1994: 79-91.

Mensing, H. P. (ed.): Adenauer Briefe 1949-1951. Berlin, Propyläen, 1985, Bd. 3.

Muß Berlin in den Schuldturm? Der Tagesspiegel, 21. 2. 1995: 7

Naumann, Michael: Ohne Antwort, ohne Trost. Das Holocaust-Mahnmal in Berlin ist ein rätselhaftes Monument. Die Zeit, 2005, Nr. 19: 45-46.

Rapp, T./Sontheimer, Michael: Leerstand. Die Pläne für den Wiederaufbau des Berliner Stadtschlosses scheinen endgültig gescheitert. Der Spiegel 24/2010: 142-143.

Rauterberg, Hanno/Wefing, Heinrich: „Jetzt aber mit Hochdruck" Was wird aus der Museumsinsel in Berlin? Gespräch mit Hermann Parzinger, dem neuen mächtigen Mann der Museumsszene. Die Zeit, Nr. 9, 21. 2. 2008: 49.

Rudolph, Hermann: Besitz ergreifen von Berlins Mitte. Der Tagesspiegel, 8. 2. 1995: 6.

Schulz, Bernhard: Das Museum zum Video. Der Tagesspiegel, 16. 6. 1994: 17.

Schweizer, Eva: Die Fronten verlagern sich. Der Tagesspiegel, 7. 2. 1995: 2

Schwilk, Heimor: An der Mega-Baustelle wirken 150 internationale Architekten mit. Welt am Sonntag, 26. 2. 1995: 61.

Schwippert, Hans: Das Bonner Bundeshaus. Neue Bauwelt, 1951, No. 17: 70.

Schwippert, Hans: Theorie und Praxis (1944). Baukunst und Werkform, 1947, No 1: 17-19.

Schürmann gegen Abriß des Schürmann-Baus. FAZ, 8. 2. 1994: 5.

Spiegel-Streitgespräch: Heimatkunde für Neuteutonia. Der Spiegel 42, 1994: 48-59.

Stimmann, Hans: Städtebau und Architektur für die Hauptstadt. In: Süss 1995: 403-418.

Süss, Werner (ed.): Hauptstadt Berlin. Berlin, Berlin Verlag, 1995, Bd. 2.

Tendenzen der Stadterneuerung. Berlin. Senatsverwaltung für Bau- und Wohnungswesen, Städtebau und Architektur. Bericht 31, 1994: 81.

United States Capital Historical Society: Washington, Past and Present. Washington/DC., 1983.

Was wird aus den Ostmieten? Gespräch mit Klaus Töpfer. Der Tagesspiegel, 10. 4. 1995: 9.

Wefing, Heinrich: Kulisse der Macht. Das Berliner Kanzleramt. Stuttgart, DVA, 2001.

Welch Guerra, Max: Hauptstadt Einig Vaterland. Planung und Politik zwischen Bonn und Berlin. Berlin, Verlag Bauwesen, 1999.

Wickert, Ulrich: Metropole Bonn? In: Hauptstadt, Zentren, Residenzen, Metropolen in der deutschen Geschichte. Köln, DuMont, 1989: 427-430.

14 Ausblick: Kulturpolitik in Zeiten der Krise

Die Krise der Kulturpolitik hat zwei Aspekte:

- Krise der Finanzen,
- und Krise des Leitbilds der Kulturpolitik.

1 Die Krise der Finanzen

Es zeigten sich zwei Reaktionen der Publizistik in der Krise der Finanzen: Man könnte sie auch als *„Aufwiegler"* und *„Abwiegler"* bezeichnen:

a. Aufstellung weiterer Forderungen im Sinn des Kulturrats und intellektuelle Überhöhung der Bedeutung der Kreativwirtschaft (vgl. Kap. 7).
b. Verteidigung einer weiteren Entstaatlichung von Kulturpolitik (Kap. 8).

a) *„Aufwiegler"*: Der Niedergang staatlicher Finanzierungsmöglichkeiten führte bei „Etatisten" zu mehreren Strategien. Es wurden zunehmend *Soforthilfeprogramme* im Bundestag konzipiert, wie im Antrag von Gregor Gysi und der Fraktion der Linken vom 27. 1. 2010 (Drs. 17/552). Am 29. 6. 2010 (Drs 17/2320: 1f) haben die Fraktionen der Linken und der Grünen ungewöhnlicher Weise in die gleiche Richtung gewirkt.

- Die Linke forderte ein *„Soforthilfeprogramm Kultur"*, das mit eine Milliarde Euro ausgestattet sein sollte, und in Absprache mit den Ländern so verteilt werden müßte, dass bedrohte Kultureinrichtungen davon profitieren. Es sollte dabei sichergestellt werden, dass Kommunen, die keinen Eigenanteil an der Finanzierung leisten können, das Programm trotzdem in Anspruch nehmen dürften.
- Der Antrag der Grünen war etwas realistischer und sprach von einem Überbrückungsprogramm zur Sicherung der kulturellen Infrastruktur. Beide Anträge fanden keine Mehrheit.

Nothilfefonds, wie sie vom Geschäftsführer des Deutschen Kulturrats, Olaf Zimmermann, vorgeschlagen worden sind, um die kulturelle Infrastruktur zu schützen (Kulturrat 2010: 17), stießen aber bei vielen Juristen nicht auf Gegenliebe, weil sie das verfassungsrechtliche Aufgabengefüge sprengen könnten (ebd.: 12). Der Staatsrechtler Hans Meyer hatte sogar Zweifel, ob sie nach Art. 104 a GG verfassungsrechtlich zulässig seien und wollte sie nur als Übergangslösung für ein Jahr dulden. Die Verfassungswidrigkeit schien eine lässliche Sünde, weil es bei dieser Unregelmäßigkeit an einem Kläger fehlen dürfte. Professor Christian Waldhoff ging so gar weiter: „Der Bund dürfte nicht helfen, selbst wenn er wollte". Die Fondslösung schien diesem Experten noch stärker gegen das Grundgesetz zu verstoßen, weil Fonds *„Nebenhaushalte"* darstellten und der Bund keinen Durchgriff auf die Länderkompetenzen habe (ebd.: 16). Auch die Aufnahme der Kultur als Staatsziel ins Grundgesetz hat zum Teil bei den Staatsrechtlern Hohn ausgelöst. Hans Meyer nannte dies *„Placebo forte"* und fürchtete, dass der Sport und andere Bereiche folgen würden. Ohne Finanzierungskonsequenzen habe die Aufnahme ins Grundgesetz keinen Zweck und „verunstaltet nur die Verfassung" (ebd.: 21). Die Staatsrechtler mussten sich die polemische Frage gefallen lassen, wie sie zu den 15 Länderverfassungen (bis auf Hamburg), die die Kultur in ihre Verfassungen aufgenommen hätten, stünden. Hamburg – so wurde behauptet (ebd.: 22) – kürze zurzeit am wenigsten, eine Aussage, die im gleichen Jahr unhaltbar wurde. Außerdem wurde darauf hingewiesen, dass der Bund alle möglichen Staatsziele bereits im Grundgesetz aufgenommen habe (ebd.: 30). Die einzige Hoffnung, den Gemeinden zu helfen, schien für Hans Meyer die „schlitzohrige Möglichkeit", an der Steuerschraube zu drehen (ebd.: 25).

Der Kulturrat hat sich vor allem für die Vorsorge in Notzeiten eingesetzt. Am 23. 3. 2010 wurde ein *„Nothilfefonds Kultur"* bei der Kulturstiftung des Bundes oder der Kulturstiftung der Länder diskutiert. Mit diesem Fonds sollten in Not geratene Kommunale Kultureinrichtungen kurzfristig unterstützt werden – angesichts der Museums- und Theaterschließungen keine überflüssige Maßnahme. Der Landtagsabgeordnete Thomas Sternberg hat dies abgelehnt, weil Nordrhein-Westfalen stark genug sei, um die Probleme der Kommunalen Kultureinrichtungen selbst zu lösen (Kulturrat Newsletter, 23. 3. 2010: 1).

b) *„Abwiegler"* des Niedergangs sehen in der Abschmelzung der Kulturetats nur eine Art *„Marktbereinigung"*. Als Hauptgefahr wird jedoch befürchtet, dass die Verringerung der Kulturausgaben sich ungesteuert und anomisch fortsetzt – genauso, wie das Wachstum in den fetten Jahren nicht immer sinnvoll gesteuert ablief. In der Debatte des Bundestagsausschusses für Kultur und Medien vom 24. Februar 2010 (Ausschuß 2010: 6) skizzierte der Geschäftsführende Direktor des Deutschen Bühnenvereins, Rolf Bolwin, die Maßnahmen, mit denen die Gemeinden sich auf die Finanzkrise eingestellt haben. In den letzten Jahren sind nach dieser Darstellung 7000 von 45000 Arbeitsplätzen abgebaut worden. Es wurden zahlreiche Haustarifverträge abgeschlossen, mit denen die Mitarbeiter(innen) auf Teile ihrer mageren Vergütung (ca. 1600-1700 Euro brutto) verzichtet haben, um ihre Arbeitsplätze zu sichern. Es war von „Selbstausbeutung" die Rede. Davon wurde vor allem in den neuen Bundesländern Gebrauch gemacht. Bei kleineren Kultureinrichtungen, wie den Kinder- und Jugendtheatern, kam es zur Streichung von ca. einem Viertel der Zuschüsse. Es wurde gefragt, ob eine Stadt wie Frankfurt/Oder, die zur Zeit der Wende noch 100 000 Einwohner hatte und bis 2010 auf 60 000 herabsank, sich noch ein Sinfonieorchester der Kategorie A leisten könne (ebd.: 8). Ferner wurde moniert, dass die Föderalismusreform bei der Zusammenarbeit der staatlichen Ebenen eher trennend gewirkt habe (ebd.: 10). Die propagierte Entflechtung habe eine Art Kooperationsverbot zur Folge gehabt.

In der Periode einer *Neoliberalisierung* auch der Kulturpolitik ging dieser Wettbewerb manchen Kulturpolitiker noch nicht weit genug. Konservative Kritiker wie der frühere Bundesgeschäftsführer der CDU und Senator in Berlin, Peter Radunski (1999: 116f), haben sich nicht mit dem Fortschritt der „Kulturindustrie" begnügen wollen. Er trat für die Herausnahme kultureller Einrichtungen aus dem System der öffentlichen Verwaltung ein und hielt das für die Freiheitssicherung der Kunst. Die *Rechtsform* schien ihm *sekundär*: Regiebetrieb, Eigenbetrieb, Zweckverband, GmbH oder Stiftung kamen für ihn in Frage. Wichtiger war ihm die *Grundorientierung* in diesen Institutionen:

- Umwandlung der Beamtenstellen in Angestelltenstellen,
- allmähliche Herauslösung aus dem bestehenden überregionalen Tarifgefüge zugunsten hauseigener Tarifverträge,
- eine wirklich leistungsbezogene Honorierung,
- neue Qualifikationsanforderungen an die Leitungen, die neben der künstlerischen Befähigung auch Management und Leitungserfahrung mitbringen muß, in der Regel die Trennung in künstlerische und wirtschaftliche Verantwortung,
- befristete Verträge und
- Konkretisierung der kulturpolitischen Auftages durch Zielvereinbarungen, deren Einhaltung durch geeignetes Controlling gewährleistet wird.

Obwohl Radunski einst ein erfolgreicher Wahlkämpfer für die Unionsparteien gewesen ist, sind seine marktliberalen Blütenträume glücklicher Weise nicht alle gereift. Aber der Trend zu befristeten Angestelltenverträgen, die Herauslösung aus dem Tarifgefüge und das Controlling hat Fortschritte gemacht. Die Entwicklung von Managementqualifikationen bei den Leitern von Kultureinrichtungen hat erfreulicher Weise ebenfalls zugenommen.

2 Die Krise des Leitbilds der Kulturpolitik

Die Zeiten der Krise machen sich keineswegs nur finanziell bemerkbar. Deutschland hat lange die Einsicht verdrängt, dass es ein Einwanderungsland ist. Defensive Nachhutgefechte sind gleichwohl immer noch üblich. Der Begriff *„Leitkultur"* wird vielfach gegen die Zerfaserung des Gemeinwesens in einem Bild der multikulturellen Gesellschaft beschworen. Die USA – sonst gern als Vorbild für deutsche Probleme mit der

Wirtschaft oder dem Bildungssystem gefeiert – versagen als Modell in diesem Fall, denn sie waren schon immer jene multikulturelle Gesellschaft, die mit der Beschwörung einer Leitkultur verhindert werden sollte. Im amerikanischen Emblem stand *„e pluribus unum"* – aus der Vielfalt die Einheit. Im Federalist-Paper Nr. 2 unterstellte Jay, dass die Amerikaner ein Volk seien, „das von den gleichen Vorfahren abstammt, die gleiche Sprache spricht, sich zur gleichen Religion bekennt, Bindungen an die gleichen Prinzipien des Regierens hat und sehr ähnlich in Verhaltensweisen und Bräuchen ist". Aber die nationale Emblem-Formel und die Ideologie, die sich um sie rankte, konnten nicht verdecken, dass der angeblich Sprachen- und Nationalitäten-blinde Staat vielfach unter seiner neutralen Binde hervorblinzelte.

Die Fähigkeit des Deutschen umstrittene abstrakte Substantive zu bilden fehlt der englischen Sprache. Aber eine Art *Leitkultur* wurde unterstellt. Sie wurde aber nicht nur an der gemeinsamen Sprache festgemacht, sondern erstaunlich früh in einer Art „Verfassungspatriotismus" mit freiheitlichen politischen Prinzipien in Zusammenhang gebracht. Die USA haben im Bereich der politischen Symbole durchaus eine Art ritualisierter Kulturpolitik verfolgt – vom Fahnenklamauk bis zum Absingen der Nationalhymne nach jeder Kino-Vorstellung. Aber eine Kulturpolitik im europäischen Sinne, die vom Zentralstaat gelenkt wurde, gab es nicht vor dem New Deal in den 30er Jahren und ist nach der Erfahrung geringer Akzeptanz im Volk mit dem Experiment Präsident Roosevelts noch heute vergleichsweise unterentwickelt.

Ein Gegenmodell stellte Frankreich dar, das Land, welches über lange Zeit die meisten Ausgaben für eine nationale Kulturpolitik aufwies. Immer wurde auch eine Art Leitkultur dabei gefördert, auf der Basis von Republikanismus und Laizismus. Obwohl die muslimischen Franzosen sprachlich weit besser integriert erscheinen als die Türken in Deutschland, hat paradoxerweise der strikte Laizismus zu noch größeren Konflikten mit den muslimischen Minderheiten geführt als in Deutschland.

Deutschland hat nach seiner späten Einigung in einem Nationalstaat – und in der Romantik vor diesem Zeitpunkt – immer auch kulturelle Nationalbewegungen hervorgebracht. Die historistische Gesinnung, die sich in der Fertigstellung historischer Bauten (Kölner Dom) oder im Wiederaufbau malerischer Ruinen (Hochkönigsburg, Stolzenfels, Marienburg, Heidelberger Schloss) niederschlug, wurde von großen Teilen des Bürgertums getragen. Ein Goethekult entwickelte integrative Bildungsstimmungen. Nicht immer waren diese staatsfromm: die Finanzierung von über hundert Bismarcktürmen nach dem Sturz des „eisernen Kanzlers" durch große Teile des Bürgertums, richtete sich auch gegen die wilhelminische Selbstherrlichkeit. Gleichwohl hat der historizistische Enthusiasmus der Deutschen Ende des 19. Jahrhunderts keinen Anstoß daran genommen, dass ein angeblich deutscher romanischer Stil erfunden wurde, und als eine Art integrative Reichsarchitektur die öffentlichen Bauten vom Schloss in Posen und den Bahnhöfen von Metz bis Elbing zierte.

In den Umfragestudien zur politischen Kultur liegt Deutschland bei der Frage nach dem Nationalgefühl in der Regel im internationalen Vergleich weit hinten. Der

Eurobarometer der EU hat in den 90er Jahren in Deutschland gelegentlich geringeren Stolz auf die Nation festgestellt als in Belgien, wo die Frage auftauchte, ob dort nicht längst zwei Nationen nur lose nebeneinander lebten. Das belgische oder kanadische und zunehmend das spanische Beispiel zeigt freilich, dass die Kultur weitgehend vom Nationalbewusstsein abgekoppelt werden kann, obwohl die meisten Forscher sich einig sind, dass ein bloß kognitiv-rationaler Verfassungspatriotismus für einen nationalen Zusammenhalt nicht ausreicht. Die frühen vergleichenden Studien zur politischen Kultur von Almond und Verba in den USA haben bereits gezeigt, dass die Deutschen nach zwei Weltkriegen weniger auf ihre politischen Einrichtungen als auf ihre prosperierende Wirtschaft und ihre Kultur stolz waren. In Zeiten, in denen die Wirtschaft nicht mehr blühte, hat der *Verfassungspatriotismus* an Boden gewonnen. Aber er motivierte noch immer nur etwa ein Viertel der Befragten und ca. ein Fünftel stufte sich als *„postnational"* ein. Die *„traditionale Mehrheit"* macht noch immer die knappe Hälfte aus. Dabei muss berücksichtigt werden, dass die Deutschen – nach den Belgiern und Spaniern – sich noch immer zu etwa einem Viertel mehr mit ihrem Bundesland als mit dem Nationalstaat identifizierten (vgl. v. Beyme 2007, 91ff).

Eine *Weltkulturkrise* ist immer wieder beschworen worden (Bühl 1987: 172). Sie besteht nicht – wie bei Normativisten in einer *Sinnkrise* – sondern ist eine *kognitive Krise* im technisch-nüchternen Sinn. Sie besteht in unzureichenden Modellvorstellungen, in der Sammlung falscher Daten und im Verlust des Überblicks über das, was passiert. Der politischen Führung wird vorgeworfen, den Überblick verloren zu haben und daher auch zur Führung nicht in der Lage zu sein. Die nationale Kulturpolitik ist heute mit solchen Pauschalanklagen nicht mehr zu erfassen, obwohl sie tatsächlich komplexer geworden ist, durch Globalisierung, Internationalisierung, Europäisierung und auf der nationalen Ebene durch Ausdifferenzierung der Kulturen von Alt- und Neubürgern. Diese Differenzierungen führen zunehmend zu traditionalistischen Gegenreaktionen. Die Diversität soll bei Konservativen durch eine „Leitkultur" vereinheitlicht werden.

Welche Rolle kann staatliche Kulturpolitik zur Integration von Alt- und Neubürgern spielen? Zunächst muss berücksichtigt werden, dass es in einem Bundesstaat keine einheitliche Kulturpolitik geben kann. Wenn es sie gäbe, würden die Parteien sich schwerlich auf eine Leitkultur einigen können. Der leicht militärische Klang des Begriffs schreckt nicht nur die Linke ab. Die Kulturpolitik wird in Deutschland zu 90% etwa je zur Hälfte von Ländern und Gemeinden finanziert. Die Föderalismusreform wird diesen Residualbereich neben der Bildung bei den Ländern – für ihren Verzicht auf Mitwirkungsrechte und *„Politikverflechtung"* auf Bundesebene – eher noch stärken. Länder und Gemeinden haben seit 2001 abnehmende Mittel für Kulturpolitik einzusetzen. Der Blick richtet sich weg von der staatlichen Subventionierung hin zu dem, was euphemistisch *„Kreativwirtschaft"* genannt wird, auch wenn Bundeskanzlerin Merkel in ihrer Regierungserklärung den erfreulichen Satz aufnahm, dass Kulturförderung für die neue Bundesregierung keine „Subvention" darstelle, sondern „eine Investition in ein lebenswertes Deutschland" (vgl. Kap. 8).

Die Knappheit der Mittel zwingt gleichwohl zunehmend zur Reflektion, welche Ziele Kulturpolitik verfolgen soll und welche Bevölkerungsschichten für ein Engagement in der Kultur gewonnen werden können. Auch nach der intendierten Fusion von Bundeskulturstiftung und Kulturstiftung der Länder wird befürchtet, dass neben festgelegten Zielen wie „Documenta", „Berlin Biennale", „Ensemble Modern", „Donaueschinger Musiktage" oder „Festival Transmediale" sich in der Breite verlierende Suchbewegungen die Flucht ins Avantgardistisch-Experimentelle antreten könnten (Wefing in: FAZ, 8. 7. 2004). In der auswärtigen Kulturpolitik hat der Bund die Pathosformel „deutsche Kultur" längst durch den Werbeslogan *„Kultur aus Deutschland"* ersetzt und die kann nur pluralistisch und keine *„Leitkultur"* sein. Die Zeiten, als man „tausend Blumen" der Soziokultur blühen lassen konnte, sind vorbei, auch wenn die „Soziokultur" nicht so gescheitert ist, wie man in der Ära der „Kreativwirtschaft" gelegentlich unterstellt. Amerika – in diesem Bereich der Kulturpolitik ausnahmsweise ein Vorbild – hat zunehmend den Missstand diskutiert, dass die Dominanz einer privatisierten Kulturförderung eine modisch nivellierte und keineswegs diversifizierte Politik fördern wird (Mulcahy 2003). Ein völliger Rückzug des Staates aus der Kulturpolitik ist nicht in Sicht. Deutsche Spielstätten haben 2003/04 nur zwischen 8.6% und 24% (Berlin und Hamburg) der Kosten eingespielt. Thüringen – einst Paradebeispiel deutscher Kleinstaaterei, deren positive Seite eine hohe Dichte von Kultureinrichtungen darstellt – lag mit einem staatlichen Zuschuss von 124 Euro pro Besucherkarte an der Spitze. Die Kulturförderung bleibt notwendiger Weise auf Elitenkultur zugeschnitten. Eine kleine Großstadt wie Heidelberg gab 43% des Kulturhaushalts für sein Theater aus, eine größere Großstadt, wie Mannheim, sogar 55%. Angesichts des Übergewichts der traditionellen Einrichtungen bleiben für „sonstige Kulturpflege" mit ihren experimentellen Möglichkeiten in beiden Städten 8.4% der Kulturausgaben übrig. Gottfried Benns historisches Diktum, der Staat fördere immer nur zweitrangige Kultur wie „Charleys Tante" oder „Weißes Rössl" war schon damals falsch und wird angesichts der *Eventisierung des Repertoires* zur Verminderung der Abhängigkeit von Staatszuschüssen täglich falscher. Aber die Verdrängungswettbewerbe werden härter. Nicht nur Grüne Stadträte haben immer wieder Prioritäten für die Kindertagesstätten im Vergleich zu den etablierten Kultureinrichtungen mit ihrer „Staatstheatergesinnung" angemahnt. Kulturgüter gehören noch nicht zum Tafelsilber, das für die Stopfung von Haushaltslöchern in Betracht kommt, wie Eisen- oder Autobahnen. Es erregte bereits Argwohn, wenn ein Bundesland, wie Hessen, Kulturgüter monetär einzuschätzen begann (FAZ. 28.11.2002). Falls die Marktbereinigung nicht zu weit getrieben wird, misst man den verbliebenen Rest an den „Wünschen des Volkes".

Eine Umfragestudie aus den 90er Jahren zeigt noch eine eher traditionelle Einstellung auf die Frage, was zur Kultur gehört (Goethe 79%, Mozart 76%, Picasso 63%, Volkslieder 56%, Fastnacht 21%, aber Rock immerhin 12% und Graffiti oder Fernsehen

9%, vgl. Kap. 1). Die politisierte Leitkulturdebatte wird im Kampf um Fragebögen für Einbürgerungsbewerber sicher noch eine Weile weiter köcheln. Sie ist allenfalls im Bereiche der Werte konsensfähig, die durch den Begriff *„Verfassungspatriotismus"* abgedeckt wird. Als kultureller Aspekt wird sicher eine gewisse Sprachbeherrschung unverzichtbar sein, nicht aber eine inhaltliche Bestimmung dessen, was Neubürger von der dominanten Kultur in der Gesellschaft akzeptieren müssen. Türkische Neubürger werden außer in der Schule schwerlich Goethe lesen. Es wäre schon gut, wenn sie wenigstens Pamuk zur Kenntnis nähmen. Die staatliche Kulturpolitik hat schwere Zeiten vor sich. Sie sollte sich nicht noch mit der Debatte um die Leitkultur belasten.

Die neue Welle der Sparpolitik bringt unorthodoxe Bestseller hervor. Ein *„Kulturinfarkt"* wird als Ergebnis der staatlich geförderten Kulturpolitik und ihrer reinen Angebotspolitik der letzten Jahrzehnte gewittert, der nicht Innovation sondern bürokratisch unterlegte Konformität fördere (Haselbach, Dieter u.a., 2012: 12). Es werden dabei einige offene Türen eingerannt: die Entstaatlichung und die betriebliche Verselbständigung, die gefordert wird, ist in vollem Gange (vgl. 296f, Kap. 7, 8, 11). Die luzide Kritik an der Schnäppchenjagd verkennt, dass diese gerade mit der Entstaatlichung gewachsen ist. Künftige Kulturpolitik soll sich von vier Paradigmen leiten lassen: Mündigkeit, Rationalität, Gleichberechtigung und Widerspruch (ebd. 191). Sie sind so abstrakt, dass sie sich vermutlich in der Entwicklung eines enorm komplexen Kultursystems in ihrer Reinheit schwer realisieren lassen. Mit dem Begriff *cultural governance* werden längst gesellschaftsnahe Modelle der Entscheidungsfindung im Kulturbereich operationalisiert. Der Wildwuchs im Kulturbetrieb, den die vier Autoren zu recht bemängeln, wird in der Finanzkrise schon kräftig beschnitten, da muss man Kulturbanausen in den „Streichquartetten" der Finanzausschüsse nicht noch mit Scheinbegründungen ermuntern (Kap. 11). Nachteil der Infarkt-Philippika ist ihre Deutschlandzentriertheit. Der Vergleich mit anderen Systemen bleibt ausgeblendet (vgl. Kap. 10), daher kommt Deutschland ungebührlich schlecht weg. Nur die Schweiz leuchtet als Vorbild auf. Es wird weder die Kulturenquete des Bundestages noch die umfangreiche Literatur zur Kenntnis genommen – nicht einmal die guten Bücher, die einzelne Autoren wie Armin Klein selbst einst geschrieben haben. Der fehlgeleiteten staatlichen Planungsrealität wird eine zivilgesellschaftliche Rationalität entgegen gesetzt, die gerade im Kulturbereich noch mehr Marktirrationalität erzeugen dürfte.

Angesichts der Knappheit der Ressourcen entsteht keine Harmonie im normativen Anspruchsbereich der verschiedenen Kulturwissenschaften. Die Politikwissenschaft ist in ihrer Zielkultur weniger festgelegt. Je nach dem Fokus Gemeindepolitik bis zur Weltpolitik kann ihre kulturpolitische Präferenz anders aussehen. Gleichwohl sind beide Brennpunkte mit der Herausstellung der partikularen Sozio-Kulturen vereint. Beide unterliegen einem Demokratisierungsparadoxon: der Versuch breite Schichten durch Soziokultur zu erfassen ist immer nur von sehr partiellen Erfolgen gekrönt. Je mehr sich Kulturpolitik in postmoderne Beliebigkeit der „Kulturbahnhöfe" verliert, umso geiziger werden die Stadtväter, die über die finanzielle Ausstattung der Kultureinrichtungen zu entscheiden haben. Die Staatstheatergesinnung einiger Eliten ist kulturpolitisch meist immer noch konsensfähiger als die Unterstützung von Pop-Konzerten oder Multi-Kulti-Bazars. Die kulturpolitischen Eliten haben sich darauf eingestellt. Sie warnen uns (Schwencke u. a. 1993: 93), nur in das Lamento der vom Rotstift der Kürzungen Betroffenen einzustimmen. Knappheit der Mittel für Kultur erscheint nun als Chance. Kulturpolitischer Erfolg hat viel mit Mäßigung der Ansprüche zu tun. Empfohlen wird eine „Promenadenmischung zwischen der Schlitzohrigkeit des Haushaltspolitikers mit der Weisheit des Kulturphilosophen". Die kulturelle „Rundumerfüllung" der Ansprüche wird zunehmend unmöglich. Die *Krise als Chance* (Kramer 1996: 146ff) verweist von der Quantität der Subsidien auf den Ausbau von Glaubwürdigkeit, Kompetenz und Kreativität. Kulturschaffen sollte ja auch dies beinhalten. Die Wächter der Kulturpolitik hatten dies in den fetten Jahren gelegentlich vergessen.

Literatur

v. Beyme, Klaus: Föderalismus und regionales Bewusstsein. Ein internationaler Vergleich. München, Beck, 2007.

Bühl, Walter: Kulturwandel. Für eine dynamische Kultursoziologie. Darmstadt, Wissenschaftliche Buchgesellschaft, 1987.

Haselbach, Dieter u.a. Der Kulturinfarkt. Von allem zu viel und überall das Gleiche. München, Albrecht Knaus, 2012.

Kramer, D.: Handlungsfeld Kultur. Zwanzig Jahre Nachdenken über Kulturpolitik. Hagen, Kulturpolitische Gesellschaft, 1996.

Kulturrat Newsletter 23. 3. 2010.

Meyer, Hans: Bemerkungen zu den Themen Kultur, Medien, Hauptstadt Berlin im Rahmen der Föderalismusreform. Berlin, Humboldt-Universität 2006, mimeo.

Mulcahy, Kervin: American Cultural Patronage: the limits of privatisation. In: Hofecker, Franz-Otto/Tschmuk, Peter (Hrsg.) Kulturpolitik, Kulturforschung und Kulturstatistik. Innsbruck, Studien-Verlag 2003: 89-104.

Radunski, Peter: Neue Modelle der Kulturfinanzierung. In: Grosz, Andreas/Delhaes, Daniel: Die Kultur AG. Neue Allianzen zwischen Wirtschaft und Kultur. München, Hanser, 1999: 115-127.

Schwencke, Olaf u.a. (Hrsg): Kulturelle Modernisierung in Europa. Hagen, Kulturpolitische Gesellschaft, 1993.

Quellennachweise

Diese Analyse wurde in einzelnen Kapiteln als Vortrag „ausprobiert". Einige dieser Vorträge sind in rudimentärer Form gedruckt worden, die jedoch vollständig überholt und modernisiert worden sind. Selbst die einstigen Titel haben sich vielfach geändert.

Vorstudien:
Kap. 2: Vortrag in Tübingen
Kap. 3: in: Festschrift für Udo Bermbach, Baden-Baden, Nomos, 1998.
Kap. 4: in: Vergleichende Politikwissenschaft. Wiesbaden, VS. 2010.
Kap. 6: in: Kulturpolitik und nationale Identität. Wiesbaden, Westdeutscher Verlag, 1998.
Kap. 8. in: Vergleichende Politikwissenschaft. Wiesbaden, VS. 2010.
Kap. 9: in: Vergleichende Politikwissenschaft, Wiesbaden, VS. 2010.
Kap. 11: in. Vortrag in Karlsruhe
Kap. 12: in: Kulturpolitik und nationale Identität. Wiesbaden, Westdeutcher Verlag, 1998.
Kap. 13: in: Wilhelm Hoffmann (Hg.): Stadt als Erfahrungsraum der Politik. Münster, LIT, 2011.

Personenverzeichnis

Kolibri 360 GmbH
Ferdinand-Jühlke-Straße 7
99095 Erfurt, Deutschland
produktsicherheit@kolibri360.de